T0299174

مدخل إلى
بحوث العمليات

Introduction to Operation Research

تأليف

أ.د. حامد سعد نور الشمرتي
أستاذ بحوث العمليات/
كلية الإدارة والاقتصاد
الجامعة المستنصرية

علي خليل الزبيدي
وزارة التعليم العالي والبحث العلمي
جهاز الإشراف والتقويم العلمي

الطبعة الأولى

1428هـ - 2007م

المملكة الأردنية الهاشمية رقم الإيداع لدى دائرة المكتبة الوطنية (2007/6/1838)

658.403
الشمرتي، ماجد
مدخل إلى بحوث العمليات / ماجد سعد الشمرتي، علي خليل الزبيدي - عمان: دار مجدلاوي 2007
( ) ص.
ر.أ: (2007/6/1838)
الواصفات: /بحوث العمليات//إدارة أعمال//الإدارة التنفيذية/

* أعدت دائرة المكتبة الوطنية بيانات الفهرسة والتصنيف الأولية

ISBN 978-9957-02-300-3 (ردمك)

Dar Majdalawi Pub.& Dis.
Telefax: 5349497 - 5349499
P.O.Box: 1758 Code 11941
Amman- Jordan

دار مجدلاوي للنشر والتوزيع
تليفاكس : ٥٣٤٩٤٩٧ - ٥٣٤٩٤٩٩
ص . ب ١٧٥٨ الرمز ١١٩٤١
عمان - الاردن

www.majdalawibooks.com
E-mail: customer@majdalawibooks.com

بسم الـلـه الرحمن الرحيم

(قل الـلـهم مالك الملك تؤتي الملك من تشاء وتنزع الملك ممن تشاء وتعز من تشاء وتذل من تشاء بيدك الخير إنك على كل شيء قدير (26) تولج الليل في النهار وتولج النهار في الليل وتخرج الحي من الميت وتخرج الميت من الحي وترزق من تشاء بغير حساب (27))

صدق الـلـه العظيم

سورة آل عمران (26 - 27)

المحتويات

الفصل الأول
البرمجة الخطية
Linear Programming

الفصل الثاني

البرمجة الخطية الصحيحة

Integer Linear Programming

الفصل الثالث
البرمجة الخطية المعلمية
Parametric Linear Programming

الفصل الرابع
مسألة النقل

الفصل الخامس

تحليل المخططات الشبكية

الفصل السادس
نظرية المباراة

الفصل السابع
نظرية صفوف الانتظار

تقويم

كتاب مدخل إلى بحوث العمليات

إن هذا الكتاب يمثل جهدا متميزا في تخصص بحوث العمليات وإضافة نوعية للمكتبـة العربيـة. حيث أن الكتاب لم يكتف بالشرح والعرض، بل قدم أمثلة تطبيقيـة وتمـارين عمليـة في إطـار فلسـفي واضع وفكر علمي، ومنهج موضوعي.

وقد استطاع المؤلفان أن يقدما في هذا الكتاب مواضيع متناسقة مترابطة وعليه فإن هذا الكتاب هو إثراء للمكتبة العربية، ويفيد الطلبة والباحثين وهي غاية أصيلة.

و اللـه الموفق الهادي إلى سواء السبيل

أ.د عبدالمجيد حمزة الناصر
رئيس جهاز الإشراف والتقويم العلمي
وزارة التعليم العالي والبحث العلمي
عميد كلية الإدارة والاقتصاد/جامعة بغداد (سابقا)

تمهيد

إن ما دفعنا لكتابة هذا المؤلف هو إحساسنا المتزايد بأن طالبنا العزيز يحتاج إلى هـذه النوعيـة من التأليف في هذا المجال من خلال خبرتنا وممارستنا العميقة لتدريس هذا الموضوع لمـدة طويلـة في الجامعات العراقية (بغداد،المستنصرية،كلية المنصور،كلية الرافدين) فلقد كانت مبعث أحساس دقيـق لما يحتاجه الطالب وخاصة في الدراسة الإحصائية والإدارية والاقتصادية لهذا الموضـوع . لقـد سبقنا في الكتابة في هذا المجال كثيرين وخاصة في موضوع بحوث العمليات ولكن مؤلفنا الجديـد يختلـف كليـا فهو عبارة عن محاضرات عبر هذه السنين الطويلة في كل عام يحـذف منهـا مـا يشـوب تفكـير الطلبـة ويوسع ما يضيف إلى مداركهم معلومات هم بحاجة إليها للاستخدام في مثل هذه الموضوعات هذا من جهة ومن جهة أخرى فأن النمو الصناعي والاقتصادي والتكنولوجي اخذ يتزايد بسرعة يصعب اللحـاق به ما لم تتحقق نظرة علمية مصحوبة بمنهجية صحيحة حديثة في اتخاذ القرارات الكمية المركبـة التـي تحقق وتعجل في تحقيق الأهداف المتوخاة في البناء الصناعي. ولما كانـت الأجيـال مـن الطلبـة ترغـب وتنشد النهوض والتعجيل في تحقيق النمو فأن ذلك يتطلب اطلاعها وزيادة معرفتها بالأساليب والطرق العلمية الحديثة المساعدة على تحقيق ذلك , وهذا هو الدافع الحقيقي وراء تأليف هذا الكتـاب عـلى اعتبار أن النمو الناجح في تحقيق الأهـداف المتوخـاة منـه تعتمـد كثـيرا عـلى الإدارة المنهجيـة الكميـة الصحيحة التي تعد بدورها ولادة منهجية حديثـة ملائمـة بكيفيـة مواجهـة واتخـاذ القـرارات المرتبطـة بتحقيق الأهداف الاقتصادية والصناعية والإدارية .

لقد رأينا أن نكتب في هذا المجال لنغطي ناحيتين ، الناحية النظرية والتي تتـدرج في العمـق لتلائم مستويات مختلفة من الطلبة ، وفي نفس الوقت الناحية التطبيقية والتي تتعدد مجالاتها بحيث تغطـي اهتمامـات مجموعـة كبـيرة مـن المتخصصـين. في الناحيـة النظريـة يتـدرج الكتـاب في عـرض الموضوعات من المبادئ الرئيسية حتى يصل بالطالـب (القـارئ) إلى احـدث الاتجاهـات في الـدوريات العالمية

بحيث يتلائم مع القارئ العادي ورجل الصناعة والأعمال والباحث في هذا المجال . ومن ناحية التطبيق يتعرض لنواحي عديدة من التطبيقات الهندسية والصناعية والإدارية والاقتصادية .

وختاما فأن واجب العرفان والجميل يقتضي التقدم بالتقدير إلى الأستاذ الدكتور عبد المجيد حمزة الناصر لما بذله من جهود علمية قيمة في تقويم الكتاب وإلى الدكتور مؤيد الفضل/جامعة الإسراء الخاصة في الأردن لما بذله من جهود في عملية التدقيق العلمي والطبع وإلى الأختين هدى عبد القادر ونضال علي حسن والى كل من مد يد العون لإصدار هذا الكتاب بشكله الحالي .

وأخيرا وليس آخرا نسأل الله تعالى أن يسدد خطانا وخطى العاملين في خدمة العلم والصناعة وباقي القطاعات بما يعود على أجيالنا بالخير والبركة والتقدم والرفاهية .

و الله ولي التوفيق

المؤلفان

الفصل الأول

البرمجة الخطية

Linear Programming

١-١ المدخل/ نشأة بحوث العمليات

١-٢ تكوين أنموذج البرمجة الخطية

١-٣ طرائق حل البرمجة الخطية

١-٤ طريقة السمبلكس ذات المرحلتين

١-٥ نظرية المقابل

١-٦ الشروط الوهمية التكميلية

١-٧ تحليل الحساسية

١-٨ طريقة السمبلكس المعدلة

١-٩ طريقة السمبلكس بوساطة التجزئة

١-١٠ طريقة السمبلكس والمتغيرات المحددة

البرمجة الخطية

1-1: المدخل/ نشأة بحوث العمليات

كان القدر حتميا إن يجعل من نشوب الحرب العالمية الثانية هو مدخل إجباري لتطوير مفاهيم وأساليب بحوث العمليات، هذا العلم الذي كانت ساحات القتال (ساحات العمليات) هي صفحات خصبه لتطويره وحل معظم ألغازه على أيدي العلماء الانجليز . ولا يفوتنا إن نذكر إن أول ما نشبت الحرب العالمية الثانية وحققت القوه الجوية الألمانية انتصارات كبيرة على المقاومات الأرضية الانجليزية دعت إنكلترا جميع العلماء وبكافة اختصاصاتهم ولكافة العلوم وبأشراف القوه الجوية البريطانية وحاولت إن ترسم الخطوط الأولى لهذا العلم و تطويره و بواسطته وأتباع نتائجه حاولت إن تنتزع النصر و تدمر القوه الجوية الألمانية و بالتالي تدحر الجيوش الألمانية وهذا ما شهده وأقره التاريخ.

وما إن انتهت الحرب العالمية الثانية حتى تم استثمار ما توصل إليه العلم العسكري من نتائج باهرة إلى في كافة القطاعات المدنية (الصناعي، الزراعي،التجاري، الخدمي) بعد أن تم تطوير وتحوير أساليب بحوث العمليات بما يتلائم وطبيعة القطاع وهذا هو السبب الرئيسي في تقدم وازدهار بريطانيا اقتصاديا وصناعيا وفي كافة القطاعات الأخرى.

يرجع البعض اكتشاف أساليب بحوث العمليات إلى ما بعد الثورة الصناعية إذ كانت الحاجة قائمه إلى تطوير أساليب العمل والإنتاج، وكما يرى بعض المهتمين إلى إن اكتشاف أساليب بحوث العمليات يرجع إلى جهود عالم البداله الإنجليزي (Erlang) سنة ١٩٠٨، عندما ساهم في اكتشاف وتطوير نظرية الطوابير. بينما يعزى البعض الآخر إلى إن اكتشاف بحوث العمليات كان ولادة حيه لمخاض الحرب العالمية الثانية ومن أهم النتائج هو تطوير أنموذج رياضي أطلق عليه أنموذج البرمجة الخطية.

تطور أنموذج البرمجة الخطية (L.P.) بدءا منذ منتصف القرن العشرين وبالتحديد منذ عام ١٩٥٠ عندما أصبحت من أهم الأساليب التي تلجأ إليها الشركات في سبيل تعظيم أرباحها أو تقليل كلف الإنتاج، وهي على العموم تستخدم لتخصيص الموارد، العمل، المواد الأولية، المكائن ورأس المال وبأفضل تخصيص أي إن أنموذج البرمجة

الخطية يتعامل مع مشكلة الموارد المحدودة في ما بين ألفعاليات المتنافسة وبأفضل طريقه ممكنه. هنالك العديد من الأسباب التي أدت إلى استخدام البرمجة الخطية(L.P.) في المسائل الاقتصادية، الإدارية، الزراعية والصناعية ومن هذه الأسباب:

١- الأنواع الكثيرة من المسائل في الحقول المختلفة ممكن التعبير عنها أو على الأقل تقريبها كنماذج خطيه.

٢- توافر الأساليب الكفوءه لحل مسائل البرمجة الخطية.

٣- التغير في البيانات موضوع البحث ممكن إن يعالج في نماذج البرمجة الخطية (L.P.) باستخدام (تحليل الحساسية).

٤- توافر العديد من البرامج الجاهزة لحل مسائل البرمجة الخطية (L.P.).

تستخدم البرمجة الخطية (L.P.) نماذج رياضية لتصف المشكلة ذات العلاقة والصفة (خطيه) تعني إن جميع الدوال الرياضية في هذا الأنموذج يتطلب إن تكون دوالا خطيه.

2-1: تكوين أنموذج البرمجة الخطية

Formulation of Linear Programming Model

لتكوين أنموذج البرمجة الخطية (L.P.) يتم إتباع الآتي:

١. تحديد متغيرات القرار (القرارات المتغيرة) وغالبا ما تكون هو الشيء المطلوب تحديده في المشكلة قيد البحث ويعبر عنها برموز جبرية.

٢. تحديد قيود المشكلة وغالبا ما تكون الموارد المتاحة في المشكلة قيد البحث والتي يعبر عنها بمتباينات أو متساويات وجميعها تكون خطيه.

٣. تحديد داله الهدف، المعادلة التي تقيس لنا الربح (تعظيم) أو الكلفة (تقليل). وكل المتغيرات في القيود يجب إن تمثل في داله الهدف وكل متغير له معامله.

والأمثلة الآتية توضح الخطوات في أعلاه:

مثال (١-١): معمل للجلود يقوم بإنتاج نوعين من الحقائب الجلدية هما A وB، إنتاج حقيبة واحدة من نوع A يحتاج إلى 2 متر من الجلود و3 ساعات عمل أسبوعية بينما إنتاج حقيبة واحده من النوع B يحتاج إلى متر واحد من الجلود وساعتي عمل أسبوعية، ربح الحقيبة الواحدة من نوع A هو 300 دينار وربح الحقيبة الواحدة من

نوع B هو 200 دينار مع العلم إن كميه الجلود الأسبوعية المتوفرة هي 100 متر مع ساعات عمل أسبوعية مقدارها 120 ساعة.

كون أنموذج برمجة خطية (.L.P) لإيجاد عدد الحقائب المنتجة أسبوعيا" من النوعين A و B لتعظيم الربح الأسبوعي للمعمل ؟

الحل:

يجب إنتاج نوعين من الحقائب هما A و Bبحيث نحصل على أقصى ربح ممكن،الخطوة الأولى تتمثل بتحديد متغيرات القرار والتي تمثل عدد الحقائب المنتجة من النوعين وكالآتي:

χ_1: عدد الحقائب المتوقع إنتاجها من النوع A.

χ_2 : عدد الحقائب المتوقع إنتاجها من النوع B.

بعد إن تم تحديد متغيرات القرار نحدد قيود المسألة، في هذه الحالة القيود محدده بالمتاح من الموارد (الجلود، ساعات العمل) فإنتاج حقيبة واحدة من النوع A يتطلب 2 متر من الجلود

وبما إن χ_1 يمثل عدد الحقائب المنتجة من A لذلك فإن كميه الجلود المطلوبة لإنتاج الحقائب نوع A هي $2\chi_1$ وبصورة مشابهة بالنسبة إلى إنتاج الحقائب من نوع B حيث تتطلب χ_2 من الجلود وهكذا فإن مجموع كميه الجلود المطلوبة لإنتاج النوعين A و B هي:

$$2\chi_1+\chi_2$$

والذي يجب إن لا يتجاوز كميه الجلود المتاحة والتي هي 100 متر ولذلك فإن قيد الجلود يكون بالصورة الآتية:

$$2\chi_1+\chi_2 \leq 100$$

أما بالنسبة إلى الوقت فإن إنتاج حقيبة واحدة من النوع A يتطلب 3 ساعات عمل أسبوعية أي إن الوقت المتطلب لإنتاج الحقائب نوع A هو $3\chi_1$ وكذلك فإن الوقت المتطلب لإنتاج الحقائب نوع B هو $2\chi_2$ وعليه فإن الوقت المتطلب لإنتاج الحقائب من النوعين A وB هو:

$$3\chi_1 + 2\chi_2$$

و الذي يجب إن لا يتجاوز ساعات العمل الأسبوعية المتمثلة بـ 120 ساعة لذلك فإن قيد ساعات العمل يكون بالصورة الآتية:

$$3\chi_1 + 2\chi_2 \leq 120$$

إن إنتاج الحقائب لأي من النوعين يأخذ احتمالين أما إن تنتج أو لا تنتج في حلة كون الربح العائد من إنتاجها قليل مقارنة مع النوع الآخر وكذلك الموارد المتطلبة لنتاجها تكون أكثر من الموارد المتطلبة لإنتاج النوع الآخر وهذا يعني إن إنتاج نوع واحد من الحقائب يعود على المعمل بربح أكثر من إنتاج النوعين وعلى هذا الأساس فإن إنتاج أي نوع من الحقائب يجب إن يكون أكبر أو يساوي صفر وهذا ما يسمى بقيود عدم السالبية أي:

$$\chi_1 \geq 0 \quad ; \quad \chi_2 \geq 0$$

الخطوة الأخيرة في تكوين الأنموذج تتمثل بتحديد الهدف الذي يسعى إليه متخذ القرار وهو في هذه المسألة يمثل تعظيم الربح اليومي للمعمل الذي يتمثل بالربح الناتج من إنتاج الحقائب نوع A وهو $300\chi_1$ زائدا الربح الناتج من إنتاج الحقائب نوع B وهو $200\chi_2$ ولذلك فإن الربح الإجمالي للإنتاج يساوي $300\chi_1 + 200\chi_2$ ولنفترض إن $Z = 300\chi_1+200\chi_2$ فإن الهدف هو تعظيم Z لتكون أكبر ما يمكن لذلك فإن دالة الهدف (objective function) تكتب بالصورة الآتية:

$$\text{Max} \quad Z = 300\chi_1 + 200\chi_2$$

ولذلك فإن مسألة البرمجة الخطية(.L.P) النهائية تكون بالصورة الآتية:

$$\text{Max} \quad Z = 300\chi_1 + 200\chi_2$$

S.T

$$2\chi_1 + \chi_2 \leq 100$$

$$3\chi_1 + 2\chi_2 \leq 120$$

$$\chi_2 \geq 0 \quad ،\chi_1$$

وبصورة عامة فإن صيغة دالة الهدف تكون كالآتي:

$$\text{Max or Min} \quad Z = c_1\chi_1 + c_2\chi_2 + \ldots\ldots\ldots\ldots\ldots\ldots c_n\chi_n$$

حيث إن:

Z : قيمه دالة الهدف

c_1 : ربح أو كلفة المتغير الأول (معامل المتغير الأول)

c_2 : ربح أو كلفة المتغير الثاني (معامل المتغير الثاني)

⋮

c_n: ربح أو كلفة المتغير (n) (معامل المتغير n)

في هذه المثال تكون داله الهدف عبارة عن تعظيم أرباح المنتجين من الحقائب A وB.

مثال (١-٢): شركه مواد غذائية تقوم بإنتاج نوعين من المواد الغذائية A وB ويتطلب إنتاج النوعين ثلاثة أنواع من المواد الأولية **I** ، **II**، **III**، إنتاج أي وحدة واحدة من المواد الغذائية لأي من النوعين يتطلب كميه من المواد الأولية وكما مبين في الجدول (١-١):

الجدول(١-١)

	A	B
I	2	3
II	1	2
III	3	1

إن مقدار ما متوفر من المواد الأولية نوع I هو 40 كغم يوميا ومقدار ما متوفر من المواد الأولية نوع II هو 20 كغم يوميا ومقدار ما متوفر من المواد الأولية نوع **III** هو 30 كغم يوميا ما هو عدد الوحدات المنتجة اليومية من نوعي المواد الغذائية A وB بحيث يؤدي إلى تعظيم معدل الربح اليومي للشركة علما إن ربح الوحدة الواحدة من النوع A هو ٢٠ دينار وربح الوحدة الواحدة من النوع B هو 25 دينار.

الحل:

الخطوة الأولى لتكوين أأنموذج البرمجة الخطية (L.P.) هو تحديد متغيرات القرار (decision variable) والتي تمثل عدد الوحدات المنتجة يوميا" من النوعين A وB وكالآتي:

χ_1 : عدد الوحدات المتوقع إنتاجها من النوع A.

χ_2: عدد الوحدات المتوقع إنتاجها من النوع B.

الخطوة التالية هي تحديد قيود أنموذج البرمجة الخطية (.L.P) والتي تمثل الأنواع الثلاثة للمواد الأولية حيث إن الوحدة الواحدة من النوع A تحتاج إلى 2 من المواد الأولية نوع I وعليه فإن الكمية المتطلبة من المواد الأولية I لإنتاج النوع A هو $2\chi_1$ وكذالك فإن الكمي المتطلبة من المواد الأولية I لإنتاج النوع B هي $3\chi_2$ وكذلك فإن إجمالي الكميه المتطلبة من المواد الأولية I لإنتاج النوعين A وB هي:

$$2\chi_1 + 3\chi_2$$

و التي يجب إن لا تتجاوز مقدار ما متوفر من المواد الأولية I والذي يمثل 40 كغم لذلك فإن قيد المواد الأولية I يكون بالصورة الآتية:

$$2\chi_1 + 3\chi_2 \le 40$$

وبصورة مشابهة فإن الوحدة الواحدة من النوع A تحتاج إلى ما مقداره ١ من المواد الأولية

نوع II لذلك فإن الكمية المتطلبة من المواد الأولية II لإنتاج النوع A هي χ_1 وكذالك فإن الكميه المتطلبة من المواد الأولية II لإنتاج النوع B هي $2\chi_2$ وعليه فإن إجمالي الكميه المتطلبة من المواد الأولية II لإنتاج النوعين A وB هي:

$$\chi_1 + 2\chi_2$$

و التي يجب إن لا تتجاوز مقدار ما متوفر من المواد الأولية II (20 كغم) ولذلك فإن قيد المواد الأولية II يكون بالصورة الآتية:

$$\chi_1 + 2\chi_2 \le 20$$

وبنفس أسلوب القيدين السابقين فإن الوحدة الواحدة من النوع A تحتاج إلى ما مقداره 3 من المواد الأولية نوع III لذلك فإن الكميه المتطلبة من المواد الأولية

III لإنتاج النوع A هي $3X_1$ وكذلك فإن الكميه المتطلبة من المواد الأولية **III** لإنتاج النـوع B هي X_2 وعليه فإن إجمالي الكميه المتطلبة من المواد الأولية **III** لإنتاج النوعين A ، B هي:

$$3X_1 + X_2 \leq 30$$

هذا بالإضافة إلى قيود عدم السالبية

$$X_1 \geq 0 \; ; \; X_2 \geq 0 \; ; \; X_3 \geq 0$$

بعد إن تم تحديد متغيرات القرار ومن ثم تحديد قيود أنموذج البرمجـة الخطيـة(.L.P) يتطلـب الأمر تحديد دالة الهدف والتي تمثل تعظيم معدل الربح اليومي للشركة الناتج من ربح إنتاج النوع A وهو $20\,X_1$ زائدا الربح النتاج من إنتاج النوع B وهو $25\,X_2$ وعليه فإن داله الهدف تكون بالصورة الآتية:

$$\text{Max} \quad Z = 20\,X_1 + 25\,X_2$$

ولذلك فإن مسألة البرمجة الخطية النهائية (.L.P) تكون بالصورة الآتية:

$$\text{Max} \quad Z = 20\,X_1 + 25\,X_2$$

$$\text{S.T}$$

$$2X_1 + 3X_2 \leq 40$$

$$X_1 + 2X_2 \leq 20$$

$$3X_1 + X_2 \leq 30$$

$$X_2 \geq 0, X_1$$

مثال (3-1): شركة تقوم بإنتاج أربـع أنـواع مـن الـدراجات الهوائيـة (D,C,B,A) تملـك الشركة خطـين إنتاجيين ولإنتـاج أي نـوع مـن الأنـواع الأربعـة يجـب إن يمـر خـلال هـذين الخطـين، إنتـاج الدراجـة الهوائية(A) تتطلب 2 ساعة عمل للخط الإنتاجي الأول و 3 ساعات عمل للخط الإنتـاجي الثـاني بيـنما إنتاج الدراجة الهوائية(B) يتطلب ساعة عمل واحـدة للخـط الإنتـاجي الأول و 4سـاعات عمـل للخـط الإنتاجي الثاني وإنتاج

الدراجة الهوائية (C) يتطلب 2 ساعة عمل للخط الإنتاجي الأول و 2 ساعة عمل للخط الإنتاجي الثاني وإنتاج الدراجة الهوائية (D) يتطلب 3 ساعات عمل للخط الإنتاجي الأول و 4 ساعات عمل للخط الإنتاجي الثاني، مقدار ما متوفر من ساعات العمل الأسبوعية للخطين الإنتاجيين هي 150 ساعة عمل للخط الأول و 120 ساعة عمل للخط الثاني، تبيع الشركة الدراجة الهوائية(A) بمبلغ 15 ألف دينار وكلفة إنتاجها تبلغ 13 ألف دينار أما الدراجة الهوائية (B) فتباع بمبلغ 17 ألف دينار وكلفة إنتاجها تبلغ 14.5 ألف دينار بينما الدراجتين الهوائيتين(D,C) فتباع بمبلغ 22 ألف دينار وكلفة إنتاجها تبلغ 18.5 ألف دينار هذا بالإضافة إلى إن كلفة نقل الدراجات الهوائية من الشركة إلى المنافذ التسويقية تكون على حساب الشركة وهي ألف دينار للدراجة الهوائية (A) و 500 دينار للدراجة الهوائية(B) و500 دينار للدراجة الهوائية(C) و1500 دينار للدراجة الهوائية(D), المطلوب تكوين أنموذج برمجة خطية(L.P.) للتوصل إلى كمية الإنتاج الأسبوعي لكل نوع من أنواع الدراجات والذي يؤدي إلى تعظيم أرباح الشركة.

الحل:

متغيرات القرار للمسألة تمثل عدد الدراجات الهوائية المنتجة أسبوعا للأنواع الأربعة وكالآتي:

X_1: عدد الدراجات الهوائية المتوقع إنتاجها من النوع A.

X_2: عدد الدراجات الهوائية المتوقع إنتاجها من النوع B.

X_3: عدد الدراجات الهوائية المتوقع إنتاجها من النوع C.

X_4: عدد الدراجات الهوائية المتوقع إنتاجها من النوع D.

بعد إن تم تحديد متغيرات القرار يتم تحديد قيود المسألة والتي تمثل ساعات العمل الأسبوعية للخطين الإنتاجيين وكالآتي:

$2X_1 + X_2 + 2X_3 + 3X_4 \leq 150$ (الخط الإنتاجي الأول)

$3X_1 + 4X_2 + 2X_3 + 4X_4 \leq 120$ (الخط الإنتاجي الثاني)

هذا بالإضافة إلى قيود عدم السالبية:

$$X_1 \geq 0 \; ; \; X_2 \geq 0 \; ; \; X_3 \geq 0 \; ; \; X_4 \geq 0$$

أما دالة الهدف للمسألة فإنها تمثل صافي الربح الناتج من بيع الدراجة الهوائية وللأنواع الأربعة وهو يستخرج وفق المعادلة الآتية:

صافي الربح= سعر بيع الدراجة - (كلفة الإنتاج + كلفة النقل)

وعليه فإن صافي الربح للأنواع الأربعة من الدراجات الهوائية يكون:

صافي الربح للدراجة الهوائية (A) $15-(13+1) = 1$

صافي الربح للدراجة الهوائية (B) $17-(14.5+0.5) = 2$

صافي الربح للدراجة الهوائية (C) $22-(18.5+0.5) = 3$

صافي الربح للدراجة الهوائية (D) $22-(18.5+1.5) = 2$

ولذلك فإن الصيغة النهائية لدالة الهدف تكون بالصورة الآتية:

$$\text{Max} \quad Z = X_1 + 2X_2 + 3X_3 + 2X_4$$

والصيغة النهائية لأنموذج البرمجة الخطية(.L.P) تكون بالصورة الآتية:

$$\text{Max} \quad Z = X_1 + 2X_2 + 3X_3 + 2X_4$$

$$\text{S.T}$$

$$2X_1 + X_2 + 2X_3 + 3X_4 \leq 150$$

$$3X_1 + 4X_2 + 2X_3 + 4X_4 \leq 120$$

$$X_1, X_2, X_3, X_4 \geq 0$$

مثـــال (4-1): شركه لمنتجات الألبان تقوم بإنتاج نوعين من القيمر، يتطلب من الشركة إنتاج ما لا يقل عن 500 وحدة يوميا من النوع الأول و 1000 وحدة يوميا من النوع الثاني و 2000 وحدة من النـوعين يوميا، كلفة إنتاج الوحدة الواحدة من النوع الأول تبلغ 15 دينار وكلفـة إنتـاج الوحـدة الواحـدة مـن النوع الثاني تبلغ 20

دينار, نسبة النجاح في تسويق النوع الأول تبلغ 95 % ونسبة النجاح في تسويق النوع الثاني تبلغ 98 %، الكلفة الناتجة من عدم النجاح في تسويق النوع الأول تبلغ 3 دينار والكلفة الناتجة من عدم النجاح في تسويق النوع الثاني تبلغ دينار واحد للوحدة الواحدة، الشركة ترغب في الحصول على خطة إنتاجية مثلى لنوعي القيمر لتقليل الكلفة إلى أقل ما يمكن.

الحـــل:

متغيرات القرار للمسألة هي كالآتي:

χ_1: عدد الوحدات المتوقع إنتاجها يوميا من النوع الأول من القيمر.

χ_2: عدد الوحدات المتوقع إنتاجها يوميا من النوع الثاني من القيمر.

قيود المسألة تكون بالصورة التالية:

$$\chi_1 + \chi_2 \geq 2000$$
$$\chi_1 \geq 500$$
$$\chi_2 \geq 1000$$

بعد إن تم تحديد متغيرات القرار والقيود للمسألة نقوم بتحديد دالة الهدف التي تمثل في هذه المسألة تقليل كلف الإنتاج والتي تكون على نوعين الأول يمثل كلف الإنتاج والثاني يمثل كلف عدم النجاح في التسويق لذلك فإن الكلفة الإجمالية للإنتاج تكون وفق المعادلة الآتية:

الكلفة الإجمالية = كلفة الإنتاج + (كلفة عدم النجاح في التسويق × احتمال الخطأ)

وعليه فإن كلف الإنتاج الإجمالية لنوعي القيمر هي:

$$15 + 0.05\,(3) = 15.15$$
$$20 + 0.02\,(1) = 20.02$$

أنموذج البرمجة الخطية(.L.P) للمسألة يكون بالصورة الآتية:

$$\text{Min} \quad Z = 15.15\,\chi_1 + 20.02\,\chi_2$$

S.T

$$\chi_1 + \chi_2 \geq 2000$$
$$\chi_1 \geq 50$$
$$\chi_2 \geq 1000$$

مثـال (1-5): شركة للزيوت تقوم بإنتاج نوعين من الشامبو، تسوق الشركة نـوعي الشـامبو إلى المنافـذ التسويقية على شكل صناديق يحتوي كل صندوق على نـوعي الشـامبو، إنتـاج أي نـوع مـن الشـامبو يحتاج إلى المرور بقسمين ، الأول يحتوي عـلى مـاكنتين والثـاني يحتـوي عـلى 3 مكـائن، إنتـاج الوحـدة الواحدة من النوع الأول من الشامبو يحتاج إلى 2 دقيقه في القسم الأول و 6 دقـائق في القسـم الثـاني وإنتاج الوحدة الواحدة من النوع الثاني من الشامبو يحتاج إلى 4 دقائق في القسـم الأول و 3 دقـائق في القسم الثاني، إن إنتاج أي نوع من أنواع الشامبو مقارنة

مع إنتاج النوع الأخر يجب إن لا يزيد على 20 وحدة يوميـا، المطلـوب تكـوين أنمـوذج برمجـه خطيه (.L.P) للحصول على أعلى عدد ممكن من صناديق الشامبو في اليوم الواحـد مـع العلـم إن كـل صندوق يحتوي على عبوة واحدة من كلا النوعين وإن ساعات العمل اليومية هي 6 ساعات.

الحـل:

متغيرات القرار هي كالآتي:

χ_1: عدد وحدات الشامبو المتوقع إنتاجها يوميا من النوع الأول

χ_2: عدد وحدات الشامبو المتوقع إنتاجها يوميا من النوع الثاني

قيود المسألة تكون بالصورة الآتية:

$(2\chi_1 + 4\chi_2)/2 \leq 6\,(60) = 360 \;\rightarrow\; \chi_1 + 2\chi_2 \leq 360$ **(القسم الأول)**

$(6\chi_1 + 3\chi_2)/3 \leq 360 \;\rightarrow\; 2\chi_1 + \chi_2 \leq 360$ **(القسم الثاني)**

$|(\chi_1 + 2\chi_2) - (2\chi_1 + \chi_2)| \leq 20 \;\rightarrow\; |-\chi_1 + \chi_2| \leq 20$

القيد الثالث هو قيد غير خطي وممكن تحويله إلى قيد خطي باستبداله بالقيدين الآتيين:

$$-X_1 + X_2 \le 20$$

$$X_1 - X_2 \le 20$$

دالة الهدف للأنموذج تمثل تعظيم عدد الصناديق اليومية وبما إن كل صندوق يحتوي على عبوة واحدة من النوع الأول من الشامبو وعبوة واحدة من النوع الثاني من الشامبو فإن عدد الصناديق يساوي العدد الأقل من نوعي الشامبو أي:

$$\text{Max } Z = \text{Min } (X_1, X_2)$$

إن دالة الهدف هي دالة غير خطية وممكن تحويلها إلى دالة خطية وكالآتي:

نفترض X_3 يمثل العدد الأقل المنتج من نوعي الشامبو أي:

$$X_3 = \text{Min } (X_1, X_2)$$

وعليه فإن:

$$X_1 \ge X_3$$

$$X_2 \ge X_3$$

وبذلك فإن دالة الهدف تصبح بالصورة الآتية:

$$\text{Max } Z = X_3$$

أنموذج البرمجة الخطية (L.P.) للمسألة يكون بالصورة الآتية:

$$\begin{aligned}
&\text{Max } Z = X_3\\
&\text{S.T}\\
&X_1 + 2X_2 \le 360\\
&2X_1 + X_2 \le 360\\
&-X_1 + X_2 \le 20\\
&X_1 - X_2 \le 20\\
&X_1 - X_3 \ge 0\\
&X_2 - X_3 \ge 0\\
&X_1, X_2, X_3 \ge 0
\end{aligned}$$

مثـــال(6-1): شركة لنقل المسافرين تمتلك نـوعين مـن السـيارات سـيارة 5 راكـب وسـيارة 11 راكـب، السيارات تعمل على خطين لنقل المسافرين مع العلم إن كل سيارة تستطيع القيام برحلة واحدة يوميا أيراد السيارة 5 راكب العاملة على الخط الأول يبلغ 5 ألف دينار والعاملة على الخـط الثـاني يبلـغ 6 ألف دينار بينما إيراد السيارة 11 راكب العاملة عـلى الخـط الأول يبلـغ 8 ألـف دينـار والعاملـة عـلى الخط الثاني يبلغ 10 ألف دينار عدد الأشخاص المتوقع إن تؤدي خدمة النقل أليهم على الخط الأول لا يتجاوز 2000 شخص بينما عدد الأشخاص المتوقع إن تؤدي خدمـة النقـل أليهم عـلى الخـط الثـاني لا يتجاوز 1500 شخص،أجرت الشركة دراسة أوضحت بأن تخصيص 10 سيارات من النوع 5 راكـب عـلى الخط الأول ممكن إن يعود على الشركة بالإيراد المطلوب ولكن في حالة تخصيص أكثر من 10 سيارات فإن ذلك ممكن إن يؤدي إلى خسارة في الإيراد مقـدارها 2 ألـف دينـار لكـل سـيارة، المطلـوب تكـوين أنموذج برمجه خطيه (.L.P) لتحديد عدد السيارات المخصصة من كل نوع على كل خط لتعظيم الإيراد اليومي للشركة.

الحـــل:

دالة الهدف للمسألة في أعلاه هي دالة غير خطية لـذلك لتكـوين أنمـوذج برمجـه خطيـه (.L.P) يجب تحويل دالة الهدف إلى دالة خطية، اللاخطيـة في دالـة الهـدف نشـأت بسـبب أيـراد السـيارة 5 راكب العاملة على الخط الأول من حيث كونها أمـا تحقـق أيـراد مقـداره 5 ألـف دينـار أو تـؤدي إلى خسارة في الإيراد مقدارها 2 ألف دينار وكما هو موضح في الشكل:(1-1)

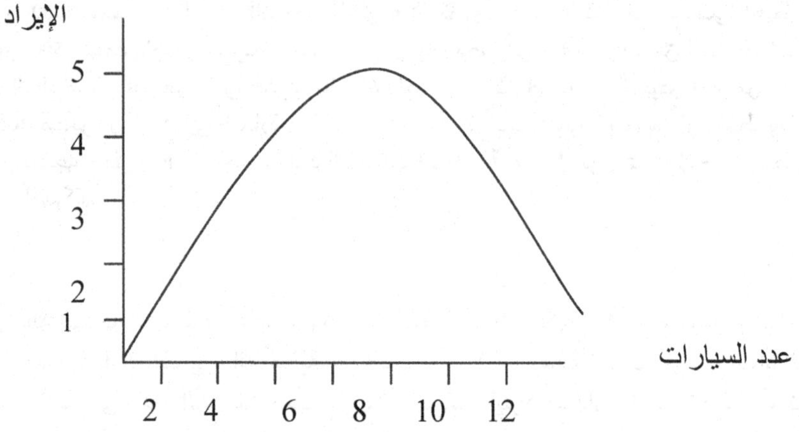

الشكل (1 – 1)

دالة الهدف تدعى الدالة الخطية الممكنة التجزئة (Piece - Wise Linear Function)
حيث إن مستوى الدالة ممكن تجزئته إلى مستويين خطيين وهما (0,10) و (10,∞) وبهذه الحالة تم تحويل دالة الهدف إلى الدالة خطية من خلال تجزئة عدد السيارات العاملة على الخط الأول(5 راكب) إلى جزئين جزء يمثل عدد السيارات التي تعود على الشركة بالإيراد وجزء يمثل عدد السيارات التي تؤدي إلى خسارة في الإيراد ولذلك فإن متغيرات القرار للمسألة هي:

X_1: عدد السيارات (5 راكب) العاملة على الخط الأول (تؤدي إلى زيادة في الإيراد)

X_2: عدد السيارات (5 راكب) العاملة على الخط الأول (تؤدي إلى خسارة في الإيراد)

X_3: عدد السيارات (11 راكب) العاملة على الخط الأول

X_4: عدد السيارات (5 راكب) العاملة على الخط الثاني

X_5: عدد السيارات (11 راكب) العاملة على الخط الثاني

أما قيود المسألة فتكون بالصورة الآتية:

$$X_1 \leq 10$$

$$5X_1+5X_2+11X_3 \leq 2000$$

$$5X_4+11X_5 \leq 1500$$

هذا بالإضافة إلى قيود عدم السالبية:

$$X_1 \geq 0 \; ; X_2 \geq 0 \; ; X_3 \geq 0 \; ; \; X_4 \geq 0 \; ; X_5 \geq 0$$

دالة الهدف للأنموذج تمثل تعظيم إيراد الشركة:

$$\text{Max } Z = 5X_1 - 2X_2 + 8X_3 + 6X_4 + 10X_5$$

وعليه فإن أنموذج البرمجة الخطية (L.P.) يكون بالصورة الآتية:

$$\text{Max } Z = 5X_1 - 2X_2 + 8X_3 + 6X_4 + 10X_5$$

S.T

$$X_1 \leq 10$$

$$5X_1 + 5X_2 + 11X_3 \leq 2000$$

$$5X_4 + 11X_5 \leq 1500$$

$$X_1, X_2, X_3, X_4, X_5 \geq 0$$

مثـــال (7-1): مكتـب للاستنسـاخ يـروم شراء 10 أجهـزة استنسـاخ، هنالـك ثلاثـة أنـواع مـن أجهـزة الاستنساخ وعلى المكتب شراء ما لا يقل عن جهازين من كل نوع، النوع الأول قادر على استنساخ 300 ورقة في الساعة والثاني قادر على استنساخ 350 ورقة في الساعة والثالث قادر على استنساخ 250 ورقة في الساعة، العمر المتوقع لجهاز الاستنساخ من النوع الأول هو 3سنوات ومن النوع الثـاني هـو 2 سـنة من النوع الثالث هو 4 سنوات، مجموع أعمار أجهزة الاستنساخ يجب إن لا يقل عـن 30 سـنة، كلفـة شراء جهاز الاستنساخ هي 1.5 ،2 ،1 مليون دينار على التـوالي للأنـواع الثلاثـة مـع العلـم إن المكتـب بإمكانه بيع جهاز الاستنساخ بعد سنة واحدة من الاستخدام بسعر 1،1 ، 0.5 مليون دينار عـلى التـوالي للأنواع الثلاثة وخطة عمل المكتب تقضي باستنسـاخ مـا لا يقـل عـن 3000 ورقـة في السـاعة الواحـدة، المطلوب تكوين أنموذج برمجه خطيه (L.P.) لتقليل كلف شراء أجهزة الاستنساخ.

الحـــل:

متغيرات القرار للمسألة تمثل عدد الأجهزة المتوقع شرائها من كل نوع من الأنواع الثلاثة وكالآتي:

X_1: عدد الأجهزة المتوقع شراءها من النوع الأول.

X_2: عدد الأجهزة المتوقع شراءها من النوع الثاني.

X_3: عدد الأجهزة المتوقع شراءها من النوع الثالث.

قيود المسألة تكون بالصورة الآتية:

(قيد عدد الأوراق المستخدمة) $300 X_1 + 350 X_2 + 250 X_3 \geq 3000$

(قيد عمر الأجهزة) $3 X_1 + 2 X_2 + 4 X_3 \geq 30$

(قيد عدد الأجهزة من النوع الأول) $X_1 \geq 2$

(قيد عدد الأجهزة من النوع الثاني) $X_2 \geq 2$

(قيد عدد الأجهزة من النوع الثالث) $X_3 \geq 2$

(قيد عدد الأجهزة الكلي) $X_1 + X_2 + X_3 = 10$

دالة الهدف للمسألة تمثل تقليل كلف الشراء للأجهزة، الكلفة الحقيقية لشراء الأجهزة هي:

الكلفة = كلفة الشراء - سعر البيع بعد سنة من الاستخدام

وعلى هذا الأساس فإن الكلف الحقيقية لشراء الأجهزة من الأنواع الثلاثة هي:

(النوع الأول / مليون دينار) $1.5 - 1 = 0.5$

(النوع الثاني / مليون دينار) $2 - 1 = 1$

(النوع الثالث / مليون دينار) $1 - 0.5 = 0.5$

ولذلك فإن دالة الهدف تكون بالصورة الآتية:

$$\text{Min} \quad Z = 0.5 X_1 + X_2 + 0.5 X_3$$

وأنموذج البرمجة الخطية (L.P.) يكون بالصيغة الآتية:

$$\text{Min} \quad Z = 0.5\,X_1 + X_2 + 0.5\,X_3$$

S.T

$$300X_1 + 350\,X_2 + 250\,X_3 \geq 3000$$

$$3X_1 + 2\,X_2 + 4\,X_3 \geq 30$$

$$X_1 + X_2 + X_3 = 10$$

$$X_1 \geq 2$$

$$X_2 \geq 2$$

$$X_3 \geq 2$$

3-1 طرائق حل البرمجة الخطية

Methods Of Linear Programming

بعد إن تم مناقشة كيفية تكوين أنموذج البرمجة الخطية (L.P.) في الفقرة السابقة فإن الخطوة التالية هي استعراض طرائق حل أنموذج البرمجة الخطية (L.P.).

1-3-1 .الحل البياني Graphical Solution

تستخدم هذه الطريقة في حالة كون أنموذج البرمجة الخطية (L.P.) يتكون من ثلاثة متغيرات فأقل وخطوات هذه الطريقة هي كالآتي:

١. تكوين رسم ثنائي البعد مع أخذ X_1 و X_2 كمحورين.

٢. تحديد قيم X_1 و X_2 المسموح بها من خلال القيود.

٣. تمثيل كل قيد في أنموذج البرمجة الخطية (L.P.) بمستقيم ومن ثم تحديد منطقة الحل الممكن.

تحدد منطقة الحل الممكن من خلال القيود في الربع الأول مع العلم إن كل من X_1 و X_2 قد تأخذ إحداثيات سالبة وفي هذه الحالة فإن المنطقة ممكن إن تكون في أي ربع من الأرباع الأربعة.

٤. بعد تحديد منطقة الحل الممكن يتم تحديد النقطة التي تعظم أو تقلل دالة الهدف والتي تمثل أحدى نقاط التطرف في المنطقة.

مثـال(1-8): بالرجوع إلى أنموذج البرمجة الخطية (.L.P) المتكون في المثال(1-1):

$$\text{Max} \quad Z = 300\chi_1 + 200\chi_2$$

S.T

$$2\chi_1 + \chi_2 \le 100$$

$$3\chi_1 + 2\chi_2 \le 120$$

$$\chi_1, \chi_2 \ge 0$$

من القيد $2\chi_1 + \chi_2 \le 100$ فإن رسم النقاط $(\chi_1$ ، $\chi_2)$ يكون بالصورة الآتية على اعتبار إن $2\chi_1 + \chi_2 = 100$

$\chi_1 = 0 \,;\, \chi_2 = 100$ (0,100)

$\chi_1 = 50 \,;\, \chi_2 = 0$ (50, 0)

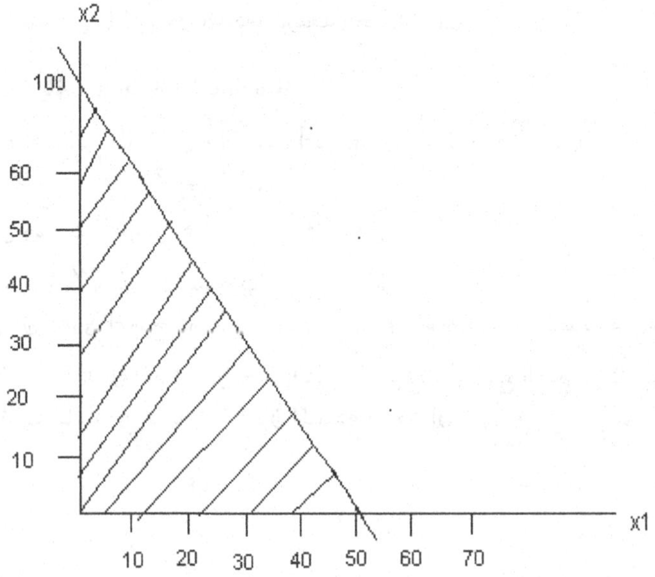

الشكل (1-2)

يلاحظ إن (χ_1,χ_2) لايمكن إن تقع إلى اليمين من المستقيم $2\chi_1 + \chi_2 = 100$ وذلك يعود إلى إن القيد هو $2\chi_1 + \chi_2 \leq 100$ لذلك فإن المساحة المظللة في الشكل (1-2) تمثل قيم (χ_1,χ_2)المسموح بها وبصورة مشابهة يتم رسم النقاط (χ_1,χ_2) التي تمثل القيد $3\chi_1 + 2\chi_2 \leq 120$ بحيث $3\chi_1 + 2\chi_2 = 120$ ، الشكل (1-3) يمثل منطقة الحل الممكن لقيم (χ_1, χ_2) والتي تؤدي إلى تعظيم دالة الهدف.

$$3\chi_1 + 2\chi_2 = 120$$

$\chi_1 = 0 ; \chi_2 = 60$ (0,60)

$\chi_1 = 40 ; \chi_2 = 0$ (40, 0)

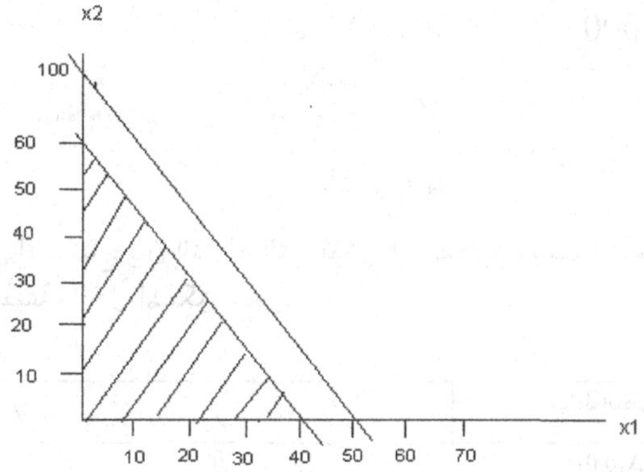

الشكل(1-3)

المرحلة الأخيرة هي تحديد النقطة التي تعظم دالة الهدف وهي مبنية على الأساس الأتي:

لنفترض إن قيمة Z هي $Z = 4000 = 300\,\chi_1 + 200\,\chi_2$ وبرسم المستقيم $300\,\chi_1 + 200\,\chi_2 = 4000$ نلاحظ إن المستقيم يقع ضمن منطقة الحل الممكن كما موضح في الشكل (1-4) لذلك سوف يتم تجريب قيمة لـ Z اكبر من القيمة السابقة ولتكن $Z = 6000 = 300\chi_1 + 200\,\chi_2$ وبرسم المستقيم $300\chi_1 + 200\,\chi_2 = 6000$ نلاحظ إن المستقيم يقع ضمن منطقة الحل الممكن، يلاحظ إن المستقيم الذي يعطي

قيمة اكبر لـ Z يكون أكثر ارتفاعا وأكثر بعدا عن نقطة الأصل من المستقيم الأول وإن كلا من المستقيمين متوازيين وكما هو موضح بالشكل (1-4):

$$2\chi_1 + \chi_2 = 100$$

$$3\chi_1 + 2\chi_2 = 120$$

$$300\chi_1 + 200\chi_2 = 6000$$

$$300\chi_1 + 200\chi_2 = 4000$$

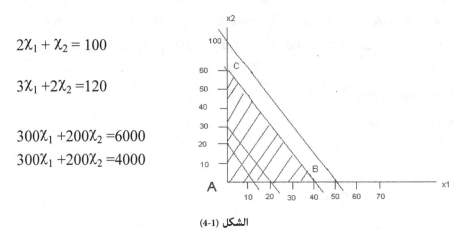

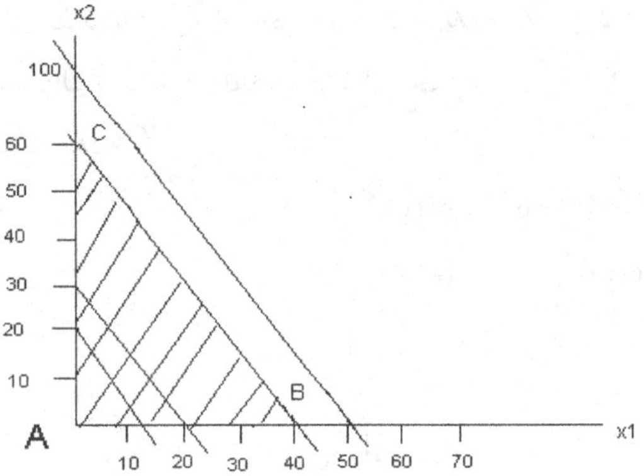

الشكل (1-4)

وعليه يمكن الاستنتاج بأن النقطة التي تؤدي إلى تعظيم قيمة Z سوف تكون أحدى النقاط التي تمثل زوايا منطقة الحل الممكن وهي:

نقاط التطرف	$Z = 300\chi_1 + 200\chi_2$
A(0،0)	0
B (40،0)	12000
C(0،60)	12000

نلاحظ إن هنالك نقطتين تؤدي إلى تعظيم قيمة Z وهما:

$$\chi_1 = 40, \chi_2 = 0 \quad \text{or} \quad \chi_1 = 0, \chi_2 = 60 ; Z = 12000$$

هذا يعني إن أقصى ربح أسبوعي يستطيع المعمل الحصول عليه هو 12000 دينار وهو ينتج في حالتين أما إنتاج 40 حقيبة من النوع A وعدم إنتاج أي حقيبة من النوع B أو إنتاج ٦٠ حقيبة من النوع B وعدم إنتاج أي حقيبة من النوع A أسبوعيا.

مثـال (1-9): بالرجوع إلى أنموذج البرمجة الخطية (.L.P) المتكون في المثال (1-2):

$$\text{Max} \quad Z = 20\chi_1 + 25\chi_2$$

S.T

$$2\chi_1 + 3\chi_2 \le 40$$

$$\chi_1 + 2\chi_2 \le 20$$

$$3\chi_1 + \chi_2 \le 30$$

$$\chi_1, \chi_2 \ge 0$$

تحديد قيم (χ_1,χ_2) المسموح بها من خلال القيود موضحة بالشكل (1-5):

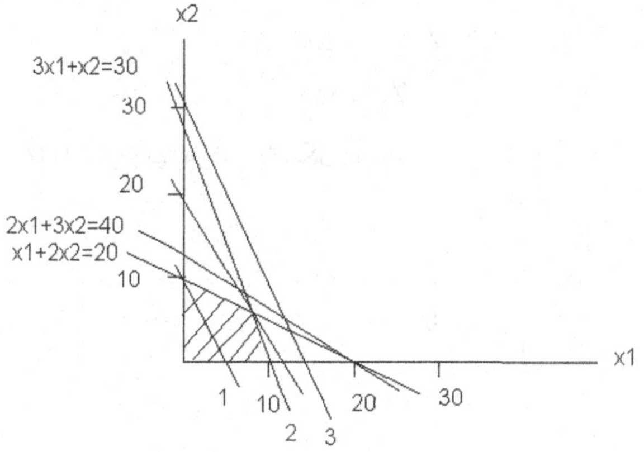

الشكل (1-5)

إن المنطقة المظللة في الشكل (1-5) هي منطقة الحل الممكن ولتحديد النقطة التي تؤدي إلى تعظيم دالة الهدف نلاحظ إن المستقيم (1) يقع داخل منطقة الحل الممكن أي إنه يمتلك عدة نقاط لـ (χ_1,χ_2) داخل هذه المنطقة بينما المستقيم (3) يقع خارج منطقة الحل الممكن أي إنه لا يمتلك أي نقطة داخل هذه المنطقة أما المستقيم (2) فإنه يمتلك نقطة واحدة تمر بأحد زوايا منطقة الحل الممكن وهي النقطة (8,6) والتي تؤدي إلى تعظيم قيمة Z حيث إن المستقيم (2) هو أكثر ارتفاعا وأكثر بعدا عن نقطة الأصل من المستقيم (1) ولذلك فإن الحل الأمثل هو

$$\chi_1 = 8, \; \chi_2 = 6, \quad Z = 310$$

هذا يعني تعظيم الربح اليومي للشركة يبلغ 310 دينار وذلك بإنتاج 8 وحدات من النوع A و 6 وحدات من النوع B يوميا.

من المثالين السابقين نلاحظ إن نقطة الحل الأمثل تمثل أحدى زوايا منطقة الحل الممكن والتي تسمى نقاط التطرف والتي تقع على تقاط المستقيمات المحددة لمنطقة الحل الممكن.

مثـــال (1-10): في المثالين السابقين تم استعراض كيفية التوصل إلى حل أنموذج البرمجة الخطية (.L.P) بوساطة الطريقة البيانية في حالة كون الأنموذج يمثل مسألة تعظيم ، في هذا المثال سوف يتم إيضاح طريقة الحل في حالة كون المسألة تمثل مسألة تقليل Min، بالرجوع إلى أنموذج البرمجة الخطية (.L.P) المتكون في المثال (1-4):

$$\text{Min} \quad Z = 15.15\, X_1 + 20.02\, X_2$$

$$\text{S.T}$$

$$X_1 + X_2 \geq 2000$$

$$X_1 \geq 500$$

$$X_2 \geq 1000$$

تحديد قيم (X_1, X_2) المسموح بها موضح بالشكل (1-6):

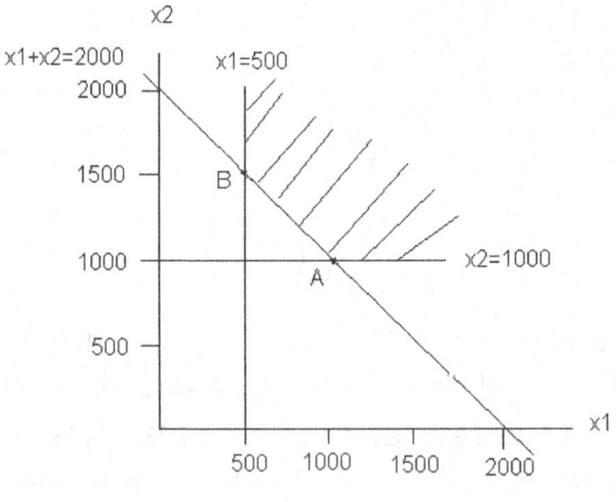

الشكل (1-6)

يلاحظ إن منطقة الحل الممكن هي غير محددة أي إن X_1 X_2، ممكن إن تأخذ قيم كبيرة والسبب في ذلك يعود إلى وجود حدود دنيا لـ X_1، X_2 من خلال القيود وعدم وجود حدود عليا لها . إن منطقة الحل الممكن لا يمكن إن تقع على يسار المستقيمات والسبب في ذلك يعود إلى إن قيود أنموذج البرمجة الخطية (L.P.) هي من نوع أكبر أو يساوي.

النقطة التي تمثل تقليل قيمة دالة الهدف هي أما A أو B حيث:

A (1000،1000) = 35170

B (500، 1500) = 37605

وعلى هذا الأساس فإن الحل الأمثل هو:

$$X_1 = 1000 \text{ ، } X_2 = 1000 \text{ ، } Z= 35170$$

هذا يعني إن تقليل كلفة الإنتاج اليومي للشركة تبلغ 35170 دينار في حالة إنتاج 1000 وحدة لكل نوع من أنواع القيمر.

مثـــال (11-1):أوجد الحل الأمثل لأنموذج البرمجة الخطية (L.P.) الآتي باستخدام الطريقة البيانية

$$\text{Max} \quad Z = 2X_1 + 5X_2 + 4X_3$$

S.T

$$X_1 + 2X_2 + X_3 \leq 4$$

$$X_1 + 2X_2 + 2X_3 \leq 6$$

$$X_1, X_2, X_3 \geq 0$$

الحـل: تمثيل القيد $X_1 + 2X_2 + X_3 = 4$ بالرسم موضح بالشكل(1-7):

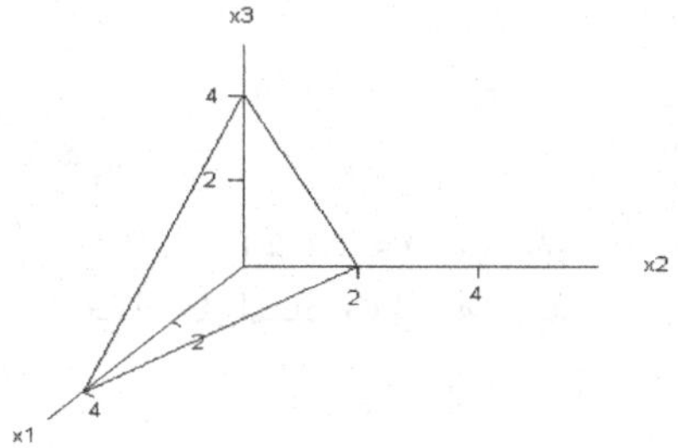

الشكل (1-7)

من خلال تمثيل القيد $x_1 + 2x_2 + 2x_3 = 6$ بالرسم تتكون منطقة الحل الممكن والموضحة بالشكل (8-1):

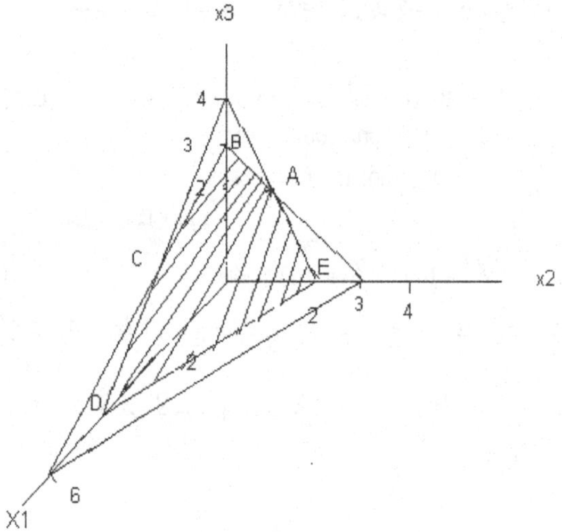

الشكل (8-1)

إيجاد النقطة A يتم من خلال حل المعادلات الآتية سوية:

$$x_1 = 0$$
$$x_1 + 2x_2 + x_3 = 4$$
$$x_1 + 2x_2 + 2x_3 = 6$$

وعليه فإن قيمة النقطة A هي:

$$(x_1, x_2, x_3) = (0, 1, 2)$$

أما أيجاد النقطة C فيتم من خلال حل المعادلات الآتية سوية:

$$x_2 = 0$$
$$x_1 + 2x_2 + x_3 = 4$$
$$x_1 + 2x_2 + 2x_3 = 6$$

وعليه فإن قيمة النقطة C هي:

$$(x_1, x_2, x_3) = (2, 0, 2)$$

قيمة تعظيم الدالة Z للنقاط التي تمثل زوايا منطقة الحل الممكن هي:

نقاط التطرف	$Z = 2X_1 + 5X_2 + 4X_3$
A(0، 1، 2)	13
B(0، 0، 3)	12
C(2،0، 2)	12
D(4، 0،0)	8
E(0،2،0)	10

لذلك فإن الحل الأمثل يتمثل بالنقطة A أي:

$X_1 = 0$ ، $X_2 = 1$ ، $X_3 = 2$ ، $Z = 13$

1-1-3-1: تعدد الحلول المثلى Multiple Optimal Solution

يمتلك أنموذج البرمجة الخطية (L.P.) نوعين من الحلول وهما الحل الممكن (feasible solution) وهو عبارة عن حل يحقق كل قيود أنموذج البرمجة الخطية (L.P.) ولكنه لا يمثل أفضل حل ممكن الحصول عليه ومجموع كل الحلول الممكنة تدعى منطقة الحل الممكن أو منطقة الحلول الممكنة (feasible solutions region) والنوع الثاني من الحلول يدعى الحل الأمثل (optimal solution) وهو يمثل أفضل حل ممكن الحصول عليه. لكل أنموذج برمجه خطية (L.P.) حل أمثل واحد ولكن في بعض الحالات يظهر هنالك حلين أو أكثر لأنموذج البرمجة الخطية (L.P.) وتظهر هذه الحالة عندما يوازي مستقيم دالة الهدف مستقيم أحد قيود أنموذج البرمجة الخطية (L.P.)، بالرجوع إلى المثال (1-8) نلاحظ إن مستقيم دالة الهدف عندما Z =4000أو Z = 6000 يوازي مستقيم أحد القيود وبالتالي فإن مستقيم دالة الهدف عندما Z تأخذ أمثل قيمة سوف ينطبق على المستقيم الذي يمثل القيد وبهذا فإن أي نقطة تقع على المستقيم ستمثل حل أمثل للمسألة وإن تعدد الحلول المثلى لأنموذج البرمجة الخطية (L.P.) يوفر عدة خطط إنتاجية أي إنه يعطي مرونة لمتخذ القرار(انظر المثال (1-19))

1-3-1-2: الحلول غير المحدودة Unbounded Solution

لنفترض أنموذج البرمجة الخطية (.L.P) الآتي:

$$\text{Max} \quad Z = 3X_1 + 6X_2$$

S.T

$$6X_1 + 2X_2 \geq 12$$

$$X_2 \leq 4$$

$$X_1, X_2 \geq 0$$

حل الأنموذج في أعلاه موضح بالشكل (1-9):

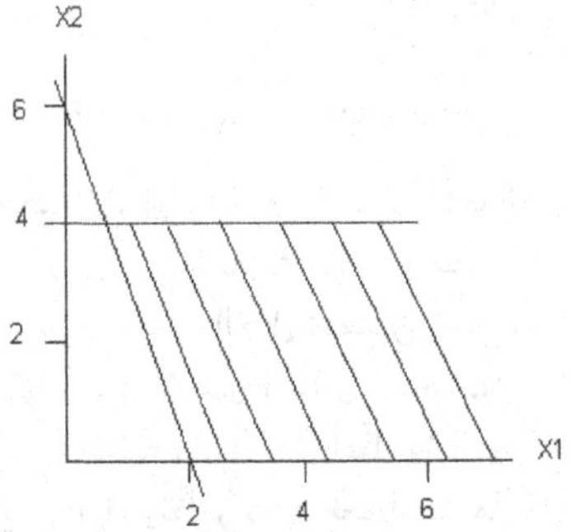

الشكل (1-9)

من الشكل (1-9) نلاحظ إن منطقة الحل الممكن هي منطقة مفتوحة أي إننا كلما ابتعدنا عن نقطة الأصل سوف نحصل على حل أفضل وهذا ما يطلق عليه بالحل غير المحدد (أنظر المثالين (١-١٠) و (1-22)).

1-3-1-3 عدم وجود حلول مقبولة **No Feasible Solution**

لنفترض أنموذج البرمجة الخطية (.L.P) الآتي.

$$\text{Max} \quad Z = X_1 + 4X_2$$

S.T

$$5X_1 + 5X_2 \leq 20$$

$$X_2 \geq 6$$

$$X_1, X_2 \geq 0$$

حل الأنموذج في أعلاه وفق الطريقة البيانية يكون كالآتي:

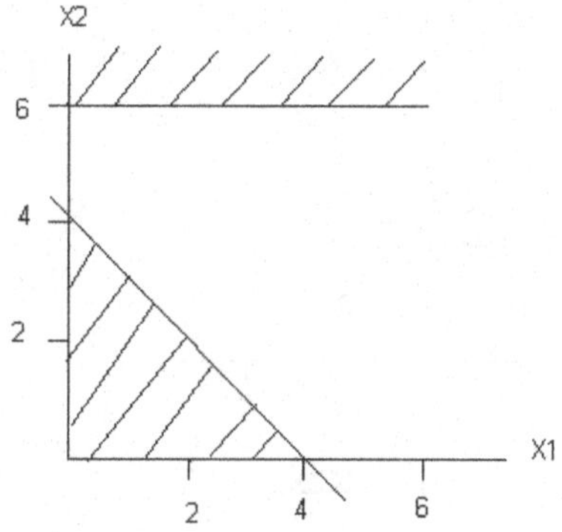

الشكل (1 - 10)

يلاحظ من الشكل (1-10) عدم وجود منطقة حل ممكن مشتركة بين القيدين وهذا يعني عدم وجود حل وهذه المشكلة تظهر جليا في حالة كون المواد المتوفرة لا تكفي لسد احتياجات القيمة الدنيا لواحد أو أكثر من متغيرات القرار، ففي المثال أعلاه القيمة الدنيا لـ X_2 هي 6 والقيمة الدنيا لـ X_1 هي صفر وبتعويض هاتين القيمتين في القيد الأول فإن ذلك يؤدي إلى عدم تحقيق القيد لأن كمية الموارد المتوفرة 20 هي غير كافية.

4-1-3-1 الانحلال Degeneracy

نفترض أنموذج البرمجة الخطية (.L.P) الآتي:

$$\text{Max} \quad Z = 5X_1 + 2X_2$$

S.T

$$4X_1 + 2X_2 \le 8$$

$$2X_1 + 3X_2 \le 12$$

$$X_1, X_2 \ge 0$$

حل الأنموذج في أعلاه وفق الطريقة البيانية موضح بالشكل (1-11):

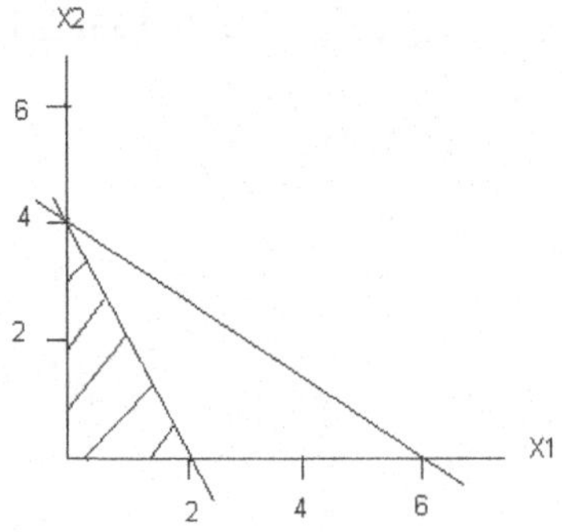

الشكل (1-11)

الحل الأمثل هو:

$$\chi_1 = 2 ، \chi_2 = 0 ، Z = 10$$

وهو يدعى حل منحل لأن عدد المتغيرات في الحل الأمثل والتي قيمتها أكبر من الصفر هي أقل من عدد قيود أنموذج البرمجة الخطية (L.P.) (أنظر المثال (1-21)).

1-3-2: طريقة السمبلكس The Simplex Method

يمثل أسلوب هذه الطريقة الأسلوب العام المتبع لحل مسائل البرمجة الخطية (L.P.) حيث إنها تعتبر طريقة كفوءة جدا وتستعمل في حل المسائل الصغيرة والكبيرة بالاستعانة بالحاسبات الالكترونية، قبل الدخول في تفاصيل هذه الطريقة لا بد لنا إن نتعرف أولا على بعض المفاهيم الأساسية التي لها صلة مباشرة بهذه الطريقة.

1-3-2-1: الصيغة القياسية Standard Form

إن التعامل مع المعادلات أفضل بكثير من التعامل مع علاقات اللامساواة (المتباينات) لذلك فإن الخطوة الأولى في طريقة السمبلكس تحويل قيود اللامساواة إلى قيود مساواة مكافئه وهذا ما

يدعى بالصيغه القياسية، الصيغة القياسية في مسائل البرمجة الخطية (L.P.) المتكونة من m من القيود و n من متغيرات القرار تكون بالصورة الآتية:

$$\text{Max or Min} \quad Z = c_1 X_1 + c_2 X_2 + \text{------------} + c_n X_n$$

S.T

$$a_{11} X_1 + a_{12} X_2 + \text{------------} + a_{1n} X_n = b_1$$

$$a_{21} X_1 + a_{22} X_2 + \text{----------} + a_{2n} X_n = b_2$$

$$\vdots$$

$$a_{m1} X_1 + a_{m2} X_2 + \text{------------} + a_{mn} X_n = b_m$$

$$X_1, X_2, \text{---------------}, X_n \geq 0$$

$$b_1, b_2, \text{--------------}, b_m \geq 0$$

حيث إن:

X: متغيرات القرار لأنموذج البرمجة الخطية (L.P.) والتي تمثل ألفعاليات.

c_j, b_i, a_{ij} : معاملات الأنموذج حيث (c_j) تمثل ربح أو كلفة الوحدة الواحدة من ألفعاليات و(b_i) تمثل كمية الموارد المتوفرة و(a_{ij}) تمثل مقدار ما تتطلبه الفعالية الواحدة (j)من الموارد (i)

من أنموذج البرمجة الخطية (L.P.) في أعلاه والذي يمثل الصيغة القياسية نلاحظ إن:

١. دالة الهدف ممكن إن تكون تعظيم أو تقليل.
٢. كل القيود يعبر عنها بصيغة المساواة.
٣. متغيرات القرار هي عبارة عن متغيرات غير سالبة.
٤. الجانب الأيمن من القيود يكون غير سالب.

إن الصيغة القياسية ممكن إن يعبر عنها بصيغة مصفوفات وكالآتي:

$$\text{Max or Min} \quad Z = CX$$

S.T

$$AX = b$$

$$X \geq 0$$

$$b \geq 0$$

حيث إن:

$$A(m*n) = \begin{pmatrix} a_{11} & a_{12} \cdots\cdots & a_{1n} \\ a_{21} & a_{22} \cdots\cdots & a_{2n} \\ \vdots & & \vdots \\ a_{m1} & a_{m2} & a_{mn} \end{pmatrix} \quad X(n*1) = \begin{pmatrix} \chi_1 \\ \chi_2 \\ \vdots \\ \chi_n \end{pmatrix}$$

$$b(m*1) = \begin{pmatrix} b_1 \\ b_2 \\ \vdots \\ b_m \end{pmatrix}; \qquad C(1*n) = (c_1 \quad c_2 \cdots\cdots c_n)$$

إن عملية تحويل قيود اللامساواة إلى قيود مساواة يتم بوساطة إدخال متغيرات جديدة تمثل الفرق بين الجانب الأيمن والجانب الأيسر لكل قيد وهذه المتغيرات تدعى بالمتغيرات الوهمية أو الوهمية (slack or surplus variables) وهي عبارة عن متغيرات غير سالبة.

مثـــال (12-1): حول أنموذج البرمجة الخطية(.L.P) الآتي إلى الصيغة القياسية:

$$\text{Min} \quad Z = 2\chi_1 + 4\chi_2 + \chi_3$$

$$\text{S.T}$$

$$\chi_1 + \chi_2 + 4\chi_3 \le 20$$

$$2\chi_1 + 3\chi_2 + \chi_3 \ge 6$$

$$-\chi_1 + \chi_2 - 2\chi_3 = -2$$

$$\chi_1, \chi_2, \chi_3 \ge 0$$

الحـــــل:

تحويل الأنموذج في أعلاه إلى الصيغة القياسية يتم وفق الخطوات الآتية:

١. ضرب طرفي القيد الثالث بـ (١-).

٢. إدخال المتغيرات الوهمية χ_4، χ_5 إلى القيدين الأول والثاني.

٣. تم تخصيص كلف مقدارها صفر للمتغيرين X_5،X_4 لذلك فإن دالة الهدف تبقى على حالها

$$\text{Min} \quad Z = 2X_1 + 4X_2 + X_3$$

S.T

$$X_1 + X_2 + 4X_3 + X_4 = 20$$

$$2X_1 + 3X_2 + X_3 - X_5 = 6$$

$$X_1 - X_2 + 2X_3 = 2$$

$$X_1, X_2, X_3, X_4, X_5 \geq 0$$

2-2-3-1 : أنظمة الحل للمساواة الخطية

Solving System of Linear Equations

أنظمة المعادلات الخطية لتعظيم أو تقليل دالة الهدف ممكن التوصل إلى حلها بوساطة أسلوب **گاوس- جوردن** Gauss- Jordan الموضح وفق المثال الأتي:

مثــال (1-13):

$$X_1 - 2X_2 + X_3 - 4X_4 + 2X_5 = 2 \ldots\ldots\ldots(1\text{-}1)$$

$$X_1 - X_2 - X_3 - 3X_4 - X_5 = 4 \ldots\ldots\ldots(2\text{-}1)$$

الحــل:

النظام يملك أكثر من حل وحساب كل الحلول الممكنة للنظام يدعى مجموعة الحلول الممكنة وحل أي نظام يتم من خلال أيجاد النظام المكافئ له الذي نستطيع من خلاله التوصل إلى الحل بسهولة، إن حل النظام المكافئ يمثل أوتوماتيكيا الحل للنظام الأصلي والعكس صحيح والحصول على النظام المكافئ يتم من خلال:

١. ضرب أي معادلة في النظام برقم موجب أو سالب.

٢. إضافة أي معادلة إلى أي معادلة أخرى في النظام.

ولذلك بضرب المعادلة (١-١) بـ (-١) وأضافتها إلى المعادلة (1-2) نحصل على النظام المكافئ وكالآتي:

$$X_1 - 2X_2 + X_3 - 4X_4 + 2X_5 = 2 \ldots\ldots(3\text{-}1)$$

$$X_2 - 2X_3 + X_4 - 3X_5 = 2 \ldots\ldots(4\text{-}1)$$

وممكن الحصول على نظام مكافئ أخر بوساطة ضرب المعادلة (1-4) بـ (2) وأضافتها إلى المعادلة (1-3):

$$X_1 - 3X_3 - 2X_4 - 4X_5 = 6 \ldots\ldots(5\text{-}1)$$

$$X_2 - 2X_3 + X_4 - 3X_5 = 2 \ldots\ldots(6\text{-}1)$$

النظام في أعلاه يملك العديد من الحلول الممكنة فمثلا إذا أخذ $X_3 = X_4 = X_5 = 0$ نحصل على $X_1 = 6$ و $X_2 = 2$ وهذا الحل يمثل حل لكل الأنظمة، وهنالك حلول أخرى ممكن الحصول عليها بوساطة اختيار قيم لـ X_3 ، X_4، X_5 ومن ثم أيجاد قيم X_1، X_2 من المعادلتين (1-5)، (1-6) الأنظمة في أعلاه تدعى الأنظمة العامة، النظام العام المكافئ الأول تم الحصول عليه بوساطة استبعاد معاملات X_1، X_2 من (1-2) و (1-1) على التوالي، المتغيرات X_1، X_2 تسمى متغيرات أساسية (basic variables) وهي تلك المتغيرات التي يتم استبعاد معاملاتها بوساطة عمليات الضرب أو الإضافة أو غيرها وبتعبير أخر فإن المتغير الأساسي لمعادلة ما هو المتغير الذي تكون قيمة معامله تساوي واحد في المعادلة وصفر في بقية المعادلات.

3-2-3-1: الحلول الممكنة الأساسية Basic Feasible Solution

الحل الذي يتم الحصول عليه من النظام العام بوساطة أخذ قيم صفرية للمتغيرات غير الأساسية وحل المتغيرات الأساسية يسمى الحل الأساسي(basic solution)، هنالك عدة حلول أساسية حيث إن أي متغيرين ممكن اختيارهم كمتغيرات أساسية فمثلا المثال (1-13) يملك 10 حلول أساسية وكالآتي:

$$\binom{5}{2} = \frac{5!}{2!\ 3!} = 10$$

وبصورة عامة فإن عدد الحلول الأساسية للبرنامج الخطي القياسي بـ n من المتغيرات و m من القيود هو:

$$\begin{bmatrix} n \\ m \end{bmatrix} = \frac{n!}{m!\,(n-m)!}$$

4-2-3-1: معالجة المتغيرات غير المقيدة بإشارة

Handling Variables Unrestricted In Sign

في بعض الحالات يكون من الضروري إدخال متغيرات ممكن إن تكون موجبة أو سالبة وكما هو موضح بالأمثلة الآتية.

مثـــال(14-1): بالرجوع إلى المثال (2-1) مع فرض إن الشركة تقوم بإنتاج المنتوج (A) وترغب في إنتاج منتـوج أخـر من المواد الغذائية هو (B) لذلك فإن X_1 يمثل الزيادة في معدل إنتاج المنتوج (A)لـذلك فـإن X_1 ممكـن إن يأخـذ قيمة سالبة وهذا يعني تخفيض معدل إنتاج المنتوج (A) ليتوافر لنا إنتاج كمية أكبر مـن المنتـوج (B) الـذي يكـون أكثر ربحا لذلك فإن أنموذج البرمجة الخطي(L.P.) يكون بالصورة الآتية على فرض إن الإنتـاج الحـالي للمنتـوج (A) هو 8:

$$\text{Max} \quad Z = 20X_1 + 25X_2$$

S.T

$$2X_1 + 3X_2 \le 40$$

$$X_1 + 2X_2 \le 20$$

$$3X_1 + 2X_2 \le 30$$

$$X_1 \ge -8$$

$$X_2 \ge 0$$

الحـــل:

تحويل القيد $X_1 \ge -8$ إلى قيد انعدام السالبية يكون بإدخال متغير بحيث :

$$X_3 = X_1 + 8$$

وللحصول على الأنموذج المكافئ لأنموذج البرمجة الخطية (L.P.) نعوض عن كل X_1 بـ $X_3 - 8$:

$$\text{Max} \quad Z = 20(X_3 - 8) + 25X_2$$

S.T

$$2(X_3 - 8) + 3X_2 \le 40$$

$$X_3 - 8 + 2X_2 \le 20$$

$$3(X_3 - 8) + 2X_2 \le 30$$

$$X_3 - 8 \ge -8$$

$$X_2 \ge 0$$

لذلك فإن الصيغة النهائية لأنموذج البرمجة الخطية (L.P.) تكون بالصورة الآتية:

$$\text{Max} \quad Z = 25X_2 + 20X_3 - 160$$

S.T

$$3X_2 + 2X_3 \le 56$$

$$2X_2 + X_3 \le 28$$

$$2X_2 + 3X_3 \le 54$$

$$X_3 \ge 0$$

$$X_2 \ge 0$$

هنالك حالة أخرى للمتغير غير المقيد بإشارة عند عدم وجود حد أدنى لهذا المتغير وكما موضح في المثال الآتي:

مثال (1-15): بالرجوع إلى المثال (1-14) مع افتراض عدم وجود القيد $X_1 \ge -8$ أي إن الأنموذج يكون بالصيغة الآتية:

$$\text{Max} \quad Z = 20X_1 + 25X_2$$

S.T

$$2X_1 + 3X_2 \le 40$$

$$X_1 + 2X_2 \le 20$$

$$3X_1 + 2X_2 \le 30$$

$$X_2 \ge 0$$

X_1 unrestricted in sign

الحـــل:

المتغير X_1 ممكن إن يأخذ قيمة سالبة أو موجبة وممكن إن يشار أليه في الأنمـوذج وممكـن إن لا يشار إلى ذلك ولكنه يفهم ضمنا عند عدم وجود قيد حد أدنى للمتغير بحيث الحد الأدنى يكون أكـبر أو يساوي صفر.

معالجة المتغير X_1 يكون باستبداله بمتغيرين غير سالبه بحيث:

$$X_1 = X_3 - X_4$$

إن حاصل طرح المتغيرين $(X_3 - X_4)$ممكن إن يكون موجب وممكن إن يكون سالب ولـذلك فـإن تعويض حاصل طرح المتغيرين بدل المتغير الأصلي هـو تعـويض منطقـي وعليـه فـإن أنمـوذج البرمجـة الخطية (.L.P) يصبح بالصيغة الآتية:

$$\text{Max} \quad Z = 25X_2 + 20X_3 - 20X_4$$

$$\text{S.T}$$

$$3X_2 + 2X_3 - 2X_4 \leq 40$$

$$2X_2 + X_3 - X_4 \leq 20$$

$$2X_2 + 3X_3 - 3X_4 \leq 30$$

$$X_2, X_3, X_4 \geq 0$$

إن أي حل أساسي للأنموذج في أعلاه يتطلب أما $X_3 = 0$ أو $X_4 = 0$ أو كلاهما معا بحيث:

$$X_3 = \begin{cases} X_1 & \text{IF } X_1 \geq 0 \\ 0 & \text{O.W} \end{cases}$$

$$X_4 = \begin{cases} |X_1| & \text{IF } X_1 \leq 0 \\ 0 & \text{O.W} \end{cases}$$

الطريقة السابقة في معالجة المتغيرات غير المقيدة بإشارة في حال استعمالها على أنمـوذج برمجـة خطية (.L.P) يتكون من عدد غير قليل من المتغيرات غير المقيدة بإشارة

فإن ذلك يؤدي إلى زيادة عدد المتغيرات وللتغلب على هذه المشكلة يتم استبدال كل متغير غير مقيد بإشارة مثل X_j بالآتي:

$$X_j = X'_j - X''$$

- حيث إن X'' هو المتغير نفسه لكل قيم j ، التي تمثل المتغيرات غير المقيدة بإشارة حيث إن X'' تمثل قيمة المتغير الأصلي الأكبر سالبية و X'_j هي القيمة التي يتعدى بها X_j هذه القيمة.

5-2-3-1: أساسيات طريقة السمبلكس Principles Of the Simplex Method

طريقة السمبلكس طورت بوساطة G.B.Dantzig عام 1947 لحل مسألة البرمجة الخطية (L.P.) المعبر عنها بالصيغة القياسية حسب الخطوات الآتية:

١. استخراج الحل الأساسي الأولي من الصيغة العامة.

٢. تطوير الحل الأولي إذا كان ذلك ممكن بوساطة إيجاد حل أساسي أخر بقيمة دالة هدف أفضل.

٣. نستمر بإيجاد الحلول الممكنة الأساسية إلى إن نحصل على حل ممكن أساسي لايمكن تطويره فيصبح هو الحل الأمثل (optimal solution).

مثال (16-1): أوجد الحل الأمثل لأنموذج البرمجة الخطية (L.P.) الأتي:

$$\text{Max} \quad Z = 15X_1 + X_2 + 3X_3 + X_4$$

S.T

$$X_1 + 3X_2 + X_3 = 10 \quad \ldots\ldots\ldots(7\text{-}1)$$

$$2X_1 + X_2 + X_4 = 12 \quad \ldots\ldots\ldots(8\text{-}1)$$

$$X_1, X_2, X_3, X_4 \geq 0$$

الحل:

المسألة في أعلاه بالصيغة القياسية وبما إن معامل X_3 في المعادلة (7-1) هو (١) وصفر في المعادلة (8-1) لذلك فهو عبارة عن متغير أساسي وكذلك المتغير X_4 الذي يظهر فقط في المعادلة (8-1) بمعامل مقداره (١).

الحل الأساسي للنظام العام بوجود X_3، X_4 كمتغيرات أساسية هو:

$$X_1 = X_2 = 0 \;;\; X_3 = 10 \;;\; X_4 = 12$$

الحل في أعلاه هو كذلك حل ممكن أساسي وقيمة دالة الهدف هي:

$$Z = 15(0) + 0 + 3(10) + 12 = 42$$

طريقة السمبلكس تعمل على إيجاد حل ممكن أساسي أخر أفضل من الحل الأول وذلك بتحويل واحد من المتغيرات الأساسية إلى متغير غير أساسي، في أي حل ممكن أساسي المتغيرات الأساسية تفرض موجبة بينما غير الأساسية تكون صفر ولذلك فإن تحويل متغير غير أساسي إلى متغير أساسي يعني زيادة في قيمته عن الصفر لتصبح موجبة والاختيار يستند على التطور الحاصل في قيمة Z الناتج من زيادة المتغير غير الأساسي وحدة واحدة وللتوضيح نفترض الزيادة في المتغير غير الأساسي X_1 من الصفر إلى وحدة واحدة وتأثير هذه الزيادة على دالة الهدف لذلك فإن المعادلات (1-7) و (1-8) تتحول إلى:

$$X_1 + X_3 = 10 \;\ldots\ldots\ldots(9\text{-}1)$$

$$2X_1 + X_4 = 12 \;\ldots\ldots\ldots(10\text{-}1)$$

زيادة X_1 وحدة واحدة تؤدي إلى تناقص قيمة X_3 وحدة واحدة لتصبح (9) لكي تتحقق المعادلة (1-9) وكذلك تؤدي إلى تناقص قيمة X_4 وحدتين لتصبح (10) لكي تتحقق المعادلة (1-10)، أذن الحل الجديد هو:

$$X_1 = 1 ،\; X_2 = 0 ،\; X_3 = 9 ،\; X_4 = 10$$

$$Z = 15(1) + 0 + 3(9) + 10 = 52$$

التغير في قيمة Z الناتج من زيادة وحدة واحدة من X_1 هو:

التغير= قيمة Z الجديدة - قيمة Zالقديمة

= ٥٢-٤٢=١٠

هذه القيمة تدعى الربح النسبي (relative profit) للمتغير غير الأساسي X_1 بما إن الربح النسبي لـ X_1 موجب فإن هذا يعني قيمة دالة الهدف تتزايد نتيجة لزيادة X_1

وعليه فإن الحل الممكن الأساس الأول هو حل غير أمثل، حيث إن زيادة وحدة واحدة من χ_1 تؤدي إلى زيادة قيمة دالة الهدف (10) وحدات، إن زيادة χ_1 تكون محددة حيث إن الزيادة يجب إن لا تتجاوز (10) وحدات لأن ذلك يؤدي إلى إن χ_3 يأخذ قيمة سالبة حسب المعادلة (1-9)، كما إنها يجب إن لا تتجاوز (6) وحدات لأن ذلك يؤدي إلى إن المتغير χ_4 يأخذ قيمة سالبة حسب المعادلة (1-10) لذلك فإن الزيادة في χ_1 هي

$$\chi_1 = \text{Min}\ \{ 10، 6 \} = 6$$

هنالك حالات تكون فيها الزيادة في المتغيرات غير الأساسية لا تحددها المتغيرات الأساسية وهذا يظهر جليا عندما يكون معامل المتغير غير الأساسي في القيد صفر أو سالب.

زيادة وحدة واحدة في χ_1 تؤدي إلى زيادة في Z مقدارها (10) وأعلى قيمة ممكن إن يأخذها χ_1 هي (6) لذلك فإن الزيادة الصافية في Z هي:

$$10\ (6) = 60$$

وهذا يؤدي إلى إن المتغير χ_1 يصبح أساسي بينما المتغير χ_4 يصبح غير أساسي حسب المعادلة (1-10) ولذلك فإن الحل هو:

$$\chi_1 = 6،\ \chi_2 = 0،\ \chi_3 = 4،\ \chi_4 = 0$$

$$Z = 15(6) + 0 + 3(4) + 0 = 102$$

الحل في أعلاه والذي يمثل حل أفضل من الحل الممكن الأساسي الأولي تم الحصول عليه بوساطة عمليه المحور (pivot operation) للمتغير χ_1 التي تتضمن ضرب المعادلة (1-8) بـ (1/2-) ومن ثم إضافتها إلى المعادلة (1-7) وكذلك قسمة المعادلة (1-8) على (2) وبهذا يكون معامل χ_1 في (1-7) صفر وفي (1-8) واحد أي يصبح متغير أساسي، لذلك فإن طريقة السمبلكس تستخدم لمعرفة هل الحل الممكن الأساسي هو أمثل أم لا من خلال حساب الأرباح النسبية لكل المتغيرات غير الأساسية وفي حالة ظهور قيم موجبة فإن هذا يعني إن الحل غير أمثل(إذا كانت دالة

الهدف دالة تعظيم) إما إذا كانت الأرباح النسبية صفر أو سالب فإن هذا يعني إن الحل أمثل وهذا ما يدعى بشروط الأمثلية (Condition of optimality).

6-2-3-1 :طريقة السمبلكس بصيغة الجداول

Simplex Method In Tableau Form

في المقطع السابق تم وصف أساسيات طريقة السمبلكس التي تعمل على تطوير الحلول الممكنة الأساسية للوصول إلى الحل المثل، الخطوات المختلفة لطريقة السمبلكس ممكن إن تنفذ بأسلوب أكثر كفاءة بوساطة استخدام صيغة الجداول لتمثيل القيود ودالة الهدف وكما هو موضح في المثال الآتي:

مثال (1-17): بالرجوع إلى المثال (1-2) أوجد الحل الأمثل لمسألة البرمجة الخطية (.L.P)

$$\text{Max} \quad Z = 20\chi_1 + 25\chi_2$$

S.T

$$2\chi_1 + 3\chi_2 \leq 40$$

$$\chi_1 + 2\chi_2 \leq 20$$

$$3\chi_1 + \chi_2 \leq 30$$

$$\chi_1, \chi_2 \geq 0$$

الحـــل:

حل مسألة البرمجة الخطية (.L.P) وفق طريقة السمبلكس يتطلب تحويل المسألة إلى الصيغة القياسية من خلال إدخال المتغيرات الوهمية إلى الأنموذج وكالآتي:

$$\text{Max} \quad Z = 20\chi_1 + 25\chi_2$$

S.T

$$2\chi_1 + 3\chi_2 + \chi_3 = 40$$

$$\chi_1 + 2\chi_2 + \chi_4 = 20$$

$$3\chi_1 + \chi_2 + \chi_5 = 30$$

$$\chi_1, \chi_2, \chi_3, \chi_4, \chi_5 \geq 0$$

بعد ذلك توضع الصيغة القياسية بشكل جدول:

C_B	C_j / B.V.	20	25	0	0	0	b
		x_1	x_2	x_3	x_4	x_5	
0	x_3	2	3	1	0	0	40
0	x_4	1	2	0	1	0	20
0	x_5	3	1	0	0	1	30

حيث إن:

عمود C_B : معاملات المتغيرات الأساسية في دالة الهدف.

عمود B.V. : المتغيرات الأساسية للحل الممكن الأساسي.

عمود b : قيمة المتغيرات الأساسية في دالة الهدف.

صف C_j : معاملات متغيرات الأنموذج في دالة الهدف.

من الجدول في أعلاه ممكن استخراج الحل الممكن الأساسي مباشرة وكالآتي:

$x_5 = 30$، $x_4 = 20$ ، $x_3 = 40$ ،$x_1 = x_2 = 0$

قيمة دالة الهدف يتم الحصول عليها بوساطة الضرب الداخلي لـ C_B وb:

$$\bar{Z} = C_B\, b$$

$$\bar{Z} = \begin{pmatrix}0 & 0 & 0\end{pmatrix}\begin{bmatrix}40\\20\\30\end{bmatrix} = 0$$

ولمعرفة هل إن الحل الممكن الأساسي هو حل أمثل أم لا فإنه يجب استخراج الأرباح النسبية للمتغيرات غير الأساسية ويتم ذلك من خلال قاعدة الضرب الداخلي (Inner Product Rule)

حيث معامل الربح النسبي للمتغير x_j يرمز له C_j ويستخرج من المعادلة الآتية:

$\bar{C}_j = C_j -$ (x_j في عمود C_B حاصل الضرب الداخلي لـ)

$$\overline{C}_1 = 20 - \begin{bmatrix}0 & 0 & 0\end{bmatrix}\begin{bmatrix}2\\1\\3\end{bmatrix} = 20$$

$$\overline{C}_2 = 25 - \begin{bmatrix}0 & 0 & 0\end{bmatrix}\begin{bmatrix}3\\2\\1\end{bmatrix} = 25$$

بإضافة صف الأرباح النسبية (C) إلى الجدول (1-1) نحصل على الصيغة النهائية لجدول السمبلكس:

الجدول (1-1)

C_B	C_j / B.V.	20	25	0	0	0	b
		χ_1	χ_2	χ_3	χ_4	χ_5	
0	χ_3	2	3	1	0	0	40
0	χ_4	1	2	0	1	0	20
0	χ_5	3	1	0	0	1	30
$\overline{C}$		20	25	0	0	0	Z=0

يلاحظ من الجدول (1-1) إن معامل الربح النسبي للمتغيرات الأساسية هو صفر، بما إن الصف $\overline{C}$ يحتوي على قيم موجبة فإن هذا يعني إن الحل الممكن الأساسي هو حل غير أمثل وعلى هذا الأساس سوف يتحول المتغير χ_2 إلى متغير أساسي لأنه يملك أعلى معامل ربح نسبي لذلك سوف يكون هو المتغير الداخل، أما المتغير الذي سوف يتحول إلى متغير غير أساسي (أي يمثل المتغير الخارج) فيتم معرفته بوساطة تطبيق قاعدة أقل النسب الموضحة في المقطع(1-3-2-5) لاحتساب الحدود العليا التي ممكن إن يأخذها المتغير χ_2 لكل قيد وكالآتي:

رقم الصف	المتغير الأساسي	الحد الأعلى لـ χ_2
1	χ_3	40/ 3 = 13.3
2	χ_4	20/ 2 = 10 (Min)
3	χ_5	30 / 1 = 30

من الجدول في أعلاه يتضح إن X_4 هو المتغير الخارج حيث إن الصف الثاني يدعى صف المحور (Pivot row) ولذلك فإنه بزيادة المتغير غير الأساسي X_2 (10) وحدات فإن المتغير الأساسي في صف المحور X_4 سوف يأخذ قيمة صفرية ويتحول إلى متغير غير أساسي، النظام العام الجديد يتم الحصول عليه بوساطة عملية المحور وكالآتي:

١. يقسم صف المحور على (2) والتي تمثل العنصر المحوري ليكون معامل X_2 مساوي للواحد.

٢. يضرب صف المحور بـ (-1/2) ويضاف إلى الصف الثالث للاستبعاد X_2

٣. يضرب صف المحور بـ (-3/2) ويضاف إلى الصف الأول للاستبعاد X_2

وعلى هذا الأساس فإن جدول السمبلكس (1-1) يصبح بالصيغة الآتية:

الجدول (2-1)

C_B	C_j / B.V.	20	25	0	0	0	b
		X_1	X_2	X_3	X_4	X_5	
0	X_3	١/٢	0	1	-3/2	0	10
٢٥	$X_٢$	1/2	1	0	1/2	0	10
0	X_5	5/2	0	0	-1/2	1	20
$\overline{C}$		15/2	0	0	-25/2	0	Z=250

من الجدول (2-1) الحل الممكن الأساسي هو:

$X_1 = X_4 = 0$ ، $X_2 = X_3 = 10$، $X_5 = 20$ ، $Z = 250$

ولمعرفة هل إن الحل هو أمثل أم لا يتم احتساب الأرباح النسبية بوساطة قاعدة الضرب الداخلي وكذلك ممكن احتسابها من خلال عملية المحور وذلك بضرب صف المحور بـ (-25/2) وإضافته إلى صف $\overline{C}$.

بعد إن تم احتساب الأرباح النسبية يلاحظ وجود قيمة موجبة وهذا يعني إن الحل ليس أمثل لذلك فإن المتغير X_1 سوف يكون هو المتغير الداخل ولتحديد المتغير الخارج سوف نستخدم قاعدة أقل النسب وكالآتي:

رقم الصف	المتغير الأساسي	الحد الأعلى لـ x_1
1	x_3	10/(1/2) =20
2	x_2	10/(1/2) =20
3	x_5	20/(5/2) =8 (Min)

من الجدول أعلاه يتضح إن المتغير الخارج هو x_5 ويتم توضيح الحالة بجعل الرقم الناتج من تقاطع المتغيرين الداخل والخارج أكثر بروزا" من بقية الأرقام وكما هو موضح بالجدول (1-2)وبوساطة استخدام عملية المحور نحصل على الحل الجديد وكالآتي:

١. يقسم صف المحور (الصف الثالث) على (5/2) ليكون مقدار معامل x_1 يساوي واحد.

٢. يضرب ناتج قسمة صف المحور على (5/2) بـ (1/2) ويطرح من الصف الأول لاستبعاد x_1 من الصف الأول.

٣. يضرب ناتج قسمة صف المحور على (5/2) بـ (1/2) ويطرح من الصف الثاني لاستبعاد x_1 من الصف الثاني.

وعلى هذا الأساس فإن جدول السمبلكس الجديد يصبح بالصيغة الآتية:

الجدول (1-3)

C_B	C_j / B.V.	20	25	0	0	0	b
		x_1	x_2	x_3	x_4	x_5	
0	x_3	٠	0	1	-7/5	-1/5	6
25	$x_٢$	0	1	0	3/5	-1/5	6
20	x_1	1	0	0	-1/5	2/5	8
	$\overline{C}$	0	0	0	-11	-3	Z=310

من الجدول (1-3) الحل الممكن الأساسي هو:

$$x_1 = 8 \text{ ،} \quad x_2 = 6 \text{ ،} \quad Z = 310$$

الحل في أعلاه يمثل الحل الأمثل لعدم وجود قيم موجبة في صف الأرباح النسبية.

مثـــال (1-18):أوجد الحل الأمثل لأنموذج البرمجة الخطية (.L.P) الخاص بإنتاج 4 أنواع من الـدراجات الهوائية والمعرف في المثال (1-3) بوساطة طريقة السمبلكس.

$$\text{S.T} \qquad \text{Max } Z = X_1 + 2X_2 + 3X_3 + 2X_4$$

$$2X_1 + X_2 + 2X_3 + 3X_4$$

$$\le 150 \qquad 3X_1 + 4X_2 + 2X_3 + 4X_4 \le 120$$

$$X_1, X_2, X_3, X_4 \ge 0$$

الحـــل:

يحول الأنموذج إلى الصيغة القياسية بوساطة إضافة المتغيرات الوهمية وكالآتي:

$$\text{Max } Z = X_1 + 2X_2 + 3X_3 + 2X_4$$

S.T

$$2X_1 + X_2 + 2X_3 + 3X_4 + X_5 = 150$$

$$3X_1 + 4X_2 + 2X_3 + 4X_4 + X_6 = 120$$

$$X_1, X_2, X_3, X_4, X_5, X_6 \ge 0$$

تمثل الصيغة القياسية بوساطة الجدول وكالآتي:

الجدول (1-4)

C_B	C_j / B.V.	1	2	3	2	0	0	b
		X_1	X_2	X_3	X_4	X_5	X_6	
0	X_5	2	1	2	3	1	0	١٥٠
0	X_6	3	4	2	4	0	1	120
	$\overline{C}$	1	2	3	2	0	0	Z=0

من الجدول (1-4) يتضح إن المتغير الداخل هو X_3 لأنه يملك أعلى ربح نسـبي ولتحديـد المتغـير الخارج نستخدم قاعدة أقل النسب(Minimum Ratio) وكالآتي:

رقم الصف	B.V.	الحد الأعلى لـ x_3
1	x_5	150/2 = 75
2	x_6	120/2 = 60(Min)

من الجدول في أعلاه يتضح إن المتغير الخارج هو x_6 وبوساطة استخدام عملية المحور نحصل على الحل الممكن الأساسي الجديد وكالآتي:

١. يقسم صف المحور (الصف الثاني) على (2) ليكون معامل x_3 مساوي للواحد.

٢. يضرب صف المحور بعد قسمته على (2) بـ (2) ويطرح من الصف الأول لاستبعاد x_3 من الصف الأول.

العمليات في أعلاه موضحة في الجدول الآتي:

الجدول (1-5)

C_B	C_j / B.V.	1	2	3	2	0	0	b
		x_1	x_2	x_3	x_4	x_5	x_6	
0	x_5	-1	-3	0	-1	1	-1	30
3	x_3	3/2	2	1	2	0	1/2	60
	$\overline{C}$	-7/2	-4	0	-4	0	-3/2	Z=180

بما إن صف الأرباح النسبية في الجدول (1-5) لا يحتوي على قيم موجبة فهذا يعني إن الحل الممكن الأساسي هو حل أمثل أي إن:

$$x_1 = x_2 = x_4 = x_5 = 0 \text{ ، } x_3 = 60 \quad ; \quad Z = 180$$

هذا يعني إن الشركة سوف تقوم بإنتاج نوع واحد من الدراجات وهو (C) بمعدل إنتاج أسبوعي يبلغ (60) دراجة وهذا يؤدي إلى الحصول على أقصى ربح ممكن للشركة وهو 180 ألف دينار أسبوعيا إن السبب في إنتاج نوع واحد من الدراجات يعود إلى إن هذا النوع هو الأكثر ربحا مقارنة مع الأنواع الأخرى أما فيما إذا رغبت الشركة في إنتاج كل الأنواع فإن ذلك يتطلب أضافه قيود حدود دنيا لكل نوع من الدراجات أكبر من الصفر.

مثـال(19-1):أوجد الحل الأمثل لأنموذج البرمجة الخطيـة (.L.P) الخـاص بإنتـاج نـوعين مـن الحقائـب الجلدية والمعرف في المثال (1-1) بوساطة طريقة السمبلكس.

$$\text{Max} \quad Z = 300\chi_1 + 200\chi_2$$

S.T

$$2\chi_1 + \chi_2 \le 100$$

$$3\chi_1 + 2\chi_2 \le 120$$

$$\chi_1،\ \chi_2 \ge 0$$

الحـل:

يحول أنموذج البرمجة الخطية (.L.P) إلى الصيغة القياسية وكالآتي:

$$\text{Max} \quad Z = 300\chi_1 + 200\chi_2$$

S.T

$$2\chi_1 + \chi_2 + \chi_3 \quad = 100$$

$$3\chi_1 + 2\chi_2 \quad + \chi_4 = 120$$

$$\chi_1, \chi_2، \chi_3، \chi_4 \ge 0$$

حل الصيغة القياسية لأنموذج البرمجة الخطية (.L.P) موضح بالجدول (1-6):

الجدول (1-6)

C_B	C_j / B.V.	300	200	0	0	b
		χ_1	χ_2	χ_3	χ_4	
0	χ_3	2	1	1	0	100
0	χ_4	3	2	0	1	120
	$\overline{C}$	300	200	0	0	Z=0
0	χ_3	0	-1/3	1	-2/3	20
300	χ_1	1	2/3	0	1/3	40
	$\overline{C}$	0	0	0	-100	Z=12000

الحل الأمثل لأنموذج البرمجة الخطية (.L.P) هو:

$$\chi_1 = 40،\ \chi_2 = 0،\ \chi_3 = 20 \quad ; \quad Z = 12000$$

من الجدول الثاني المعروف في الجدول (6-1) نلاحظ وجود حل أمثل ثاني وذلك بسبب كون معامل أحد المتغيرات غير الأساسية في جدول الحل النهائي (الثاني) في صف الأرباح النسبية مقداره صفر وهو المتغير x_2 وهذا يعني إنه بالإمكان دخول المتغير x_2 كمتغير أساسي وذلك سوف لا يؤثر على قيمة Z أي تبقى ثابتة وعليه يمكن الاستمرار بطريقة السمبلكس للتوصل إلى الحل الأمثل الآخر والذي يسمى بالحل البديل (Alternative Solution) والذي يعطي مرونة أكثر لمتخذ القرار في اتخاذ القرارات وكالآتي:

C_B	C_j / B.V.	300	200	0	0	b
		x_1	x_2	x_3	x_4	
0	x_3	1/2	0	1	-1/2	40
٢٠٠	$x_٢$	3/2	1	0	1/2	60
$\overline{C}$		0	0	0	-100	Z=12000

الحل الأمثل الثاني لأنموذج البرمجة الخطية (L.P.) هو:

$$x_1 = 0 \ ، x_2 = 60, \ x_3 = 40 \quad ; \quad Z = 12000$$

عمود المتغير الداخل أي المتغير الذي يتحول من غير أساسي إلى أساسي في كل مرحلة من مراحل طريقة السمبلكس يطلق عليه بعمود المحور كما إن قاعدة أقل النسب المستخدمة لإيجاد المتغير الخارج تطبق فقط على القيم الموجبة في عمود المحور والسبب في ذلك يعود إلى أن الزيادة في المتغير الداخل يصاحبها نقصان في المتغير الخارج أي إن القيم الصفرية أو السالبة في عمود المحور سوف لا تحدد قيمة الزيادة في المتغير الداخل وعلى هذا الأساس لو افترضنا إن قيم عمود المحور كلها سالبة أو صفرية فإن ذلك يعني إن قيمة دالة الهدف ممكن إن تتزايد بشكل غير محدود أي إن Z تكون غير مقيدة.

مثال (1-20): أوجد الحل الأمثل لأنموذج البرمجة الخطية (L.P.) الخاص بشركة نقل المسافرين والمعرف بالمثال (1-6) باستخدام طريقة السمبلكس.

$$\text{Max } Z = 5X_1 - 2X_2 + 8X_3 + 6X_4 + 10X_5$$

S.T

$$X_1 \le 10$$

$$5X_1 + 5X_2 + 11X_3 \le 2000$$

$$5X_4 + 11X_5 \le 1500$$

$$X_1, X_2, X_3, X_4, X_5 \ge 0$$

الحـــل:

يحول أنموذج البرمجة الخطية (L.P.) إلى الصيغة القياسية بإدخال المتغيرات الوهمية وكالآتي:

$$\text{Max } Z = 5X_1 - 2X_2 + 8X_3 + 6X_4 + 10X_5$$

S.T

$$X_1 + X_6 = 10$$

$$5X_1 + 5X_2 + 11X_3 + X_7 = 2000$$

$$5X_4 + 11X_5 + X_8 = 1500$$

$$X_j \ge 0 \quad j = 1, 2, \ldots, 8$$

نبدأ أولا بإيجاد الحل الممكن الأساسي الأولي وكما موضح بالجدول (7-1)

الجدول (7-1)

C_B	C_j / B.V.	5	-2	8	6	10	0	0	0	b
		X_1	X_2	X_3	X_4	X_5	X_6	X_7	X_8	
0	X_6	1	0	0	0	0	1	0	0	10
0	X_7	5	5	11	0	0	0	1	0	2000
0	X_8	0	0	0	5	11	0	0	1	1500
$\overline{C}$		5	-2	8	6	10	0	0	0	Z=0

من الجدول (7-1) يتضح إن الحل هو غير أمثل لاحتواء صف الأرباح النسبية على قيم موجبة لذلك فإن المتغير الداخل هو X_5 لأنه ذو أعلى ربح نسبي ولمعرفة المتغير الخارج نستخدم قاعدة أقل النسب وكالآتي:

رقم الصف	B.V.	الحد الأعلى لـ x_5
1	x_6	-
2	x_7	-
3	x_8	1500/11 (Min)

من الجدول في أعلاه يتضح إن المتغير الخارج هو x_8 وبوساطة استخدام عملية المحور نحصل على الحل الممكن الأساسي الجديد بقسمة صف المحور (الصف الثالث) على (11) ليكون معامل x_5 يساوي واحد، عملية المحور موضحة في الجدول (1-8):

الجدول (1-8)

C_B	C_j / B.V.	5	-2	8	6	10	0	0	0	b
		x_1	x_2	x_3	x_4	x_5	x_6	x_7	x_8	
0	x_6	1	0	0	0	0	1	0	0	10
0	x_7	5	5	**11**	0	0	0	1	0	2000
10	x_5	0	0	0	5/11	1	0	0	1/11	1500/11
$\overline{C}$		5	-2	8	16/11	0	0	0	-10/11	Z=15000/11

من الجدول (1-8) الحل الممكن الأساسي هو:

$x_1 = x_2 = x_3 = x_4 = 0 \quad ; \quad x_5 = 1500/11 \quad ; \quad Z = 15000/11$

وهذا الحل لا يمثل حل أمثل لوجود قيم موجبة في صف الأرباح النسبية وعليه فإن المتغير الداخل هو x_3 لأنه ذو أعلى ربح نسبي وباستخدام قاعدة أقل النسب يمكن معرفة المتغير الخارج وكالآتي:

رقم الصف	B.V.	الحد الأعلى لـ x_3
1	x_6	-
2	x_7	2000/11 (Min)
3	x_5	-

من الجدول في أعلاه يتضح إن الصف الثاني هو صف المحور والمتغير الخارج هو X_7 وبوساطة استخدام عملية المحور نحصل على الحل الجديد بقسمة صف المحور على (11) ليكون معامل X_3 يساوي واحد، عملية المحور موضحة في الجدول (1-9):

الجدول (1-9)

C_B	C_j / B.V.	5	-2	8	6	10	0	0	0	b
		X_1	X_2	X_3	X_4	X_5	X_6	X_7	X_8	
0	X_6	1	0	0	0	0	1	0	0	10
٨	$X_٣$	5/11	5/11	1	0	0	0	1/11	0	2000/11
10	X_5	0	0	0	5/11	1	0	0	1/11	1500/11
$\overline{C}$		15/11	-62/11	0	16/11	0	0	-8/11	-10/11	Z=31000/11

من الجدول (1-9) الحل الممكن الأساسي هو:

$$X_1=X_2=X_4=0 \text{ ، } X_3=2000/11\text{، } X_5=1500/11 \quad ; \quad Z=31000/11$$

وهذا الحل لا يمثل حلا أمثلا لوجود قيم موجبة في صف الأرباح النسبية حيث إن المتغير X_4 يمثل المتغير الداخل لأنه ذو أعلى قيمة موجبة وباستخدام قاعدة أقل النسب يتم معرفة المتغير الخارج وكالآتي:

رقم الصف	B.V.	الحد الأعلى لـ X_4
1	X_6	—
2	X_3	—
3	X_5	(1500/11)/ (5/11) =300 (Min)

من الجدول في أعلاه يتضح إن الصف الثالث هو صف المحور والمتغير X_5 هو المتغير الخارج وبوساطة استخدام عملية المحور نحصل على الحل الجديد بقسمة صف المحور على (5/11) ليكون معامل X_4 يساوي واحد، عملية المحور موضحة في الجدول

(10-1)ويلاحظ إن المتغير الداخل في أحد المراحل ممكن إن يكون متغير خارج في مرحلة أخرى من مراحل طريقة السمبلكس:

الجدول (1-10)

C_B	C_j / B.V	5	-2	8	6	10	0	0	0	b
		X_1	X_2	X_3	X_4	X_5	X_6	X_7	X_8	
0	X_6	1	0	0	0	0	1	0	0	10
٨	X_3	5/11	5/11	1	0	0	0	1/11	0	2000/11
٦	X_4	0	0	0	١	11/5	0	0	1/5	300
$\overline{C}$		15/11	-62/11	0	٠	-16/5	0	-8/11	-6/5	Z=1800+(16000/11)

من الجدول (1-10) الحل الممكن الأساسي هو:

$X_1=X_2=X_5=0$ ، $X_3=2000/11$ ، $X_4=300$; $Z=1800+16000/11$

وهذا الحل لا يمثل حلا أمثلا لوجود قيم موجبة في صف الأرباح النسبية حيث إن المتغير X_1 يمثل المتغير الداخل وباستخدام قاعدة أقل النسب يتم معرفة المتغير الخارج وكالآتي:

رقم الصف	B.V.	الحد الأعلى لـ X_1
1	X_6	10 / 1 = 10 (Min)
2	X_3	(2000/11)/ (5/11) = 400
3	X_4	-

من الجدول في أعلاه يتضح إن الصف الأول هو صف المحور والمتغير X_6 هو المتغير الخارج وبوساطة استخدام عملية المحور نحصل على الحل الجديد بضرب صف المحور بـ (5/11) ويطرح من الصف الثاني لاستبعاد X_1 من الصف الثاني.

عملية المحور موضحة بالجدول (1-11):

الجدول (11-1)

C_B	C_j / B.V.	5	-2	8	6	10	0	0	0	b
		x_1	x_2	x_3	x_4	x_5	x_6	x_7	x_8	
5	x_1	1	0	0	0	0	1	0	0	10
٨	$x_٣$	0	5/11	1	0	0	-5/11	1/11	0	1950/11
٦	$x_٤$	0	0	0	١	11/5	0	0	1/5	300
	$\overline{C}$	0	-62/11	0	٠	-16/5	-15/11	-8/11	-6/5	Z=1850+(15600/11)

من الجدول (11-1) الحل الممكن الأساسي هو:

$$x_1 = 10 ،\ x_2 = x_5 = 0 ،\ x_3 = 1950/11 ،\ x_4 = 300 \ ; \ Z = 1850 + 15600/11$$

وهذا الحل يمثل الحل الأمثل لمسألة البرمجة الخطية (L.P.) لعدم وجود قيم موجبة في صف الأرباح النسبية وهذا الحل يمثل عدد السيارات العاملة من كلا النوعين (5 راكب) و(11 راكب) على الخطين ويلاحظ وجود قيم كسرية في الحل وهذا غير منطقي لأن أعداد السيارات يجب إن تكون أعداد صحيحة وللتغلب على هذه المشكلة يتم استخدام ما يسمى ببرمجة الأعداد الصحيحة والتي سوف يتم تناولها لاحقا.

مثـال (21-1):أوجد الحل الأمثل لمسألة البرمجة الخطية (L.P.) الآتية:

$$\text{Min} \quad Z = -3x_1 + 5x_2 - 2x_3$$

S.T

$$x_1 + 2x_2 + x_3 \le 20$$

$$x_1 + x_2 + 2x_3 \le 30$$

$$2x_1 + 4x_2 + 3x_3 \le 40$$

$$x_1 ،\ x_2 ،\ x_3 \ge 0$$

الحل:

المسألة في أعلاه تمثل مسألة تقليل والاختلاف الوحيد في الحل عن مسائل التعظيم هو إن المتغير الداخل سوف يقابل المعامل الأكثر سالبية في صف الأرباح النسبية $\overline{C}$ حيث إن المعامل السالب يشير إلى إن المتغير غير الأساسي (الداخل) عندما يتزايد سوف يقلل قيمة دالة الهدف وبهذا فإن الحل الممكن الأساسي سوف يكون حلا أمثلا عندما تكون كل قيم $\overline{C}$ غير سالبة.

هنالك طريقة ثانية لحل مسائل التقليل وذلك بتحويلها إلى مسائل تعظيم من خلال ضرب دالة الهدف بـ (-1) بحيث إن:

$$\text{Min }(Z) = \text{Max }(-Z)$$

لحل مسألة البرمجة الخطية (.L.P) نبدأ أولا بتحويلها إلى الصيغة القياسية من خلال إضافة المتغيرات الوهمية وكالآتي:

$$\text{Min} \quad Z = -3X_1 + 5X_2 - 2X_3$$

S.T

$$X_1 + 2X_2 + X_3 + X_4 = 20$$

$$X_1 + X_2 + 2X_3 + X_5 = 30$$

$$2X_1 + 4X_2 + 3X_3 + X_6 = 40$$

$$X_j \geq 0 \qquad j = 1، 2.....6$$

الحل الممكن الأساسي الأولي موضح بالجدول (1-12):

الجدول (1-12)

C_B	C_j / B.V.	-3	5	-2	0	0	0	b
		X_1	X_2	X_3	X_4	X_5	X_6	
0	$X_٤$	1	2	1	1	0	0	20
.	$X_٥$	1	1	2	0	1	0	30
.	$X_٦$	2	4	3	0	0	1	40
$\overline{C}$		-3	5	-2	0	0	0	Z=0

من الجدول (12-1)الحل الممكن الأساسي الأولي هو حل غير أمثل لوجود قيم سالبة في صف الأرباح النسبية وإن المتغير x_1 هو المتغير الداخل لأنه يقابل الأكثر سالبيه في صف وبوساطة استخدام قاعدة أقل النسب يتم معرفة المتغير الخارج وكالآتي:

رقم الصف	B.V.	الحد الأعلى لـ x_1
1	x_4	20/1 = 20
2	x_5	30/1 = 30
3	x_6	40/2 = 20

من الجدول في أعلاه يلاحظ إن هنالك صفين (قيدين) لهما نفس القيمة الدنيا للحد الأعلى للمتغير x_1 وهي (20) وهذا يعني إن زيادة x_1 إلى (20) سوف تؤدي إلى إن كل من المتغيرين الأساسيين x_4 و x_6 تكون ذات قيم صفرية، هذه الحالة ممكن إن تدخل تعقيدات تقود إلى تقليل كفاءة طريقة السمبلكس، سوف نختار أحد المتغيرين ليكون هو المتغير الخارج وليكن x_4 فإن جدول الحل الممكن الأساسي هو:

الجدول (13-1)

C_B	C_j	-3	5	-2	0	0	0	b
	B.V.	x_1	x_2	x_3	x_4	x_5	x_6	
-3	x_1	1	2	1	1	0	0	20
٠	x_5	0	-1	1	-1	1	0	10
٠	x_6	0	0	1	-2	0	1	0
	$\overline{C}$	0	11	1	3	0	0	Z=-60

الجدول (13-1) تكون من خلال عملية المحور وكالآتي:

١. يضرب صف المحور (الأول) بـ (1) ويطرح من الصف الثاني لاستبعاد x_1 من الصف الثاني.

٢. يضرب صف المحور (الأول) بـ (2) ويطرح من الصف الثالث لاستبعاد x_1 من الصف الثالث.

من الجدول (1-13) يلاحظ بأن أحد المتغيرات الأساسية يكون ذو قيمة صفرية وهو χ_6 لذلك فإن الحل الممكن الأساسي الذي يملك واحد أو أكثر من المتغيرات الأساسية تكون قيمها صفرية يدعى حل ممكن أساسي من حل (degenerate)، في هذا المثال فإن الحل الممكن الأساسي يمثل حلا أمثلا وهو:

$$\chi_1 = 20 \quad , \quad \chi_2 = \chi_3 = \chi_6 = 0, \quad \chi_5 = 10 \quad ; Z = -60$$

قد يؤدي وجود الانحلال في الحلول إلى إدخال تعقيدات في طريقة السمبلكس فقد تستمر الطريقة في عدة مراحل بدون تطور في قيمة Z أي إن قيمة Z تبقى ثابتة وفي الحقيقة إن العديد من الأمثلة تكون ممكنة الحل نظريا لكن طريقة السمبلكس ممكن إن تستمر بدورات لانهائية وفي النهاية تفشل بالوصول إلى الحل الأمثل وهذا ما يدعى بـ Cycling.

مثال(1-22):أوجد الحل الأمثل لمسألة البرمجة الخطية (.L.P) الآتية:

$$\text{Max} \quad Z = 2\chi_1 + 3\chi_2$$
$$\text{S.T}$$
$$\chi_1 - \chi_2 + \chi_3 \qquad = 2$$
$$-3\chi_1 + \chi_2 \qquad + \chi_4 = 4$$
$$\chi_j \geq 0 \qquad j = 1، 2، 3، 4$$

الحـل:

حل مسألة البرمجة الخطية (.L.P) موضح بالجدول (1-14):

الجدول (1-14)

C_B	B.V.	χ_1 (2)	χ_2 (3)	χ_3 (0)	χ_4 (0)	b
0	χ_3	1	-1	1	0	2
0	χ_4	-3	1	0	1	4
	$\overline{C}$	2	3	0	0	Z=0
0	χ_3	-2	0	1	1	6
3	χ_2	-3	1	0	1	4
	$\overline{C}$	11	0	0	-3	Z=12

من الجدول (14-1) يلاحظ إن الحل الممكن الأساسي للجدول الثاني هو حل غير أمثل إذ إن المتغير غير الأساسي X_1 ممكن إن يصبح متغير أساسي ويزيد من قيمة دالة الهدف إلا إن قاعدة أقل النسب تفشل في تحديد المتغير الخارج لأن قيم عمود المحور سالبة أي إن بزيادة X_1 فإن كل من المتغيرين الأساسيين X_2 و X_3 سوف تتزايد كذلك أي إن قيمة دالة الهدف تصبح متزايدة بصورة غير معرفة وهذا يؤدي إلى إن الحل يكون غير محدود لمسألة (L.P.) لذلك فإن فشل قاعدة أقل النسب في تحديد المتغير الخارج في أي جدول سمبلكس يشير إلى إن مسألة البرمجة الخطية (L.P.) تملك حل غير محدود.

7-2-3-1 طريقة M الكبيرة The Big M Method

نفترض قيود مسألة البرمجة الخطية (L.P.) الآتية:

$$X_1 + 2X_2 \leq 6 \ldots\ldots \quad (11\text{-}1)$$

$$2X_1 + 2X_2 \geq 4 \ldots\ldots\ldots (12\text{-}1)$$

$$X_1 + X_2 = 3 \ldots\ldots \quad (13\text{-}1)$$

تحويل القيد (11-1) إلى الصيغة القياسية يكون بإضافة المتغير الوهمي وكالاتي:

$$X_1 + 2X_2 + X_3 = 6$$

أما القيد (12-1) فإن تحويله إلى الصيغة القياسية يكون بوساطة تحويل إشارة القيد من (≥) إلى (≤) وذلك بضرب طرفي القيد بـ (-1) ومن ثم إضافة المتغير الوهمي وكالآتي:

$$-2X_1 - 2X_2 + X_4 = -4 \ldots\ldots\ldots (14\text{-}1)$$

إن أحد فرضيات طريقة السمبلكس إن الأطراف اليمنى للقيود تكون موجبة، إن المتغير الوهمي يمثل متغير أساسي في الحل الممكن الأساسي الابتدائي وعلى هذا الأساس فإن المتغير X_4 سوف يأخذ قيمة سالبة في الحل الابتدائي أي (4 -) لأن المتغيران X_1 و X_2 هي متغيرات غير أساسية في الحل الابتدائي أي إن قيمها تساوي

صفر وبما إن المتغير الوهمي يمثل الفرق بين الطرف الأيمن والأيسر للقيد فإنه سوف يأخذ قيمة سالبة وهذا يتضح من المعادلة (14-1) وهذا غير جائز لأن المتغيرات الوهمية قيمها أكبر أو تساوي صفر وللتغلب على هذه المشكلة نضرب طرفي المعادلة (14-1) بـ (-1)فتتحول إلى:

$$2\chi_1 + 2\chi_2 - \chi_4 = 4 \;\ldots\ldots\ldots.(15\text{-}1)$$

ولكن هذا يؤدي إلى إن المتغير χ_4 سوف لا يمثل متغير أساسي لأن معامله هو (-1) وللتغلب على هذه المشكلة يتم إضافة ما يسمى بالمتغيرات الاصطناعية (artificial variables) بحيث:

$$2\chi_1 + 2\chi_2 - \chi_4 + \bar{\chi}_1 = 4 \;\ldots\ldots\ldots.(16\text{-}1)$$

وبذلك يكون المتغير الاصطناعي هو المتغير الأساسي الابتدائي أي $\chi_1 = 4$ والمتغير الوهمي χ_4 يكون متغير غير أساسي وبذلك فإن قيود مسألة البرمجة الخطية (L.P.) تكون بالصيغة الآتية:

$$\chi_1 + 2\chi_2 + \chi_3 = 6 \;\ldots\ldots\ldots.(17\text{-}1)$$

$$2\chi_1 + 2\chi_2 - \chi_4 + \bar{\chi}_1 = 4 \;\ldots\ldots\ldots.(18\text{-}1)$$

$$\chi_1 + \chi_2 = 3 \;\ldots\ldots\ldots.(19\text{-}1)$$

إن القيود في أعلاه لا تمتلك حل ممكن أساسي ابتدائي والسبب في ذلك يعود إلى عدم وجود متغير أساسي للمعادلة (19-1) ولذلك يتم إضافة متغير اصطناعي إلى قيد المساواة فيصبح:

$$\chi_1 + \chi_2 + \bar{\chi}_2 = 3$$

دخول المتغيرات الاصطناعية إلى دالة الهدف يكون مع معامل مقداره M حيث M تمثل رقم كبير جدا ولكي نضمن عدم تأثير دخول المتغيرات الاصطناعية إلى دالة الهدف في الحصول على قيمة التعظيم أو التقليل الحقيقية لدالة الهدف فإنها سوف تدخل بإشارة سالبة إذا كانت دالة

الهدف تمثل تعظيم وإشارة موجبة إذا كانت دالة الهدف تمثـل تقليـل والسـبب في ذلـك يعـود إلى إن طريقة السمبلكس سوف تبدأ أولا بمعالجة المتغيرات الاصطناعية لاستبعادها مـن دالـة الهـدف لأنهـا ذات معامل كبير جدا ولذلك فإنها سوف تؤدي إلى تقليل قيمة دالة الهدف في حالة التعظيم وتعظـيم قيمة دالة الهدف في حالة التقليل ومن ثم تبدأ بمعالجة المتغيرات الأصلية للمسالة أي إن الحل الأمثـل سوف يعطي قيم صفرية للمتغيرات الاصطناعية وهذا ما يطلق عليه بطريقة M الكبيرة.

مثـال (1-23):أوجد الحل الأمثل لمسألة البرمجة الخطية (.L.P) الآتية:

$$\text{Min} \quad Z = 2X_1 + 3X_2$$

$$\text{S.T}$$

$$X_1 + 2X_2 \leq 6$$

$$2X_1 + 2X_2 \geq 4$$

$$X_1 + X_2 = 3$$

$$X_1, X_2 \geq 0$$

الحـل:

نحول أنموذج البرمجة الخطية (.L.P) إلى الصيغة القياسية:

$$\text{Min} \quad Z = 2X_1 + 3X_2 + M\overline{X}_1 + M\overline{X}_2$$

$$\text{S.T}$$

$$X_1 + 2X_2 + X_3 = 6$$

$$2X_1 + 2X_2 - X_4 + \overline{X}_1 = 4$$

$$X_1 + X_2 + \overline{X}_2 = 3$$

$$X_1, X_2, X_3, X_4, \overline{X}_1, \overline{X}_2 \geq 0$$

الحل الممكن الأولي موضح بالجدول (1 15):

الجدول (15-1)

C_B	C_j / B.V.	2	3	0	0	M	M	b
		χ_1	χ_2	χ_3	χ_4	$\overline{\chi}_1$	$\overline{\chi}_2$	
0	χ_3	1	2	1	0	0	0	6
M	$\overline{\chi}_1$	**2**	2	0	-1	1	0	4
M	$\overline{\chi}_2$	1	1	0	0	0	1	3
$\overline{C}$		2-3M	3-3M	0	M	0	0	Z=7M

من الجدول (15-1) يلاحظ إن الحل هو غير أمثل لوجود قيم سالبة في صف الأرباح النسبية لذلك يكون المتغير χ_1 هوالمتغير الداخل لأنه الأكثر سالبية وباستخدام قاعدة أقل النسب يتم معرفة المتغير الخارج وكالآتي:

رقم الصف	B.V.	الحد الأعلى لـ χ_1
1	χ_3	6/1 = 6
2	$\overline{\chi}_1$	4/2 = 2 (Min)
3	$\overline{\chi}_2$	3/1 = 3

من الجدول في أعلاه يتضح إن الصف الثاني هو صف المحور لذلك فإن المتغير الخارج هو χ_1 وباستخدام عملية المحور نحصل على الحل الممكن الأساسي وكالآتي:

١. يقسم صف المحور على (2) ليكون معامل χ_1 مساوي للواحد.

٢. يضرب صف المحور بعد حاصل القسمة بـ (1) ويطرح من الصف الأول لاستبعاد χ_1 من الصف الأول.

٣. يضرب صف المحور بعد حاصل القسمة بـ (1) ويطرح من الصف الثالث لاستبعاد χ_1 من الصف الثالث.

عملية المحور موضحة بالجدول (16-1):

الجدول(16-1)

C_B	C_j / B.V.	2	3	0	0	M	M	b
		χ_1	χ_2	χ_3	χ_4	$\overline{\chi}_1$	$\overline{\chi}_2$	
0	χ_3	0	1	1	1/2	-1/2	0	4
٢	χ_1	1	1	0	-1/2	1/2	0	2
M	$\overline{\chi}_2$	0	0	0	1/2	-1/2	1	1
$\overline{C}$		0	1	0	1-M/2	-1+3M/2	0	Z= 4+M

الحل الممكن الأساسي هو:

$\chi_1 = 2$ ، $\chi_2 = 0$، $\overline{\chi}_1 = 0$، $\overline{\chi}_2 = 1$; $Z = 4+M$

وهذا الحل هو حل غير أمثل لوجود قيم سالبة في صف الأرباح النسبية لذلك فإن المتغير χ_4 هو المتغير الداخل وباستخدام قاعدة أقل النسب يتم معرفة المتغير الخارج وكالآتي:

رقم الصف	B.V.	الحد الأعلى لـ χ_4
1	χ_3	4/(1/2) = 8
2	χ_1	—
3	$\overline{\chi}_2$	1/(1/2) = 2 (Min)

من الجدول في أعلاه يتضح إن الصف الثالث هو صف المحور لذلك فإن المتغير $\overline{\chi}_2$ هو المتغير الخارج وباستخدام عملية المحور نحصل على الحل الجديد وكالآتي:

١. يقسم صف المحور على (1/2) ليكون معامل χ_4 مساوي للواحد.

٢. يضرب صف المحور بعد حاصل القسمة بـ (1/2) ويطرح من الصف الأول لاستبعاد χ_4 من الصف الأول.

٣. يضرب صف المحور بعد حاصل القسمة بـ (-1/2) ويطرح من الصف الثاني لاستبعاد χ_4 من الصف الثاني.

عملية المحور موضحة بالجدول (1-17):

الجدول (17-1)

C_B	C_j / B.V.	2	3	0	0	M	M	b
		χ_1	χ_2	χ_3	χ_4	$\bar{\chi}_1$	$\bar{\chi}_2$	
0	χ_3	0	1	1	0	0	-1	3
٢	χ_1	1	1	0	0	0	1	3
٠	χ_4	0	0	0	1	-1	2	2
$\bar{C}$		0	1	0	0	M	-2+M	Z= 6

الحل الممكن الأساسي هو:

$$\chi_1 = 3 \text{ ، } \chi_2 = 0 \quad ; Z = 6$$

وهذا الحل يمثل حلا أمثلا لعدم وجود قيم سالبة في صف الأرباح النسبية وكذلك المتغيرات الاصطناعية هي متغيرات غير أساسية أي إن قيمها صفرية مع ملاحظة ما يلي:

١. إضافة المتغير الاصطناعي إلى القيد هو من أجل توفير متغير أساسي في الحل الممكن الأساسي الابتدائي وبمجرد تحويله إلى متغير غير أساسي فإنه بالإمكان عدم الاحتفاظ به في جدول السمبلكس أي حذف العمود المتمثل بالمتغير الاصطناعي.

٢. ظهور واحد أو أكثر من المتغيرات الاصطناعية بقيم موجبة في الحل الأمثل يعني إن المسألة الأصلية ليس لها حل ممكن.

٣. عند حل مسألة البرمجة الخطية (L.P.) بوساطة الحاسوب فإن الحاسوب سوف يخصص أعلى قيمة ممكنة لـ M.

مثال(1-24): أوجد الحل الأمثل لمسألة البرمجة الخطية (LP) الآتية:

$$\text{Max} \quad Z = 5\chi_1 + 2\chi_2 + 4\chi_3$$

S.T

$$\chi_1 + 2\chi_2 + \chi_3 \le 10$$

$$2\chi_1 + 3\chi_2 + \chi_3 \ge 8$$

$$\chi_2 + 2\chi_3 \ge 6$$

$$\chi_1 \text{، } \chi_2 \text{، } \chi_3 \ge 0$$

الحـل:

الصيغة القياسية لمسألة البرمجة الخطية (L.P.) هي:

$$\text{Max} \quad Z = 5X_1 + 2X_2 + 4X_3 - M\overline{X_1} - M\overline{X_2}$$

S.T

$$X_1 + 2X_2 + X_3 + X_4 = 10$$

$$2X_1 + 3X_2 + X_3 - X_5 + \overline{X_1} = 8$$

$$X_2 + 2X_3 - X_6 + \overline{X_2} = 6$$

$$X_j \geq 0 \qquad j = 1, \dots 6$$

$$\overline{X_1}, \overline{X_2} \geq 0$$

الحل الممكن الأساسي الأولي موضح بالجدول (1-18):

الجدول (1-18)

C_B	B.V. \ C_j	5	2	4	0	0	0	-M	-M	b
		X_1	X_2	X_3	X_4	X_5	X_6	$\overline{X}_1$	$\overline{X}_2$	
0	X_4	1	2	1	1	0	0	0	0	١٠
-M	$\overline{X}_1$	2	3	1	0	-1	0	1	0	8
-M	$\overline{X}_2$	0	1	2	0	0	-1	0	1	6
$\overline{C}$		5+2M	2+4M	4+3M	0	-M	-M	0	0	Z=-14M

من الجدول (1-18)الحل الممكن الأساسي الأولي هو:

$$X_1 = X_2 = X_3 = 0, X_4 = 10 , \overline{X_1} = 8, \overline{X_2} = 6 \ ; Z = -14M$$

وهذا حل غير أمثل لأنه يحتوي على متغيرات اصطناعية بقيم موجبة وكذلك وجود قيم موجبة في صف الأرباح النسبية لذلك فإن المتغير X_2 هو المتغير الداخل لأنه يقابل القيمة الموجبة الأعلى في صف الأرباح النسبية وباستخدام قاعدة أقل النسب يمكن معرفة المتغير الخارج وكالآتي:

رقم الصف	B.V.	الحد الأعلى لـ X_2
1	X_4	10/2 = 5
2	$\bar{X}_1$	8/3 (Min)
3	$\bar{X}_2$	6/1 = 6

من الجدول في أعلاه يتضح إن الصف الثاني هو صف المحور ولذلك فإن المتغير $\bar{X}_2$ هو المتغير الخارج لذلك يتم استبعاده من جدول السمبلكس وباستخدام عملية المحور نحصل على الحل الجديد وكالآتي:

١. يقسم صف المحور على (3) ليكون معامل X_2 مساوي للواحد.

٢. يضرب صف المحور بعد حاصل القسمة بـ (2) ويطرح من الصف الأول لاستبعاد X_2 من الصف الأول.

٣. يطرح صف المحور بعد حاصل القسمة من الصف الثالث لاستبعاد X_2 من الصف الثالث.

عملية المحور موضحة بالجدول (1-19):

الجدول (1-19)

C_B	C_j	5	2	4	0	0	0	-M	
	B.V.	X_1	X_2	X_3	X_4	X_5	X_6	$\bar{X}_2$	b
0	X_4	-1/3	0	1/3	1	2/3	0	0	14/3
٢	X_2	2/3	1	1/3	0	-1/3	0	0	8/3
-M	$\bar{X}_2$	-2/3	0	5/3	0	1/3	-1	1	10/3
$\bar{C}$		11/3-2/3M	0	10/3+5/3M	0	2/3+1/3M	-M	0	Z=16/3-10/3M

من الجدول (1-19)الحل الممكن الأساسي هو:

$X_1=X_3 = 0$، $X_2 = 8/3$، $X_4 =14/3$، $X_1 = 0$، $\bar{X}_2 = 10/3$; $\bar{Z} = 16/3 - 10/3\ M$

وهذا حل غير أمثل لأنه يحتوي على قيم موجبة لأحد المتغيرات الاصطناعية إضافة إلى وجود قيم موجبة في صف الأرباح النسبية لذلك فإن المتغير χ_3 هو المتغير الداخل لأنه يقابل القيمة الموجبة الأعلى في صف الأرباح النسبية وباستخدام قاعدة أقل النسب يمكن معرفة المتغير الخارج وكالآتي:

رقم الصف	B.V.	الحد الأعلى لـ χ_3
1	χ_4	(14/ 3)/ (1/3) = 14
2	χ_2	(8/ 3) / (1/3) = 8
3	$\bar{\chi}_2$	(10/3)/(5/3) = 2 (Min)

من الجدول في أعلاه يتضح إن الصف الثالث هو صف المحور ولذلك فإن المتغير $\bar{\chi}_2$ هو المتغير الخارج وعليه يتم استبعاده من جدول السمبلكس وباستخدام عملية المحور نحصل على الحل الجديد وكالآتي:

١. يضرب صف المحور بـ (3/5) ليكون معامل χ_3 مساوي للواحد.

٢. يضرب صف المحور بعد حاصل الضرب بـ (1/3) ويطرح من الصف الأول لاستبعاد χ_2 من الصف الأول.

٣. يضرب صف المحور بعد حاصل الضرب بـ (1/3) ويطرح من الصف الثاني لاستبعاد χ_2 من الصف الثاني.

عملية المحور موضحة بالجدول (1-20):

الجدول (1-20)

C_B	B.V. \ C_j	5	2	4	0	0	0	b
		χ_1	χ_2	χ_3	χ_4	χ_5	χ_6	
٥	χ_4	-1/٥	0	0	1	3/5	1/5	4
٢	χ_2	٤/٥	1	0	0	-2/5	1/5	2
٤	$\chi_٣$	-2/٥	0	1	0	1/5	-3/5	2
	$\bar{C}$	٥	0	0	0	0	2	Z=12

من الجدول (1-20) الحل الممكن الأساسي هو:

$$\chi_1 = 0 ، \chi_2 = 2 ، \chi_3 = 2، \chi_4 = 4 \quad ; Z=12$$

وهذا الحل لا يحتوي على متغيرات اصطناعية بقيم موجبة ومع ذلك فهو حل غير أمثل لوجود قيم موجبة في صف الأرباح النسبية لذلك فإن المتغير χ_1 هو المتغير الداخل لأنه يقابل القيمة الموجبة الأعلى في صف الأرباح النسبية وباستخدام قاعدة أقل النسب يتم معرفة المتغير الخارج وكالآتي:

رقم الصف	B.V.	الحد الأعلى لـ χ_1
1	χ_4	—
2	χ_2	2/(4/5) = 5/2(Min)
3	χ_3	—

من الجدول في أعلاه يتضح إن الصف الثاني هو صف المحور والمتغير χ_2 هو المتغير الخارج، المراحل المتبقية لطريقة السمبلكس موضحة بالجدول (1-21):

الجدول(1-21)

C_B	B.V. \ C_j	5	2	4	0	0	0	b
		χ_1	χ_2	χ_3	χ_4	χ_5	χ_6	
0	χ_4	0	1/4	0	1	1/2	1/4	9/2
5	χ_1	1	5/4	0	0	-1/2	1/4	5/2
4	χ_3	0	1/2	1	0	0	-1/2	3
	$\overline{C}$	0	-25/4	0	0	5/2	3/4	Z=12+(25/2)
0	χ_5	0	1/2	0	2	1	1/2	9
5	χ_1	1	3/2	0	1	0	1/2	7
4	χ_3	0	1/2	1	0	0	-1/2	3
	$\overline{C}$	0	-15/2	0	-5	0	-1/2	Z= 47

الحل الأمثل هو:

$$\chi_1 = 7، \chi_2 = 0 ، \chi_3 = 3 \quad ; Z= 47$$

مثال (1-25): أوجد الحل الأمثل لمسألة البرمجة الخطية (L.P.) الآتية:

$$\text{Max } Z = 5X_1 + 6X_2 + 7X_3$$

S.T

$$2X_1 + X_2 + 3X_3 \le 120$$

$$X_1 + X_2 + X_3 \le 60$$

$$X_1 + X_2 \ge 30$$

$$X_1 \ge -20$$

$$X_2 \ge -20$$

$$X_3 \ge 0$$

الحــل:

نفترض العلاقات الآتية: $X_4 = X_1 + 20 \;\; ; \;\; X_5 = X_2 + 20$

بعد إدخال العلاقات في أعلاه إلى مسألة البرمجة الخطية (L.P.) فإنها تتحول إلى الصيغة الآتية:

$$\text{Max } Z = 7X_3 + 5X_4 + 6X_5 - 220$$

S.T

$$3X_3 + 2X_4 + X_5 \le 180$$

$$X_3 + X_4 + X_5 \le 100$$

$$X_4 + X_5 \ge 70$$

$$X_3, X_4, X_5 \ge 0$$

الصيغة القياسية للصيغة في أعلاه هي:

$$\text{Max } Z = 7X_3 + 5X_4 + 6X_5 - M\overline{X}_1 - 220$$

S.T

$$3X_3 + 2X_4 + X_5 + X_6 = 180$$

$$X_3 + X_4 + X_5 + X_7 = 100$$

$$X_4 + X_5 - X_8 + \overline{X}_1 = 70$$

$$X_j \ge 0 \qquad j = 3, \ldots, 8$$

$$\overline{X}_1 \ge 0$$

الحل الأمثل لمسألة البرمجة الخطية (L.P.) موضحة بالجدول (1-22):

الجدول(22-1)

C_B	C_j / B.V.	7	5	6	0	0	0	-M	b
		χ_3	χ_4	χ_5	χ_6	χ_7	χ_8	$\overline{\chi}_1$	
0	χ_6	3	2	1	1	0	0	0	180
0	χ_7	1	1	1	0	1	0	0	100
-M	$\overline{\chi}_1$	0	1	1	0	0	-1	1	70
$\overline{C}$		7	5+M	6+M	0	0	-M	0	Z=-70M
0	χ_6	3	1	0	1	0	1		110
0	χ_7	1	0	0	0	1	1		30
6	χ_5	0	1	1	0	0	-1		70
$\overline{C}$		7	-1	0	0	0	6		Z= 420
0	χ_6	٠	1	0	1	-3	-2		20
٧	$\chi_٣$	1	0	0	0	1	1		30
6	χ_5	0	1	1	0	0	-1		70
$\overline{C}$		٠	-1	0	0	-7	-1		Z= 630

الحل الأمثل للمسألة هو:

$\chi_3 = 30$ ، $\chi_5 = 70$; $Z = 630 - 220 = 410$

أما الحل الأمثل للمسألة الأصلية فهو:

$\chi_1 = \chi_4 - 20 = -20$

$\chi_2 = \chi_5 - 20 = 50$

$\chi_3 = 30$

$Z = 410$

4-1 طريقة السمبلكس ذات المرحلتين

The Two - Phase Simplex Method

تستخدم هذه الطريقة لإيجاد الحل الأمثل لمسألة البرمجة الخطية (.L.P) بعد إضافة المتغيرات الاصطناعية لها وهي تكون على مرحلتين وهما:

المرحلة الأولى: تهدف هذه المرحلة إلى إيجاد الحل الممكن الأساسي الأولي للمسألة الأصلية أي إزالة المتغيرات الاصطناعية، دالة الهدف تمثل مجموع المتغيرات الاصطناعية وهي دالة تقليل أي إن قيمة دالة الهدف في نهاية المرحلة يجب إن تساوي صفر وهذا يعني إن قيم المتغيرات الاصطناعية تكون صفر.

المرحلة الثانية: الحل النهائي للمرحلة الأولى يمثل حل أمثل لدالة الهدف التي تمثل مجموع المتغيرات الاصطناعية وليس حل أمثل لدالة الهدف الأصلية، لذلك فإن الجدول النهائي للمرحلة الأولى يصبح جدول أولي للمرحلة الثانية بعد استبعاد المتغيرات الاصطناعية وتستبدل دالة الهدف بالدالة الأصلية ومن ثم تطبق طريقة السمبلكس للحصول على الحل الأمثل.

مثال (26-1): باستخدام طريقة السمبلكس ذات المرحلتين أوجد الحل الأمثل لمسألة البرمجة الخطية (L.P.) المعرفة بالمثال (23-1):

$$\text{Min} \quad Z = 2x_1 + 3x_2 + M\bar{x}_1 + M\bar{x}_2$$

S.T

$$x_1 + 2x_2 + x_3 = 6$$

$$2x_1 + 2x_2 - x_4 + \bar{x}_1 = 4$$

$$x_1 + x_2 + \bar{x}_2 = 3$$

$$x_1, x_2, x_3, x_4, \bar{x}_1, \bar{x}_2 \geq 0$$

الحل:

نبدأ أولا بالمرحلة الأولى:

$$\text{Min} \quad G = \bar{x}_1 + \bar{x}_2$$

S.T

$$x_1 + 2x_2 + x_3 = 6$$

$$2x_1 + 2x_2 - x_4 + \bar{x}_1 = 4$$

$$x_1 + x_2 + \bar{x}_2 = 3$$

$$x_1, x_2, x_3, x_4, \bar{x}_1, \bar{x}_2 \geq 0$$

حل المرحلة الأولى موضح بالجدول (1-23):

الجدول (1-23)

C_B	C_j / BV.	٠ x_1	0 x_2	0 x_3	0 x_4	1 $\bar{x}_1$	1 $\bar{x}_2$	b
0	x_3	1	2	1	0	0	0	6
1	$\bar{x}_1$	2	2	0	-1	1	0	4
1	$\bar{x}_2$	1	1	0	0	0	1	3
$\bar{C}$		-3	-3	0	0	0	0	G = 7
0	x_3	0	1	1	1/2	-1/2	0	4
0	x_1	1	1	0	-1/2	1/2	0	2
1	$\bar{x}_2$	0	0	0	**1/2**	-1/2	1	1
$\bar{C}$		0	0	0	-1/2	3/2	0	G= 1
0	x_3	0	1	1	0	0	-1	3
0	x_1	1	1	0	0	0	1	3
0	x_4	0	0	0	1	-1	2	2
$\bar{C}$		0	0	0	0	1	1	G= 0

الحل الأمثل للمرحلة الأولى هو:

$$\bar{x}_1 = \bar{x}_2 = 0 \quad ; \quad G = 0$$

للحصول على الحل الأمثل للمرحلة الثانية نستخدم المرحلة الأخيرة من الجدول (1-23) كجدول أولي ويتم استبعاد أعمدة المتغيرين $\bar{x}_1$، $\bar{x}_2$ وكذلك استبدال دالة هدف المرحلة الأولى بدالة الهدف الأصلية:

$$\text{Min} \quad Z= 2x_1 + 3x_2$$

وباستخدام دالة الهدف الأصلية يتم إيجاد صف الأرباح النسبية الجديد، الحل الأمثل للمرحلة الثانية موضح بالجدول (1-24):

الجدول (1-24)

C_B	C_j / B.V.	2	3	0	0	b
		χ_1	χ_2	χ_3	χ_4	
0	χ_3	0	1	1	0	3
2	χ_1	1	1	0	0	3
0	χ_4	0	0	0	1	2
$\overline{C}$		0	1	0	0	Z = 6

الحل الأمثل للمسألة هو:

$$\chi_1 = 3 \text{،} \ \chi_2 = 0\text{،} \ \chi_3 = 3 \ \text{،} \ \chi_4 = 2 \qquad ; \ Z= 6$$

مثــال(1-27): باستخدام طريقة السمبلكس ذات المرحلتين أوجد الحل الأمثل لمسألة البرمجة الخطية (L.P.)المعرفة بالمثال (1-24):

$$\text{Max} \quad Z= 5\chi_1 + 2\chi_2 + 4\chi_3 - M\,\overline{\chi}_1 - M\,\overline{\chi}_2$$

$$\text{S.T}$$

$$\chi_1 + 2\chi_2 + \chi_3 + \chi_4 = 10$$

$$2\chi_1 + 3\chi_2 + \chi_3 - \chi_5 + \overline{\chi}_1 = 8$$

$$\chi_2 + 2\chi_3 - \chi_6 + \overline{\chi}_2 = 6$$

$$\chi_j \geq 0 \qquad j = 1\text{، ....، } 6$$

$$\overline{\chi}_1 \text{،} \ \overline{\chi}_2 \geq 0$$

الحــل:

دالة الهدف للمرحلة الأولى هي:

$$\text{Min} \ \ G = \overline{\chi}_1 + \overline{\chi}_2$$

وقيود المسألة هي نفسها قيود المسألة الأصلية، الحـل الأمثـل للمرحلـة الأولى موضـح بالجـدول (1-25):

الجدول (25-1)

C_B	C_j / B.V.	0	0	0	0	0	0	1	1	b
		χ_1	χ_2	χ_3	χ_4	χ_5	χ_6	$\bar{\chi}_1$	$\bar{\chi}_2$	
0	χ_4	1	2	1	1	0	0	0	0	10
1	$\bar{\chi}_1$	2	**3**	1	0	-1	0	1	0	8
1	$\bar{\chi}_2$	0	1	2	0	0	-1	0	1	6
$\bar{C}$		-2	-4	-3	0	1	1	0	0	G = 14
0	χ_4	-1/3	0	1/3	1	2/3	0	-2/3	0	14/3
0	χ_2	2/3	1	1/3	0	-1/3	0	1/3	0	8/3
1	$\bar{\chi}_2$	-2/3	0	**5/3**	0	1/3	-1	-1/3	1	10/3
$\bar{C}$		2/3	0	-5/3	0	-1/3	1	4/3	0	G= 10/3
0	χ_4	-1/5	0	0	1	3/5	1/5	-3/5	-1/5	4
0	χ_2	4/5	1	0	0	-2/5	1/5	2/5	-1/5	2
0	χ_3	-2/5	0	1	0	1/5	-3/5	-1/5	3/5	2
$\bar{C}$		0	0	0	0	0	0	1	1	G= 0

الحل الأمثل للمرحل+ة الأولى هو:

$$\bar{\chi}_1 = \bar{\chi}_2 = 0 \quad ; \ G = 0$$

جدول السمبلكس الأولي للمرحلة النهائية نحصل عليه باستبعاد أعمدة المتغيرين χ_1، χ_2 من الجدول (25-1) واستبدال دالة هدف المرحلة الأولى بدالة الهدف الأصلية:

$$\text{Max} \quad Z = 5\chi_1 + 2\chi_2 + 4\chi_3$$

وبوساطة دالة الهدف الجديدة وباستخدام قاعدة الضرب الداخلي نحصل على صف الأرباح النسبية الجديد، الحل الأمثل للمرحلة الثانية موضح بالجدول (26-1):

الجدول (1-26)

C_B	B.V. \ C_j	٥	٢	٤	0	0	0	b
		x_1	x_2	x_3	x_4	x_5	x_6	
0	x_4	-1/5	0	0	1	3/5	1/5	4
2	x_2	**4/5**	1	0	0	-2/5	1/5	2
4	x_3	-2/5	0	1	0	1/5	-3/5	2
	$\overline{C}$	5	0	0	0	0	2	Z = 12
0	x_4	0	1/4	0	1	**1/2**	1/4	9/2
5	x_1	1	5/4	0	0	-1/2	1/4	5/2
4	x_3	0	1/2	1	0	0	-1/2	3
	$\overline{C}$	0	-25/4	0	0	5/2	3/4	Z = 49/2
0	x_5	0	1/2	0	2	1	1/2	9
5	x_1	1	3/2	0	1	0	1/2	7
4	x_3	0	1/2	1	0	0	-1/2	3
	$\overline{C}$	0	-15/2	0	-5	0	-1/2	Z = 47

الحل الأمثل للمرحلة الثانية هو:

$$x_1 = 7،\ x_2 = 0\ ،\ x_3 = 3،\ x_5 = 9 \quad ; Z= 47$$

الذي يمثل الحل الأمثل للمسألة الأصلية مع قيم صفرية للمتغيرات الاصطناعية وبمقارنة طريقة السمبلكس ذات المرحلتين مع طريقة M الكبيرة يلاحظ إن مراحل طريقة السمبلكس هي نفسها والمتغيرات في المراحل أي المتغيرات الداخلة والخارجة هي نفسها للطريقتين.

5-1 نظرية المقابل (الثنائي) Duality Theory

تعتبر نظرية المقابل واحدة من أهم المفاهيم الأساسية في مسائل البرمجة الخطية (L.P.)، الفكرة الأساسية لنظرية المقابل هي إن لأي مسألة برمجة خطية (L.P.) يوجد برنامج خطي مقترن معها يدعى الأنموذج المقابل لها بحيث حل مسألة البرمجة الخطية الأصلية (L.P.) يعطي كذلك حل الأنموذج المقابل.

1-5-1: تكوين الأنموذج المقابل Framework Of Duality Model

لتكوين الأنموذج المقابل من المسألة الأصلية للبرمجة الخطية (.L.P) والتي تدعى المسالة الأوليـة (Primal Problem) نتبع الخطوات التالية:

1. معاملات دالة الهدف في الأنموذج الأولي تصبح ثوابت الجانب الأيمن في الأنموذج المقابل وبصورة مشابهة ثوابت الجانب الأيمن في الأنموذج الأولي تصبح معاملات دالة الهدف في المقابل.
2. تعكس إشارة اللامساواة من أصغر أو يساوي في الأولي إلى أكبر أو يساوي في المقابل أو من أكبر أو يساوي في الأولي إلى أصغر أو يساوي في المقابل.
3. أي عمود في الأولي يعتبر قيد (صف) في المقابل وعليه فإن عدد قيود المقابل تساوي عدد متغيرات الأولي.
4. أي قيد في الأولي يتحول إلى عمود في المقابل وعليه فإن عدد متغيرات المقابل تساوي عدد قيود الأولي.
5. يجب إن يكون الأنموذج الأولي بالصيغة المتماثلة (Symmetric Form) ويقصد بالصيغة المتماثلة إن كل متغيرات الأنموذج هي غير سالبة والقيود تكون بصيغة اللامساواة بحيث تكون في مسائل التعظيم أصغر من أو يساوي وفي مسائل التقليل أكبر من أو يساوي.
6. مقابل الأنموذج المقابل هو أنموذج أولي.

ولتوضيح الخطوات في أعلاه نستعرض بعض الأمثلة:

مثال(1-28): كون الأنموذج المقابل للأنموذج الخطي الآتي:

$$\text{Max} \quad Z = 5\chi_1 + 2\chi_2$$

S.T

$$\chi_1 + \chi_2 \le 20$$

$$2\chi_1 + \chi_2 \le 30$$

$$-\chi_1 + 2\chi_2 \le 25$$

$$\chi_1 ، \chi_2 \ge 0$$

الحــل:

دالة الهدف للأنموذج المقابل سوف تكون تقليل وهي تحتوي علـى ثلاثـة متغـيرات بقـدر عـدد قيود الأولي ومعاملات المتغيرات تمثل الجانب الأيمن للأولي:

$$Min \ \ T = 20 y_1 + 30 y_2 + 25 y_3$$

أما قيود المقابل فهي عبارة عـن قيـدين لأن الأولي يحتـوي عـلى متغـيرين، القيـد الأول يحتـوي عـلى ثلاثـة متغيرات مع معاملات تمثل معاملات χ_1 في قيود الأولي أي:

$$y_1 + 2y_2 - y_3 \geq 5$$

يلاحظ إن إشارة القيد هي أكبر أو يساوي أي عكس إشارة الأولي وإن الجانب الأيمن للقيد يمثـل معامل χ_1 في دالة الهدف للأولي، أما القيـد الثـاني فيحتـوي عـلى ثلاثـة متغـيرات مـع معـاملات تمثـل معاملات χ_2 في قيود الأولي وإشارة القيد تكون أكبر أو يساوي والجانب الأيمن للقيد يمثل معامل χ_2 في دالة هدف الأولي:

$$y_1 + y_2 + 2y_3 \geq 2$$

وعليه فإن الصيغة النهائية للأنموذج المقابل هي:

$$Min \ \ T = 20 y_1 + 30 y_2 + 25 y_3$$

S.T

$$y_1 + 2y_2 - y_3 \geq 5$$

$$y_1 + y_2 + y_3 \geq 2$$

$$y_1 ، y_2 ، y_3 \geq 0$$

مثــال (1-29): كون الأنموذج المقابل للأنموذج الخطي الآتي:

$$Max \ \ Z = \chi_1 + 2\chi_2 + \chi_3$$

S.T

$$\chi_1 + 2\chi_2 + 3\chi_3 \leq 20$$

$$2\chi_1 + 3\chi_2 + \chi_3 \geq 15$$

$$\chi_1 ، \chi_2, \chi_3 \geq 0$$

الحـــل:

مسألة البرمجة الخطية (.L.P) ليست بالصيغة المتماثلة لاختلاف إشارة القيود لذلك يـتم تحويـل إشارة القيد الثاني إلى أصغر أو يساوي بضرب طرفي القيد بـ (1-):

$$-2\chi_1 - 3\chi_2 - \chi_3 \leq -15$$

الأنموذج المقابل للأنموذج الخطي هو:

$$\text{Min } T = 20y_1 - 15y_2$$

$$\text{S.T}$$

$$y_1 - 2y_2 \geq 1$$

$$2y_1 - 3y_2 \geq 2$$

$$3y_1 - y_2 \geq 1$$

$$y_1, y_2 \geq 0$$

مثـــال(1-30): كون الأنموذج المقابل للأنموذج الخطي الآتي:

$$\text{Min } Z = 20\chi_1 + 10\chi_2 + 15\chi_3 - 5\chi_4$$

$$\text{S.T}$$

$$2\chi_1 + \chi_2 + \chi_3 + 3\chi_4 \geq 12$$

$$\chi_1 + 2\chi_2 - \chi_3 + 2\chi_4 = 4$$

$$\chi_j \geq 0 \quad j = 1،2، 3، 4$$

الحـــل:

قبل تكوين الأنموذج المقابل يجب تحويل إشارة القيد الثاني (مساواة) إلى إشارة أكبر أو يسـاوي لكي يكون الأنموذج الأولي بالصيغة المتماثلة، قيد المساواة يكافئ قيدين وكالآتي:

$$\chi_1 + 2\chi_2 - \chi_3 + 2\chi_4 \leq 4$$

$$\chi_1 + 2\chi_2 - \chi_3 + 2\chi_4 \geq 4$$

نحول إشارة أصغر أو يساوي إلى أكبر أو يساوي بضرب طرفي القيد بـ (1-) ولذلك فـإن الصـيغة النهائية للأنموذج الخطي الأولي هي:

$$\text{Min } Z = 20\chi_1 + 10\chi_2 + 15\chi_3 - 5\chi_4$$

S.T

$$2\chi_1 + \chi_2 + \chi_3 + 3\chi_4 \geq 12$$
$$-\chi_1 - 2\chi_2 + \chi_3 - 2\chi_4 \geq -4$$
$$\chi_1 + 2\chi_2 - \chi_3 + 2\chi_4 \geq 4$$

$$\chi_j \geq 0 \qquad j = 1، 2، 3، 4$$

الأنموذج المقابل للأنموذج الخطي هو:

$$\text{Max } T = 12y_1 - 4y_2 + 4y_3$$

S.T

$$2y_1 - y_2 + y_3 \leq 20$$
$$y_1 - 2y_2 + 2y_3 \leq 10$$
$$y_1 + y_2 - y_3 \leq 15$$
$$3y_1 - 2y_2 + 2y_3 \leq -5$$

$$y_j \geq 0 \quad j = 1، 2، 3، 4$$

يتضح من الأمثلة السابقة إنه بوجود الصيغة العامة للأنموذج الأولي المعرفة بالصيغة الآتية:

$$\text{Max or Min} \quad Z = C_1\chi_1 + C_2\chi_2 \ldots\ldots\ldots + C_n\chi_n$$

S.T

$$a_{11}\chi_1 + a_{12}\chi_2 + \ldots\ldots\ldots\ldots + a_{1n}\chi_n \leq (\geq)\ b_1$$
$$a_{21}\chi_1 + a_{22}\chi_2 + \ldots\ldots\ldots\ldots + a_{2n}\chi_n \leq (\geq)\ b_2$$
$$\vdots$$
$$a_{m1}\chi_1 + a_{m2}\chi_2 + \ldots\ldots\ldots\ldots + a_{mn}\chi_n \leq (\geq)\ b_m$$

$$\chi_1، \ldots\ldots، \chi_n \geq 0$$

فإن الصيغة العامة للأنموذج المقابل للصيغة في أعلاه هي:

$$\text{Min (Max)} \quad T = b_1y_1 + b_2y_2 + \ldots\ldots\ldots + b_my_m$$

S.T

$$a_{11}y_1 + a_{21}y_2 + \ldots\ldots\ldots + a_{m1}y_m \geq (\leq)\ C_1$$
$$a_{12}y_1 + a_{22}y_2 + \ldots\ldots\ldots + a_{m2}y_m \geq (\leq)\ C_2$$
$$\vdots$$
$$a_{1n}y_1 + a_{2n}y_2 + \ldots\ldots\ldots + a_{mn}y_m \geq (\leq)\ C_n$$

$$y_1، \ldots، y_m \geq 0$$

وممكن إن تكتب كذلك بصيغة المصفوفات وكالآتي:

(الأنموذج المقابل)	(الأنموذج الأولي)
Min or Max $T = Yb$	Max or Min $Z = CX$
S.T	S.T
$YA \geq (\leq) C$	$AX \leq (\geq) b$
$Y \geq 0$	$X \geq 0$

2-5-1 التفسيرات الاقتصادية للأنموذج المقابل

Economic Interpretation of the Dual Model

مسائل البرمجة الخطية (.L.P) تفسر على إنها أسلوب يستخدم لتخصيص الموارد في ما بين الفعاليات، الموارد تكون أما غزيرة (Abundant Resource) وهي تلك الموارد التي زيادتها لا تؤثر على الحل الأمثل للأنموذج والقيد الذي يتمثل بموارد غزيرة يعرف بأنه قيد غير ملزم (Nonbinding) بحيث إن هذا القيد لا يمر بنقطة الحل الأمثل، أما النوع الأخر من الموارد فيعرف بالموارد النادرة (Scarce Resource) وهي تلك الموارد التي زيادتها تؤثر على الحل الأمثل للأنموذج والقيد الذي يتمثل بموارد نادرة يعرف بأنه قيد ملزم (Binding) بحيث إن هذا القيد يمر بنقطة الحل الأمثل وعلى هذا الأساس فإن الموارد النادرة هي التي تحدد الحل الأمثل للأنموذج فإذا رغب عامل القرار في معرفة مدى تأثير زيادة الموارد النادرة على الحل الأمثل فإنه سوف يلجأ إلى متغيرات الأنموذج المقابل أو ما يطلق عليها أسعار الظل (Shadow Prices) وهي التي تمثل المعدل الذي تزداد به قيمة دالة الهدف نتيجة لزيادة وحدة واحدة في كمية الموارد النادرة (b) التي تم توفيرها والزيادة يجب إن لا تكون كبيرة لكي تبقى المتغيرات الأساسية الحالية مثلى وعلى هذا الأساس فإن قيمة سعر الظل للموارد الغزيرة هو صفر.

قيمة أسعار الظل أو متغيرات الأنموذج المقابل ممكن الحصول عليها من جدول السمبلكس النهائي الذي يمثل الحل الأمثل للأنموذج الأولي حيث إنها تمثل قيم المتغيرات الوهمية في صف الأرباح النسبية فمثلا الجدول النهائي للمثال (17-1) هو:

C_B	C_j / B.V.	20	25	0	0	0	b
		χ_1	χ_2	χ_3	χ_4	χ_5	
0	χ_3	٠	0	1	-7/5	-1/5	6
25	$\chi_٢$	0	1	0	3/5	-1/5	6
20	χ_1	1	0	0	-1/5	2/5	8
$\overline{C}$		0	0	0	-11	-3	Z=310

من الجدول في أعلاه يتضح إن قيم متغيرات الأنموذج المقابل هي:

$y_1 = 0$ ، $y_٢ = 11$ ، $y_٣ = 3$

يلاحظ إن قيم متغيرات الأنموذج المقابل في جدول السمبلكس النهائي تظهر مصحوبة بإشارة السالب وحيث إنها تمثل معدل الزيادة في حالة كون الدالة تعظيم وتمثل معدل النقصان في حالة كون الدالة تقليل لذلك يتم أخذ القيمة بغض النظر عن إشارتها مع العلم إن هنالك أساليب أخرى لتطبيق طريقة السمبلكس تظهر القيم بإشارة موجبة.

مبرهنة (1-1): قيمة دالة الهدف للأنموذج المقابل (تقليل) هي دائما" أكبر أو تساوي من أكبر قيمة دالة الهدف للأنموذج الأولي (تعظيم).

البرهان:

نفترض إن Y^*، X^* تمثل متجهات الحل الأمثل للأنموذجين الأولي والمقابل على التوالي ولذلك يجب برهنة إن $Y^*b \geq CX^*$ وبما إن X^* يمثل متجه الحل الأمثل للأولي لذلك فإن

$AX^* \leq b$ ....(20-1)

و Y^* يمثل متجه الحل الأمثل للمقابل لذلك فإن:

$Y^*A \geq C$ ....(21-1)

وبضرب طرفي المعادلة (20-1) بـ (Y^*) والمعادلة (21-1) بـ (X^*) نحصل على:

$$Y^*AX^* \leq Y^* b \ldots\ldots.(22\text{-}1)$$
$$Y^*AX^* \geq CX^* \ldots\ldots(23\text{-}1)$$

من المعادلتين (1-22) و (1-23) نحصل على:

$$CX^* \leq Y^*AX^* \leq Y^*b$$

ولذلك فإن $Y^*b \geq CX^*$

من المبرهنة (1-1) نستنتج الآتي:

١. قيمة دالة الهدف للأنموذج الأولي هي الحد الأدنى لقيمة دالة الهدف للأنموذج المقابل.
٢. قيمة دالة الهدف للأنموذج المقابل هي الحد الأعلى لقيمة دالة الهدف للأنموذج الأولي.
٣. إذا مسألة الأنموذج الأولي تمتلك حل غير محدد فإن مسألة الأنموذج المقابل لا يمكن أن تمتلك حل ممكن.
٤. إذا مسألة الأنموذج المقابل تمتلك حل غير محدد فإن مسألة الأنموذج الأولي لا يمكن إن تمتلك حل ممكن.

مبرهنة (1-2): إذا كان المتجهان Y^*، X^* عبارة عن حلول ممكنة للأولي والمقابل على التوالي مع تساوي قيمة دالة الهدف للأنموذجين فإن Y^*، X^* هي في الحقيقة عبارة عن متجهين للحلول المثلى.

البرهان:

نفترض إن X عبارة عن متجه حل ممكن أخر لمسألة الأولي وعليه فباستخدام المبرهنة (1-1) فإن:

$$CX \leq Y^*b$$

وبما إن $CX^* = Y^*b$ فإن $CX \leq CX^*$ لكل الحلول الممكنة لمسألة الأولي، وبصورة مشابهة يمكن برهنة أمثلية Y^* لمسألة المقابل.

1-3-5: طريقة السمبلكس المقابلة Dual Simplex Method

إحدى الفرضيات الأساسية لحل الأنموذج الأولي بوساطة طريقة السمبلكس هي إن الموارد(قيم الجانب الأيمن للقيود) يجب إن تكون أكبر من الصفر، حل الأنموذج المقابل بوساطة طريقة السمبلكس يساعد على التخلص من هذا الشرط حيث إن قيمة الموارد ممكن إن تكون سالبة وعلى هذا الأساس فلا حاجة لإدخال المتغيرات الاصطناعية إلى الأنموذج، تتلخص طريقة السمبلكس المقابلة بالخطوات الآتية:

١. المتغير الخارج هو المتغير الأساسي الذي يقابل القيمة الأكثر سالبية في عمود b.
٢. المتغير الداخل ينتج من حاصل قسمة صف الأرباح النسبية على صف المحور وتتم القسمة على القيم السالبة فقط ويتم اختيار أعلى قيمة لتمثل المتغير الداخل في حالة كون دالة الهدف دالة تقليل وأقل قيمة في حالة كون دالة الهدف دالة تعظيم.
٣. الحل الأمثل للأنموذج يتم التوصل إليه عندما تكون كل قيم عمود b موجبة.

الطريقة الموصوفة في الخطوات السابقة تستخدم لحل أنموذج البرمجة الخطية (L.P.) عندما تكون معاملات متجه الموارد (b) سالبة.

مثال(1-31): أوجد الحل الأمثل للأنموذج المقابل لأنموذج البرمجة الخطية (L.P.) المعرف بالمثال (1-2) بطريقة السمبلكس المقابلة:

$$\text{Max } Z = 20X_1 + 25X_2$$

$$\text{S.T}$$

$$2X_1 + 3X_2 \le 40$$

$$X_1 + 2X_2 \le 20$$

$$3X_1 + X_2 \le 30$$

$$X_1 \text{، } X_2 \ge 0$$

الحـل:

صيغة الأنموذج المقابل هي:

$$\text{Min } T = 40y_1 + 20y_2 + 30y_3$$

$$\text{S.T}$$

$$2y_1 + y_2 + 3y_3 \ge 20$$

$$3y_1 + 2y_2 + y_3 \ge 25$$

$$y_1 \text{، } y_2 \text{،} y_3 \ge 0$$

لتطبيق طريقة السمبلكس المقابلة يجب تحويل إشارة القيود إلى أصغر أو يساوي وكذلك جعل قيم متجه الموارد سالبة وذلك بضرب طرفي القيود بـ (1-):

$$-2y_1 - y_2 - 3y_3 \leq -20$$
$$-3y_1 - 2y_2 - y_3 \leq -25$$

يتم تحويل الأنموذج إلى الصيغة القياسية وذلك بإضافة المتغيرات الوهمية وكالآتي:

$$\text{Min } T = 40y_1 + 20y_2 + 30y_3$$

S.T

$$-2y_1 - y_2 - 3y_3 + y_4 = -20$$
$$-3y_1 - 2y_2 - y_3 + y_5 = -25$$
$$y_j \geq 0 \quad j = 1, \ldots, 5$$

جدول السمبلكس الأولي يكون بالصيغة الآتية:

الجدول (27-1)

C_B	C_j / B.V.	40	20	30	0	0	b
		y_1	y_2	y_3	y_4	y_5	
0	y_4	-2	-1	-3	1	0	-20
0	y_5	-3	-2	-1	0	1	-25
$\overline{C}$		40	20	30	0	0	

نلاحظ إن الجدول (27-1) لايمثل حل ممكن لأن قيم المتغيرات الأساسية سالبة، المتغير الخارج هو y_5 لأنه صاحب القيمة الأكثر سالبية ولمعرفة المتغير الداخل يتم تسمية صف الأرباح النسبية الذي يتم الحصول عليه بوساطة قاعدة الضرب الداخلي على صف المحور وكالآتي:

صف $\overline{C}$	40	20	30	0	0
صف المحور	-3	-2	-1	0	1
	-40/3	-10	-30	-	-

وعلى هذا الأساس فإن المتغير y_2 هو المتغير الداخل لأنه صاحب القيمة الأعلى لحاصل القسمة وبوساطة استخدام عملية المحور نحصل على جدول السمبلكس التالي وكالآتي:

١. يقسم صف المحور على (2-) ليكون معامل y_2 مساوي للواحد.

٢. يضرب صف المحور بعد حاصل القسمة بـ (1-) ويطرح من الصف الأول لاستبعاد y_2 من الصف الأول.

عملية المحور موضحة بالجدول (1-28):

الجدول (1-28)

C_B	C_j / B.V.	40	20	30	0	0	b
		y_1	y_2	y_3	y_4	y_5	
0	y_4	-1/2	0	-5/2	1	-1/2	-15/2
٢٠	$y_٢$	3/2	1	1/2	0	-1/2	25/2
$\overline{C}$		10	0	20	0	10	

الجدول (1-28) لايمثل حل ممكن لأن قيمة المتغير الأساسي y_4 سالب لذلك فهو يمثل المتغير الخارج وبقسمة صف الأرباح النسبية على صف المحور (الأول) نحصل على المتغير الداخل وكالآتي:

صف $\overline{C}$	10	0	20	0	10
صف المحور	- 1/2	0	-5/2	1	-1/2
	-20	-	-8	-	-20

وعلى هذا الأساس فإن المتغير الداخل هو y_3 لأنه صاحب القيمة الأعلى لحاصل القسمة وبوساطة استخدام عملية المحور نحصل على جدول السمبلكس التالي وكالآتي:

١. يقسم صف المحور على (5/2 -) ليكون معامل y_3 مساوي للواحد.

٢. يضرب صف المحور بعد حاصل القسمة بـ (1/2) ويطرح من الصف الثاني لاستبعاد y_3 من الصف الثاني.

عملية المحور موضحة بالجدول (1-29) :

الجدول (1-29)

C_B	C_j / B.V.	40	20	30	0	0	b
		y_1	y_2	y_3	y_4	y_5	
30	y_3	1/5	0	1	-2/5	1/5	3
٢٠	$y_٢$	7/5	1	0	1/5	-3/5	11
	$\overline{C}$	6	0	0	8	6	T=310

الجدول (1-29) يمثل الحل الأمثل للأنموذج المقابل لأن قيم المتغيرات الأساسية موجبة والحل هو:

$$y_1 = 0 \text{ ، } y_2 = 11 \text{ ، } y_3 = 3 \; ; \; T = 310$$

من الجدول (1-29) ممكن استخراج حل الأنموذج الأولي حيث قيم متغيرات الأنموذج الأولي تمثل قيم المتغيرات الوهمية في صف الأرباح النسبية أي:

$$\chi_1 = 8 \text{ ، } \chi_2 = 6 \; ; \; Z=310$$

1 - 6 الشروط الوهمية التكميلية

Complementary Slackness Conditions

الشروط الوهمية التكميلية (C.S.C) لها استخدامات كثيرة ومن هذه الاستخدامات:

١. إيجاد الحل الأمثل للأنموذج الأولي من الحل الأمثل للأنموذج المقابل والعكس صحيح.
٢. معرفة هل إن الحل الممكن الأساسي للأنموذج الأولي هو أمثل أم لا وذلك من خلال استخدام (C.S.C) في أيجاد الحل الأمثل للأنموذج المقابل من الحل الممكن الأساسي للأنموذج الأولي فإذا تم التوصل إلى الحل الأمثل للأنموذج المقابل فإن الحل الممكن الأساسي للأنموذج الأولي هو حل أمثل.
٣. التحري عن الخصائص العامة للحلول المثلى للأولي والمقابل بوساطة اختيار فرضيات مختلفة.

٤. شروط كن - تكر التي تستخدم بصورة واسعة في حل مسائل البرمجة اللاخطية(Nonlinear Programming) وممكن كذلك إن تستخدم في حل مسائل البرمجة الخطية (L.P.) هي في الحقيقة توسعات الشروط الوهمية التكميلية (C.S.C).

بعد إن تم استعراض أهم استخدامات الشروط الوهمية التكميلية (C.S.C) سوف يتم توضيح هذا المفهوم من خلال المبرهنة الآتية:

مبرهنة (1-3):

الصيغة العامة لمسألة البرمجة الخطية (L.P.) هي:

$$\begin{aligned} \text{Max} \quad & Z = CX \\ & \text{S.T} \\ & AX \le b \\ & X \ge 0 \end{aligned}$$

أما صيغة الأنموذج المقابل للمسألة في أعلاه فهي:

$$\begin{aligned} \text{Min} \quad & T = Yb \\ & \text{S.T} \\ & YA \ge C \\ & Y \ge 0 \end{aligned}$$

حيث إن:

A : مصفوفة $(m_* n)$.

X,b : متجهات عمودية ذات بعد (m_*1) و (n_*1) على التوالي.

Y,C : متجهات صفية ذات بعد (1_*n) و (1_*m) على التوالي.

وبافتراض X^*،Y^* تمثل الحل الممكن الأولي والمقابل على التوالي فإن Y^* ، X^* هي متجهات حلول مثلى إذا وفقط إذا:

$$(Y^*A - C)\, X^* + Y^*\,(b - AX^*) = 0$$

البرهـان:

نفترض إن:

$U^T\,(m_*1) = (u_1,\ldots,u_m)$:. متجه المتغيرات الوهمية للأنموذج الأولي

$V(1_*n) = (v_1,\ldots,v_n)$:. متجه المتغيرات الوهمية للأنموذج المقابل

وبما إن Y^*، X^* تمثل متجهات الحل الممكن للأولي والمقابل فإن:

$U^* \geq 0$ ....(24-1)، $AX^* + U^* = b$; X^*

$V^* \geq 0$ ....(25-1)، $Y^*A - V^* = C$; Y^*

وبوساطة ضرب المعادلة (يعني ضرب داخلي) (1-24) بـ (Y^*) والمعادلة (1-25)بـ (X^*) ينتج:

$Y^*AX^* + Y^*u^* = Y^*b$ ....(26-1)

$Y^*AX^* - V^*X^* = CX^*$ ....(27-1)

بطرح (1-27) من (1-26) نحصل على:

$Y^* U^* + V^*X^* = Y^*b - CX^*$ ....(28-1)

وعلى هذا الأساس فإن Y^*، X^* هي مثلى إذا وفقط إذا تحققت المعادلة (1-29):

$Y^*U^* + V^*X^* = 0$ ....(29-1)

ولذلك فإن المعادلة (1-28) تتحول إلى:

$Y^*b = CX^*$ ....(30-1)

وعلى هذا الأساس فإن Y^*، X^* هي مثلى بالاستناد على مبرهنة (1-2).

معادلة (1-29) ممكن إن تبسط إلى:

n ....(31-1)،2 ....،$v_j^* \chi_j^* = 0$ $\quad j = 1$

m ....(32-1)،2.........،$y_i^* u_i^* = 0$ $\quad i = 1$

إن المعادلتين (1-31) و (1-32) تدعى الشروط الوهمية التكميلية (C.S.C) ومن خلالها يمكن معرفة الآتي:

١. إذا كان المتغير χ_j^* موجب فإن $v_j^* = 0$ في الحل الأمثل للمقابل.
٢. إذا كان قيد الأنموذج الأولي هو قيد لامساواة تام في حالة الأمثل(أي $u_i^* > 0$) فإن متغير الأنموذج المقابل المناظر له y_i^* يساوي صفر في حالة الأمثل.
٣. إذا كان المتغير y_i^* موجب فإن $u_i^* = 0$.

٤. إذا كان قيد الأنموذج المقابل هو قيد لامساواة تام (أي $v_j^* > 0$) فإن متغير الأنموذج الأولي المناظر له χ_j^* يساوي صفر في حالة الأمثل.

مثال (1-32): أوجد الحل الأمثل للأنموذج المقابل لأنموذج البرمجة الخطية (.L.P) لمسألة شركة المواد الغذائية والمعرفة بالمثال (1-31) باستخدام الشروط الوهمية التكميلية (C.S.C):

$$\text{Max} \quad Z = 20\chi_1 + 25\chi_2$$

S.T

$$2\chi_1 + 3\chi_2 \leq 40$$
$$\chi_1 + 2\chi_2 \leq 20$$
$$3\chi_1 + \chi_2 \leq 30$$
$$\chi_1 ، \chi_2 \geq 0$$

الحـل:

لاستخراج الحل الأمثل للأنموذج المقابل يجب أولا استخراج الحل الأمثل للأنموذج الأولي ومن خلال استخدام الطريقة البيانية يتضح إن الحل الأمثل للأنموذج الأولي هو:

$$\chi_1 = 8 ، \chi_2 = 6 \quad ; \quad Z = 310$$

الصيغة القياسية للأنموذج المقابل هي:

$$\text{Min} \quad T = 40y_1 + 20y_2 + 30y_3$$

S.T

$$2y_1 + y_2 + 3y_3 - v_1 = 20$$
$$3y_1 + 2y_2 + y_3 - v_2 = 25$$
$$y_1 ، y_2 ، y_3 ، v_1 ، v_2 \geq 0$$

باستخدام الشروط الوهمية التكميلية (C.S.C) المبينة بالمعادلات (1-31) و (1-32) يتضح الآتي:

١. بما إن $\chi_1 = 8$ فإن $v_1 = 0$

٢. بما إن $\chi_2 = 6$ فإن $v_2 = 0$

٣. $2\chi_1 + 3\chi_2 = 34 < 40$ وعليه فإن $u_1 > 0$، $y_1 = 0$

٤. $\chi_1 + 2\chi_2 = 20 = 20$ وعليه فإن $u_2 = 0$، $y_2 \geq 0$

٥. $3\chi_1 + \chi_2 = 30 = 30$ وعليه فإن $u_3 = 0$، $y_3 \geq 0$

من قيود الأنموذج المقابل نحصل على:

$$y_2 + 3y_3 = 20$$
$$2y_2 + y_3 = 25$$

من حل المعادلتين في أعلاه نحصل على:

$$y_2 = 11 \text{،} \quad y_3 = 3$$

قيمة دالة الهدف هي:

$$T = 40\,(0) + 20\,(11) + 30(3) = 310$$

تستخدم الشروط الوهمية التكميلية (C.S.C) في اختبار بعض الفرضيات على طبيعة الحلول المثلى لمسائل البرمجة الخطية (L.P.) كمثال فإن بالإمكان اختبار الفرضية القائلة بأن قيود الأنموذج الأولي هي لامساواة تامة في حالة الأمثلية أي إن كل الموارد المتوفرة لم تستخدم بصورة كاملة وهذا يعني إن $u_i^* > 0$ وباستخدام الشروط الوهمية التكميلية نحصل على:

$$y_i^* = 0$$

الذي يمثل الحل الأمثل للمقابل في حال كون الفرضية $u_i^* > 0$ صحيحة أي قبول الفرضية أما في حال رفض الفرضية فإن $y_i^* = 0$ هو حل غير ممكن.

مثال (1-33): كون الأنموذج المقابل لمسألة البرمجة الخطية (L.P.) الآتية:

$$\text{Max } Z = 4\chi_1 + 5\chi_2$$
$$\text{S.T}$$
$$3\chi_1 + 2\chi_2 \leq 20$$
$$4\chi_1 - 3\chi_2 \geq 10$$
$$\chi_1 + \chi_2 = 5$$
$$\chi_1 \geq 0$$
$$\chi_2 \quad \text{unrestricted in sign}$$

الحـل:

المسألة في أعلاه هي مسألة غير متماثلة لذلك يجب تحويلها إلى مسألة متماثلة من خلال تحويل إشارات القيود إلى صيغة اصغر أو يساوي مع استبدال المتغير غير المقيد بإشارة بحاصل طرح متغيرين غير سالبين:

$$\text{Max } Z = 4\chi_1 + 5\chi_3 - 5\chi_4$$

$$\text{S.T}$$

$$3\chi_1 + 2\chi_3 - 2\chi_4 \le 20$$

$$-4\chi_1 + 3\chi_3 - 3\chi_4 \le -10$$

$$\chi_1 + \chi_3 - \chi_4 \le 5$$

$$-\chi_1 - \chi_3 + \chi_4 \le -5$$

$$\chi_1، \chi_3، \chi_4 \ge 0$$

الأنموذج المقابل يكون بالصيغة الآتية:

$$\text{Min } T = 20w_1 - 10w_2 + 5w_3 - 5w_4$$

$$\text{S.T}$$

$$3w_1 - 4w_2 + w_3 - w_4 \ge 4$$

$$2w_1 + 3w_2 + w_3 - w_4 \ge 5$$

$$-2w_1 - 3w_2 - w_3 + w_4 \ge -5$$

$$w_1، w_2، w_3، w_4 \ge 0$$

من مقارنة صيغة الأنموذج المقابل مع صيغة الأنموذج الأولي الأصلي نلاحظ إن معاملات دالة الهدف للمقابل لاتمثل متجه الجانب الأيمن للأولي وكذلك الجانب الأيمن للمقابل لايمثل معاملات دالة الهدف للأولي وكذلك الحال بالنسبة إلى مصفوفة معاملات القيود وللتغلب على هذه المشكلة يتم افتراض الآتي:

$y_3 = w_3 - w_4$، $y_2 = -w_2$ ،$y_1 = w_1$

لذلك فإن أنموذج المقابل المحور يكون بالصيغة الآتية:

$$\text{Min } T = 20y_1 + 10y_2 + 5y_3$$

$$\text{S.T}$$

$$3y_1 + 4y_2 + y_3 \ge 4$$

$$2y_1 - 3y_2 + y_3 = 5$$

$$y_1 \ge 0$$

$$y_2 \le 0$$

y_3 unrestricted in sign

وبصورة عامة عند وجود مسألة برمجة خطية (L.P.) بالصيغة القياسية:

$$\begin{aligned} \text{Max} \quad & Z = CX \\ & \text{S.T} \\ & AX = b \\ & X \geq 0 \end{aligned}$$

فإن الأنموذج المقابل لها هو:

$$\begin{aligned} \text{Min} \quad & T = Yb \\ & \text{S.T} \\ & YA \geq C \\ & Y \quad \text{unrestricted in sign} \end{aligned}$$

والشروط الوهمية التكميلية (C.S.C) التي تحقق الأمثلية هي:

$$(Y^*A - C)X^* = 0$$

مثـال(1-34): كون الأنموذج المقابل لأنموذج البرمجة الخطية (L.P.) الآتي ومن ثم أوجد الحل الأمثل للأولي والمقابل.

$$\begin{aligned} \text{Max} \quad & Z = x_1 + 4x_2 + 3x_3 \\ & \text{S.T} \\ & 2x_1 + 3x_2 - 5x_3 \leq 2 \\ & 3x_1 - x_2 + 6x_3 \geq 1 \\ & x_1 + x_2 + x_3 = 4 \\ & x_1 \geq 0 \\ & x_2 \leq 0 \\ & x_3 \quad \text{unrestricted in sign} \end{aligned}$$

الحـل:

الأنموذج المقابل يكون بالصيغة الآتية:

$$\begin{aligned} \text{Min} \quad & T = 2y_1 + y_2 + 4y_3 \\ & \text{S.T} \\ & 2y_1 + 3y_2 + y_3 \geq 1 \\ & 3y_1 - y_2 + y_3 \leq 4 \\ & -5y_1 + 6y_2 + y_3 = 3 \\ & y_1 \geq 0 \\ & y_2 \leq 0 \\ & y_3 \quad \text{unrestricted in sign} \end{aligned}$$

لإيجاد الحل الأمثل نتبع الآتي:

١. $X^* = (0\ 0\ 4), Z = 12$ يمثل حل ممكن للأولي.

٢. $Y^* = (0\ 0\ 3), T = 12$ يمثل حل ممكن للمقابل.

٣. بما إن قيمة دالتي الهدف للأولي والمقابل متساوية فهذا يعني إن كلا الحلين هما أمثلان بالاستناد على المبرهنة (2-1).

٤. نلاحظ كذلك إن (C.S.C) قد تحققت بحيث:

$$(Y^*A - C)X^* = \left[\begin{bmatrix}0\\0\\3\end{bmatrix}\begin{bmatrix}2 & 3 & -5\\3 & -1 & 6\\1 & 1 & 1\end{bmatrix} - \begin{bmatrix}1\\4\\3\end{bmatrix}\right]\begin{bmatrix}0\\0\\4\end{bmatrix}$$

$$= \begin{bmatrix}2\\-1\\0\end{bmatrix}\begin{bmatrix}0\\0\\4\end{bmatrix} = 0$$

٧-١ تحليل الحساسية Sensitivity Analysis

معاملات أنموذج البرمجة الخطية (L.P.) (c_j, b_i, a_{ij}) دائما تأخذ على إنها قيم ثابتة، ولكن في الواقع تكون قيم المعاملات المستخدمة في الأنموذج هي مجرد تخمينات أو تقديرات ممكن إن تكون غير ناضجة وعلى هذا الأساس فإن قيم المعاملات قد تكون تقديرات مغالى بها أو تقديرات بخسة، لذلك فإن الحل الأمثل الذي يتم التوصل إليه يمثل حل أمثل للأنموذج وقد يمثل بداية حل للمشكلة موضوع الدراسة ، وعلى هذا الأساس فإن من الضروري دراسة التغيرات التي تحدث في الحل الأمثل نتيجة للتغيرات الحاصلة في معاملات الأنموذج وهذا ما يعرف بتحليل الحساسية.

إن بعض معاملات الأنموذج ممكن إن تأخذ قيم ممكنة أخرى بحيث لا تؤثر على أمثلية الحل لذلك فإن الهدف الأساسي لتحليل الحساسية هو تحديد هذه المعاملات الحساسة بشكل بارز لأجراء تخمين أكثر دقة لها، إن إجراء أي تغيير في الأنموذج

الأصلي سيؤدي إلى تغيير أرقام جدول السمبلكس النهائي لذلك فمجرد أجراء حسابات بسيطة لتعديل هذا الجدول يتم معرفة ما إذا كان الحل الأمثل الأصلي هو الآن امثل أم لا، فإذا كان غير أمثل فيستعمل كحل ممكن أساسي لإعادة بدء طريقة السمبلكس للوصول إلى الحل الأمثل الجديد، ولتوضيح حالات تحليل الحساسية نستعين بالمثال الآتي:

مثال (1-35): شركة تقوم بإنتاج ثلاثة أنواع من المنتجات ولإنتاج هذه المنتجات فإن كل منتج يتطلب ساعات عمل معينة ومواد أولية معينة وعلى هذا الأساس تم تكوين أنموذج برمجة خطية (L.P.) لتحديد الإنتاج الأمثل لتعظيم ربح الشركة:

$$\text{Max } Z = 4X_1 + 3X_2 + 5X_3$$

S.T

$$X_1 + 2X_2 + X_3 \le 20 \quad \text{ساعات العمل}$$

$$2X_1 + 2X_2 + 3X_3 \le 45 \quad \text{مواد أولية}$$

$$X_1، X_2، X_3 \ge 0$$

الحـل:

الحل الأمثل للأنموذج بعد إدخال المتغيرات الوهمية موضح بالجدول (1-30):

الجدول (1-30)

C_B	B.V. \ C_j	٤ (X_1)	٣ (X_2)	٥ (X_3)	0 (X_4)	0 (X_5)	b
0	X_4	1	2	1	1	0	20
0	X_5	2	2	3	0	1	45
	$\overline{C}$	4	3	5	0	0	Z = 0
0	X_4	1/3	4/3	0	1	-1/3	5
5	X_3	2/3	2/3	1	0	1/3	15
	$\overline{C}$	2/3	-1/3	0	0	-5/3	Z =75
4	X_1	1	4	0	3	-1	15
5	X_3	0	-2	1	-2	1	5
	$\overline{C}$	0	-3	0	-2	-1	Z = 85

الحل الأمثل يتضمن إنتاج منتوجين فقط وهما المنتوج الأول والثالث بتعظيم ربح مقداره 85.

1-7-1: التغيرات في معاملات دالة الهدف

Variations In The Objective Function Coefficient

التغيرات في معاملات دالة الهدف ممكن أن تحدث بسبب التغير في الأرباح أو الكلف للفعاليات الأساسية أو غير الأساسية.

1-1-7-1 تغيير معامل دالة الهدف للمتغير غير الأساسي

Changing The Objective Function Coefficient Of Nonbasic Variable

من الجدول (1-34) يتضح إن الحل الأمثل يتضمن إنتاج منتوجين فقط وهما الأول والثالث أي إن المنتوج الثاني سوف لاينتج والسبب يعود إلى إن المنتوج الثاني يمثل أقل المنتوجات ربحا C_2، إن تناقص قيمة C_2 سوف لا يؤثر على الحل الأمثل الحالي ولإنتاج المنتوج الثاني فإن ذلك يتطلب زيادة C_2 التي سوف تغير قيمة معامل الربح النسبي $\overline{C}_2$ للمتغير غير الأساسي χ_2 الذي يبقى غير أساسي طالما قيمة C_2 أصغر أو تساوي صفر، من المرحلة الأخيرة من الجدول (1-30) نحصل على:

$$C_2 = \overline{C}_2 - (4 \quad 5)\begin{bmatrix} 4 \\ -2 \end{bmatrix} = C_2 - 6$$

المرحلة الأخيرة من الجدول (1-30) تبقى تمثل الحل الأمثل طالما:

$$\overline{C}_2 = C_2 - 6 \leq 0 \quad \text{or} \quad C_2 \leq 6$$

وهذا يفسر بأن ربح المنتوج الثاني (الوحدة الواحدة) طالما بقى أقل أو يساوي (6) فإن إنتاجه سوف يكون غير اقتصادي، وبافتراض إن ربح الوحدة الواحدة من المنتج الثاني زاد ليصبح (7) أي إن $\overline{C}_2 = 1$ ففي هذه الحالة فإن الجدول (1-30) سوف لايمثل الحل الأمثل حيث إن χ_2 سوف يدخل لزيادة قيمة Z وبوساطة

استخدام قاعدة أقل النسب فإن χ_1 سوف يغادر والحل الأمثل الجديد موضح بالجدول (1-31) :

الجدول (1-31)

C_B	C_j / B.V.	4	7	5	0	0	b
		χ_1	χ_2	χ_3	χ_4	χ_5	
4	χ_1	1	4	0	3	-1	15
5	χ_3	0	-2	1	-2	1	5
	$\overline{C}$	0	١	0	-2	-1	Z = 85
٧	χ_2	1/4	1	0	3/4	-1/4	15/4
5	χ_3	1/2	0	1	-1/2	1/2	25/2
	$\overline{C}$	-1/4	0	0	-11/4	-3/4	Z =355/4

1-7-1-2: تغير معامل دالة الهدف للمتغير الأساسي

Changing the Objective Function Coefficient Of Basic Variable

التغير في ربح الوحدة الواحدة للمتغير الأساسي سواء أكان التغير زيادة أو نقصان يؤثر على الحل الأمثل وقد يؤدي هذا التغير إلى استبعاد المتغير الأساسي من الحل الأمثل أي يتحول إلى متغير غير أساسي وعلى هذا الأساس فإن هنالك حد أعلى وأدنى لقيم C_1، C_3 والتي تبقي الحل الأمثل في الجدول (1-30) بدون تأثير، ولتحديد الحدود العليا والدنيا لـ C_1، C_3 فإن أي تغيير في C_1 أو C_3 سوف يؤدي إلى تغير قيم عمود C_B وهذا يؤدي إلى تغيير قيم معاملات الربح النسبية ولكن الحل الأمثل يبقى أمثل عندما لا تتأثر قيم الأرباح النسبية للمتغيرات الأساسية $\overline{C}_1$ ، $\overline{C}_3$ أي تبقى صفرية وكذلك قيم الأرباح النسبية للمتغيرات غير الأساسية $\overline{C}_2$ ، $\overline{C}_4$ ، $\overline{C}_5$ تبقى غير موجبة ولضمان ذلك نستخدم العلاقات الآتية لمعرفة الحدود الدنيا والعليا للمتغيرات الأساسية:

1- $\overline{C}_2 = 3 - (C_1 \;\; 5)\begin{bmatrix} 4 \\ -2 \end{bmatrix} = 13 - 4C_1$; $\overline{C}_2 = 3 - (4 \;\; C_3)\begin{bmatrix} 4 \\ -2 \end{bmatrix} = 2C_3 - 13$

2- $\overline{C}_4 = 0 - (C_1 \quad 5)\begin{bmatrix} 3 \\ -2 \end{bmatrix} = 10 - 3C_1$; $\overline{C}_4 = 0 - (4 \quad C_3)\begin{bmatrix} 3 \\ -2 \end{bmatrix} = 2C_3 - 12$

3- $\overline{C}_5 = 0 - (C_1 \quad 5)\begin{bmatrix} -1 \\ 1 \end{bmatrix} = C_1 - 5$; $\overline{C}_5 = 0 - (4 \quad C_3)\begin{bmatrix} -1 \\ 1 \end{bmatrix} = 4 - C_3$

حدود التغير في ربح الوحدة الواحدة من المنتج الأول بدون التأثير على الحل الأمثل هي:

- يبقى $C_2 \le 0$ طالما $C_1 \ge 13/4$
- يبقى $C_4 \le 0$ طالما $C_1 \ge 10/3$
- يبقى $C_5 \le 0$ طالما $C_1 \le 5$

ولذلك فإن الحد الأدنى والأعلى لـ C_1 هو: $13/4 \le C_1 \le 5$

وهذا يعني إن أي قيمة يأخذها C_1 ضمن هذا المدى سوف لا تؤثر على الحل الأمثل المعرف بالجدول (1-30) فمثلا إذا كان $C_1 = 5$ فإن الحل الأمثل هو:

$$\chi_1 = 15، \chi_2 = 0 ، \chi_3 = 5$$

ولكن قيمة دالة الهدف سوف تتغير من 85 إلى 100 وإن أي قيمة يأخذها C_1 خارج الحد الأدنى والأعلى سوف تؤثر على الحل الأمثل ويصبح غير أمثل وبالتالي أعادة تطبيق طريقة السمبلكس وكما موضح بالفقرة (1-7-1-1).

حدود التغير في ربح الوحدة الواحدة من المنتج الثالث بدون التأثير على الحل الأمثل هي:

- يبقى $C_2 \le 0$ طالما $C_3 \le 13/2$
- يبقى $C_4 \le 0$ طالما $C_3 \le 6$
- يبقى $C_5 \le 0$ طالما $C_3 \ge 4$

ولذلك فإن الحد الأدنى والأعلى لـ C_3 هو: $4 \le C_3 \le 6$

١-٧-١-٣: تغير المعامل لكلا المتغيرات الأساسية وغير الأساسية
Changing the Coefficient Of Both The Basic and The Nonbasic Variables

في هذه الحالة التغير سيكون لمعاملات المتغيرات الأساسية وغير الأساسية والتي هي معاملات دالة الهدف وقد يكون التغير لمتغيرين أساسي وغير أساسي أو أكثر وبوساطة اختبار صف $\overline{C}$ يتم معرفة تأثير هذا التغير على الحل الأمثل فبافتراض إن دالة الهدف هي $Z= 2\chi_1 + \chi_2 + 3\chi_3$ فإن هذا التغيير في معاملات دالة الهدف قد لا تؤثر على الحل الأمثل في حال كون قيم صف $\overline{C}$ تبقى غير موجبة أما في حالة ظهور قيم موجبة في صف $\overline{C}$ فإن الجدول (30-1) سوف لا يمثل الحل الأمثل:

$$\overline{C}_1 = \overline{C}_3 = 0$$

$$\overline{C}_2 = 1 - (2 \quad 3)\begin{bmatrix} 4 \\ -2 \end{bmatrix} = -1$$

$$\overline{C}_4 = 0 - (2 \quad 3)\begin{bmatrix} 3 \\ -2 \end{bmatrix} = 0$$

$$\overline{C}_5 = 0 - (2 \quad 3)\begin{bmatrix} -1 \\ 1 \end{bmatrix} = -1$$

يتضح من ذلك إن الجدول (30-1) يبقى يمثل الحل الأمثل مع تغيير قيمة دالة الهدف مع وجود حل أمثل بديل $\overline{C}_4 = 0$.

٢-٧-٢ تغيير معاملات الجانب الأيمن
Changing The Right - Hand - Side Coefficients

قبل البدء بتحليل هذا الموضوع لابد لنا إن نتعرف أولا على بعض المصطلحات ذات الصلة الأساسية بهذا الموضوع:

مصفوفة الأساس basic matrix وهي المصفوفة التي تمثل أعمدتها الأعمدة المناظرة لمتغيرات الحل الأمثل الأساسية في الجدول السمبلكس الأولي أي إنها تمثل الأعمدة المناظرة لـ χ_1، χ_3 بحيث:

$$B = \begin{bmatrix} 1 & 1 \\ 2 & 3 \end{bmatrix}$$

معكوس مصفوفة الأساس: ممكن حساب معكوس مصفوفة B بالطرائق التقليدية ولكن في طريقة السمبلكس فإن معكوس مصفوفة الأساس عبارة عن مصفوفة تمثل أعمدتها الأعمدة المناظرة للمتغيرات الأساسية الأولية في أي جدول سمبلكس أي إنها تعطي معكوس مصفوفة B لذلك الجدول ولذلك فإن معكوس مصفوفة Bعبارة عن الأعمدة المناظرة للمتغيرات χ_5،χ_4 في المرحلة الأخيرة من الجدول (30-1) بحيث:

$$B^{-1} = \begin{bmatrix} 3 & -1 \\ -2 & 1 \end{bmatrix}$$

التغيرات في الموارد سواء أكانت زيادة أم نقصان تعتبر من الأمور الهامة جدا التي يلجأ إليها عامل القرار في عمل التفسيرات الاقتصادية للمسألة موضوع الدراسة، بافتراض أضافه وحدة واحدة (ساعة) إلى الجانب الأيمن b_1 للقيد الذي يمثل ساعات العمل أي إن متجه الموارد سوف يتحول من

$b = \begin{bmatrix} 20 \\ 45 \end{bmatrix}$ إلى $b = \begin{bmatrix} 21 \\ 45 \end{bmatrix}$

يلاحظ أن الحل المتمثل بالجدول (30-1) يبقى حل أمثل باستثناء التغير الذي سيحدث في قيم b بينما قيم صف $\overline{C}$ سوف لا تتأثر أي تبقى غير موجبة ولذلك لدراسة تأثير التغير في متجه $\overline{b}$ يتطلب الأمر إن نثبت فقط بان متجه الموارد الجديد b يبقى موجب وهذا لا يتطلب حل مسألة البرمجة الخطية (.L.P) ثانية حيث إن أي عمود في جدول السمبلكس النهائي والذي يمثل الحل الأمثل ممكن إن نحصل عليه بوساطة ضرب العمود المناظر له في جدول السمبلكس الأولي بمعكوس مصفوفة الأساس.

التغير الحاصل في متجه الموارد من $b = \begin{bmatrix} 20 \\ 45 \end{bmatrix}$ إلى $b = \begin{bmatrix} 21 \\ 45 \end{bmatrix}$

يؤدي إلى تغير متجه الموارد للحل الأمثل من $b = \begin{bmatrix} 15 \\ 5 \end{bmatrix}$ إلى $\overline{b} = \begin{bmatrix} 18 \\ 3 \end{bmatrix}$

وهذه النتيجة تم الحصول عليها بوساطة:

$$\overline{b} = B^{-1} b = \begin{pmatrix} 3 & -1 \\ -2 & 1 \end{pmatrix} \begin{pmatrix} 21 \\ 45 \end{pmatrix} = \begin{pmatrix} 18 \\ 3 \end{pmatrix}$$

ولذلك فإن الإنتاج الأمثل الجديد هو:

$$\chi_1 = 18، \chi_2 = 0 ، \chi_3 = 3 \;;\; Z = 87$$

نلاحظ إن التغير في الحل الأمثل لم يحدث في المتغيرات الأساسية وغير الأساسية أي إن الإنتاج الأمثل بقى يمثل إنتاج منتوجين فقط وهما الأول والثالث ولكن التغير حدث في كميات الإنتاج للمنتوجين وفي قيمة Z.

التفسير الاقتصادي هو إن زيادة ساعة عمل واحدة أدت إلى زيادة في أرباح الشركة بمعدل (2) وهي تمثل الفرق بين قيمة Z الجديدة والقديمة:

$$87-85 = 2$$

زيادة ربح الشركة ألفي دينار لكل ساعة عمل إضافية يدعى سعر الظل لقيد ساعات العمل والذي تم مناقشته في الفقرة (2-5-1)، لنفترض إن زيادة ساعات العمل ساعة إضافية يكلف الشركة (3) ألاف دينار وترغب الشركة في معرفة ما إذا كان إضافة ساعة العمل اقتصادي أم لا أي سوف يعود بفائدة إلى الشركة أم لا لذلك فباستخدام سعر الظل لقيد ساعات العمل يمكننا معرفة هل إن إضافة ساعة عمل أضافية سوف يعود بالربح إلى الشركة أم لا، وبما إن إضافة ساعة العمل يعود بربح مقداره (2) ألف دينار فهذا يؤدي إلى إن الشركة سوف تخسر ما مقداره ألف دينار نتيجة لزيادة ساعات العمل ساعة واحدة.

سعر الظل ممكن استخراجه مباشرة من جدول السمبلكس النهائي وكما تم التطرق إليه سابقا حيث إنه يمثل معامل المتغيرات الوهمية في صف $\overline{C}$ بغض النظر عن الإشارة وممكن أيضا استخراجه بالصيغة الآتية:

$$(y_1 \quad y_2) = C_B B^{-1} = (4 \quad 5) \begin{bmatrix} 3 & -1 \\ -2 & 1 \end{bmatrix} = (2 \quad 1)$$

ولمعرفة مدى أمكانية التغير في ساعات العمل المتوفرة سواء أكان التغير زيادة أم نقصان بحيث إن هذا التغير لايؤثر على الحل الأمثل الحالي، نفترض إن b_1 يمثل ساعات العمل الممكن توافرها لذلك لكي يبقى الجدول (1-30) يمثل الحل الأمثل فإن:

$B^{-1}\begin{bmatrix} b_1 \\ 45 \end{bmatrix}$ يجب إن تكون اكبر أو تساوي صفر أي:

$$B^{-1}\begin{bmatrix} b_1 \\ 45 \end{bmatrix} = \begin{bmatrix} 3 & -1 \\ -2 & 1 \end{bmatrix} \begin{bmatrix} b_1 \\ 45 \end{bmatrix} = \begin{bmatrix} 3b_1 - 45 \\ 45 - 2b_1 \end{bmatrix}$$

وهذا يعني إن الحل يبقى أمثل طالما:

$4b_1 - 45 \geq 0 \quad \rightarrow \quad b_1 \geq 45/4$

$45 - 2b_1 \geq 0 \quad \rightarrow \quad b_1 \leq 45/2$

أي إن الإنتاج سوف يشمل المنتجين الأول والثالث فقط طالما ساعات العمل تبقى ضمن المدى $45/4 \leq b_1 \leq 45/2$ والحل الأمثل هو:

$$\chi_1 = 4b_1 - 45، \chi_2 = 0 ، \chi_3 = 45 - 2b_1 \quad ; Z= 4(4b_1 - 45) + 5(45 - 2b_1)$$

3-7-1 التغيرات في مصفوفة القيود

Variation In The Constraints Matrix (A)

هنالك عدة حالات للتغيرات التي تحدث في مصفوفة القيود وهذه الحالات هي:

1-3-7-1 إضافة فعاليه جديدة Adding Anew Activity

نفترض أن الشركة ترغب بإنتاج منتوج جديد يتطلب ساعة عمل واحدة و2 وحدة من المواد الأولية وربح الوحدة الواحدة من المنتوج هو 3 ألف دينار وترغب الشركة في معرفة ما مدى صلاحية أنتاج هذا المنتوج اقتصاديا وعلى هذا الأساس سوف يتم إضافة متغير جديد إلى الأنموذج χ_6 بمعامل ربح مقداره 3 مع إضافة عمود إلى جدول السمبلكس الأولي هو $\begin{bmatrix}1\\2\end{bmatrix}$

أن الجدول (1-30) يبقى أمثل في حال كون $\overline{C}_6$ غير موجب ولذلك يتم احتساب C_6 وكالآتي:

$$\overline{C}_6 = C_6 - C_B \quad B^{-1}\left(\begin{pmatrix}1\\2\end{pmatrix}\right) = 3-\begin{pmatrix}4\\5\end{pmatrix}\left(\begin{pmatrix}3 & -1\\-2 & 1\end{pmatrix}\begin{pmatrix}1\\2\end{pmatrix}\right) = 3-\begin{bmatrix}4\\5\end{bmatrix}\begin{bmatrix}1\\0\end{bmatrix}$$

$$= 3 - 4 = -1$$

بما أن $\overline{C}_6 = -1$ فإن الجدول (1-34) يمثل الحل الأمثل أي أن إنتاج المنتوج الجديد هو غير اقتصادي، أما في حالة كون $\overline{C}_6$ موجب فإن ذلك يعني أن الجدول (1-30) هو غير أمثل ويتطلب الأمر تكملة طريقة السمبلكس.

2-3-7-1 التغير في متطلبات الموارد للفعاليات الموجودة
Variation In The Resources Requirements Of The Existing Activities

تغيير متطلبات أحد المنتوجات من ساعات العمل والمواد الأولية قد يؤثر على الحل الأمثل، بافتراض أن متطلبات الوحدة الواحدة من المنتج الثاني تتغير من ساعتين عمل إلى ساعة واحدة ومن (2)إلى (3)من المواد الأولية، أن الحل الأمثل الموضح بالجدول (1-30) يبقى أمثل في حال كون $\overline{C}_2$ الجديد غير موجب لذلك يتم احتساب C_2 وكالآتي:

$$\overline{C}_2 = C_2 - C_B\left[B^{-1}\begin{bmatrix}1\\3\end{bmatrix}\right] = 3 - \begin{bmatrix}4\\5\end{bmatrix} \left[\begin{bmatrix}3 & -1\\-2 & 1\end{bmatrix}\begin{bmatrix}1\\3\end{bmatrix}\right]$$

$$= 3 - \begin{bmatrix}4\\5\end{bmatrix} \begin{bmatrix}0\\1\end{bmatrix} = 3 - 5 = -2$$

بما أن $\overline{C}_2 = -2$ فإن الجدول (1-30) يبقى يمثل الحل الأمثل أما في حال كون $\overline{C}_2$ موجب فإن ذلك يتطلب تكملة طريقة السمبلكس للوصول إلى الحل الأمثل الجديد، أما إذا كان المتغير أساسي فإن الحل الأمثل يبقى أمثل في حال كون قيمة $\overline{C}$ الجديدة للمتغير الأساسي تساوي صفر

1-7-3-3 إضافة قيود جديدة Adding New Constraints

نفترض إضافه القيد الآتي إلى المسألة:

$$3\chi_1 + \chi_2 + 2\chi_3 \le 50$$

معرفة مدى تأثير هذا القيد على الحل الأمثل يتم من خلال كون قيم المتغيرات الأساسية المثلى تحقق القيد أم لا أي:

$$3(15) + 0 + 2(5) = 55 > 50$$

لذلك فإن القيد لا يتحقق وهذا يعني أن الحل المبين في الجدول (1-30) هو حل غير أمثل وعلى هذا الأساس يتم إضافة القيد الجديد إلى المرحلة الأخيرة من الجدول (1-30) ومن ثم تكملة طريقة السمبلكس للوصول إلى الحل الأمثل والموضح بالجدول (1-32) ، أما في حالة تحقق القيد فإن هذا يعني أن القيد لا يؤثر على الحل الأمثل.

الجدول (1-32)

C_B	B.V.	C_j	4	3	5	0	0	0	b
			χ_1	χ_2	χ_3	χ_4	χ_5	χ_6	
4	X_1		1	4	0	3	-1	0	15
5	χ_3		0	-2	1	-2	1	0	5
0	χ_6		3	1	2	0	0	1	50
	$\overline{C}$		0	-3	0	-2	-1	0	Z = 85
4	χ_1		1	4	0	3	-1	0	15
5	χ_3		0	-2	1	-2	1	0	5
0	χ_6		0	-7	0	-5	1	1	-5
	$\overline{C}$		0	-3	0	-2	-1	0	Z = 85
4	χ_1		1	-1/5	0	0	-2/5	3/5	12
5	χ_3		0	4/5	1	0	3/5	-2/5	7
0	χ_4		0	7/5	0	1	-1/5	-1/5	1
	$\overline{C}$		0	-1/5	0	0	-7/5	-2/5	Z = 83

نلاحظ أن المرحلة الأولى من الجدول (1-32) لا تمثل الصيغة العامة حيث أن المتغيرات الأساسية χ_1 , χ_3 تمتلك معاملات موجبة في الصف الثالث وعلى هذا الأساس يتم ضرب الصف الأول بـ (3-) والصف الثاني بـ (2-) ومن ثم أضافتها إلى الصف الثالث وبذلك تكونت المرحلة الثانية والتي تكون أحدى قيم عمود (b) سالبة لذلك نستخدم طريقة السمبلكس الثنائية للتوصل إلى الحل الأمثل والموضح بالمرحلة الثالثة من الجدول (1-32):

$$\chi_1 = 12 \ ، \ \chi_2 = 0 \ ، \ \chi_3 = 7 \quad ; \quad Z = 83$$

نلاحظ أن قيمة Z قد تناقصت وبصورة عامة عند إضافة قيد إلى المسألة فإن قيمة دالة الهدف الجديدة تساوي أو أقل من قيمة دالة الهدف القديمة.

مثـال (1-36): لمسألة شركة المواد الغذائية المعرفة بالمثال (1-2):

$$\text{Max } Z = 20X_1 + 25X_2$$

S.T

$$2X_1 + 3X_2 \leq 40$$

$$X_1 + 2X_2 \leq 20$$

$$3X_1 + X_2 \leq 30$$

$$X_1, X_2 \geq 0$$

أستخدم تحليل الحساسية لمعرفة تأثير التغيرات الآتية على الحل الأمثل للمسألة:

١. تغيير معامل X_2 في دالة الهدف إلى 45
٢. تغيير معامل X_1 في دالة الهدف إلى 30
٣. تغيير معامل X_1 في دالة الهدف إلى 25 ومعامل X_2 إلى 20
٤. تغيير معامل b_1 إلى 35
٥. تغيير معامل b_2 إلى 15
٦. تغيير معامل b_3 إلى 35

7. تغيير متجه الموارد إلى $b = \begin{bmatrix} 40 \\ 25 \\ 35 \end{bmatrix}$

8. تغيير متجه الموارد إلى $b = \begin{bmatrix} 50 \\ 30 \\ 40 \end{bmatrix}$

الحـل :

جدول السمبلكس النهائي الذي يمثل الحل الأمثل لمسألة شركة المواد الغذائية هو:

الجدول (33-1)

C_B	C_j / B.V.	20 χ_1	25 χ_2	0 χ_3	0 χ_4	0 χ_5	b
0	χ_3	0	0	1	-7/5	-1/5	6
25	χ_2	0	1	0	3/5	-1/5	6
20	χ_1	1	0	0	-1/5	2/5	8
$\overline{C}$		0	0	0	-11	-3	Z = 310

1. تغيير معامل χ_2 في دالة الهدف إلى 45 لا يؤثر على الحل الأمثل طالما بقيت قيم صف الأرباح النسبية $\overline{C}$ غير موجبة أي:

$$\overline{C_1} = \overline{C_2} = \overline{C_3} = \overline{0}$$

$$\overline{C_4} = 0 - (0 \quad 45 \quad 20) \begin{pmatrix} -7/5 \\ 3/5 \\ -1/5 \end{pmatrix} = -23$$

$$\overline{C5} = 0 - (0 \quad 45 \quad 20) \begin{pmatrix} -1/5 \\ -1/5 \\ 2/5 \end{pmatrix} = 1$$

بما أن أحد قيم صف $\overline{C}$ موجب لذلك فإن الحل المعرف بالجدول (37-1) لا يمثل حل أمثل لذلك نستمر بطريقة السمبلكس للوصول إلى الحل الأمثل:

الجدول (1-34)

C_B	B.V. \ C_j	20	45	0	0	0	b
		x_1	x_2	x_3	x_4	x_5	
0	x_3	0	0	1	-7/5	-1/5	6
45	x_2	0	1	0	3/5	-1/5	6
20	x_1	1	0	0	-1/5	2/5	8
$\overline{C}$		0	0	0	-23	1	Z = 430
0	x_3	1/2	0	1	-3/2	0	10
45	x_2	1/2	1	0	1/2	0	10
0	x_5	5/2	0	0	-1/2	1	20
$\overline{C}$		-5/2	0	0	-45/2	0	Z = 450

الجدول (1-38) يمثل الحل الأمثل الجديد بعد تغيير معامل x_2 في دالة الهدف:

$x_1 = 0$ ، $x_2 = 10$ ، $x_3 = 10$ ، $x_5 = 20$ ؛ $Z = 450$

2. تغيير معامل x_1 في دالة الهدف إلى 30 لا يؤثر على الحل الأمثل الموضح بالجدول (1-33) في حال بقاء قيم صف $\overline{C}$ غير موجبة:

$$\overline{C_1} = \overline{C_2} = \overline{C_3} = 0$$

$$\overline{C_4} = 0 - (0 \quad 25 \quad 30) \begin{bmatrix} -7/5 \\ 3/5 \\ -1/5 \end{bmatrix} = -9$$

$$\overline{C_5} = 0 - (0 \quad 25 \quad 30) \begin{bmatrix} -1/5 \\ -1/5 \\ 2/5 \end{bmatrix} = -7$$

بما أن قيم صف $\overline{C}$ غير موجبة أذن الحل الحالي يبقى أمثل والتغير الوحيد يكون في قيمة دالة الهدف:

$x_1 = 8$ ، $x_2 = 6$ ؛ $Z = 390$

3. تغيير معامل χ_1 في دالة الهدف إلى 25 ومعامل χ_2 إلى 20 لا يؤثر على الحل الأمثل الموضح بالجدول (37-1) في حال بقاء قيم صف $\overline{C}$ غير موجبة:

$$\overline{C_1} = \overline{C_2} = \overline{C_3} = \overline{0}$$

$$\overline{C_4} = 0 - (0\ \ 20\ \ 25) \begin{pmatrix} -7/5 \\ 3/5 \\ -1/5 \end{pmatrix} = -7$$

$$\overline{C_5} = 0 - (0\ \ 20\ \ 25) \begin{pmatrix} -1/5 \\ -1/5 \\ 2/5 \end{pmatrix} = -6$$

بما أن قيم صف $\overline{C}$ غير موجبة أذن الحل الحالي يبقى أمثل والتغير الوحيد يكون في قيمة دالة الهدف:

$\chi_1 = 8$ ، $\chi_2 = 6$ ؛ $Z = 320$

4. تغيير معامل b_1 إلى 35 لا يؤثر على الحل الأمثل الموضح بالجدول (33-1) في حال بقاء قيم عمود b في جدول السمبلكس النهائي غير سالبة:

$$b = B^{-1}b = \begin{pmatrix} 1 & -7/5 & -1/5 \\ 0 & 3/5 & -1/5 \\ 0 & -1/5 & 2/5 \end{pmatrix} \begin{pmatrix} 35 \\ 20 \\ 30 \end{pmatrix} = \begin{pmatrix} 1 \\ 6 \\ 8 \end{pmatrix}$$

بما أن قيم عمود b غير سالبة أذن الحل الحالي يبقى أمثل.

5 تغيير معامل b_2 إلى 15 لا يؤثر على الحل الأمثل الموضح بالجدول (33-1) في حال بقاء قيم عمود bفي جدول السمبلكس النهائي غير سالبة:

$$b = B^{-1}b = \begin{pmatrix} 1 & -7/5 & -1/5 \\ 0 & 3/5 & -1/5 \\ 0 & -1/5 & 2/5 \end{pmatrix} = \begin{pmatrix} 40 \\ 15 \\ 30 \end{pmatrix} \begin{pmatrix} 13 \\ 3 \\ 9 \end{pmatrix}$$

بما أن قيم عمود b غير سالبة أذن الحل الحالي يبقى أمثل أي أن المتغيرات الأساسية المثلى تبقى هي نفسها بدون تغيير والتغيير يكون في قيم هذه المتغيرات وكذلك في قيمة دالة الهدف:

$\chi_1 = 9$ ، $\chi_2 = 3$; $Z = 255$

٦. تغيير معامل b_3 إلى 35 لا يؤثر على الحل الأمثل الموضح بالجدول (1-33) في حال بقاء قيم عمود b في جدول السمبلكس النهائي غير سالبة:

$$\overline{b} = B^{-1}b = \begin{bmatrix} 1 & -7/5 & -1/5 \\ 0 & 3/5 & -1/5 \\ 0 & -1/5 & 2/5 \end{bmatrix} \begin{bmatrix} 40 \\ 20 \\ 35 \end{bmatrix} = \begin{bmatrix} 5 \\ 5 \\ 10 \end{bmatrix}$$

بما أن قيم عمود b غير سالبة أذن الحل الحالي يبقى أمثل أي أن المتغيرات الأساسية المثلى تبقى هي نفسها بدون تغيير والتغيير يكون في قيم هذه المتغيرات وكذلك في قيمة دالة الهدف:

$\chi_1 = 10$، $\chi_2 = 5$; $Z = 325$

7. تغيير متجه الموارد إلى $\begin{bmatrix} 40 \\ 25 \\ 35 \end{bmatrix}$ لا يؤثر على الحل الأمثل الموضح بالجدول (1-33) في حال بقاء قيم متجه الموارد b في جدول السمبلكس النهائي غير سالبة:

$$\overline{b} = B^{-1}b = \begin{bmatrix} 1 & -7/5 & -1/5 \\ 0 & 3/5 & -1/5 \\ 0 & -1/5 & 2/5 \end{bmatrix} = \begin{bmatrix} 40 \\ 25 \\ 35 \end{bmatrix} \begin{bmatrix} -2 \\ 8 \\ 9 \end{bmatrix}$$

بما أن إحدى قيم عمود b هي سالبة لذلك فإن الحل الحالي لا يمثل حل أمثل وعليه نستمر بطريقة السمبلكس الثنائية(المقابلة) للوصول إلى الحل الأمثل وكما هو موضح بالجدول (1-35):

الجدول (1-35)

C_B	C_j / B.V.	20	25	0	0	0	b
		χ_1	χ_2	χ_3	χ_4	χ_5	
0	χ_3	0	0	1	-7/5	-1/5	-2
25	χ_2	0	1	0	3/5	-1/5	8
20	χ_1	1	0	0	-1/5	2/5	٩
	$\overline{C}$	0	0	0	-11	-3	Z = 380
0	χ_4	0	0	-5/7	1	1/7	10/7
25	χ_2	0	1	3/7	0	-2/7	50/7
20	χ_1	1	0	-1/7	0	3/7	65/7
	$\overline{C}$	0	0	-55/7	0	-10/7	Z = 2550/7

الحل الأمثل تم التوصل إليه بوساطة طريقة السمبلكس الثنائية:

$\chi_1 = 65/7$ ، $\chi_2 = 50/7$ ، $Z = 2550/7$

8.تغيير متجه الموارد إلى $\begin{bmatrix} 50 \\ 30 \\ 40 \end{bmatrix}$ لا يؤثر على الحل المثل الموضح بالجدول (1-33) في حال بقاء قيم متجه الموارد b في جدول السمبلكس النهائي غير سالبة:

$$\overline{b} = B^{-1}b = \begin{pmatrix} 1 & -7/5 & -1/5 \\ 0 & 3/5 & -1/5 \\ 0 & -1/5 & 2/5 \end{pmatrix} \begin{pmatrix} 50 \\ 30 \\ 40 \end{pmatrix} = \begin{pmatrix} 0 \\ 10 \\ 10 \end{pmatrix}$$

بما أن قيم عمود b هي غير سالبة أذن الحل الحالي يبقى أمثل أي أن المتغيرات الأساسية تبقى هي نفسها بدون تغير والتغير يكون في قيم هذه المتغيرات وكذلك في قيمة دالة الهدف:

$x_1 = 10$ ، $x_2 = 10$ ، $Z = 450$

مثـال :(1-37) لمسألة شركة تصنيع الدراجات الهوائية والمعرفة بالمثال (1-3):

$$\text{Max} \quad Z = x_1 + 2x_2 + 3x_3 + 2x_4$$

S.T

$$2x_1 + x_2 + 2x_3 + 3x_4 \le 150$$

$$3x_1 + 4x_2 + 2x_3 + 4x_4 \le 120$$

$$x_1, x_2, x_3, x_4 \ge 0$$

استخدم تحليل الحساسية لمعرفة تأثير التغيرات الآتية على الحل الأمثل للمسألة:

1. تغيير معامل x_2 في دالة الهدف إلى 7
2. تغيير معامل x_3 في دالة الهدف إلى 2
3. تغيير معامل b_1 إلى 110
4. تغيير معامل b_2 إلى 130
5. تغيير متطلبات x_3 من $\begin{bmatrix} 2 \\ 2 \end{bmatrix}$ إلى $\begin{bmatrix} 2 \\ 4 \end{bmatrix}$
6. تغيير متطلبات x_2 من $\begin{bmatrix} 1 \\ 4 \end{bmatrix}$ إلى $\begin{bmatrix} 1 \\ 1 \end{bmatrix}$
7. إضافة القيد $2x_1 + x_2 + 5x_3 + x_4 \le 230$

الحـــل:

الجدول السمبلكس النهائي الذي يمثل الحل الأمثل لشركة تصنيع الدرجات الهوائية هو:

الجدول (1-36)

C_B	C_j / B.V.	1	2	3	2	0	0	b
		x_1	x_2	x_3	x_4	x_5	x_6	
0	x_5	-1	-3	0	-1	1	-1	30
3	x_3	3/2	2	1	2	0	1/2	60
	$\overline{C}$	-7/2	-4	0	-4	0	-3/2	Z = 180

١.تغيير معامل χ_2 في دالة الهدف إلى 7 لا يؤثر على الحل الأمثل الموضح بالجدول
(40-1) في حال كون قيمة $\overline{C}_2$ تبقى غير موجبة:

$$\overline{C}_2 = 7 - (0 \quad 3) \begin{bmatrix} -3 \\ 2 \end{bmatrix} = 1$$

بما أن قيمة $\overline{C}_2$ موجبة فإن الحل الحالي لا يمثل الحل الأمثل لذلك نستمر بطريقة السمبلكس
للوصول إلى الحل الأمثل الموضح بالجدول (37-1):

الجدول (37-1)

C_B	B.V.	C_j	1	7	3	2	0	0	b
			χ_1	χ_2	χ_3	χ_4	χ_5	χ_6	
0	χ_5		-1	-3	0	-1	1	-1	30
3	χ_3		3/2	2	1	2	0	1/2	60
	$\overline{C}$		-7/2	1	0	-4	0	-3/2	Z = 180
0	χ_5		5/4	0	3/2	2	1	-1/4	120
7	χ_2		3/4	1	1/2	1	0	1/4	30
	$\overline{C}$		-17/4	0	-1/2	-5	0	-7/4	Z = 210

الحل الأمثل الجديد هو:

$\chi_1 = \chi_3 = \chi_4 = 0$ ، $\chi_2 = 30$، $\chi_5 = 120$ ؛ Z= 210

٢. تغيير معامل χ_3 في دالة الهدف إلى 2 لا يؤثر على الحل الأمثل الموضح بالجدول (36-1)في حال
كون قيم صف $\overline{C}$ تبقى غير موجبة:

$\overline{C}_3 = C_5 = 0$

$$\overline{C}_1 = 1 - (0 \quad 2) \begin{bmatrix} -1 \\ 3/2 \end{bmatrix} = -2$$

$$\overline{C}_2 = 2 - (0 \quad 2) \begin{bmatrix} -3 \\ 2 \end{bmatrix} = -2$$

125

$$\overline{C_4} = 2 - (0 \quad 2) \begin{pmatrix} -1 \\ 2 \end{pmatrix} = -2$$

$$\overline{C_6} = 0 - (0 \quad 2) \begin{pmatrix} -1 \\ 1/2 \end{pmatrix} = -1$$

بما أن قيم صف $\overline{C}$ الجديدة غير موجبة لذلك فإن الحل الحالي يبقى أمثل والتغير فقط يكون قيمة دالة الهدف:

$\chi_1 = \chi_2 = \chi_4 = 0$ ، $\chi_3 = 60$; $Z = 120$

٣. تغيير معامل b_1 إلى 110 لا يؤثر على الحل الأمثل الموضح بالجدول (1-36) في حال بقاء قيم عمود b غير سالبة:

$$\overline{b} = B^{-1}b = \begin{pmatrix} 1 & -1 \\ 0 & 1/2 \end{pmatrix} \begin{pmatrix} 110 \\ 120 \end{pmatrix} = \begin{pmatrix} -10 \\ 60 \end{pmatrix}$$

بما أن إحدى قيم عمود b سالبة فإن الحل الحالي لا يمثل الحل الأمثل لذلك نستمر بطريقة السمبلكس للتوصل إلى الحل الأمثل الجديد والموضح بالجدول (1-38):

الجدول(1-38)

C_B	C_j / B.V.	1	2	3	2	0	0	b
		χ_1	χ_2	χ_3	χ_4	χ_5	χ_6	
0	χ_5	-1	-3	0	-1	1	-1	-10
3	χ_3	3/2	2	1	2	0	1/2	60
	$\overline{C}$	-7/2	-4	0	-4	0	-3/2	Z = 180
2	χ_2	1/3	1	0	1/3	-1/3	1/3	10/3
3	χ_3	5/6	0	1	4/3	2/3	-1/6	160/3
	$\overline{C}$	-13/6	0	0	-8/3	-4/3	-1/6	Z = 500/3

الحل الأمثل تم التوصل إليه بوساطة طريقة السمبلكس الثنائية وهو:

$\chi_1 = \chi_4 = 0$ ، $\chi_2 = 10/3$ ، $\chi_3 = 160/3$ ؛ $Z = 500/3$

٤. تغيير معامل b_2 إلى 130 لا يؤثر على الحل الأمثل الموضح بالجدول (36-1) في حال بقاء قيم عمود b غير سالبة:

$$\overline{b} = B^{-1}b = \begin{bmatrix} 1 & -1 \\ 0 & 1/2 \end{bmatrix} \begin{bmatrix} 150 \\ 130 \end{bmatrix} = \begin{bmatrix} 20 \\ 65 \end{bmatrix}$$

بما أن قيم عمود b غير سالبه فإن الحل الحالي يمثل الحل الأمثل والتغير يكون في قيم المتغيرات الأساسية وكذلك في قيمة دالة الهدف:

$\chi_1 = \chi_2 = \chi_4 = 0$ ، $\chi_3 = 65$ ؛ $Z = 195$

٥. تغيير متطلبات χ_3 من الموارد إلى $\begin{bmatrix} 2 \\ 4 \end{bmatrix}$ لا يؤثر على الحل الأمثل الموضح بالجدول (36-1) في حال كون قيمة $\overline{C_3} = 0$:

$$\overline{C}_3 = C_3 - C_B\left[B^{-1}\begin{bmatrix} 2 \\ 4 \end{bmatrix}\right] = 3 - \begin{bmatrix} 0 \\ 3 \end{bmatrix}\begin{bmatrix} 1 & -1 \\ 0 & 1/2 \end{bmatrix}\begin{bmatrix} 2 \\ 4 \end{bmatrix} = 3 - \begin{bmatrix} 0 \\ 3 \end{bmatrix}\begin{bmatrix} -2 \\ 2 \end{bmatrix}$$

$= 3-6 = -3$

بما أن قيمة $\overline{C}_3$ سالبة فإن الحل الأمثل الجديد يكون كما هو موضح بالجدول (39-1):

الجدول(39-1)

C_B	B.V.	C_j 1 χ_1	2 χ_2	3 χ_3	2 χ_4	0 χ_5	0 χ_6	b
0	χ_5	-1	-3	-2	-1	1	-1	30
3	χ_3	3/2	2	2	2	0	1/2	60
	$\overline{C}$	-7/2	-7/2	-3	-4	0	-3/2	Z = 180
0	χ_5	1/2	-1	0	1	1	-1/2	90
3	χ_3	3/4	1	1	1	0	1/4	30
	$\overline{C}$	-5/4	-1	0	-1	0	-3/4	Z = 90

المرحلة الأولى من الجدول (1-39) لا تمثل الصيغة العامة لأن معاملات المتغير الأساسي X_3 يجب أن تتحول إلى (1) في الصف الثاني و (0) في الصف الأول ولذلك يتم قسمة الصف الثاني على (2) ليكون معامل X_3 مساوي للواحد ومن ثم ضرب الصف الثاني بعد حاصل القسمة بـ (2-)وطرحه من الصف الأول لاستبعاد X_3 من الصف الأول وبذلك نحصل على الحل الأمثل:

$$X_1 = X_2 = X_4 = 0 \;،\; X_3 = 30 \;\;;\;\; Z = 90$$

أن تغيير متطلبات الموارد لمتغير أساسي سوف يحول جدول السمبلكس الأمثل إلى جدول ممكن أولي أو جدول ممكن مقابل.

6. تغيير متطلبات X_2 من الموارد إلى $\begin{bmatrix}1\\1\end{bmatrix}$ لا يؤثر على الحل الأمثل الموضح بالجدول (1-36) في حال كون $\overline{C}_2$ غير موجب والسبب في ذلك يعود إلى كونه متغير غير أساسي:

$$\overline{C}_2 = C_2 - C_B \;\; B^{-1}\left[\begin{pmatrix}1\\1\end{pmatrix}\right] = 2 - \begin{pmatrix}0\\3\end{pmatrix}\left[\begin{pmatrix}1 & -1\\0 & 1/2\end{pmatrix}\begin{pmatrix}1\\1\end{pmatrix}\right] = 2- \begin{pmatrix}0\\3\end{pmatrix}\begin{pmatrix}0\\1/2\end{pmatrix}$$

$$= 2 -(3/2) = 1/2$$

بما أن قيمة C_2 موجبة فإن الحل الحالي هو غير أمثل لذلك نستمر بطريقة السمبلكس للتوصل إلى الحل الأمثل والموضح بالجدول (1-40):

الجدول (1-40)

C_B	C_j / B.V.	1	2	3	2	0	0	b
		X_1	X_2	X_3	X_4	X_5	X_6	
0	X_5	-1	0	0	-1	1	-1	30
3	X_3	3/2	1/2	1	2	0	1/2	60
	$\overline{C}$	-7/2	1/2	0	-4	0	-3/2	Z = 180
0	X_5	-1	0	0	-1	1	-1	30
2	X_2	3	1	2	4	0	1	120
	$\overline{C}$	-5	0	-1	-6	0	-2	Z = 240

الحل الأمثل هو:

$X_1 = X_3 = X_4 = 0$ ، $X_2 = 120$; $Z = 240$

٧. إضافة القيد $2X_1 + X_2 + 5X_3 + X_4 \le 228$ لا يؤثر على الحل الأمثل الموضح بالجدول (36-1) في حال تحقق القيد:

$2(0) + 0 + 5(60) + 0 = 300 > 228$

بما أن القيد لا يتحقق أذن الحل الحالي هو غير أمثل لذلك يضاف القيد إلى المرحلة الأخيرة من الجدول (36-1)ونستمر بطريقة السمبلكس للتوصل إلى الحل الأمثل والموضح بالجدول (41-1):

الجدول (41-1)

C_B	C_j / B.V.	1	2	3	2	0	0	0	b
		X_1	X_2	X_3	X_4	X_5	X_6	X_7	
0	X_5	-1	-3	0	-1	1	-1	0	30
3	X_3	3/2	2	1	2	0	1/2	0	60
0	X_7	2	1	5	1	0	0	1	228
	$\overline{C}$	-7/2	-٤	0	-4	0	-3/2	0	Z = 180
0	X_5	-1	-3	0	-1	1	-1	0	30
3	X_3	3/2	2	1	2	0	1/2	0	60
0	X_7	-11/2	-9	0	**-9**	0	-5/2	1	-72
	$\overline{C}$	-7/2	-4	0	-4	0	-3/2	0	
0	X_5	-7/18	-2	0	0	1	-13/18	-1/9	38
3	X_3	5/18	0	1	0	0	-1/18	2/9	44
2	X_4	11/18	1	0	1	0	5/18	-1/9	8
	$\overline{C}$	-19/18	0	0	0	0	-7/18	-4/9	Z = 148

الحل الأمثل تم التوصل إليه بوساطة طريقة السمبلكس الثنائية:

$X_1 = X_2 = 0$، $X_3 = 44$ ، $X_4 = 8$; $Z = 148$

مثال (38-1): لأنموذج البرمجة الخطية (L.P.)الآتي:

$$\text{Max } Z = 10X_1 + 12X_2 + 6X_3$$

S.T

$$X_1 + 2X_2 + 3X_3 \le 80$$

$$2X_1 + X_2 + X_3 \le 59$$

$$3X_1 + 5X_2 + 4X_3 \le 120$$

$$X_1, X_2, X_3 \ge 0$$

١. أوجد الحل الأمثل للأنموذج
٢. أوجد سعر الظل للقيد الأول باستخدام تحليل الحساسية وبين نوع القيد.
٣. أوجد سعر الظل للقيد الثاني باستخدام تحليل الحساسية وبين نوع القيد
٤. أوجد سعر الظل للقيد الثالث باستخدام تحليل الحساسية وبين نوع القيد
٥. ما هو التفسير الاقتصادي لزيادة قيمة C_1 بمقدار (5) ألف دينار.
٦. ما هو التفسير الاقتصادي لزيادة قيمة C_3 بمقدار (6) ألف دينار.
٧. ما هو تأثير تغيير متطلبات X_3 من الموارد من $\begin{bmatrix}3\\1\\4\end{bmatrix}$ إلى $\begin{bmatrix}1\\1\\2\end{bmatrix}$.
٨. ما هو تأثير تغيير متطلبات X_1 من الموارد من $\begin{bmatrix}1\\2\\3\end{bmatrix}$ إلى $\begin{bmatrix}2\\4\\6\end{bmatrix}$.
٩. ما هو تأثير إضافة القيد $X_1 + X_2 + X_3 \le 30$
١٠. ما هو تأثير إضافة متغير X_7 ربح مقداره (12) إلف دينار للوحدة الواحدة ومتطلبات موارد $\begin{bmatrix}2\\2\\2\end{bmatrix}$

الحـل:

1. الحل الأمثل للأنموذج موضح بالجدول (1-42):

الجدول (1-42)

C_B	B.V. \ C_j	16	12	6	0	0	0	b
		X_1	X_2	X_3	X_4	X_5	X_5	
0	X_4	1	2	3	1	0	0	80
0	X_5	2	1	1	0	1	0	59
0	X_6	3	5	4	0	0	1	120
	$\overline{C}$	10	12	6	0	0	0	Z = 0
0	X_4	-1/5	0	7/5	1	0	-2/5	32
0	X_5	7/5	0	1/5	0	1	-1/5	35
12	X_2	3/5	1	4/5	0	0	1/5	24
	$\overline{C}$	14/5	0	-18/5	0	0	-12/5	Z = 288
0	X_4	0	0	10/7	1	1/7	-3/7	37
10	X_1	1	0	1/7	0	5/7	-1/7	25
12	X_2	0	1	5/7	0	-3/7	2/7	9
	$\overline{C}$	0	0	-4	0	-2	-2	Z = 358

الحل الأمثل هو:

$X_1 = 25$ ، $X_2 = 9$ ، $X_3 = 0$، $X_4 = 37$; $Z = 358$

٢. سعر الظل للقيد الأول يمثل الزيادة الصافية في Z نتيجة لزيادة وحدة واحدة في كمية المورد b_1
لذلك فإن عمود b الجديد في جدول السمبلكس الأمثل هو:

$$\bar{b} = B^{-1}b = \begin{bmatrix} 1 & 1/7 & -3/7 \\ 0 & 5/7 & -1/7 \\ 0 & -3/7 & 2/7 \end{bmatrix} \begin{bmatrix} 81 \\ 59 \\ 120 \end{bmatrix} = \begin{bmatrix} 38 \\ 25 \\ 9 \end{bmatrix}$$

لذلك فإن قيمة Z الجديدة هي 358 وعليه فإن سعر الظل للقيد الأول هو:

سعر الظل = قيمة Z الجديدة - قيمة Z القديمة

$= 358 - 358 =$ ٠

بما أن سعر الظل للقيد هو صفر فهذا يعني أن الموارد b_1 غزيرة ولذلك فإن القيد غير مؤثر.

.3

$$\bar{b} = B^{-1}b = \begin{bmatrix} 1 & 1/7 & -3/7 \\ 0 & 5/7 & -1/7 \\ 0 & -3/7 & 2/7 \end{bmatrix} = \begin{bmatrix} 80 \\ 60 \\ 120 \end{bmatrix} \begin{bmatrix} 260/7 \\ 180/7 \\ 60/7 \end{bmatrix}$$

قيمة Z الجديدة هي 360 لذلك فإن سعر الظل للقيد الثاني هو:

$360 - 358 = 2$

بما أن سعر الظل للقيد هو موجب فهذا يعني أن الموارد b_2 نادرة ولذلك فإن القيد مؤثر.

.4

$$\bar{b} = B^{-1}b = \begin{bmatrix} 1 & 1/7 & -3/7 \\ 0 & 5/7 & -1/7 \\ 0 & -3/7 & 2/7 \end{bmatrix} = \begin{bmatrix} 80 \\ 59 \\ 121 \end{bmatrix} \begin{bmatrix} 256/7 \\ 174/7 \\ 65/7 \end{bmatrix}$$

قيمة Z الجديدة هي 360 ولذلك فإن سعر الظل للقيد الثالث هو:

$360 - 358 = 2$

بما أن سعر الظل للقيد هو موجب فهذا يعني أن الموارد b_3 نادرة ولذلك فإن القيد مؤثر.

5. زيادة قيمة C_1 إلى (15) إلف دينار لا يؤثر على الحل الأمثل الموضح بالجدول (1-42)في حال بقاء قيم صف $\overline{C}$ غير موجبة:

$$\overline{C}_1 = \overline{C}_2 = \overline{C}_4$$

$$\overline{C}_3 = 6 - (0 \quad 15 \quad 12) \begin{pmatrix} 10/7 \\ 1/7 \\ 5/7 \end{pmatrix} = 6 - (75/7) = -33/7$$

$$\overline{C}_5 = 0 - (0 \quad 15 \quad 12) \begin{pmatrix} 1/7 \\ 5/7 \\ -3/7 \end{pmatrix} = 0 - (39/7) = -39/7$$

$$\overline{C}_6 = 0 - (0 \quad 15 \quad 12) \begin{pmatrix} -3/7 \\ -1/7 \\ 2/7 \end{pmatrix} = -9/7$$

بما أن قيم صف $\overline{C}$ غير موجبة لذلك فإن الحل الحالي هو أمثل والتغير يكون في قيمة دالة الهدف:

$\chi_1 = 25$ ، $\chi_2 = 9$ ، $\chi_3 = 0$; $Z = 483$

زيادة ربح الوحدة الواحدة من χ_1 بمقدار (5) إلف دينار أدى إلى زيادة الربح الإجمالي بمقدار (125)إلف دينار.

6. زيادة قيمة C_3 إلى (12) إلف دينار لا يؤثر على الحل الأمثل الموضح بالجدول (1-46)في حال كون قيمة C_3 الجديدة غير موجبة:

$$\overline{C}_3 = 12 - (0 \quad 10 \quad 12) \begin{pmatrix} 10/7 \\ 1/7 \\ 5/7 \end{pmatrix} = 12-10 = 2$$

بما أن قيمة $\overline{C}_3$ موجبة لذلك فإن الحل الحالي هو غير أمثل وعليه نستمر بطريقة السمبلكس للتوصل إلى الحل الأمثل والموضح بالجدول (1-43):

الجدول(1-43)

C_B	B.V. \ C_j	10	12	12	0	0	0	b
		χ_1	χ_2	χ_3	χ_4	χ_5	χ_6	
0	χ_4	0	0	10/7	1	1/7	-3/7	37
10	χ_1	1	0	1/7	0	5/7	-1/7	25
12	χ_2	0	1	5/7	0	-3/7	2/7	9
	$\overline{C}$	0	0	2	0	-2	-2	Z = 358
0	χ_4	0	-2	0	1	1	-1	19
10	χ_1	1	-1/5	0	0	4/5	-1/5	116/5
12	χ_3	0	7/5	1	0	-3/5	2/5	63/5
	$\overline{C}$	0	-14/5	0	0	-4/5	-14/5	Z = 383.2

الحل الأمثل هو:

$\chi_1 = 116/5$ ، $\chi_2 = 0$ ، $\chi_3 = 63/5$; $Z = 383.2$

زيادة ربح الوحدة الواحدة من χ_3 إلى (12) إلف دينار أدى إلى زيادة الربح الإجمالي بمقدار (25.2) إلف دينار نتيجة لدخول χ_3 كمتغير أساسي بدل المتغير χ_2

7.تغيير متطلبات χ_3 من الموارد إلى $\begin{bmatrix}1\\1\\2\end{bmatrix}$ لا يؤثر على الحل الأمثل الموضح بالجدول (1-42) في حال كون قيمة $\overline{C}_3$ الجديدة غير موجبة باعتبار χ_3 متغير غير أساسي.

$$\overline{C}_3 = C_3 - C_B \quad B^{-1}\left[\begin{pmatrix}1\\1\\2\end{pmatrix}\right] = 6-(0 \quad 10 \quad 12)\left(\begin{pmatrix}1 & 1/7 & -3/7\\0 & 5/7 & -1/7\\0 & -3/7 & 2/7\end{pmatrix}\begin{pmatrix}1\\1\\2\end{pmatrix}\right)$$

$$= 6-(0 \quad 10 \quad 12)\begin{pmatrix}2/7\\3/7\\1/7\end{pmatrix} = 6-6 = 0$$

بما أن قيمة $\overline{C}_3$ هي صفر لذلك فإن الحل الموضح بالجدول (1-42) هو أمثل مع وجود حل أمثل بديل والموضح بالجدول (1-44):

الجدول(1-44)

C_B	C_j / B.V.	10	12	6	0	0	0	b
		X_1	X_2	X_3	X_4	X_5	X_6	
0	X_4	0	0	2/7	1	1/7	-3/7	37
10	X_1	1	0	3/7	0	5/7	-1/7	25
12	X_2	0	1	1/7	0	-3/7	2/7	9
$\overline{C}$		0	0	0	0	-2	-2	Z = 358
0	X_4	-2/3	0	0	1	-1/3	-1/3	61/3
6	X_3	7/3	0	1	0	5/3	-1/3	175/3
12	X_2	-1/3	١	٠	0	-2/3	1/3	2/3
$\overline{C}$		0	0	0	0	-2	-2	Z = 358

الحل الأمثل البديل هو:

$X_1 = 0$ ، $X_2 = 2/3$ ، $X_3 = 175/3$; $Z = 358$

8.تغيير متطلبات X_1 من الموارد إلى $\begin{bmatrix}2\\4\\6\end{bmatrix}$ لا يؤثر على الحل الأمثل الموضح بالجدول(1-42) في حال كون قيمة $\overline{C}_1$ الجديدة تساوي صفر باعتبار X_1 متغير أساسي:

$$\overline{C}_1 = C_1 - C_B\left[B^{-1}\begin{bmatrix}2\\4\\6\end{bmatrix}\right] = 10 - \begin{pmatrix}0 & 10 & 12\end{pmatrix}\left[\begin{bmatrix}1 & 1/7 & -3/7\\0 & 5/7 & -1/7\\0 & -3/7 & 2/7\end{bmatrix}\begin{bmatrix}2\\4\\6\end{bmatrix}\right]$$

$$=10 - (0 \quad 10 \quad 12)\ 2\ \begin{bmatrix}0\\2\\0\end{bmatrix} = 10 - 20 = -10$$

بما أن قيمة $\overline{C}_1$ سالبة فإن الحل الحالي هو غير أمثل لذلك نستمر بطريقة السمبلكس للتوصل إلى الحل الأمثل الموضح بالجدول (1-45)

الجدول (1-45)

C_B	B.V. \ C_j	10	12	6	0	0	0	b
		X_1	X_2	X_3	X_4	X_5	X_6	
0	X_4	0	0	10/7	1	1/7	-3/7	37
10	X_1	2	0	1/7	0	5/7	-1/7	25
12	X_2	0	1	5/7	0	-3/7	2/7	9
$\overline{C}$		-10	0	-38/7	0	-2	-2	
0	X_4	0	0	10/7	1	1/7	-3/7	37
10	X_1	1	0	1/14	0	**5/14**	-1/14	25
12	X_2	0	1	5/7	0	-3/7	2/7	9
$\overline{C}$		0	0	-23/7	0	11/7	-19/7	Z = 233
0	X_4	-2/5	0	7/5	1	0	-2/5	32
0	X_5	14/5	0	1/5	0	1	-1/5	35
12	X_2	6/5	1	4/5	0	0	1/5	24
$\overline{C}$		-22/5	0	-18/5	0	0	-12/5	Z = 288

المرحلة الأولى من الجدول (1-45) لا تمثل الصيغة العامة لذلك يتم تقسيم الصف الثاني على (2) ليتحول إلى الصيغة العامة ومن ثم تطبق طريقة السمبلكس للتوصل إلى الحل الأمثل وهو:

$X_1 = X_3 = 0$ ، $X_2 = 24$، $X_4 = 32$ ، $X_5 = 35$; $Z = 288$

9 . إضافة القيد $X_1 + X_2 + 2X_3 \leq 30$ لا يؤثر على الحل الأمثل الموضح بالجدول (1-42) في حال تحقق القيد:

$$25 + 9 + 0 = 34 > 30$$

بما أن القيد لا يتحقق فإن الحل الحالي غير أمثل لذلك يتم إضافة القيد إلى المرحلة الأخيرة من الجدول (1-42) ونستمر بطريقة السمبلكس للتوصل إلى الحل الأمثل والموضح بالجدول (1-46):

الجدول (1-46)

C_B	B.V. \ C_j	10	12	6	0	0	0	0	b
		χ_1	χ_2	χ_3	χ_4	χ_5	χ_6	χ_7	
0	χ_4	0x	0	10/7	1	1/7	-3/7	0	37
10	χ_1	1	0	1/7	0	5/7	-1/7	0	25
12	χ_2	0	1	5/7	0	-3/7	2/7	0	9
0	χ_7	1	1	2	0	0	0	1	30
$\overline{C}$		0	0	-38/7	0	-2	-2	0	
0	χ_4	0	0	10/7	1	1/7	-3/7	0	37
10	χ_1	1	0	1/7	0	5/7	-1/7	0	25
12	χ_2	0	1	5/7	0	-3/7	2/7	0	9
0	χ_7	0	0	8/7	0	**-2/7**	-1/7	1	-4
$\overline{C}$		0	0	-38/7	0	-2	-2	0	
0	χ_4	0	0	2	1	0	-1/2	1/2	35
10	χ_1	1	0	3	0	0	-1/2	5/2	15
12	χ_2	0	1	-1	0	0	1/2	-3/2	15
0	χ_5	0	0	-4	0	1	1/2	-7/2	14
$\overline{C}$		0	0	-12	0	0	-1	-7	Z = 330

المرحلة الأولى من الجدول (1-46) لا تمثل الصيغة العامة لأن عمودي المتغيرين الأساسين χ_1, χ_2 تحتوي على قيم موجبة في الصف الرابع لذلك يتم ضرب الصف الثاني والثالث بـ (1-) ومن ثم أضافتها إلى الصف الرابع وبذلك نحصل على الصيغة العامة ومن ثم نحصل على الحل الأمثل الجديد بوساطة طريقة السمبلكس الثنائية:

$\chi_1 = 15$ ، $\chi_2 = 15$ ، $\chi_3 = 0$, $\chi_4 = 35$ ، $\chi_5 = 14$; Z = 330

10. إضافة متغير جديد χ_7 بربح مقداره (12) إلف دينار للوحدة الواحدة ومتطلبات موارد $\begin{bmatrix}2\\2\\2\end{bmatrix}$ لا يؤثر على الحل الأمثل الموضح بالجدول (1-42) في حال كون $\overline{C}_7$ غير موجبة:

$$\overline{C}_7 = C_7 - C_B \left[B^{-1} \begin{bmatrix} 2 \\ 2 \\ 2 \end{bmatrix} \right]$$

$$= 12 - \begin{pmatrix} 0 & 10 & 12 \end{pmatrix} \left[\begin{bmatrix} 1 & 1/7 & -3/7 \\ 0 & 5/7 & -1/7 \\ 0 & -3/7 & 2/7 \end{bmatrix} \begin{bmatrix} 2 \\ 2 \\ 2 \end{bmatrix} \right]$$

$$= 12 - \begin{pmatrix} 0 & 10 & 12 \end{pmatrix} \begin{pmatrix} 10/7 \\ 8/7 \\ -2/7 \end{pmatrix} = 12 - 8 = 4$$

بما أن قيمة $\overline{C}_7$ موجبة لذلك فإن الحل الحالي غير أمثل ويتم إضافة المتغير χ_7 إلى المرحلة الأخيرة من الجدول (1-42) ونستمر بطريقة السمبلكس للتوصل إلى الحل الأمثل والموضح بالجدول (1-47):

الجدول(1-47)

C_B	C_j / B.V.	10	12	6	0	0	0	12	b
		χ_1	χ_2	χ_3	χ_4	χ_5	χ_6	χ_7	
0	χ_4	0	0	10/7	1	1/7	-3/7	10/7	37
10	χ_1	1	0	1/7	0	5/7	-1/7	**8/7**	25
12	χ_2	0	1	5/7	0	-3/7	2/7	-2/7	9
	$\overline{C}$	0	0	-38/7	0	-2	-2	4	Z = 358
0	χ_4	-5/4	0	5/4	1	-3/4	-1/4	0	23/4
12	χ_7	7/8	0	1/8	0	5/8	-1/8	1	175/8
12	χ_2	1/4	1	3/4	0	-1/4	1/4	0	61/4
	$\overline{C}$	-7/2	0	-9/2	0	-9/2	-3/2	0	Z = 891/2

الحل الأمثل هو:

$\chi_1 = \chi_3 = 0$ ، $\chi_2 = 61/4$ ، $\chi_4 = 23/2$ ، $\chi_7 = 175/8$ ؛ $Z = 891/2$

1 - 8: طريقة السمبلكس المعدلة

The Revised Simplex Method

الصيغة العامة لأنموذج البرمجة الخطية (.L.P) هي:

$$\text{Max } Z = CX$$
$$\text{S.T}$$
$$AX = b$$
$$X \geq 0$$

حيث أن:

$$A_{(m*n)} = \begin{pmatrix} a_{11} & a_{12} & \cdots & a_{1n} \\ a_{21} & a_{22} & \cdots & a_{2n} \\ \vdots & \vdots & & \vdots \\ a_{m1} & a_{m2} & \cdots & a_{mn} \end{pmatrix} ; \quad b_{(m*1)} = \begin{pmatrix} b_1 \\ b_2 \\ \cdot \\ \cdot \\ b_m \end{pmatrix} ; \quad X_{(n*1)} = \begin{pmatrix} \chi_1 \\ \chi_2 \\ \cdot \\ \cdot \\ \chi_n \end{pmatrix}$$

$$C_{(1*n)} = (C_1 \quad C_2 \ldots\ldots C_n)$$

نفترض أن $n = 4$، $m = 3$ وأن أعمدة مصفوفة A يرمز لها P_1، P_2، P_3، P_4 بحيث:

$$P_1 = \begin{pmatrix} a_{11} \\ a_{21} \\ a_{31} \end{pmatrix} ، P_2 = \begin{pmatrix} a_{12} \\ a_{22} \\ a_{32} \end{pmatrix} ، P3 = \begin{pmatrix} a_{13} \\ a_{23} \\ a_{33} \end{pmatrix} ، P4 = \begin{pmatrix} a_{14} \\ a_{24} \\ a_{34} \end{pmatrix}$$

بافتراض أن الأنموذج الخطي يكون ذو حل أساسي ممكن بحيث (χ_1 χ_3، χ_2،) هي متغيرات أساسية ولذلك فإن مصفوفة الأساس هي:

$$B = (P_1 \quad P_2 \quad P_3) = \begin{pmatrix} a_{11} & a_{12} & a_{13} \\ a_{21} & a_{22} & a_{23} \\ a_{31} & a_{23} & a_{33} \end{pmatrix} ، B^{-1} = \begin{pmatrix} B_{11} & B_{12} & B_{13} \\ B_{21} & B_{22} & B_{23} \\ B_{31} & B_{32} & B_{33} \end{pmatrix}$$

ومتجهي المتغيرات الأساسية وغير الأساسية هي:

$$X_B = \begin{pmatrix} \chi_1 \\ \chi_2 \\ \chi_3 \end{pmatrix} \quad X_N = (\chi_4)$$

وعليه فإن الحل الأساسي الممكن هو:

$$X_B = B^{-1}b = \begin{pmatrix} B_{11}b_1 + B_{12}b_2 + B_{13}b_3 \\ B_{21}b_1 + B_{22}b_2 + B_{23}b_3 \\ B_{31}b_1 + B_{32}b_2 + B_{33}b_3 \end{pmatrix} = \begin{pmatrix} \bar{b}_1 \\ \bar{b}_2 \\ \bar{b}_3 \end{pmatrix} ; \quad X_N = (0)$$

وبافتراض C_B تمثل معاملات الربح للمتغيرات الأساسية فإن قيمة دالة الهدف هي:

$$Z = CX = C_B X_B = C_1\bar{b}_1 + C_2\bar{b}_2 + C_3\bar{b}_3$$

بعد أن تم الحصول على الحل الأساسي الممكن نلجأ إلى اختبار الحل هل هو أمثل أم لا وذلك عن طريق احتساب ما يسمى بمضاعفات السمبلكس (π) وكالآتي:

$$\pi_1 = C_1B_{11} + C_2B_{21} + C_3B_{31}$$
$$\pi_2 = C_1B_{12} + C_2B_{22} + C_3B_{32}$$
$$\pi_3 = C_1B_{13} + C_2B_{23} + C_3B_{33}$$

وبصورة عامة:

$$\pi = (\pi_1\ \pi_2\ \pi_3) = C_B B^{-1} \text{ ------------- } (24\text{-}1)$$

ومن ثم نلجأ إلى احتساب معاملات الكلفة النسبية وكالآتي:

$$\overline{C_4} = C_4 - \pi P_4 \text{ ------------------ } (25\text{-}1)$$

في حال كون قيمة $\overline{C}_4$ اصغر أو تساوي صفر فهذا يدل على أن الحل أمثل وعكس ذلك يدل على أن الحل غير أمثل ولذلك يكون المتغير X_4 هو المتغير الداخل ولذلك يتم إدخال عمود P_4 الذي يحتسب كالآتي والذي يمثل عمود المحور:

$$\overline{P}_4 = B^{-1}P_4 = \begin{pmatrix} B_{11}a_{14} + B_{12}a_{24} + B_{13}a_{34} \\ B_{21}a_{14} + B_{22}a_{24} + B_{23}a_{34} \\ B_{31}a_{14} + B_{32}a_{24} + B_{33}a_{34} \end{pmatrix} = \begin{pmatrix} \bar{a}_{14} \\ \bar{a}_{24} \\ \bar{a}_{34} \end{pmatrix}$$

بعد ذلك يتم تطبيق قاعدة أقل النسب وكالآتي:

$$\text{Min} \left[\frac{\bar{b}_i}{\bar{a}_{i4}} \right] \quad i = 1، 2، 3 \text{ ----------- } (26\text{-}1)$$

وبافتراض أن أقل نسبة تتمثل بالصف الثاني فإن هذا يعني أن المتغير X_2 هو المتغير الخارج وأن الصف الثاني هو صف المحور، وبهذا تكون المتغيرات الأساسية الجديدة هي (X_1 ، X_3،X_4) وهذا يؤدي إلى تغيير مصفوفة الأساس وثوابت الجانب الأيمن من خلال عملية المحور بحيث:

$$b^* = \begin{pmatrix} b_1^* \\ b_2^* \\ b_3^* \end{pmatrix} \quad ; \quad (B^*)^{-1} = \begin{pmatrix} B^*_{11} & B^*_{12} & B^*_{13} \\ B^*_{21} & B^*_{22} & B^*_{23} \\ B^*_{31} & B^*_{32} & B^*_{33} \end{pmatrix}$$

ومن ثم يتم تطبيق المعادلات (1-24) و (1-25) باستخدام معكوس مصفوفة الأساس الجديدة لمعرفة هل أن الحل الجديد هو حل أمثل أم لا وهكذا نستمر إلى أن نتوصل إلى الحل الأمثل.

مثـال (1-39): أوجد الحل الأمثل لمسألة شركة المواد الغذائية والمعرفة بالمثال (1-2) باستخدام طريقـة السمبلكس المعدلة:

$$\text{Max} \quad Z = 20X_1 + 25X_2$$

$$\text{S.T}$$

$$2X_1 + 3X_2 + X_3 = 40$$

$$X_1 + 2X_2 + X_4 = 20$$

$$3X_1 + X_2 + X_5 = 30$$

$$X_1, X_2, X_3, X_4, X_5 \geq 0$$

الحـل:

1. نحدد أعمدة مصفوفة A وكالآتي:

$$P_1 = \begin{pmatrix} 2 \\ 1 \\ 3 \end{pmatrix} ،\ P_2 = \begin{pmatrix} 3 \\ 2 \\ 1 \end{pmatrix} ،\ P_3 = \begin{pmatrix} 1 \\ 0 \\ 0 \end{pmatrix} ،\ P_4 = \begin{pmatrix} 0 \\ 1 \\ 0 \end{pmatrix} ،\ P_5 = \begin{pmatrix} 0 \\ 0 \\ 1 \end{pmatrix}$$

2. نحدد مصفوفة الأساس والتي تمثل أعمدة المتغيرات الأساسية وكالآتي:

$$B = (P_3 \quad P_4 \quad P_5) = \begin{pmatrix} 1 & 0 & 0 \\ 0 & 1 & 0 \\ 0 & 0 & 1 \end{pmatrix} = I \quad ; \quad B^{-1} = I$$

3. نحدد ثوابت الجانب الأيمن وكالآتي:

$$\overline{b} = B^{-1} b = \begin{pmatrix} 1 & 0 & 0 \\ 0 & 1 & 0 \\ 0 & 0 & 1 \end{pmatrix} \begin{pmatrix} 40 \\ 20 \\ 30 \end{pmatrix} = \begin{pmatrix} 40 \\ 20 \\ 30 \end{pmatrix}$$

٣. نحدد جدول السمبلكس الأولي والموضح بالجدول (1-48):

الجدول(1-48)

C_B	B.V.	B^{-1}			$\overline{b}$
0	χ_3	1	0	0	40
0	χ_4	0	1	0	20
0	χ_5	0	0	1	30

5. يتم احتساب مضاعفات السمبلكس وكالآتي:

$$\pi = (\pi_1 \; \pi_2 \; \pi_3) = C_B B^{-1} = (0 \; 0 \; 0) \begin{pmatrix} 1 & 0 & 0 \\ 0 & 1 & 0 \\ 0 & 0 & 1 \end{pmatrix} = (0 \; 0 \; 0)$$

٧. يتم احتساب قيم الأرباح النسبية للمتغيرات غير الأساسية وكالآتي:

$$\overline{C_1} = C_1 - \pi P_1 = 20 - (0 \; 0 \; 0) \begin{pmatrix} 2 \\ 1 \\ 3 \end{pmatrix} = 20$$

$$C_2 = \overline{C_2} - \pi P_2 = 25 - (0 \; 0 \; 0) \begin{pmatrix} 3 \\ 2 \\ 1 \end{pmatrix} = 25$$

يتضح من ذلك أن المتغير χ_2 هو المتغير الداخل لأنه صاحب القيمة الأعلى من حيث الأرباح النسبية ولذلك فإن عمود المحور هو:

$$\overline{P_2} = B^{-1} P_2 = \begin{pmatrix} 1 & 0 & 0 \\ 0 & 1 & 0 \\ 0 & 0 & 1 \end{pmatrix} = \begin{pmatrix} 3 \\ 2 \\ 1 \end{pmatrix} \quad \begin{pmatrix} 3 \\ 2 \\ 1 \end{pmatrix}$$

٨. يتم تطبيق قاعدة أقل النسب لمعرفة المتغير الخارج وكالآتي:

رقم الصف	B.V.	الحد الأعلى لـ χ_2
1	χ_3	40/3
2	χ_4	20/2 = 10 (Min)
3	χ_5	30/1 = 30

من الجدول في أعلاه يتضح أن المتغير الخارج هو χ_4 لأنه صاحب أقل النسب أي أن الصف الثاني هو صف المحور وباستخدام عملية المحور نحصل على جدول السمبلكس التالي وكالآتي:

١. يقسم صف المحور على (2) ليكون معامل χ_2 مساوي للواحد.

٢. يضرب صف المحور بعد حاصل القسمة بـ (1) ويطرح من الصف الثالث لاستبعاد χ_2 من الصف الثالث.

٣. يضرب صف المحور بعد حاصل القسمة بـ (3) ويطرح من الصف الأول لاستبعاد χ_2 من الصف الأول.

عملية المحور موضحة بالجدول (1-49):

الجدول (1-49)

C_B	B.V.	B^{-1}			$\bar{b}$
0	χ_3	1	-3/2	0	10
0	χ_2	0	1/2	0	10
0	χ_5	0	-1/2	1	20

مضاعفات السمبلكس للجدول (1-49) هي:

$$\pi = C_B B^{-1} = (0 \;\; 25 \;\; 0) \begin{pmatrix} 1 & -3/2 & 0 \\ 0 & 1/2 & 0 \\ 0 & -1/2 & 1 \end{pmatrix} = (0 \;\; 25/2 \;\; 0)$$

قيم الأرباح النسبية للمتغيرات غير الأساسية هي:

$$\overline{C_1} = C_1 - \pi P_1 = 20 - (0 \;\; 25/2 \;\; 0) \begin{pmatrix} 2 \\ 1 \\ 3 \end{pmatrix} = 20 - 25/2 = 15/2$$

$$\overline{C_4} = C_4 - \pi P_4 = 0 - (0 \;\; 25/2 \;\; 0) \begin{pmatrix} 0 \\ 1 \\ 0 \end{pmatrix} = -25/2$$

يتضح من ذلك أن المتغير χ_1 هو الداخل لأنه صاحب القيمة الموجبة من حيث الأرباح النسبية ولتحديد المتغير الخارج نستخدم قاعدة أقل النسب بعد تحديد عمود المحور وكالآتي:

$$\overline{P_1} = B^{-1} P_1 = \begin{pmatrix} 1 & -3/2 & 0 \\ 0 & 1/2 & 0 \\ 0 & -1/2 & 1 \end{pmatrix} = \begin{pmatrix} 2 \\ 1 \\ 3 \end{pmatrix} \begin{pmatrix} 1/2 \\ 1/2 \\ 5/2 \end{pmatrix}$$

رقم الصف	B.V.	الحد الأعلى لـ χ_1
1	χ_3	10/(1/2) = 10
2	χ_2	10/(1/2) = 10
3	χ_5	20/(5/2) = 8

من الجدول أعلاه يتضح أن المتغير الخارج هو χ_5 وأن الصف الثالث هو صف المحور وباستخدام عملية المحور نحصل على جدول السمبلكس التالي وكالآتي:

١. يقسم صف المحور على (5/2) ليكون معامل χ_1 مساوي للواحد.

٢. يضرب صف المحور بعد حاصل القسمة بـ (1/2) ويطرح من الصف الأول وكذلك يطرح من الصف الثاني لاستبعاد χ_2 من الصفين الأول والثاني.

عملية المحور موضحة بالجدول (1-50):

الجدول(1-50)

C_B	B.V.	B^{-1}			$\bar{b}$
0	χ_3	1	-7/5	-1/5	6
25	χ_2	0	3/5	-1/5	6
20	χ_1	0	-1/5	2/5	8

مضاعفات السمبلكس لجدول (1-50) هي:

$$\pi = (\pi_1\ \pi_2\ \pi_3) = C_B B^{-1} = (0\ \ 25\ \ 20) \begin{pmatrix} 1 & -7/5 & -1/5 \\ 0 & 3/5 & -1/5 \\ 0 & -1/5 & 2/5 \end{pmatrix} = (0\ \ 11\ \ 3)$$

قيم الأرباح النسبية للمتغيرات غير الأساسية هي:

$$\overline{C_4} = C_4 - \pi P_4 = 0 - (0\ \ 11\ \ 3) \begin{pmatrix} 0 \\ 1 \\ 0 \end{pmatrix} = -11$$

$$\overline{C_5} = C_5 - \pi P_5 = 0 - (0\ \ 11\ \ 3) \begin{pmatrix} 0 \\ 0 \\ 1 \end{pmatrix} = -3$$

بما أن قيم الأرباح النسبية غير موجبة فإن هذا يعني أن الجدول (1-50) يمثل الحل الأمثل:

$\chi_1 = 8$ ، $\chi_2 = 6$

قيمة دالة الهدف هي:

$$\underline{Z} = C_B b = (0\ \ 25\ \ 20) \begin{pmatrix} 6 \\ 6 \\ 8 \end{pmatrix} = 310$$

مثـال(1-40) : أوجد الحل الأمثل لمسألة البرمجة الخطيـة (L.P.) والمعرفـة بالمثـال (1-21) باسـتخدام طريقة السمبلكس المعدلة:

$$\text{Min } Z = -3\chi_1 + 5\chi_2 - 2\chi_3$$

S.T

$$\chi_1 + 2\chi_2 + \chi_3 + \chi_4 = 20$$

$$\chi_1 + \chi_2 + 2\chi_3 + \chi_5 = 30$$

$$2\chi_1 + 4\chi_2 + 3\chi_3 + \chi_6 = 40$$

$$\chi_j \geq 0 \qquad j = 1، 2 ---، 6$$

الحـل:

أعمدة مصفوفة A هي:

$$P_1 = \begin{pmatrix} 1 \\ 1 \\ 2 \end{pmatrix} ، P_2 = \begin{pmatrix} 2 \\ 1 \\ 4 \end{pmatrix} ، P_3 = \begin{pmatrix} 1 \\ 2 \\ 3 \end{pmatrix} ، P_4 = \begin{pmatrix} 1 \\ 0 \\ 0 \end{pmatrix} ، P_5 = \begin{pmatrix} 0 \\ 1 \\ 0 \end{pmatrix} ، P_6 = \begin{pmatrix} 0 \\ 0 \\ 1 \end{pmatrix}$$

مصفوفة الأساس هي:

$$B = (P_4 \quad P_5 \quad P_6) = \begin{pmatrix} 1 & 0 & 0 \\ 0 & 1 & 0 \\ 0 & 0 & 1 \end{pmatrix} = I \quad ; \quad B^{-1} = I$$

بعد أن تم تحديد أعمدة مصفوفة A ومصفوفة الأساس نحدد ثوابت الجانب الأيمن وكالآتي:

$$\overline{b} = B^{-1} b = \begin{pmatrix} 1 & 0 & 0 \\ 0 & 1 & 0 \\ 0 & 0 & 1 \end{pmatrix} \begin{pmatrix} 20 \\ 30 \\ 40 \end{pmatrix} = \begin{pmatrix} 20 \\ 30 \\ 40 \end{pmatrix}$$

وعلى هذا الأساس فإن جدول السمبلكس الأولي هو:

الجدول (1-51)

C_B	B.V.	B^{-1}			$\overline{b}$
0	χ_4	1	0	0	20
0	χ_5	0	1	0	30
0	χ_6	0	0	1	40

مضاعفات السمبلكس للجدول (1-51) هي:

$$\pi = (\pi_1\ \pi_2\ \pi_3) = C_B B^{-1} = (0\ \ 0\ \ 0) \begin{pmatrix} 1 & 0 & 0 \\ 0 & 1 & 0 \\ 0 & 0 & 1 \end{pmatrix} = (0\ \ 0\ \ 0)$$

من مضاعفات السمبلكس يتم احتساب قيم الأرباح النسبية للمتغيرات غير الأساسية وكالآتي:

$$\overline{C_1} = C_1 - \pi P_1 = -3 - (0\ \ 0\ \ 0) \begin{pmatrix} 1 \\ 1 \\ 2 \end{pmatrix} = -3$$

$$\overline{C_2} = C_2 - \pi P_2 = 5 - (0\ \ 0\ \ 0) \begin{pmatrix} 2 \\ 1 \\ 4 \end{pmatrix} = 5$$

$$\overline{C_3} = C_3 - \pi P_3 = -2 - (0\ \ 0\ \ 0) \begin{pmatrix} 1 \\ 2 \\ 3 \end{pmatrix} = -2$$

يتضح أن المتغير x_1 هو المتغير الداخل لأنه صاحب القيمة الأكثر سالبية من حيث الأرباح النسبية ولذلك فإن عمود المحور هو:

$$\overline{P_1} = B^{-1} P_1 = \begin{pmatrix} 1 & 0 & 0 \\ 0 & 1 & 0 \\ 0 & 0 & 1 \end{pmatrix} \begin{pmatrix} 1 \\ 1 \\ 2 \end{pmatrix} = \begin{pmatrix} 1 \\ 1 \\ 2 \end{pmatrix}$$

وبوساطة استخدام قاعدة أقل النسب فإن المتغير الخارج هو إما x_4 أو x_6 لأنهما يمتلكان أقل نسبة وسوف يتم اختيار x_4 كمتغير خارج ولذلك فإن الصف الأول يمثل صف المحور وباستخدام عملية المحور نحصل على جدول السمبلكس التالي وكالآتي:

١. يضرب صف المحور بـ (1) ويطرح من الصف الثاني لاستبعاد x_1 من الصف الثاني

٢. يضرب صف المحور بـ (2) ويطرح من الصف الثالث لاستبعاد x_1 من الصف الثالث

عملية المحور موضحة بالجدول (1-52):

الجدول (1-52)

C_B	B.V.	B^{-1}			$\bar{b}$
-3	x_1	1	0	0	20
0	x_5	-1	1	0	10
0	x_6	-2	0	1	0

مضاعفات السمبلكس للجدول (1-52) هي:

$$\pi = (\pi_1\ \pi_2\ \pi_3) = C_B B^{-1} = (-3\ \ 0\ \ 0)\begin{pmatrix} 1 & 0 & 0 \\ -1 & 1 & 0 \\ -2 & 0 & 1 \end{pmatrix} = (-3\ 0\ 0)$$

باستخدام مضاعفات السمبلكس يتم احتساب قيم الأرباح النسبية للمتغيرات غير الأساسية وكالآتي:

$$\overline{C_2} = C_2 - \pi P_2 = 5 - (-3\ \ 0\ \ 0)\begin{pmatrix} 2 \\ 1 \\ 4 \end{pmatrix} = 11$$

$$\overline{C_3} = C_3 - \pi P_3 = -2 - (-3\ \ 0\ \ 0)\begin{pmatrix} 1 \\ 2 \\ 3 \end{pmatrix} = 1$$

$$\overline{C_4} = C_4 - \pi P_4 = 0 - (-3\ \ 0\ \ 0)\begin{pmatrix} 1 \\ 0 \\ 0 \end{pmatrix} = 3$$

يتضح من ذلك أن الحل المبين بالجدول (1-52) هو الحل الأمثل:

$$x_1 = 20 \quad ، \quad x_2 = x_3 = 0$$

قيمة دالة الهدف هي:

$$Z = C_B b = (-3\ 0\ 0)\begin{pmatrix} 20 \\ 10 \\ 0 \end{pmatrix} = -60$$

مثال (1-41): أوجد الحل الأمثل لمسألة البرمجة الخطية (L.P.) المعرفة بالمثال (1-23)باستخدام طريقة السمبلكس المعدلة:

$$\text{Min } Z = 2\chi_1 + 3\chi_2 + M\overline{\chi}_1 + M\overline{\chi}_2$$

S.T

$$\chi_1 + 2\chi_2 + \chi_3 = 6$$

$$2\chi_1 + 2\chi_2 - \chi_4 + \overline{\chi}_1 = 4$$

$$\chi_1 + \chi_2 + \overline{\chi}_2 = 3$$

$$\chi_1 ، \chi_2 ، \chi_3 ، \chi_4 ، \overline{\chi}_1 ، \overline{\chi}_2 \geq 0$$

الحــل:

$$P_1 = \begin{pmatrix} 1 \\ 2 \\ 1 \end{pmatrix} ، P_2 = \begin{pmatrix} 2 \\ 2 \\ 1 \end{pmatrix} ، P_3 = \begin{pmatrix} 1 \\ 0 \\ 0 \end{pmatrix} ، P_4 = \begin{pmatrix} 0 \\ -1 \\ 0 \end{pmatrix} ، P_5 = \begin{pmatrix} 0 \\ 1 \\ 0 \end{pmatrix} ، P_6 = \begin{pmatrix} 0 \\ 0 \\ 1 \end{pmatrix}$$

$$B = (P_3 \ \ P_5 \ \ P_6) = \begin{pmatrix} 1 & 0 & 0 \\ 0 & 1 & 0 \\ 0 & 0 & 1 \end{pmatrix} = I \quad ; \quad B^{-1} = I$$

$$\overline{b} = B^{-1} b = \begin{pmatrix} 1 & 0 & 0 \\ 0 & 1 & 0 \\ 0 & 0 & 1 \end{pmatrix} \begin{pmatrix} 6 \\ 4 \\ 3 \end{pmatrix} = \begin{pmatrix} 6 \\ 4 \\ 3 \end{pmatrix}$$

جدول السمبلكس الأولي موضح بالجدول (1-53):

الجدول (1-53)

C_B	B.V.	B^{-1}			$\overline{b}$
0	χ_3	1	0	0	6
M	$\overline{\chi}_1$	0	1	0	4
M	$\overline{\chi}_2$	0	0	1	3

مضاعفات السمبلكس للجدول (1-53) هي:

$$\pi = (\pi_1 \ \pi_2 \ \pi_3) = C_B B^{-1} = (0 \ \ M \ \ M) \begin{pmatrix} 1 & 0 & 0 \\ 0 & 1 & 0 \\ 0 & 0 & 1 \end{pmatrix} = (0 \ \ M \ \ M)$$

قيم الأرباح النسبية للمتغيرات غير الأساسية هي:

$$\overline{C_1} = C_1 - \pi P_1 = 2 - \begin{pmatrix} 0 & M & M \end{pmatrix} \begin{pmatrix} 1 \\ 2 \\ 1 \end{pmatrix} = 2-3M$$

$$\overline{C_2} = C_2 - \pi P_2 = 3 - \begin{pmatrix} 0 & M & M \end{pmatrix} \begin{pmatrix} 2 \\ 2 \\ 1 \end{pmatrix} = 3-3M$$

$$\overline{C_4} = C_4 - \pi P_4 = 0 - \begin{pmatrix} 0 & M & M \end{pmatrix} \begin{pmatrix} 0 \\ -1 \\ 0 \end{pmatrix} = M$$

المتغير χ_1 هو المتغير الداخل لأنه صاحب القيمة الأكثر سالبية من حيث الأرباح النسبية من حيث الأرباح النسبية وعليه فإن عمود المحور هو:

$$\overline{P_1} = B^{-1} P_1 = \begin{pmatrix} 1 & 0 & 0 \\ 0 & 1 & 0 \\ 0 & 0 & 1 \end{pmatrix} \begin{pmatrix} 1 \\ 2 \\ 1 \end{pmatrix} = \begin{pmatrix} 1 \\ 2 \\ 1 \end{pmatrix}$$

وبوساطة استخدام قاعدة أقل النسب فإن المتغير الخارج هو $\overline{\chi_1}$ لأنه يمتلك أقل نسبة ولذلك فإن الصف الثاني هو صف المحور وباستخدام عملية المحور نحصل على جدول السمبلكس التالي وكالآتي:

١. يقسم صف المحور على (2) ليكون معامل χ_1 مساوي للواحد.

٢. يضرب صف المحور بعد حاصل القسمة بـ (1) ويطرح من الصف الأول وكذلك يطرح من الصف الثالث لاستبعاد χ_1 من الصفين الأول والثالث.

عملية المحور موضحة بالجدول (1-54):

الجدول (1-54)

C_B	B.V.	B^{-1}			$\overline{b}$
0	χ_3	1	-1/2	0	4
2	$\overline{\chi}_1$	0	1/2	0	2
M	$\overline{\chi}_2$	0	-1/2	1	1

مضاعفات السمبلكس للجدول (1-54) هي:

$$\pi = (\pi_1\ \pi_2\ \pi_3) = C_B B^{-1} = (0\quad 2\quad M)\begin{pmatrix} 1 & -1/2 & 0 \\ 0 & 1/2 & 0 \\ 0 & -1/2 & 1 \end{pmatrix} = (0\quad 1-(1/2)M\quad M)$$

قيم الأرباح النسبية للمتغيرات غير الأساسية هي:

$$\overline{C_2} = C_2 - \pi P_2 = 3 - (0\quad 1-(1/2)M\quad M)\begin{pmatrix} 2 \\ 2 \\ 1 \end{pmatrix} = 1$$

$$\overline{C_4} = C_4 - \pi P_4 = 0 - (0\quad 1-(1/2)M\quad M)\begin{pmatrix} 0 \\ -1 \\ 0 \end{pmatrix} = 1-(1/2)M$$

قيم الأرباح النسبية للمتغيرات الاصطناعية غير الأساسية لا يتم احتسابها لأن المتغيرات الاصطناعية تدخل إلى الأنموذج لكي تعمل متغيرات أساسية للحل الأساسي الممكن الأولي وبعد أن تؤدي الغرض منها يتم استبعادها من الأموذج.

يتضح أن المتغير χ_4 هو المتغير الداخل لأنه صاحب قيمة سالبة من حيث الربح النسبي وعليه فإن عمود المحور هو:

$$\overline{P_4} = B^{-1} P_4 = \begin{pmatrix} 1 & -1/2 & 0 \\ 0 & 1/2 & 0 \\ 0 & -1/2 & 1 \end{pmatrix}\begin{pmatrix} 0 \\ -1 \\ 0 \end{pmatrix} = \begin{pmatrix} 1/2 \\ -1/2 \\ 1/2 \end{pmatrix}$$

وبوساطة استخدام قاعدة أقل النسب فإن المتغير الخارج هو $\overline{\chi}_2$ لأنه صاحب أقل نسبة ولذلك فإن الصف الثالث هو صف المحور وباستخدام عملية المحور نحصل على جدول السمبلكس التالي وكالآتي:

١. يقسم صف المحور على (1/2) ليكون معامل χ_4 مساوي للواحد.
٢. يضرب صف المحور بعد حاصل القسمة بـ (1/2) ويطرح من الصف الأول لاستبعاد χ_4 من الصف الأول.
٣. يضرب صف المحور بعد حاصل القسمة بـ (-1/2) ويطرح من الصف الثاني لاستبعاد χ_4 من الصف الثاني.

عملية المحور موضحة بالجدول (1-55):

الجدول (1-55)

C_B	B.V.	B^{-1}			$\bar{b}$
0	χ_3	1	0	-1	3
2	χ_1	0	0	1	3
•	χ_4	0	-1	2	2

مضاعفات السمبلكس للجدول (1-55) هي:

$$\pi = (\pi_1\ \pi_2\ \pi_3) = C_B B^{-1} = (0\ \ 2\ \ 0) \begin{pmatrix} 1 & 0 & -1 \\ 0 & 0 & 1 \\ 0 & -1 & 2 \end{pmatrix} = (0\ \ 0\ \ 2)$$

قيم الأرباح النسبية للمتغيرات غير الأساسية هي:

$$\overline{C_2} = C_2 - \pi P_2 = 3 - (0\ \ 0\ \ 2) \begin{bmatrix} 2 \\ 2 \\ 1 \end{bmatrix} = 1$$

بما أن قيمة الربح النسبي للمتغير غير الأساسي χ_2 هي غير سالبة فإن الحل الموضح بالجدول (1-55) يمثل الحل الأمثل:

$$\chi_1 = 3 \ ،\ \chi_2 = 0 \ ،\ \bar{\chi}_1 = \bar{\chi}_2 = 0$$

قيمة دالة الهدف هي:

$$Z = C_B \bar{b} = (0\ \ 2\ \ 0) \begin{bmatrix} 3 \\ 3 \\ 2 \end{bmatrix} = 6$$

9-1 طريقة السمبلكس بوساطة التجزئة

Simplex Method By Decomposition

العديد من مسائل البرمجة الخطية (.L.P) تتكون من عدد كبير من القيود أو المتغيرات وأن بعض قيود المسألة تمثل عدد معين من المتغيرات والبعض الآخر يمثل عدد آخر من المتغيرات حل هكذا أنواع من المسائل يتم عن طريق تجزئة المسألة الأصلية إلى عدد معين من المسائل الفرعية البسيطة ومن ثم التوصل إلى الحل الأمثل للمسألة الأصلية من خلال الحل الأمثل للمسائل الفرعية والتي تكون مستقلة واحدة عن الأخرى.

نفترض مسألة البرمجة الخطية (.L.P) الآتية:

$$(A)\quad \begin{aligned} &\text{Min } Z = C^T X \\ &\text{S.T} \\ &AX = b \\ &X \geq 0 \end{aligned}$$

بحيث أن معاملات المصفوفة A تكون بالصيغة الآتية:

$$A = \begin{pmatrix} L_1 & L_2 & \cdots & L_K \\ A_1 & 0 & \cdots & 0 \\ 0 & A_2 & \cdots & 0 \\ \vdots & & & \\ 0 & 0 & \cdots & A_K \end{pmatrix}$$

حيث أن:

L_i: مصفوفة $(m_o * n_i)$ بحيث m_o عدد القيود التي تجمع متغيرات الأنموذج الأصلي وn_i عدد متغيرات القيد.

A_i: مصفوفة $(m_i * n_i)$ بحيث m_i عدد القيود التي تجمع بعض متغيرات الأنموذج الأصلي

ولذلك فإن:

$$n = n_1 + n_2 + \cdots + n_k ، m = m_o + m_1 + \cdots + m_k$$

$$C^T = (C^T_1 \cdots C^T_K) ، b^T = (b_0^T \; b_1^T \cdots b_k^T) ، X^T = (X_1^T \; X_2^T \cdots X^T_K)$$

وعلى هذا الأساس فإن البرنامج (A) يكافئ البرنامج الآتي:

$$(B) \qquad \text{Min } Z = \sum_{i=1}^{k} C_i^T \chi_i \qquad \text{---------------------------- (27-1)}$$

S.T

$$\sum_{i=1}^{k} L_i \chi_i = b_o \qquad \text{---------------------------- (28-1)}$$

$$A_j \chi_j = b_j \qquad j = 1، 2 \text{ -----، } k \qquad \text{------------- (29-1)}$$

$$\chi_j \geq 0 \qquad j = 1، 2 \text{ -----، } k$$

كل برنامج فرعي يتكون من القيود $A_j \chi_j = b_j$ و $\chi_j \geq 0$ أما القيد:

$$\sum_{i=1}^{k} L_i \chi_i = b_o$$

فهو قيد يمثل جميع الفروع أي يحتوي على متغيرات الأنموذج الأصلي، قيود البرامج الفرعية تعرف بـ S_j (Convex polyhedron وبافتراض أن كل S_j هو محدد فإن S_j يكون ذو عدد محدد من النقاط(S_j،) $i = 1$------- χ_{ij} والتي تحقق القيود ولذلك فإن أي نقطة χ_j في S_j يعبر عنها كالآتي:

$$\chi_j = \sum_{i=1}^{Sj} \lambda_{ij} \chi_{ij} \qquad \text{--------------- (30-1)}$$

$$\sum_{i=1}^{Sj} \lambda_{ij} = 1 \qquad \text{--------------- (31-1)}$$

$$\chi_{ij} \geq 0 \qquad (i = 1، \text{ ------- } S_j)$$

ولذلك فإن البرنامج (B) يتحول إلى البرنامج الآتي:

$$(C) \qquad \text{Min } Z = \sum_{j=1}^{K} \sum_{i=1}^{Sj} C_{ij} \lambda_{ij} \qquad \text{----------------(32-1)}$$

S.T

$$\sum_{j=1}^{K} \sum_{i=1}^{Sj} \lambda_{ij} b_{ij} = b_o \qquad \text{----------------- (33-1)}$$

Sj

$$\sum_{i=1} \lambda_{ij} = 1 \quad j = 1، 2 ---، k \qquad ----------- (34-1)$$

$$\lambda_{ij} \geq 0$$

حيث أن:

$$b_{ij} = L_j \chi_{ij} \quad ، \quad C_{ij} = C_j^T \chi_{ij} \qquad ------------ (35-1)$$

قيم λ_{ij} في البرنامج (C) تكون غير معلومة وهو يدعى برنامج الأستاذ(Master Program) ولذلك فإن حل البرنامج (C) يؤدي إلى الحصول على قيم λ_{ij} والتي من خلالها نحصل على قيم χ_j للبرنامج (B)، ولذلك فإن الحل الأمثل للبرنامج الأصلي (A) يشترط أن تكون كل χ_{ij} معلومة.

أسلوب الحل بوساطة التجزئة يقلل عدد القيود من $(m_o + \sum_{i=1}^{k} m_i)$ إلى $(m_o + k)$

ولكن عدد المتغيرات يتزايد من $\sum_{i=1}^{k} n_i$ إلى $\sum_{j=1}^{k} S_j$ ، في الحقيقة بعض المسائل لا يمكن معرفة χ_{ij} مسبقا ولذلك فإن الصيغة العامة للحل بوساطة التجزئة تقوم على أساس البدء بنقطة واحدة لكل S_j لتكوين حل أساسي ممكن والذي بواسطته يتم التوصل إلى الحل الأمثل فمثلا البرنامج (C) يتكون من $(m_o + k)$ من القيود وكذلك من النقاط التي تحقق هذه القيود وبمتجهات عمودية معرفة بالصيغة الآتية:

$$p_{ij} = \begin{pmatrix} b_{ij} \\ e_j \end{pmatrix} = \begin{pmatrix} L_j \chi_{ij} \\ e_j \end{pmatrix} \qquad ------------ (36-1)$$

حيث e_j هو عبارة عن متجه عمودي يتألف من k من العناصر الصفرية ما عدا العنصر j الذي يتمثل بقيمة مقدارها واحد، بعد الحصول على الحل الأساسي الممكن نستخدم طريقة السمبلكس المعدلة حيث يتم استخراج مضاعفات السمبلكس لـ $(m_o + k)$ من القيود بحيث أن مضاعفات السمبلكس للمعادلات (1-33)،(1-34) هي:

$$\pi = (\pi_1، -------- \pi_{mo})^T \quad ، \quad \alpha = (\alpha_1 ------- \alpha_K)^T$$

على التوالي، أما معاملات الأرباح النسبية فيتم احتسابها كالآتي:

$$\overline{C_{ij}} = C_{ij} - (\pi^T \quad \alpha^T)\, p_{ij} \quad \text{---------} \; (37\text{-}1)$$

في حال كون $\overline{\text{Min}}_{i،j} (C_{ij}) \geq 0$ فإن الحل الأساسي الممكن هو حل أمثل.

بما أن:

$$\underset{i,j}{\text{Min}} (\overline{C}_{ij}) = \underset{j}{\text{Min}}\left[\underset{i}{\text{Min}} \left\{C_{ij} -(\pi^T \quad \alpha^T)\, p_{ij} \right\}\right]$$

$$= \underset{j}{\text{Min}} \left[\underset{i}{\text{Min}} \; (C_{ij} -\pi^T b_{ij}) - \alpha_j \right] \text{-----------} \; (38\text{-}1)$$

بثبات j فأن:

$$\underset{i}{\text{Min}} \; (\overline{C}_{ij} - \pi^T b_{ij}) = \left[\underset{i}{\text{Min}} \; (C_j^T - \pi^T L_j)\, \chi_{ij} \right]$$

$$= \text{Min} \left[(C_i^T - \pi^T \; L_j)\, \chi_j \right] \text{-------------} \; (39\text{-}1)$$

إن (39-1) تمثل التقليل الذي نحصل عليه لكل نقطة χ_{ij} من S_j أي أنها تمثل دالة الهدف للمسائل الفرعية والتي يجب التوصل إلى حلها لكي يتم اختيار هل أن $\underset{i,j}{\text{Min}}(\overline{C}ij) \geq 0$ أم لا ولذلك فإن الصيغة العامة للمسائل الفرعية تكون:

$$(D) \quad \text{Min} \quad Z_j = (C_j^T - \pi^T L_j)\, \chi_j$$

$$\text{S.T}$$

$$A_j \chi_j = b_j$$

$$\chi_j \geq 0$$

مما تقدم يتضح أنه تم افتراض($m_o + k$) من النقاط التي نحتاجها لتكوين حل أساسي ممكن لبرنامج الأستاذ (C)،هنالك أسلوب آخر يقوم على أساس استخدام نقطة واحدة لكل S_j أي $\chi^*_{ij} \in S_j$ لكل ----- $j = 1, 2$، k بحيث:

$$b^*_{ij} = L_j \chi^*_{ij} \quad j = 1، 2 \text{-----}، k \qquad \text{------------} \; (40\text{-}1)$$

نفترض الأساس لبرنامج (C) والذي يمثل المرحلة الأولى هو:

$\lambda_{i1} b^*_{i1} + \lambda_{i2} b^*_{i2}$ ------- $+ \lambda_{ik} b^*_{ik} \mp w_1 e_1 \mp$ ------- $\mp w_{mo} e_{mo} = b_o$

$\lambda_{ij} = 1 \qquad j = 1، 2$ -------- k

$\lambda_{ij}\, w_i \geq 0$

حيث e_j متجه ($m_o * 1$) والمتغيرات، w_1 ------ w_{mo} ،------ λ_{i1} ، λ_{ik} تمثل المتغيرات الأساسية والإشارة $\mp$ تستخدم لتكون المتغيرات الاصطناعية w_i غير سالبة في الحل الأساسي وباستخدام طريقة السمبلكس ذات المرحلتين يتم تقليل $w = w_1 +$ ------- $+ w_{mo}$ عوضا عن Z في البرنامج (C) بحيث في نهاية المرحلة يتم الحصول على الحل الأساسي الممكن للبرنامج (C) في حال وجوده.

مثال (1-42): أوجد الحل الأمثل لمسألة البرمجة الخطية (.L.P) الآتية:

$$\text{Min } Z = 2\chi_1 - \chi_2 - \chi_3 - 3\chi_4$$

S.T

$$\chi_1 + 2\chi_2 + 3\chi_3 + \chi_4 = 20$$
$$\chi_1 + 2\chi_2 \leq 10$$
$$\chi_1 \leq 5$$
$$2\chi_3 + \chi_4 \leq 8$$
$$2\chi_3 - 2\chi_4 \leq 10$$
$$\chi_1 ، \chi_2 ، \chi_3 ، \chi_4 \geq 0$$

الحـل:

$$A = \left(\begin{array}{cc|cc} 1 & 2 & 3 & 1 \\ \hline 1 & 2 & 0 & 0 \\ 1 & 0 & 0 & 0 \\ \hline 0 & 0 & 2 & 1 \\ 0 & 0 & 2 & -2 \end{array}\right)$$

$n_2 = 2،\quad n_1 = 2 ،\quad K = 2 ،\quad m_2 = 2 ،\quad m_1 = 2 ، m_o = 1$

$n = n_1 + n_2 = 4 ، m = m_o + m_1 + m_2 = 5$

$$A_1=\begin{pmatrix}1 & 2\\ 1 & 0\end{pmatrix},\quad A_2=\begin{pmatrix}2 & 1\\ 2 & -2\end{pmatrix}\text{،}\quad L_1=(1\ \ 2)\text{،}\quad L_2=(3\ \ 1)$$

$$C_2=(-1\ \ -3)^T\text{،}\ C_1=(2\ \ -1)^T\text{،}\ \chi_2=(\chi_3\ \ \chi_4)^T\text{،}\chi_1=(\chi_1\ \ \chi_2)^T$$

تقسم المسألة الأصلية إلى مسألتين فرعيتين مستقلتين بحيث قيود المسألة الفرعية الأولى (S_1) هي:

$$\chi_1+2\chi_2 \le 10$$
$$\chi_1 \le 5$$

وقيود المسألة الفرعية الثانية(S_2) هي:

$$2\chi_3+\chi_4 \le 8$$
$$2\chi_3-2\chi_4 \le 10$$

حل المثال سوف يتم وفق أسلوبين:

الأسلوب الأول: تحديد (m_o+k) من النقاط لكل(S_j) بحيث النقاط التي تحقق (S_1) هي:

$$\chi_{11}=\begin{bmatrix}0\\0\end{bmatrix}\text{،}\ \chi_{21}=\begin{bmatrix}0\\5\end{bmatrix}\text{،}\ \chi_{31}=\begin{bmatrix}5\\0\end{bmatrix}\text{،}\ \chi_{41}=\begin{bmatrix}5\\5/2\end{bmatrix}$$

والنقاط التي تحقق S_2 هي:

$$\chi_{12}=\begin{bmatrix}0\\0\end{bmatrix}\ \chi_{22}=\begin{bmatrix}0\\8\end{bmatrix}\ \chi_{32}=\begin{bmatrix}4\\0\end{bmatrix}\ \chi_{42}=\begin{bmatrix}1\\6\end{bmatrix}$$

تحديد النقاط في أعلاه يتم من خلال القيود S_2 ،S_1 وذلك بافتراض أن قيمة أحد المتغيرين تساوي صفر ومن ثم التوصل إلى قيمة المتغير الآخر أو بأخذ قيمة لكل متغير بحيث تحقق القيود.

من المعادلة (35-1) نحصل على:

$b_{41}=10$، $b_{31}=5$ ، $b_{21}=10$ ،$b_{11}=0$

$b_{42}=9$، $b_{32}=12$ ، $b_{22}=8$ ،$b_{12}=0$

$C_{41} = 15/2$، $C_{31} = 10$ ، $C_{21} = -5$ ،$C_{11} = 0$

$C_{42} = -19$، $C_{32} = -4$ ، $C_{22} = -24$ ،$C_{12} = 0$

برنامج الأستاذ يكون وفق الصيغة الآتية:

$$\text{Min } Z = -5\lambda_{21} + 10\lambda_{31} + (15/2)\lambda_{41} - 24\lambda_{22} - 4\lambda_{32} - 19\lambda_{42}$$

S.T

$$10\lambda_{21} + 5\lambda_{31} + 10\lambda_{41} + 8\lambda_{22} + 12\lambda_{32} + 9\lambda_{42} = 20$$
$$\lambda_{11} + \lambda_{21} + \lambda_{31} + \lambda_{41} = 1$$
$$\lambda_{12} + \lambda_{22} + \lambda_{32} + \lambda_{42} = 1$$

$$\lambda_{ij} \geq 0 \qquad i = 1، 2، 3،4 \qquad j = 1، 2$$

طريقة الحل بالتجزئة تفترض أن المتغيرات الوهمية هي جزء من المتغيرات الأصلية للأنموذج ولذلك يتم إضافة المتغيرات الاصطناعية فقط، حل برنامج الأستاذ موضح بالجدول (1-56):

الجدول (1-56)

C_B	C_j / B.V.	0	-5	10	15/2	0	-24	-4	-19	M	b
		λ_{11}	λ_{21}	λ_{31}	λ_{41}	λ_{12}	λ_{22}	λ_{32}	λ_{42}	$\bar{\chi}_1$	
M	$\bar{\chi}_1$	0	10	5	10	0	8	12	9	1	20
0	λ_{11}	1	1	1	1	0	0	0	0	0	1
0	λ_{12}	0	0	0	0	1	1	1	1	0	1
	$\bar{C}$	·	-5-10M	10-5M	15/2-10M	0	-24-8M	-4-12M	-19-9M	0	Z =20M
M	$\bar{\chi}_1$	0	10	5	10	-12	-4	0	-3	1	8
0	λ_{11}	1	1	1	1	0	0	0	0	0	1
-4	λ_{32}	0	0	0	0	1	1	1	1	0	1
	$\bar{C}$	·	-5-10M	10-5M	15/2-10M	4+ 12 M	-20+4M	0	-15+3M	0	Z = -4+8M
-5	λ_{21}	0	1	1/2	1	-6/5	-2/5	0	-3/10		4/5
0	λ_{11}	1	0	1/2	0	6/5	2/5	0	3/10		1/5
-4	λ_{32}	0	0	0	0	1	1	1	1		1
	$\bar{C}$	0	0	25/2	25/2	-2	-22	0	-33/2		Z = -8
-5	λ_{21}	1	1	1	1	0	0	0	0		1
-24	λ_{22}	5/2	0	5/4	0	3	1	0	3/4		1/2
-4	λ_{32}	-5/2	0	-5/4	0	-2	0	1	1/4		1/2
	$\bar{C}$	55	0	40	25/2	64	0	0	0		Z = -19

الحل الأمثل هو:

$\lambda_{21} = 1$ ، $\lambda_{22} = 1/2$ ، $\lambda_{32} = 1/2$; $Z = -19$

باستخدام المعادلة (1-30) نحصل على قيمة المتغيرات الأصلية للأنموذج وكالآتي:

$$X_1 = 1 \begin{pmatrix} 0 \\ 5 \end{pmatrix} = \begin{pmatrix} 0 \\ 5 \end{pmatrix} \quad ; \quad X_2 = (1/2) \begin{pmatrix} 0 \\ 8 \end{pmatrix} + (1/2) \begin{pmatrix} 4 \\ 0 \end{pmatrix} = \begin{pmatrix} 2 \\ 4 \end{pmatrix}$$

$X_1 = 1$ ، $X_2 = 5$ ، $X_3 = 2$ ، $X_4 = 4$; $Z = -19$

الأسلوب الثاني: تحديد نقطة واحدة لكل S_j بحيث:

$$X_{11} = \begin{pmatrix} 0 \\ 0 \end{pmatrix} ، X_{12} = \begin{pmatrix} 0 \\ 0 \end{pmatrix}$$

$$b_{11} = L_1 X_{11} = (1 \quad 2) \begin{pmatrix} 0 \\ 0 \end{pmatrix} = 0 \quad ; \quad b_{12} = L_2 X_{12} = (3 \quad 1) \begin{pmatrix} 0 \\ 0 \end{pmatrix} = 0$$

برنامج الأستاذ بعد إدخال المتغير الاصطناعي $\bar{X}_1$ يكون بالصيغة الآتية:

$$\text{Min } Z = C_{21}\lambda_{21} + C_{31}\lambda_{31} + C_{41}\lambda_{41} - C_{22}\lambda_{22} - C_{32}\lambda_{32} - C_{42}\lambda_{42}$$

S.T

$$\begin{aligned} \lambda_{11}b_{11} + \lambda_{12}b_{12} + e_1\bar{X}_1 &= 20 \\ \lambda_{11} \qquad\qquad &= 1 \\ \lambda_{12} \qquad &= 1 \\ \lambda_{11}, \lambda_{12}, \bar{X}_1 &\geq 0 \end{aligned}$$

$e_1 = 1$ والإشارة يتم اختيارها بحيث تحقق $\bar{X}_1 \geq 0$ وبعد تعويض قيم b_{11}، b_{12} في الأنموذج فإن الحل الممكن الأساسي هو:

$\bar{X}_1 = 20$ ، $\lambda_{11} = 1$ ، $\lambda_{12} = 1$

للتوصل إلى الحل الأمثل للأنموذج نستخدم طريقة السمبلكس ذات المرحلتين أي أن دالة الهدف للمرحلة الأولى هي $\text{Min } Z = \bar{X}_1$

$$B = \begin{pmatrix} 1 & 0 & 0 \\ 0 & 1 & 0 \\ 0 & 0 & 1 \end{pmatrix} = I \quad ; \quad B^{-1} = I$$

$$\overline{b} = B^{-1} b = \begin{pmatrix} 1 & 0 & 0 \\ 0 & 1 & 0 \\ 0 & 0 & 1 \end{pmatrix} \begin{pmatrix} 20 \\ 1 \\ 1 \end{pmatrix} = \begin{pmatrix} 20 \\ 1 \\ 1 \end{pmatrix}$$

الحل الممكن الأساسي الأولي للمرحلة الأولى موضح بالجدول (1-57):

الجدول (1-57)

C_B	B.V.	B^{-1}			$\overline{b}$
1	$\overline{\chi}_1$	1	0	0	20
0	λ_{11}	0	1	0	1
0	λ_{12}	0	0	1	1

مضاعفات السمبلكس للجدول (1-57) هي:

$$\pi = (\pi_1\ \alpha_1\ \alpha_2) = C_B B^{-1} = (1\ \ 0\ \ 0) \begin{pmatrix} 1 & 0 & 0 \\ 0 & 1 & 0 \\ 0 & 0 & 1 \end{pmatrix} = (1\ \ 0\ \ 0)$$

من المعادلة (1-39) نحصل على دوال الهدف لمسائل البرمجة الخطية (.L.P) الفرعية وكالآتي:

$$(C_1 - \pi_1 L_1)\chi_1 = \left\{ (0\ 0) - 1(1\ 2) \right\} \begin{pmatrix} \chi_1 \\ \chi_2 \end{pmatrix} = -\chi_1 - 2\chi_2$$

$$(C_2 - \pi_1 L_2)\chi_2 = \left\{ (0\ 0) - 1(3\ \ 1) \right\} \begin{pmatrix} \chi_3 \\ \chi_4 \end{pmatrix} = -3\chi_3 - \chi_4$$

البرنامج الخطي الفرعي الأول هو:

$$\text{Min } -\chi_1 - 2\chi_2$$

S.T

$$\chi_1 + 2\chi_2 + \chi_5 = 10$$

$$\chi_1 + \chi_6 = 5$$

$$\chi_j \geq 0 \quad j = 1,2,5,6$$

الحل الأمثل للبرنامج الخطي الفرعي الأول موضح بالجدول (1 – 58):

الجدول (1 -58)

C_B	B.V. \ C_j	-1	-2	0	0	b
		χ_1	χ_2	χ_5	χ_6	
0	χ_5	1	2	1	0	10
0	χ_6	1	0	0	1	5
	$\overline{C}$	-1	-2	0	0	0
-2	χ_2	1/2	1	1/2	0	5
0	χ_6	1	0	0	1	5
	$\overline{C}$	0	0	1	0	-10

من الجدول (1-58) يتضح أن الحل الأمثل هو:

$$\chi_{21} = \begin{bmatrix} 0 \\ 5 \end{bmatrix}$$

باستخدام المعادلة (1-38) نحصل على قيمة معامل الربح النسبي للمتغير λ_{21} وكالآتي:

$$\overline{C}_{21} = (C_1^T - \pi_1 L_1)\chi_{21} - \alpha_1 = \{(0\ \ 0) - 1(1\ \ 2)\} \begin{bmatrix} 0 \\ 5 \end{bmatrix} - 0 = -10$$

البرنامج الخطي الفرعي الثاني هو:

$$\text{Min } -3\chi_3 - \chi_4$$

S.T

$$2\chi_3 + \chi_4 + \chi_7 = 8$$

$$2\chi_3 - 2\chi_4 + \chi_8 = 10$$

$$\chi_j \geq 0 \quad j = 3,4,7,8$$

الحل الأمثل للبرنامج الخطي الفرعي الثاني موضح بالجدول (1-59):

الجدول (1 - 59)

C_B	B.V. \ C_j	-3	-1	0	0	b
		χ_3	χ_4	χ_7	χ_8	
0	χ_7	2	1	1	0	8
0	χ_8	2	-2	0	1	10
	$\overline{C}$	-3	-1	0	0	0
-3	χ_3	1	1/2	1/2	0	4
0	χ_8	0	-3	-1	1	2
	$\overline{C}$	0	1/2	3/2	0	-12

الحل الأمثل هو:

$$\chi_{22} = \begin{bmatrix} 4 \\ 0 \end{bmatrix}$$

باستخدام المعادلة (1-38) نحصل على قيمة معامل الربح النسبي للمتغير λ_{22} وكالآتي:

$$\overline{C}_{22} = (C_2^T - \pi_1 L_2)\chi_{22} - \alpha_2 = (0\ \ 0) - 1\,(3\ \ 1)\begin{bmatrix} 4 \\ 0 \end{bmatrix} - 0 = -12$$

بما أن قيمة معامل الربح النسبي للمتغير λ_{22} هي أقل من قيمة معامل الربح النسبي للمتغير λ_{21}لذلك فإن λ_{22} هو المتغير الداخل وتحديد المتغير الخارج يتم بوساطة استخدام طريقة السمبلكس المعدلة.

من المعادلة (1-36) فإن عمود λ_{22} هو:

$$P_{22} = \begin{pmatrix} b_{22} \\ e_2 \end{pmatrix} = \begin{pmatrix} L_2\chi_{22} \\ e_2 \end{pmatrix} = \begin{pmatrix} 12 \\ 0 \\ 1 \end{pmatrix}$$

$$\overline{P_{22}} = B^{-1} P_{22} = \begin{pmatrix} 1 & 0 & 0 \\ 0 & 1 & 0 \\ 0 & 0 & 1 \end{pmatrix}\begin{pmatrix} 12 \\ 0 \\ 1 \end{pmatrix} = \begin{pmatrix} 12 \\ 0 \\ 1 \end{pmatrix}$$

باستخدام قاعدة أقل النسب يتضح أن المتغير الخارج هو λ_{12} وكالآتي:

Min [20/12، ⁻، 1/1] = 1

الحل الجديد للمرحلة الأولى موضح بالجدول(1-60):

الجدول(1-60)

C_B	B.V.	B^{-1}			$\overline{b}$
1	$\overline{\chi}_1$	1	0	-12	8
0	λ_{11}	0	1	0	1
0	λ_{12}	0	0	1	1

مضاعفات السمبلكس للجدول (1-60) هي:

$$\pi = (\pi_1\ \alpha_1\ \alpha_2) = C_B B^{-1} = (1\ \ 0\ \ 0) \begin{pmatrix} 1 & 0 & -12 \\ 0 & 1 & 0 \\ 0 & 0 & 1 \end{pmatrix} = (1\ \ 0\ \ -12$$

من المعادلة (1-39) نحصل على دوال الهدف لمسائل البرمجة الخطية (L.P.) الفرعية وكالآتي:

$$(C_1 - \pi_1 L_1) \quad \{ \quad X_1 = (0\ \ 0) - 1(1\ \ 2) \quad \} \begin{pmatrix} x_1 \\ x_2 \end{pmatrix} = -X_1 - 2X_2$$

$$(C_2 - \pi_1 L_1) \quad \{ \quad X_2 = (0\ \ 0) - 1(3\ \ 1) \quad \} \begin{pmatrix} x_3 \\ x_4 \end{pmatrix} = -3X_3 - X_4$$

الحل الأمثل للبرنامج الخطي (L.P.) الفرعي الأول هو:

$$X_{31} = \begin{bmatrix} 0 \\ 5 \end{bmatrix}$$

باستخدام المعادلة (1-38) نحصل على قيمة الربح النسبي للمتغير λ_{31} وكالآتي:

$$\overline{C}_{31} = (C_1^T - \pi_1 L_1) X_1 - \alpha_1 = \{(0\ \ 0) - 1(1\ \ 2)\} \begin{bmatrix} 0 \\ 5 \end{bmatrix} - 0 = -10$$

الحل الأمثل للبرنامج الخطي (L.P.) الفرعي الثاني هو:

$$X_{32} = \begin{bmatrix} 4 \\ 0 \end{bmatrix}$$

باستخدام المعادلة (1-38) نحصل على قيمة الربح النسبي للمتغير λ_{32} وكالآتي:

$$\overline{C}_{32} = (C_2^T - \pi_1 L_2) X_2 - \alpha_2 = (0\ \ 0) - 1(3\ \ 1) \begin{bmatrix} 4 \\ 0 \end{bmatrix} - (-12) = 0$$

من ذلك يتضح أن λ_{31} هو المتغير الداخل، من المعادلة (1-36) نحصل على عمود λ_{31} (عمود المحـور) وكالآتي:

$$P_{31} = \begin{pmatrix} b_{31} \\ e_1 \end{pmatrix} = \begin{pmatrix} L_1 \chi_{31} \\ e_1 \end{pmatrix} = \begin{pmatrix} 10 \\ 1 \\ 0 \end{pmatrix}$$

$$\overline{P_{31}} = B^{-1} P_{31} = \begin{pmatrix} 1 & 0 & -12 \\ 0 & 1 & 0 \\ 0 & 0 & 1 \end{pmatrix} \begin{pmatrix} 10 \\ 1 \\ 0 \end{pmatrix} = \begin{pmatrix} 10 \\ 1 \\ 0 \end{pmatrix}$$

باستخدام قاعدة أقل النسب يتضح أن المتغير $\overline{\chi}_1$ هو المتغير الخارج وكالآتي:

$$\text{Min } [\, 8/10، 1/1، - \,] = 8/10$$

الحل الأمثل للمرحلة الأولى موضح بالجدول(61-1):

الجدول(61-1)

C_B	B.V.	B^{-1}			$\overline{b}$
0	λ_{31}	1/10	0	-12/10	8/10
0	λ_{11}	-1/10	1	12/10	2/10
0	λ_{22}	0	0	1	1

بعد الحصول على الحل الأمثل للمرحلة الأولى ننتقل إلى المرحلة الثانية حيث:

$$C_{31} = C_1^T \chi_{31} = (2 \quad -1) \begin{pmatrix} 0 \\ 5 \end{pmatrix} = -5$$

$$C_{11} = C_1^T \chi_{11} = (2 \quad -1) \begin{pmatrix} 0 \\ 0 \end{pmatrix} = 0$$

$$C_{22} = C_2^T \chi_{22} = (-1 \quad -3) \begin{pmatrix} 4 \\ 0 \end{pmatrix} = -4$$

مضاعفات السمبلكس للجدول (61-1) هي:

$$\pi = (\pi_1 \; \alpha_1 \; \alpha_2) = C_B B^{-1} = (-5 \quad 0 \quad -4) \begin{pmatrix} 1/10 & 0 & -12/10 \\ -1/10 & 1 & 12/10 \\ 0 & 0 & 1 \end{pmatrix} = (-1/2 \quad 0 \quad 2)$$

من المعادلة (1-39) نحصل على دوال الهدف لمسائل البرمجة الخطية (.L.P) الفرعية وكالآتي:

$$(C_1^T - \pi_1 L_1)\chi_1 = \{ (2\ \ -1) + 1/2\,(1\ \ 2) \} \begin{pmatrix} \chi_1 \\ \chi_2 \end{pmatrix} = 5/2\,\chi_1$$

$$(C_2^T - \pi_1 L_2)\chi_2 = \{ (-1\ \ -3) + 1/2\,(3\ \ 1) \} \begin{pmatrix} \chi_3 \\ \chi_4 \end{pmatrix} = 1/3\,\chi_3 - 5/2\,\chi_4$$

الحل الأمثل للبرنامج الخطي (.L.P) الفرعي الأول بدالة الهدف الجديدة موضح بالجدول (1-62):

الجدول(1-62)

C_B	C_j / B.V.	5/2	0	0	0	b
		χ_1	χ_2	χ_5	χ_6	
0	χ_5	1	2	1	0	10
0	χ_6	1	0	0	1	5
	$\overline{C}$	5/2	0	0	0	0

الحل الأمثل هو نفس الحل الأمثل المتمثل بالنقطة χ_{11} ولـذلك فـإن قيمـة الـربح النسـبي هـي صفر.

الحل الأمثل للبرنامج الخطي (.L.P) الفرعي الثاني بدالة الهدف الجديدة موضح بالجـدول (-63 1):

الجدول (1 – 63)

C_B	C_j / B.V.	1/2	-5/2	0	0	b
		χ_3	χ_4	χ_7	χ_8	
•	χ_7	2	1	1	0	8
0	χ_8	2	-2	0	1	10
	$\overline{C}$	1/2	-5/2	0	0	0
-5/2	χ_4	2	1	1	0	8
0	χ_8	6	0	2	1	26
	$\overline{C}$	11/3	0	5/2	0	-20

الحل الأمثل هو:

$$\chi_{32} = \begin{bmatrix} 0 \\ 8 \end{bmatrix}$$

باستخدام المعادلة (1-38) نحصل على قيمة الربح النسبي للمتغير λ_{32} وكالآتي:

$$(\overline{C_2^T} - \pi_1 L_2)\chi_2 - \alpha_2 = \{(-1 \quad -3) + 1/2\,(3 \quad 1)\} \begin{bmatrix} 0 \\ 8 \end{bmatrix} - 2 = -22$$

من ذلك يتضح أن λ_{32} هو المتغير الداخل، من المعادلة (1-36) نحصل على عمود المحور وكالآتي:

$$P_{32} = \begin{pmatrix} b_{32} \\ e_2 \end{pmatrix} = \begin{pmatrix} L_1 \chi_{32} \\ e_2 \end{pmatrix} = \begin{pmatrix} 8 \\ 0 \\ 1 \end{pmatrix}$$

$$\overline{P_{32}} = B^{-1} P_{32} = \begin{pmatrix} 1/10 & 0 & -12/10 \\ -1/10 & 1 & 12/10 \\ 0 & 0 & 1 \end{pmatrix} \begin{pmatrix} 8 \\ 0 \\ 1 \end{pmatrix} = \begin{pmatrix} -4/10 \\ 4/10 \\ 1 \end{pmatrix}$$

باستخدام قاعدة أقل النسب يتضح أن λ_{11} هو المتغير الخارج وكالآتي:

$$\text{Min}\ [\,-،\ (2/10)/(4/10)،\ 1/1\,] = 1/2$$

الحل الممكن الأساسي الأولي للمرحلة الثانية موضح بالجدول (1-64):

الجدول (1-64)

C_B	B.V.	B^{-1}			$\bar{b}$
-5	λ_{31}	0	1	0	1
-24	λ_{32}	-1/4	10/4	3	1/2
-4	λ_{22}	1/4	-10/4	-2	1/2

مضاعفات السمبلكس للجدول (1-64) هي:

$$\pi = (\pi_1\ \alpha_1\ \alpha_2) = C_B B^{-1} = (-5 \quad -24 \quad -4) \begin{pmatrix} 0 & 1 & 0 \\ -1/4 & 10/4 & 3 \\ 1/4 & -10/4 & -2 \end{pmatrix} = (5 \quad -55 \quad -64)$$

من المعادلة (39-1) نحصل على دوال الهدف لمسائل البرمجة الخطية (.L.P) الفرعية وكالآتي:

$$(C_1^T - \pi_1 L_1)\chi_1 = \left\{ (2\ \ -1) - 5\,(1\ \ 2) \right\} \begin{pmatrix} \chi_1 \\ \chi_2 \end{pmatrix} = -3\chi_1 - 11\chi_2$$

$$(C_2^T - \pi_1 L_2)\chi_2 = \left\{ (-1\ \ -3) - 5\,(3\ \ 1) \right\} \begin{pmatrix} \chi_3 \\ \chi_4 \end{pmatrix} = -16\chi_3 - 8\chi_4$$

الحل الأمثل للبرنامج الخطي (.L.P) الفرعي الأول بدالة الهدف الجديدة هو نفس الحل الأمثل المتمثل بالنقطة χ_{21} لذلك فإن قيمة الربح النسبي هي صفر، بينما الحل الأمثل للبرنامج الخطي (.L.P) الفرعي الثاني بدالة الهدف الجديدة هو نفس الحل الأمثل المتمثل بالنقطة χ_{22} لذلك فإن قيمة الربح النسبي هي صفر.

من ذلك يتضح أن الجدول (64-1) يمثل الحل الأمثل للمرحلة الثانية وللأنموذج أي:

$\lambda_{31} = 1$، $\lambda_{32} = 1/2$، $\lambda_{22} = 1/2$; $Z = -19$

باستخدام المعادلة (30-1) نحصل على قيم المتغيرات الأصلية للأنموذج وكالآتي:

$\chi_1 = 0$ ، $\chi_2 = 5$ ، $\chi_3 = 2$، $\chi_4 = 4$; $Z = -19$

مثال (43-1): أوجد الحل الأمثل لمسألة البرمجة الخطية (.L.P) الآتية باستخدام أسلوب التجزئة:

$$\text{Max } Z = 3\chi_1 + \chi_2 + 2\chi_3 + 3\chi_4$$

S.T

$$\chi_1 - 2\chi_2 + 3\chi_3 + \chi_4 \geq 30$$

$$\chi_1 + 2\chi_2 \leq 10$$

$$2\chi_3 + 2\chi_4 \leq 30$$

$$\chi_1, \chi_2, \chi_3, \chi_4 \geq 0$$

الحـل:

١.

$$A = \begin{pmatrix} 1 & -2 & 3 & 1 \\ \hline 1 & 2 & 0 & 0 \\ \hline 0 & 0 & 2 & 2 \end{pmatrix}$$

$L_1=(1 \quad -2)$ ، $L_2=(3 \quad 1)$ ، $A_1=(1 \quad 2)$ ، $A_2=(2 \quad 2)$

$\chi_1=(\chi_1 \quad \chi_2)^T$ ، $\chi_2=(\chi_3 \quad \chi_4)^T$ ، $C_1=(3 \quad 1)^T$ ، $C_2=(2 \quad 3)^T$

تقسم المسألة الأصلية إلى مسألتين فرعيتين بحيث قيود S_1 هي:

$$\chi_1 + 2\chi_2 \leq 10$$

وقيود S_2 هي:

$$2\chi_3 + 2\chi_4 \leq 30$$

الأسلوب الأول: النقاط التي تحقق (S_1) هي:

$$\chi_{11} = \begin{pmatrix} 0 \\ 0 \end{pmatrix} \quad \chi_{21} = \begin{pmatrix} 0 \\ 5 \end{pmatrix} \quad \chi_{31} = \begin{pmatrix} 10 \\ 0 \end{pmatrix}$$

أما النقاط التي تحقق S_2 فهي:

$$\chi_{12} = \begin{pmatrix} 0 \\ 0 \end{pmatrix} \quad \chi_{22} = \begin{pmatrix} 0 \\ 15 \end{pmatrix} \quad \chi_{32} = \begin{pmatrix} 15 \\ 0 \end{pmatrix}$$

من المعادلة (1-35) نحصل على:

$$b_{11} = \begin{bmatrix} 0 \\ 0 \end{bmatrix} ، \quad b_{21} = -10 \quad ، b_{31} = 10$$

$$، b_{22} = 15 \quad ، b_{32} = 45$$

$$C_{11} = 0 \quad ، C_{21} = 5 \quad ، C_{31} = 30$$

$$C_{12} = 0 \quad ، C_{22} = 45 \quad ، C_{32} = 30$$

برنامج الأستاذ يكون وفق الصيغة الآتية:

$$\text{Min } Z = 5\lambda_{21} + 30\lambda_{31} + 45\lambda_{22} + 30\lambda_{32}$$

S.T

$$-10\lambda_{21} + 10\lambda_{31} + 15\lambda_{22} + 45\lambda_{32} + \bar{\chi}_1 = 30$$

$$\lambda_{11} + \lambda_{21} + \lambda_{31} = 1$$

$$\lambda_{12} + \lambda_{22} + \lambda_{32} = 1$$

$$\chi_{ij} \geq 0$$

حل برنامج الأستاذ موضح بالجدول (1-65):

الجدول (1-65)

C_B	B.V. \ C_j	0	5	30	0	45	30	-M	b
		λ_{11}	λ_{21}	λ_{31}	λ_{12}	λ_{22}	λ_{32}	$\bar{X}_1$	
- M	$\bar{X}_1$	0	-10	10	0	15	**45**	1	30
0	λ_{11}	1	1	1	0	0	0	0	1
0	λ_{12}	0	0	0	1	1	1	0	1
$\bar{C}$		0	5-10M	30+10M	0	45+15M	30+45M	0	Z =-30M
30	λ_{32}	0	-2/9	2/9	0	1/3	1		2/3
0	λ_{11}	1	1	1	0	0	0		1
0	λ_{12}	0	2/9	-2/9	1	**2/3**	1		1/3
$\bar{C}$		0	-5/3	70/3	0	35	0		Z = 20
30	λ_{32}	0	-1/3	1/3	-1/2	0	1		1/2
0	λ_{11}	1	1	**1**	0	0	0		1
45	λ_{22}	0	1/3	-1/3	3/2	1	0		1/2
$\bar{C}$		0	0	35	-105/2	0	0		Z = 75/2
30	λ_{32}	-1/3	-2/3	0	-1/2	0	1		1/6
30	λ_{31}	1	1	1	0	0	0		1
45	λ_{22}	1/3	2/3	0	3/2	1	0		5/6
$\bar{C}$		-35	-35	0	-105/2	0	0		Z = 145/2

الحل الأمثل هو:

$\lambda_{31} = 1$ ، $\lambda_{22} = 5/6$ ، $\lambda_{32} = 1/6$; $Z = 145/2$

باستخدام المعادلة (1-30) نحصل على قيمة المتغيرات الأصلية للأنموذج وكالآتي:

$$X_1 = 1\begin{pmatrix}10\\0\end{pmatrix} = \begin{pmatrix}10\\0\end{pmatrix}, \quad X_2 = 5/6\begin{pmatrix}0\\15\end{pmatrix} + 1/6\begin{pmatrix}10\\0\end{pmatrix} = \begin{pmatrix}5/2\\25/2\end{pmatrix}$$

$X_1 = 10$، $X_2 = 0$ ، $X_3 = 5/2$ ، $X_4 = 25/2$ ، $Z = 145/2$

الأسلوب الثاني:

$$X_{11} = \begin{bmatrix}0\\0\end{bmatrix} \in S_1 \ , \quad X_{12} = \begin{bmatrix}0\\0\end{bmatrix} \in S_2$$

$b_{11} = L_1 \chi_{11} = 0 \qquad ، \qquad b_{12} = L_2 \chi_{12} = 0$

برنامج الأستاذ بعد إدخال المتغير الاصطناعي $\bar{\chi}_1$ يكون بالصيغة الآتية:

$$\text{Min } Z = C_{21}\chi_{21} + C_{31}\lambda_{31} + C_{22}\lambda_{22} + C_{32}\lambda_{32}$$

S.T

$$b_{11}\lambda_{11} + b_{12}\lambda_{12} \mp e_1 \bar{\chi}_1 = 30$$
$$\lambda_{11} = 1$$
$$\lambda_{12} = 1$$
$$\lambda_{11}, \lambda_{12}, \chi_1 \geq 0$$

للتوصل إلى الحل الأمثل للأنموذج نستخدم طريقة السمبلكس ذات المرحلتين أي أن دالة الهدف للمرحلة الأولى هي $\text{Min } Z = \bar{\chi}_1$ مع العلم أن قيمة e_1 هي واحد وبعد تعويض قيم b_{11}، b_{12} في الأنموذج نحصل على الحل الممكن الأساسي للمرحلة الأولى وكالآتي:

$$B = \begin{pmatrix} 1 & 0 & 0 \\ 0 & 1 & 0 \\ 0 & 0 & 1 \end{pmatrix} = I \quad ; \quad B^{-1} = I$$

$$\bar{b} = B^{-1} b = \begin{pmatrix} 1 & 0 & 0 \\ 0 & 1 & 0 \\ 0 & 0 & 1 \end{pmatrix} \begin{pmatrix} 30 \\ 1 \\ 1 \end{pmatrix} = \begin{pmatrix} 30 \\ 1 \\ 1 \end{pmatrix}$$

الجدول (1-66)

C_B	B.V.	B^{-1}			$\bar{b}$
1	$\bar{\chi}_1$	1	0	0	30
0	λ_{11}	0	1	0	1
0	λ_{12}	0	0	1	1

مضاعفات السمبلكس للجدول (1-66) هي:

$$\pi = (\pi_1\ \alpha_1\ \alpha_2) = C_B B^{-1} = (1\ \ 0\ \ 0) \begin{pmatrix} 1 & 0 & 0 \\ 0 & 1 & 0 \\ 0 & 0 & 1 \end{pmatrix} = (1\ \ 0\ \ 0)$$

من المعادلة (1-39) نحصل على دوال الهدف لمسائل البرمجة الخطية (.L.P) الفرعية وكالآتي:

$$(C^T_1 - \pi_1 L_1)\chi_1 = \left\{ (0 \quad 0) - 1(1 \quad -2) \right\} \begin{bmatrix} \chi_1 \\ \chi_2 \end{bmatrix} = -\chi_1 + 2\chi_2$$

$$(C^T_2 - \pi_1 L_2)\chi_2 = \left\{ (0 \quad 0) - 1(3 \quad 1) \right\} \begin{bmatrix} \chi_3 \\ \chi_4 \end{bmatrix} = -3\chi_3 - \chi_4$$

ولذلك فإن البرنامج الخطي (L.P.) الفرعي الأول يكون بالصيغة الآتية:

$$\text{Min } -\chi_1 - 2\chi_2$$
S.T
$$\chi_1 + 2\chi_2 \le 10$$
$$\chi_1، \chi_2 \ge 0$$

الحل الأمثل للمسألة يتم التوصل إليه باستخدام طريقة السمبلكس وهو:

$$\chi_{21} = \begin{bmatrix} 10 \\ 0 \end{bmatrix}$$

باستخدام المعادلة (38-1) نحصل على قيمة معامل الربح النسبي للمتغير λ_{21} وكالآتي:

$$\overline{C}_{21} = (C_1^T - \pi_1 L_1)\chi_1 - \alpha_1 = \{(3 \quad 0) - 1(1 \quad -2)\} \begin{bmatrix} 10 \\ 0 \end{bmatrix} - 0 = 20$$

البرنامج الخطي (L.P.) الفرعي الثاني يكون بالصيغة الآتية :

$$\text{Min } -3\chi_3 - \chi_4$$
S.T
$$2\chi_3 + 2\chi_4 \le 30$$
$$\chi_3، \chi_4 \ge 0$$

الحل الأمثل للمسألة يتم التوصل إليه باستخدام طريقة السمبلكس وهو:

$$\chi_{22} = \begin{bmatrix} 15 \\ 0 \end{bmatrix}$$

باستخدام المعادلة (38-1) نحصل على قيمة معامل الربح النسبي للمتغير λ_{22} وكالآتي:

$$\overline{C}_{22} = (C_2^T - \pi_1 L_2)\chi_2 - \alpha_2 = \{(2 \quad 3) - 1(3 \quad 1)\} \begin{bmatrix} 15 \\ 0 \end{bmatrix} - 0 = -15$$

من ذلك يتضح أن المتغير الداخل هوλ_{22}، ولذلك فإن عمود المحور هو:

$$P_{22} = \begin{pmatrix} b_{22} \\ e_2 \end{pmatrix} = \begin{pmatrix} L_2 \chi_{22} \\ e_2 \end{pmatrix} = \begin{pmatrix} 45 \\ 0 \\ 1 \end{pmatrix}$$

$$\overline{P_{22}} = B^{-1} P_{22} = \begin{pmatrix} 1 & 0 & 0 \\ 0 & 1 & 0 \\ 0 & 0 & 1 \end{pmatrix} \begin{pmatrix} 45 \\ 0 \\ 1 \end{pmatrix} = \begin{pmatrix} 45 \\ 0 \\ 1 \end{pmatrix}$$

باستخدام قاعدة أقل النسب يتضح أن المتغير الخارج هو $\overline{\chi}_1$ وكالآتي:

Min [30/45، –، 1/1] = 30/45

الحل الأمثل للمرحلة الأولى موضح بالجدول(1-67):

الجدول(1-67)

C_B	B.V.	B^{-1}			$\overline{b}$
0	λ_{22}	1/45	0	0	2/3
0	λ_{11}	0	1	0	1
0	λ_{12}	-1/45	0	1	1/3

للبدء بالمرحلة الثانية فإن عمود C_B يتحول إلى (30,0,0)ولذلك فإن مضاعفات السمبلكس للجدول (1-67) هي:

$$\pi = (\pi_1\ \alpha_1\ \alpha_2) = C_B B^{-1} = (30\ \ 0\ \ 0) \begin{pmatrix} 1/45 & 0 & 0 \\ 0 & 1 & 0 \\ -1/45 & 0 & 1 \end{pmatrix} = (2/3\ \ 0\ \ 0)$$

من المعادلة (1-39) نحصل على دوال الهدف لمسائل البرمجة الخطية (.L.P) الفرعية وكالآتي:

$$(C^T_1 - \pi_1 L_1)\chi_1 = \left\{ (3\ \ 1) - 2/3\,(1\ \ -2) \right\} \begin{pmatrix} \chi_1 \\ \chi_2 \end{pmatrix} = 7/3\,\chi_1 + 7/3\,\chi_2$$

$$(C^T_2 - \pi_1 L_2)\chi_2 = \left\{ (2\ \ 3) - 2/3\,(3\ \ 1) \right\} \begin{pmatrix} \chi_3 \\ \chi_4 \end{pmatrix} = 7/3\,\chi_4$$

البرنامج الخطي (.L.P) الفرعي الأول يكون بالصيغة الآتية:

$$\text{Max } 7/3\,\chi_1 + 7/3\,\chi_2$$

S.T

$$\chi_1 + 2\chi_2 \le 10$$

$$\chi_1,\ \chi_2 \ge 0$$

الحل الأمثل يتم التوصل إليه باستخدام طريقة السمبلكس وهو:

$$\chi_{31} = \begin{bmatrix} 10 \\ 0 \end{bmatrix}$$

باستخدام المعادلة (1-38) نحصل على قيمة معامل الربح النسبي للمتغير λ_{31} وكالآتي:

$$\overline{C_{31}} = (C_1^T - \pi_1 L_1)\chi_1 - \alpha_1 = \{(3 \;\; 1) - 2/3\,(1 \;\; -2)\} \begin{bmatrix} 10 \\ 0 \end{bmatrix} - 0 = 70/3$$

البرنامج الخطي (L.P.) الفرعي الثاني يكون بالصيغة الآتية :

$$\text{Max } 7/3\,\chi_4$$
$$\text{S.T}$$
$$2\chi_3 + 2\chi_4 \le 30$$
$$\chi_3 ، \chi_4 \ge 0$$

الحل الأمثل تم التوصل إليه باستخدام طريقة السمبلكس وهو:

$$\chi_{32} = \begin{bmatrix} 0 \\ 15 \end{bmatrix}$$

باستخدام المعادلة (1-38) نحصل على قيمة معامل الربح النسبي للمتغير λ_{32} وكالآتي:

$$\overline{C}_{32} = (C_2^T - \pi_1 L_2)\chi_2 - \alpha_2 = \{(2 \;\; 3) - 2/3\,(3 \;\; 1)\} \begin{bmatrix} 0 \\ 15 \end{bmatrix} - 0 = 35$$

من ذلك يتضح أن المتغير الداخل هوλ_{32}، ولذلك فإن عمود المحور هو:

$$P_{32} = \begin{pmatrix} b_{32} \\ e_2 \end{pmatrix} = \begin{pmatrix} L_2\,\chi_{32} \\ e_2 \end{pmatrix} = \begin{pmatrix} 15 \\ 0 \\ 1 \end{pmatrix}$$

$$\overline{P_{32}} = B^{-1} P_{32} = \begin{pmatrix} 1/45 & 0 & 0 \\ 0 & 1 & 0 \\ -1/45 & 0 & 1 \end{pmatrix} = \begin{pmatrix} 15 \\ 0 \\ 1 \end{pmatrix} \quad \begin{pmatrix} 1/3 \\ 0 \\ 2/3 \end{pmatrix}$$

باستخدام قاعدة أقل النسب يتضح أن المتغير الخارج هو λ_{12} وكالآتي:

$$\text{Min } [\,(2/3)/(1/3)،\ \_،\ (1/3)/(2/3)\,] = 1/2$$

الحل الجديد موضح بالجدول(1-68):

الجدول(1-68)

C_B	B.V.	B^{-1}			$\bar{b}$
30	λ_{22}	1/30	0	-1/2	1/2
0	λ_{11}	0	1	0	1
45	λ_{32}	-1/30	0	3/2	1/2

مضاعفات السمبلكس للجدول (1-68) هي:

$$\pi = (\pi_1\ \alpha_1\ \alpha_2) = C_B B^{-1} = (30\ \ 0\ \ 45)\begin{pmatrix} 1/30 & 0 & -1/2 \\ 0 & 1 & 0 \\ -1/30 & 0 & 3/2 \end{pmatrix} = (-1/2\ \ 0\ \ 105/2)$$

من المعادلة (1-39) نحصل على دوال الهدف لمسائل البرمجة الخطية (.L.P) الفرعية وكالآتي:

$$(C^T_1 - \pi_1 L_1)\chi_1 = \left\{ (3\ \ 1) + 1/2\,(1\ \ -2) \right\}\begin{pmatrix} \chi_1 \\ \chi_2 \end{pmatrix} = 7/2\,\chi_1$$

$$(C^T_2 - \pi_1 L_2)\chi_2 = \left\{ (2\ \ 3) + 1/2\,(3\ \ 1) \right\}\begin{pmatrix} \chi_3 \\ \chi_4 \end{pmatrix} = 7/2\,\chi_3 + 7/2\,\chi_4$$

الحل الأمثل للبرنامج الخطي (.L.P) الفرعي الأول بدالة الهدف الجديدة هو:

$$\chi_{41} = \begin{bmatrix} 10 \\ 0 \end{bmatrix}$$

باستخدام المعادلة (1-38) نحصل على قيمة معامل الربح النسبي للمتغير λ_{41} وكالآتي:

$$\overline{C_{41}} = (C_1^T - \pi_1 L_1)\chi_1 - \alpha_1 = \{(3\ \ 1) + 1/2\,(1\ \ -2)\}\begin{bmatrix} 10 \\ 0 \end{bmatrix} - 0 = 70/2 = 35$$

الحل الأمثل للبرنامج الخطي (.L.P) الفرعي الثاني بدالة الهدف الجديدة هو نفس الحل المتمثل بالنقطة χ_{32} ولذلك فإن قيمة الربح النسبي هي صفر وعليه فإن المتغير الداخل هوλ_{41} وعمود المحور هو:

$$P_{41} = \begin{pmatrix} b_{41} \\ e_1 \end{pmatrix} = \begin{pmatrix} L_1 \chi_{41} \\ e_1 \end{pmatrix} = \begin{pmatrix} 10 \\ 1 \\ 0 \end{pmatrix}$$

$$\overline{P_{41}} = B^{-1} P_{41} = \begin{pmatrix} 1/30 & 0 & -1/2 \\ 0 & 1 & 0 \\ -1/30 & 0 & 3/2 \end{pmatrix} \begin{pmatrix} 10 \\ 1 \\ 0 \end{pmatrix} = \begin{pmatrix} 1/3 \\ 1 \\ -1/3 \end{pmatrix}$$

باستخدام قاعدة أقل النسب يتضح أن المتغير الخارج هو λ_{11} وكالآتي:

Min [(1/2)/ (1/3)،1/1، –] = 1

الحل الممكن الأساسي موضح بالجدول(1-69):

الجدول(1-69)

C_B	B.V.	B^{-1}			$\overline{b}$
30	λ_{22}	1/30	-1/3	-1/2	1/6
30	λ_{41}	0	1	0	1
45	λ_{32}	-1/30	1/3	3/2	5/6

مضاعفات السمبلكس للجدول (1-69) هي:

$$\pi = (\pi_1\ \alpha_1\ \alpha_2) = C_B B^{-1} = (30\ \ 30\ \ 45) \begin{pmatrix} 1/30 & -1/3 & -1/2 \\ 0 & 1 & 0 \\ -1/30 & 1/3 & 3/2 \end{pmatrix} = (-1/2\ \ 35\ \ 105/2)$$

من المعادلة (1-39) نحصل على دوال الهدف لمسائل البرمجة الخطية (.L.P) الفرعية وكالآتي:

$$(C^T_1 - \pi_1 L_1)\chi_1 = \left\{ (3\ \ 1) + 1/2\,(1\ \ -2) \right\} \begin{pmatrix} \chi_1 \\ \chi_2 \end{pmatrix} -35 = 7/2\,\chi_1$$

$$(C^T_2 - \pi_1 L_2)\chi_2 = \left\{ (2\ \ 3) + 1/2\,(3\ \ 1) \right\} \begin{pmatrix} \chi_3 \\ \chi_4 \end{pmatrix} = 7/2\,\chi_3 + 7/2\,\chi_4$$

الحل الأمثل للبرنامج الخطي (L.P.) الفرعي الأول بدالة الهدف الجديدة هو نفس الحل المتمثل بالنقطة χ_{41} لذلك فإن قيمة معامل الربح النسبي هي صفر والحل الأمثل للبرنامج الخطي (L.P.) الفرعي الثاني بدالة الهدف الجديدة هو نفس الحل المتمثل بالنقطة χ_{32} ولذلك فإن قيمة معامل الربح النسبي صفر وعليه فإن الجدول (69-1) يمثل الحل الأمثل للمسألة وكالآتي:

$\lambda_{41} = 1$، $\lambda_{22} = 1/6 \quad \lambda_{32} = 5/6 \ ; \ Z = 145/2$

باستخدام المعادلة (30-1) نحصل على قيم المتغيرات الأصلية للأنموذج وكالآتي:

$$\chi_1 = 1 \begin{pmatrix} 10 \\ 0 \end{pmatrix} = \begin{pmatrix} 10 \\ 0 \end{pmatrix} ، \ \chi_2 = 5/6 \begin{pmatrix} 0 \\ 15 \end{pmatrix} + 1/6 \begin{pmatrix} 15 \\ 0 \end{pmatrix} = \begin{pmatrix} 5/2 \\ 25/2 \end{pmatrix}$$

$\chi_1 = 10$، $\chi_2 = 0$ ، $\chi_3 = 5/2$ ، $\chi_4 = 25/2$ ، $Z = 145/2$

10-1 طريقة السمبلكس والمتغيرات المحددة

Simplex Method Bounded Variables

في بعض مسائل البرمجة الخطية (L.P.) تكون متغيرات المسألة محددة بقيم عليا ودنيا وهذا ما يظهر غالبا في التطبيقات العملية للبرمجة الخطية (L.P.) في المجالات الاقتصادية والإدارية والخدمية وغيرها.

نفترض مسألة البرمجة الخطية (L.P.) الآتية:

$$\text{Max } Z = CX$$
$$\text{S.T}$$
$$AX = b$$
$$L \le X \le U$$

بحيث أن:

$$U \ge L \ge 0$$

قيم L و U للمتغيرات غير المحددة هي صفر و∞ على التوالي، لحل هكذا نوع من المسائل بطريقة السمبلكس فإن القيود تتحول إلى:

$$AX = b$$
$$X + X' = U \text{ ------------ } (41\text{-}1)$$

$$X - X'' = L \quad \text{--------} \ (42\text{-}1)$$

$$X،\ X`،\ X'' \geq 0$$

حيث أن X`،X`` هي عبارة عن متغيرات وهمية وزائـدة (Slack And Surplus )، المعادلـة (42-1) تمثـل قيود الحد الأدنى للمتغيرات ولذلك فإن X سوف يتم اسـتبداله في القيـود بـ L + X`` أي أن متغـيرات المسألة سوف تصبح X`،X`` وبما أن L وX`` هي أكبر أو تساوي صفر فإن X سوف يحقق قيـد عـدم السالبية، أما في حالة المعادلة (41-1) والتي تمثل قيود الحد الأعلى للمتغيرات فإن X يتم استبداله بـ U - X` في القيود وهذا لا يضمن أن X سوف يحقق قيد عدم السالبية أي أن X ممكـن أن يكـون سـالب وهذا غير ممكن وعلى هذا الأساس فـإن حـل هكـذا نـوع مـن المسـائل بوسـاطة طريقـة السـمبلكس يتطلب ملاحظة الآتي:

١. قيود عدم السالبية والحدود العليا للمتغير الداخل.
٢. قيود عدم السالبية والحدود العليا للمغيرات الأساسية التي تتأثر بدخول المتغير الداخل.

ولإيضاح ذلك رياضيا نفترض الآتي:

χ_j: متغير غير أساسي والذي يتم اختياره ليكون المتغير الداخل.

$(X_B)_i$: المتغيرات الأساسية في الحل الأساسي الحالي.

$(X_B^*)_i$: قيم المتغيرات الأساسية في الحل الأساسي الحالي.

P_{ij}: عمود المحور (عناصر)

$(U_B)_i$: الحدود العليا للمتغيرات الأساسية في الحل الأساسي الحالي.

دخول χ_j إلى الحل يحقق:

$$(X_B)_i = (X^*_B)_i - P_{ij}\,\chi_j \ \text{---------} \ (43\text{-}1)$$

الحل الجديد يمثل حلا أساسيا في حال تحقق الشرطين الآتيين:

$$0 \leq \chi_j \leq u_j \ \text{-----------} \ (44\text{-}1)$$

$$0 \leq (X^*_B)_i - P_{ij}\,\chi_j \leq (U_B)_i \quad i = 1 \text{-----}، m \quad \text{---------} \ (45\text{-}1)$$

المتغيرات الأساسية تحقق قيد عدم السالبية في الحل الجديد إلا في حال كون $P_{ij} > 0$ ففي هـذه الحالـة ممكن أن تأخذ قيم سالبة.

نفترض θ_1 يمثل الحد الأعلى الذي ممكن أن يأخذه المتغير الداخل χ_j أي:

$$\theta_1 = \underset{i}{\text{Min}} \left[\frac{(X^*_B)_i}{P_{ij}} \quad , \quad P_{ij} > 0 \right] \quad \text{----------} \; (46\text{-}1)$$

كما أن المتغيرات الأساسية لا تتجاوز الحدود العليـا أي تحقـق الشرط (1-45) إلا في حـال كـون $P_{ij} < 0$ ففي هذه الحالة ممكن أن لا تحقق الشرط (1-45) وللتخلص من هذه المشكلة يـتم افـتراض θ_2 والتـي تمثل تعظيم قيمة χ_j بحيث تحقق الشرط (1-45) وكالآتي:

$$\theta_2 = \underset{i}{\text{Min}} \left\{ \frac{(U_B)_i - (X^*_B)_i}{P_{ij}} \; , \; P_{ij} < 0 \right\} \quad \text{----------} \; (47\text{-}1)$$

المعادلة (1-46) تمثل تحقق شرط عدم السالبية بينما (1-47) تمثل تحقق شرط عدم تجاوز الحـد الأعـلى للمتغير ولذلك فإن تعظيم قيمة χ_j النهائية بحيث تحقق كل الشروط هي:

$$\theta = \text{Min}\,(\theta_1, \theta_2, u_j) \; \text{---------} \; (48\text{-}1)$$

حل أي مسألة تكون ذات متغيرات محددة يتطلب أن يكون الحد الأدنى للمتغير صفر، بعـض المسـائل تكون الحدود الدنيا للمتغيرات عبارة عن قيم موجبة ولذلك يتم استبدال المتغير وكالآتي:

$$\chi = u - \chi' \; \text{----------} \; (49\text{-}1)$$

بحيث أن: $0 \leq \chi' \leq u$

مما تقدم يمكن تلخيص تأثير دخول χ_j في الحل الأساسي الحالي بالنقاط الآتية بافتراض أن $(\chi_B)_r$ يمثل المتغير الخارج المناظر لـ θ:

1. إذا $\theta=\theta_1$: X_j يصبح متغير أساسي و $(X_B)_r$ متغير غير أساسي

2. إذا $\theta=\theta_2$: X_j يصبح متغير أساسي و $(X_B)_r$ متغير غير أساسي مع استبدال الحد الأعلى له بوساطة $(X_B)_r = u_r - (X_B)'_r$

3. إذا $\theta=u_j$: يستبدل الحد الأعلى لـ X_j بـ $u_j - X'_j$ مع بقاءه كمتغير غير أساسي.

مثـال (1-44): أوجد الحل الأمثل لمسألة البرمجة الخطية (.L.P) الآتية:

$$\text{Max } Z = 4X_1 + 3X_2$$
$$\text{S.T}$$
$$2X_1 + X_2 \le 10$$
$$X_1 + 3X_2 \le 20$$
$$1 \le X_1 \le 4$$
$$0 \le X_2 \le 6$$

الحــل:

الحد الأدنى للمتغير X_1 موجب لذلك نستخدم المعادلة (1-49) لاستبدال المتغير وكالآتي:

$$X_1 = 4 - X_3 \rightarrow 0 \le X_3 \le 3$$

بعد إدخال المتغيرات الوهمية إلى الأنموذج فإن جدول السمبلكس يكون بالصيغة الموضحة بالجدول (1-70):

الجدول (1-70)

C_B	C_j / B.V.	4	3	0	0	0	b
		X_3	X_2	X_4	X_5	X_6	
0	X_4	2	1	1	0	0	10
0	X_5	4	2	0	1	0	30
0	X_6	1	3	0	0	1	20
$\overline{C}$		4	3	0	0	0	

من الجدول (1-70) يتضح أن X_3 هو المتغير الداخل، من المعادلة (1-46) نحصل على:

$$\theta_1 = \text{Min } [10/2، 30/4، 20/1] = 5$$

بما أن كل قيم عمود المحور هي موجبة لذلك فإن $\theta_2 = \infty$

باستخدام المعادلة (1-48) نحصل على:

$$\theta = \text{Min} \ [\ 5،\ \infty،\ 3\ ] = 3$$

بما أن $\theta = u_3$ لذلك يستبدل χ_3 بالحد الأعلى له ويبقى غير أساسي أي:

$$\chi_3 = u_3 - \chi_3' = 3 - \chi_3'$$

ولذلك فإن الجدول (1-70) يصبح بالصيغة الآتية:

الجدول (1-71)

C_B	C_j / B.V.	-4	3	0	0	0	b
		χ_3'	χ_2	χ_4	χ_5	χ_6	
0	χ_4	-2	1	1	0	0	4
0	χ_5	-4	2	0	1	0	18
0	χ_6	-1	3	0	0	1	17
$\bar{C}$		-4	3	0	0	0	

من الجدول (1-71) يتضح أن χ_2 هو المتغير الداخل، من المعادلة (1-46) نحصل على:

$$\theta_1 = \text{Min} \ [\ 4/1،\ 18/2،\ 17/3\ ] = 4$$

بما أن قيم عمود المحور هي موجبة لذلك فإن $\theta_2 = \infty$

باستخدام المعادلة (1-48) نحصل على:

$$\theta = \text{Min} \ [\ 4،\ \infty،\ 6\ ] = 4$$

بما أن $\theta = \theta_1$ فإن χ_2 يصبح أساسي وχ_4 غير أساسي وكما موضح بالجدول (1-72):

الجدول (1-72)

C_B	C_j / B.V.	-4	3	0	0	0	b
		χ_3'	χ_2	χ_4	χ_5	χ_6	
3	χ_2	-2	1	1	0	0	4
0	χ_5	-4	0	-2	1	0	10
0	χ_6	5	0	0	0	1	5
$\bar{C}$		2	0	-3	0	0	

من الجدول (1-72) يتضح أن x'_3 هو المتغير الداخل بحيث:

$\theta_1 = 1$ ، $\theta_2 = (6-4)/-(-2) = 1$

$\theta = \text{Min}\ [\ 1، 1، 3\ ] = 1$

بما أن $\theta_2 = \theta_1 = \theta$ فإن هذا يؤدي إلى دخول x'_3 وخروج x_6 وكما هو موضح بالجدول (1-73):

الجدول (1-73)

C_B	B.V. \ C_j	-4	3	0	0	0	b
		x'_3	x_2	x_4	x_5	x_6	
3	x_2	0	1	1	0	٢/٥	6
0	x_5	0	0	-2	1	0	10
-4	x'_3	1	0	0	0	1/5	1
$\overline{C}$		0	0	-3	0	-1/3	

الجدول (1-73) يمثل الحل الأمثل للمسألة:

$x_3 = 3 - x'_3 = 2$

$x_1 = 4 - x_3 = 2$

$Z = 26، x_2 = 6$

ممكن التوصل إلى الحل الأمثل السابق بطريقة أخرى عن طريق دخول x'_3 وخروج x_2 المناظر لـ θ_2 ومن ثم استبدال الحد الأعلى لـ x_2 بـ $x'_2 = 6 - x_2$ وكما موضح بالجدول (1-74):

الجدول (1-74)

C_B	B.V· \ C_j	-4	3	0	0	0	b
		x'_3	x_2	x_4	x_5	6	
-4	x'_3	1	-1/2	-1/2	0	0	-2
0	x_5	0	0	-2	1	0	10
0	x_6	0	5/2	-1/2	0	1	15
$\overline{C}$							
-4	x'_3	1	1/2	-1/2	0	0	1
0	x_5	0	0	-2	1	0	10
0	x_6	0	-5/2	-1/2	0	1	0
$\overline{C}$		0	-1	-2	0	0	

مثال (1-45): أوجد الحل الأمثل لمسألة البرمجة الخطية (.L.P) الآتية:

$$\text{Min } Z = 2X_1 + X_2 + 3X_3$$

S.T

$$X_1 + 2X_2 + X_3 \geq 14$$

$$X_1 + X_2 \geq 8$$

$$X_1 + X_3 \geq 6$$

$$0 \leq X_1 \leq 4$$

$$0 \leq X_2 \leq 5$$

$$0 \leq X_3 \leq 3$$

الحل:

تحويل المسألة بصيغة جدول موضحة بالجدول(1-75):

الجدول (1-75)

C_B	C_j / B.V.	2	1	3	0	0	0	M	M	M	b
		X_1	X_2	X_3	X_4	X_5	X_6	$\bar{X}_1$	$\bar{X}_2$	$\bar{X}_3$	
M	$\bar{X}_1$	1	2	1	-1	0	0	1	0	0	14
M	$\bar{X}_2$	1	1	0	0	-1	0	0	1	0	8
M	$\bar{X}_3$	1	0	1	0	0	-1	0	0	1	6
	$\bar{C}$	2-3M	1-3M	3-2M	M	M	M	0	0	0	

$\theta_1 = \text{Min } [\,14/2،\ 8/1،\ -\,] = 7$

$\theta_2 = \infty$

$\theta = \text{Min } [7،\ \infty،\ 5\,] = 5$

بما أن $\theta = u_2$ فهذا يستدعي استبدال X_2 بالحد الأعلى له أي:

$X_2 = 5 - X_2'$

مع بقاءه كمتغير غير أساسي والسبب في ذلك يعود إلى أن دخول X_2 إلى الحل سوف يخصص قيمة لـ X_2 أعلى من الحد الأعلى المسموح به للمتغير X_2 لذلك يتم استبداله بالحد الأعلى له وكما هو موضح في الجدول (1-76):

الجدول (1-76)

C_B	B.V. \ C_j	2	-1	3	0	0	0	M	M	M	b
		χ_1	χ_2'	χ_3	χ_4	χ_5	χ_6	$\bar{\chi}_1$	$\bar{\chi}_2$	$\bar{\chi}_3$	
M	$\bar{\chi}_1$	1	-2	1	-1	0	0	1	0	0	4
M	$\bar{\chi}_2$	1	-1	0	0	-1	0	0	1	0	3
M	$\bar{\chi}_3$	1	0	1	0	0	-1	0	0	1	6
$\bar{C}$		2-3M	-1+3M	3-2M	M	M	M	0	0	0	

$\theta_1 =$ Min $[4/1، 3/1، 6/1] = 3$

$\theta_2 = \infty$

$\theta =$ Min $[3، \infty، 4] = 3$

بما أن $\theta = \theta_1$ فهذا يعني دخول χ_1 كمتغير أساسي وخروج $\bar{\chi}_2$ حيث أن دخول χ_1 إلى الحل يحقق شرطي عدم السالبية وعدم تجاوز الحد للمتغير وكما هو موضح بالجدول (1-77):

الجدول (1-77)

C_B	B.V. \ C_j	2	-1	3	0	0	0	M	M	b
		χ_1	χ_2'	χ_3	χ_4	χ_5	χ_6	$\bar{\chi}_1$	$\bar{\chi}_2$	
M	$\bar{\chi}_1$	0	-1	1	-1	1	0	1	0	1
2	$\bar{\chi}_2$	1	-1	0	0	-1	0	0	0	3
M	$\bar{\chi}_3$	0	1	1	0	1	-1	0	1	3
$\bar{C}$		0	1	3-2M	M	2-2M	M	0	0	

$\theta_1 =$ Min $[1/1، -، 3/1] = 1$

$\theta_2 = (4 - 3)/-(-1) = 1$

$\theta =$ Min $[1، 1، \infty] = 1$

بما أن $\theta_2 = \theta_1 = \theta$ فهذا يعني أن هنالك خطين للحل هما:

الخط الأول: بما أن $\theta = \theta_1$ فهذا يعني دخول χ_5 كمتغير أساسي وخروج $\bar{\chi}_1$ حيث أن دخول χ_5 إلى الحل يحقق شرطي عدم السالبية وعدم تجاوز الحد وكما هو موضح بالجدول (1-78):

الجدول (1-78)

C_B	C_j / B.V.	2	-1	3	0	0	0	M	b
		χ_1	χ'_2	χ_3	χ_4	χ_5	χ_6	$\bar{\chi}_3$	
0	χ_5	0	-1	1	-1	1	0	0	1
2	χ_1	1	-2	1	-1	0	0	0	4
M	$\bar{\chi}_3$	0	2	0	1	0	-1	1	2
$\bar{C}$		0	3-2M	1	2-M	0	M	0	

$\theta_1 = 1$

$\theta_2 = (4 - 4)/-(-2) = 0$

$\theta = \text{Min } [1، 0، 5] = 0$

بما أن θ_2 =θ فهذا يعني دخول χ'_2 كمتغير أساسي وخروج χ_1 مع استبدال الحد الأعلى لـ χ_1 أي:

$\chi_1 = 4 - \chi'_1$

السبب في استبدال الحد الأعلى لـ χ_1 يعود إلى تحقيق شرط عدم السالبية للمتغيرات وكما هـو موضـح بالجدولين (1-79) و(1-80):

الجدول (1-79)

C_B	C_j / B.V.	2	-1	3	0	0	0	M	b
		χ_1	χ'_2	χ_3	χ_4	χ_5	χ_6	$\bar{\chi}_3$	
0	χ_5	-1/2	0	1/2	-1/2	1	0	0	-1
-1	χ'_2	-1/2	1	-1/2	1/2	0	0	0	-2
M	$\bar{\chi}_3$	1	0	1	0	0	-1	1	6
$\bar{C}$									

الجدول (1-80)

C_B	C_j / B.V.	2	1	3	0	0	0	M	b
		χ'_1	χ'_2	χ_3	χ_4	χ_5	χ_6	$\bar{\chi}_3$	
0	χ_5	1/2	0	1/2	-1/2	1	0	0	1
-1	χ'_2	1/2	1	-1/2	1/2	0	0	0	0
M	$\bar{\chi}_3$	-1	0	1	0	0	-1	1	2
$\bar{C}$		-3/2+M	0	5/2-M	1/2	0	M	0	

$\theta_1 = \text{Min } [\ 1/(1/2)، -، 2/1\ ] = 2$

$\theta_2 = (5 - 0)/-(-1/2) = 10$

$\theta = \text{Min}\ [2، 10، 3] = 2$

بما أن $\theta = \theta_1$ فهذا يعني دخول χ_3 كمتغير أساسي وخروج $\bar{\chi}_3$ حيث أن دخول χ_3 إلى الحل يحقق شرطي عدم السالبية وعدم تجاوز الحدود العليا للمتغيرات وكما هو موضح بالجدول (1-81):

الجدول (1-81)

C_B	B.V. \ C_j	-2	-1	3	0	0	0	b
		χ'_1	χ'_2	χ_3	χ_4	χ_5	χ_6	
0	χ_5	1	0	0	-1/2	1	1/2	0
-1	χ'_2	0	1	0	1/2	0	-1/2	1
3	χ_3	-1	0	1	0	0	-1	2
$\bar{C}$		1	0	0	1/2	0	5/2	

الجدول (1-81) يمثل الحل الأمثل للمسألة وكالاتي:

$\chi'_1 = 0 \rightarrow \chi_1 = 4 - \chi'_1 = 4$

$\chi'_2 = 1 \rightarrow \chi_2 = 5 - \chi'_2 = 4$

$\chi_3 = 2$ ، $Z = 18$

الخط الثاني: بما أن $\theta = \theta_2$ فهذا يعني دخول χ_5 كمتغير أساسي وخروج χ_1 مع استبدال الحد الأعلى لـ χ_1 أي:

$\chi_1 = 4 - \chi'_1$

السبب في استبدال الحد الأعلى لـ χ_1 يعود إلى تحقيق شرط عدم السالبية للمتغيرات وكما هو موضح بالجدولين (1-82) و(1-83):

الجدول (1-82)

C_B	B.V. \ C_j	2	-1	3	0	0	0	M	M	b
		χ_1	χ'_2	χ_3	χ_4	χ_5	χ_6	$\bar{\chi}_1$	$\bar{\chi}_3$	
M	$\bar{\chi}_1$	1	-2	1	-1	0	0	1	0	4
0	χ_5	-1	-1	0	0	1	0	0	0	-3
M	$\bar{\chi}_3$	1	0	1	0	0	-1	0	1	6
$\bar{C}$										

الجدول (1-83)

C_B	C_j / B.V.	-2	-1	3	0	0	0	M	M	b
		x'_1	x'_2	x_3	x_4	x_5	x_6	$\bar{x}_1$	$\bar{x}_2$	
M	$\bar{x}_1$	-1	-2	1	-1	0	0	1	0	0
0	x_5	1	1	0	0	1	0	0	0	1
M	$\bar{x}_3$	-1	0	1	0	0	-1	0	1	2
$\bar{C}$		-2+2M	-1+2M	3-2M	M	0	M	0	0	

$\theta_1 =$ Min [0، -، 2] = 0

$\theta_2 = \infty$

$\theta =$ Min [0، ∞، 3] = 0

بما أن $\theta_1 = \theta$ فهذا يعني دخول x_3 كمتغير أساسي وخروج $\bar{x}_1$ وكما هو موضح بالجدول (1-84):

الجدول (1-84)

C_B	C_j / B.V.	-2	-1	3	0	0	0	M	b
		x'_1	x'_2	x_3	x_4	x_5	x_6	$\bar{x}_3$	
3	x_3	-1	-2	1	-1	0	0	0	0
٠	x_5	1	1	0	0	1	0	0	1
M	$\bar{x}_3$	0	2	0	1	0	-1	1	2
$\bar{C}$		1	5-2M	0	3-M	0	M	0	

$\theta_1 =$ Min [-، 1/1، 2/2] = 1

$\theta_2 = (3 - 0)/-(-2) = 3/2$

$\theta =$ Min [1، 3/2، 5] = 1

بما أن $\theta_1 = \theta$ فهذا يعني دخول x'_2 كمتغير أساسي وخروج $\bar{x}_3$ وكما هو موضح بالجدول (1-85):

الجدول (1-85)

C_B	C_j / B.V.	-2	-1	3	0	0	0	b
		x'_1	x'_2	x_3	x_4	x_5	x_6	
3	x_3	-1	0	1	0	0	-1	2
0	x_5	1	0	0	-1/2	1	1/2	0
-1	x'_2	0	1	0	1/2	0	-1/2	1
$\bar{C}$		1	0	0	1/2	0	5/2	

الجدول (1-85) يمثل الحل الأمثل للمسألة.

مسائل
Problems

(1-1) : يحتاج مصنع لتصنيع المناضد والكراسي الخشبية إلى 2 ساعة لتجميع المنضدة الواحدة و30 دقيقة لتجميع الكرسي الواحد، عملية التجميع يقوم بها 4 عمال بواقع 8 ساعات عمل يومية لكل عامل، عادة الزبائن تشتري على الأكثر 4 كراسي لكل منضدة واحدة هذا يعني أن المصنع يجب أن يصنع على الأكثر 4 كراسي لكل منضدة واحدة، سعر بيع المنضدة الواحدة هو 50 إلف دينار والكراسي الواحد 25 إلف دينار، كون أنموذج برمجة خطية (.L.P) لتحديد الإنتاج الأمثل اليومي من المناضد والكراسي والذي يحقق أعلى عائد مادي للمصنع.

(2-1) : تمتلك مؤسسة ثلاثة مصانع فرعية بطاقات إنتاجية فائضة، كل هذه المصانع الثلاثة تمتلك القدرة على إنتاج منتوج معين، يمكن أنتاج المنتوج في ثلاثة حجوم (كبير، متوسط، صغير)، ربح الوحدة الواحدة من المنتوج يقدر بـ (100,120,140) دينار على التوالي، الطاقة الإنتاجية اليومية لكل مصنع تقدر بـ (450,400,750) على التوالي من الأحجام الثلاثة، عملية الإنتاج في كل مصنع تكون مقيدة بقدرة المصنع على خزن البضاعة حيث أن كل مصنع يحتوي على مخزن مساحته (15000,12000,13000) قدم مربع على التوالي وكل وحدة من الحجوم الثلاثة تحتاج إلى (12,15,20) قدما مربعا على التوالي،تنبؤات البيع تشير إلى أن (750,1200,900) وحدة من الحجم الكبير والمتوسط والصغير على التوالي يمكن بيعها يوميا.
كون أنموذج برمجة خطية (.L.P) لتحديد الإنتاج الأمثل للحجوم الثلاثة في كل مصنع لتعظيم الربح.

(3-1) : محل لتصليح الأجهزة الكهربائية، عدد الأجهزة العاطلة التي تصل إلى المحل تقدر بـ 5 تلفزيون و12 راديو و18 مسجل أسبوعيا، المحل يستخدم مصلحين لتصليح الأجهزة المصلح الأول يستطيع تصليح تلفزيون واحد و3 راديو و3 مسجل يوميا ويتقاضى أجرة مقدارها 25 إلف دينار يوميا والمصلح الثاني

يستطيع تصليح تلفزيون واحد و2 راديو و6 مسجل يوميا ويتقاضى أجرة مقدارها 22 إلف دينار يوميا.

كون أنموذج برمجة خطية (.L.P) لتحديد عدد الأيام المثلى التي يعمل بها كل مصلح بحيث يؤدي إلى تقليل الكلف للمحل وكذلك تقديم أفضل الخدمات للزبائن.

(4-1) : أوجد الحل الأمثل للمسألة (1-1) باستخدام طريقة الحل البيانية.

(5-1): أوجد الحل الأمثل للمسألة (1-3) باستخدام طريقة الحل البيانية.

(6-1) : وضح حالات المسائل الآتية باستخدام طريقة الحل البيانية.

(A) Max $Z = 6X_1 - 2X_2$

S.T

$$X_1 - X_2 \le 1$$
$$3X_1 - X_2 \le 6$$
$$X_1, X_2 \ge 0$$

(B) Max $Z = 3X_1 + 2X_2$

S.T

$$2X_1 + X_2 \le 2$$
$$3X_1 + 4X_2 \ge 12$$
$$X_1, X_2 \ge 0$$

(C) Max $Z = 50X_1 + 80X_2$

S.T

$$X_1 \le 60$$
$$X_2 \le 60$$
$$5X_1 + 6X_2 \le 600$$
$$X_1 + 2X_2 \le 160$$
$$X_1, X_2 \ge 0$$

7-1) : أوجد الحل الأمثل لمسائل البرمجة الخطية (.L.P) الآتية باستخدام طريقة السمبلكس ومن ثم حدد أسعار الظل؛

(A) Max $Z = 4X_1 + 3X_2 + 6X_3$

S.T

$$2X_1 + 2X_2 + 3X_3 \le 40$$
$$3X_1 + X_2 + 3X_3 \le 30$$
$$X_1, X_2, X_3 \ge 0$$

(B) Max $Z = 4X_1 - 2X_2 + 2X_3$

S.T

$$3X_1 + X_2 + X_3 \leq 180$$
$$X_1 - X_2 + 2X_3 \leq 30$$
$$X_1 + X_2 - X_3 \leq 60$$
$$X_1, X_2, X_3 \geq 0$$

(8-1) : أوجد الحل الأمثل لمسائل البرمجة الخطية (.L.P) الآتية باستخدام طريقة السمبلكس

(A) Max $Z = 2X_1 + 3X_2 + 5X_3$

S.T

$$X_1 + X_2 - X_3 \geq -5$$
$$-6X_1 + 7X_2 - 9X_3 \leq 4$$
$$X_1 + X_2 + 4X_3 = 10$$
$$X_1, X_2 \geq 0$$
X_3 unrestricted in sign

(B) Max $Z = 5X_1 + 6X_2$

S.T

$$X_1 - 2X_2 \geq 2$$
$$-2X_1 + 3X_2 \geq 2$$
X_1, X_2 unrestricted in sign

(9-1) : للمسائل الآتية:

(A) Min $Z = 2X_1 - 3X_2 - X_3$

S.T

$$X_1 + 4X_2 + 2X_3 \geq 8$$
$$3X_1 + 2X_2 \geq 6$$
$$X_1, X_2, X_3 \geq 0$$

(B) Min $Z = 12X_1 + 15X_2 + 10X_3$

S.T

$$2X_1 + X_2 + 3X_3 \geq 10$$
$$X_1 + 2X_2 \geq 8$$
$$2X_1 + 3X_2 + X_3 \geq 12$$
$$X_1, X_2, X_3 \geq 0$$

أوجد الحل الأمثل باستخدام:

1. طريقة M الكبيرة.

2. طريقة السمبلكس ذات المرحلتين.

(10-1) : كون الأنموذج المقابل للمسائل الآتية:

(A) Max $Z = 20\chi_1 + 35\chi_2 + 10\chi_3$

S.T

$$\chi_1 + 2\chi_2 + \chi_3 \le 20$$
$$2\chi_1 + 3\chi_2 + 3\chi_3 \le 20$$
$$\chi_1 ، \chi_2 ، \chi_3 \ge 0$$

(B) Max $Z = 6\chi_1 + 8\chi_2$

S.T

$$5\chi_1 + 2\chi_2 \le 20$$
$$\chi_1 + 2\chi_2 \le 10$$
$$\chi_1 ، \chi_2 \ge 0$$

(C) Min $Z = \chi_1 + \chi_2$

S.T

$$-\chi_1 + \chi_2 \le 3$$
$$2\chi_1 + \chi_2 \le 18$$
$$\chi_2 \ge 12$$
$$\chi_1 ، \chi_2 \ge 0$$

(11-1) : للمسألة (10-1) أوجد الحل الأمثل لمسائل الأنموذج المقابل.

(12-1) : للقيود الآتية:

$$\chi_1 + \chi_2 + \chi_3 = 7$$
$$2\chi_1 - 5\chi_2 + \chi_3 \ge 10$$
$$\chi_1 ، \chi_2 ، \chi_3 \ge 0$$

اوجد الحل الأمثل باستخدام طريقة M الكبيرة على افتراض أن دالة الهدف تكون بالصيغة الآتية:

(A) Max $Z = 2\chi_1 + 3\chi_2 - 5\chi_3$

(B) Min $Z = 2\chi_1 + 3\chi_2 - 5\chi_3$

(C) Max $Z = \chi_1 + 2\chi_2 + \chi_3$

(D) Min $Z = 4\chi_1 - 8\chi_2 + 3\chi_3$

(13-1) : أوجد الحل الأمثل للمسالة(12-1) باستخدام طريقة السمبلكس ذات المرحلتين.

(14-1) : أوجد الحل الأمثل للمسائل الآتية باستخدام طريقة السمبلكس الثنائية:

(A) Min $Z = 2X_1 + 3X_2$

S.T

$$2X_1 + 2X_2 \le 30$$
$$X_1 + 2X_2 \ge 10$$
$$X_1 ، X_2 \ge 0$$

(B) Min $Z = 5X_1 + 6X_2$

S.T

$$X_1 + X_2 \ge 2$$
$$4X_1 + X_2 \ge 4$$
$$X_1 ، X_2 \ge 0$$

(15-1) : أوجد الحل الأمثل للمسائل الآتية باستخدام طريقة السمبلكس الثنائية:

(A) Min $Z = 4X_1 + 2X_2$

S.T

$$X_1 + X_2 = 1$$
$$3X_1 - X_2 \ge 2$$
$$X_1 ، X_2 \ge 0$$

(B) Min $Z = 2X_1 + 3X_2$

S.T

$$2X_1 + 3X_2 \le 1$$
$$X_1 + X_2 = 2$$
$$X_1 ، X_2 \ge 0$$

(ملاحظة: قيود المساواة تستبدل بقيود لامساواة)

(16-1) : للمسالة الآتية:

Max $Z = 2X_1 - X_2 + X_3$

S.T

$$3X_1 + X_2 + X_3 \le 60$$
$$X_1 - X_2 + 2X_3 \le 10$$
$$X_1 + X_2 - X_3 \le 20$$
$$X_1 ، X_2 ، X_3 \ge 0$$

جدول الحل الأمثل يكون بالصيغة الآتية:

C_B	B.V. \ C_j	2	-1	1	0	0	0	b
		x_1	x_2	x_3	x_4	x_5	x_6	
0	x_4	0	0	1	1	-1	-2	10
2	x_1	1	0	1/2	0	1/2	1/2	15
-1	x_2	0	1	-3/2	0	-1/2	1/2	5
$\bar{C}$		0	0	-3/2	0	-3/2	-1/2	Z = 25

أوضح تأثير التغيرات الآتية على الحل الأمثل باستخدام تحليل الحساسية:

1. تغير الأطراف اليمنى من $\begin{pmatrix} 50 \\ 20 \\ 40 \end{pmatrix}$ إلى $\begin{pmatrix} 60 \\ 10 \\ 20 \end{pmatrix}$.

2. تغير معاملات x_1 من $\begin{pmatrix} 1 \\ 2 \\ 2 \\ 0 \end{pmatrix}$ إلى $\begin{pmatrix} 2 \\ 3 \\ 1 \\ 1 \end{pmatrix}$.

3. تغير معاملات x_3 من $\begin{pmatrix} 3 \\ 3 \\ 1 \\ -2 \end{pmatrix}$ إلى $\begin{pmatrix} 1 \\ 1 \\ 2 \\ -1 \end{pmatrix}$.

4. تغير معاملات دالة الهدف من (1 -1 2) إلى (3 -2 3).

5. إضافة القيد $4x_1 - 2x_2 + x_3 \leq 30$.

(17-1): لمسالة البرمجة الخطية (L.P.) الآتية:

$$\text{Max} \quad Z = 2x_2 - 5x_3$$

S.T

$$x_1 + x_3 \geq 2$$

$$2x_1 + x_2 + 6x_3 \leq 6$$

$$x_1 - x_2 + 3x_3 = 0$$

$$x_1, x_2, x_3 \geq 0$$

أوجد ما يلي:

1. الحل الأمثل للمسألة.
2. الحل الأمثل للمسألة في حالة استبدال الجانب الأيمن للقيود بـ (5,10,2).
3. الحل الأمثل للمسألة في حالة تغيير معاملات دالة الهدف من (2 -5) إلى (1 1).
4. الحل الأمثل للمسألة في حالة حدوث التغيرات في النقطتين (2 ,3) أعلاه سوية.

(18-1) : لمسالة البرمجة الخطية (.L.P) الآتية:

$$\text{Max} \quad Z = 2x_1 - x_2 + x_3$$

S.T

$$3x_1 - 2x_2 + 2x_3 \le 15$$
$$-x_1 + x_2 + x_3 \le 3$$
$$x_1 - x_2 + x_3 \le 4$$
$$x_1 , x_2 , x_3 \ge 0$$

أوجد ما يلي:

1. الحل الأمثل للمسألة.
2. الحل الأمثل للمسألة في حالة تغيير الأطراف اليمنى للقيود إلى (20 4 2).
3. الحل الأمثل للمسألة في حالة تغيير معامل x_3 في دالة الهدف إلى 2.
4. الحل الأمثل للمسألة في حالة تغيير معامل x_1 في دالة الهدف إلى 3.
5. تغير معاملات x_3 إلى $\begin{pmatrix} 4 \\ 3 \\ 2 \\ 1 \end{pmatrix}$.
6. تغير معاملات x_1 إلى $\begin{pmatrix} -2 \\ 4 \\ 3 \\ 2 \end{pmatrix}$ و x_2 إلى $\begin{pmatrix} 1 \\ 1 \\ -2 \\ 3 \end{pmatrix}$.
7. تغير معاملات دالة الهدف إلى (3 1 5) .

(19-1) : أوجد الحل الأمثل للمسائل الآتية باستخدام طريقة السمبلكس المعدلة:

(A)

$$\text{Max} \quad Z = 2x_1 + x_2 + 2x_3$$

S.T

$$4x_1 + 3x_2 + 8x_3 \le 12$$
$$4x_1 + x_2 + 12x_3 \le 8$$
$$4x_1 - x_2 + 3x_3 \le 8$$
$$x_1 , x_2 , x_3 \ge 0$$

(B)

$$\text{Max} \quad Z = 6x_1 - 2x_2 + 3x_3$$

S.T

$$2x_1 - x_2 + 2x_3 \le 2$$
$$x_1 + 4x_3 \le 4$$
$$x_1 , x_2 , x_3 \ge 0$$

(C) Min $Z = 2X_1 + X_2$

S.T

$$3X_1 + X_2 = 3$$
$$4X_1 + 3X_2 \geq 6$$
$$X_1 + 2X_2 \leq 3$$
$$X_1 ، X_2 \geq 0$$

(20-1) : أوجد الحل الأمثل للمسائل الآتية باستخدام طريقة السمبلكس بوساطة التجزئة:

(A) Max $Z = 6X_1 + 7X_2 + 3X_3 + 5X_4 + X_5 + X_6$

S.T

$$X_1 + X_2 + X_3 + X_4 + X_5 + X_6 \leq 50$$
$$X_1 + X_2 \leq 10$$
$$X_2 \leq 8$$
$$5X_3 + X_4 \leq 12$$
$$X_5 + X_6 \geq 5$$
$$X_5 + 5X_6 \leq 50$$
$$X_1 ، X_2 ، X_3 ، X_4 \quad X_5 ، X_6 \geq 0$$

(B) Max $Z = X_1 + 3X_2 + 5X_3 + 2X_4$

S.T

$$2X_1 + X_2 \leq 9$$
$$5X_1 + 3X_2 + 4X_3 \geq 10$$
$$X_1 + 4X_2 \leq 8$$
$$X_3 - 5X_4 \leq 4$$
$$X_3 + X_4 \leq 10$$
$$X_1 ، X_2 ، X_3 ، X_4 \geq 0$$

(C) Min $Z = 5X_1 + 3X_2 + 8X_3 - 5X_4$

S.T

$$X_1 + X_2 + X_3 + X_4 \geq 25$$
$$5X_1 + X_2 \leq 20$$
$$5X_1 - X_2 \geq 5$$
$$X_3 + X_4 = 20$$

$$x_1, x_2, x_3, x_4 \geq 0$$

(21-1) : أوجد الحل الأمثل للمسائل الآتية :

(A) Max $Z = 2x_1 + x_2$

S.T

$$x_1 + x_2 \leq 3$$
$$0 \leq x_1 \leq 2$$
$$0 \leq x_2 \leq 2$$

(B) Min $Z = 6x_1 - 2x_2 - 3x_3$

S.T

$$2x_1 + 4x_2 + 2x_3 \leq 8$$
$$x_1 - 2x_2 + 3x_3 \leq 7$$
$$0 \leq x_1 \leq 2$$
$$0 \leq x_2 \leq 2$$
$$0 \leq x_3 \leq 1$$

(C) Max $Z = 3x_1 + 5x_2 + 2x_3$

S.T

$$x_1 + 2x_2 + 2x_3 \leq 10$$
$$2x_1 + 4x_2 + 3x_3 \leq 15$$
$$0 \leq x_1 \leq 4$$
$$0 \leq x_2 \leq 3$$
$$0 \leq x_3 \leq 3$$

الفصل الثاني
البرمجة الخطية الصحيحة
Integer Linear Programming

1-2: المدخل Introduction

تتطلب أكثر التطبيقات العملية لمسائل البرمجة الخطية (.L.P) حل متمثل بأعداد صحيحة فمثلا في مسائل الإنتاج فأنه من غير الممكن أن يتم إنتاج سيارة ونصف أو حقيبة جلدية وربع الحقيبة وعلى هذا الأساس ظهرت البرمجة الخطية الصحيحة (.I.L.P) التي هي عبارة عن مسألة برمجة خطية (.L.P) تكون كل أو بعض قيم متغيرات المسألة عبارة عن أعداد صحيحة أي مقيدة بشرط(قيد) العدد الصحيح، مسائل البرمجة الخطية الصحيحة (.I.L.P) تكون على نوعين هما:

١. البرمجة الصحيحة النقية (Pure integer programming) وهي المسألة التي تكون كل قيم متغيراتها عبارة عن أعداد صحيحة.

٢. البرمجة الصحيحة المختلطة (Mixed integer programming) وهي المسألة التي تكون بعض قيم متغيراتها عبارة عن أعداد صحيحة.

الحلول الأساسية لمسائل البرمجة الخطية الصحيحة (I.L.P) يجب أن تكون عبارة عن أعداد صحيحة فمثلا لو افترضنا أن الشكل (2-1) يمثل منطقة الحلول الممكنة لمسألة برمجة خطية (.L.P):

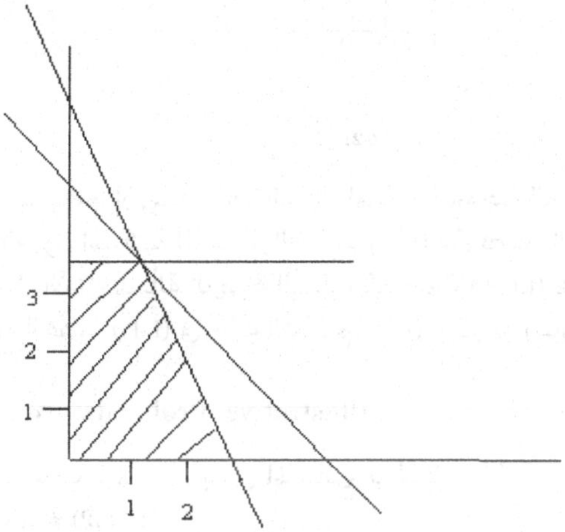

الشكل (2-1)

فإن أية نقطة تقع ضمن منطقة الحلول الممكنة تمثل حلا ممكنا لمسألة البرمجة الخطية (.L.P) ولكن ليست كل النقاط تمثل حلا ممكنا لمسألة البرمجة الخطية الصحيحة

حيث أن النقاط التي تمثل الحلول الممكنة لمسألة البرمجة الخطية الصحيحة (.I.L.P) هي عبارة عن نقاط تقاطع المستقيمات الواصلة بين تقسيمات المحور السيني والمحور الصادي وكما هو موضح بالشكل (2-2):

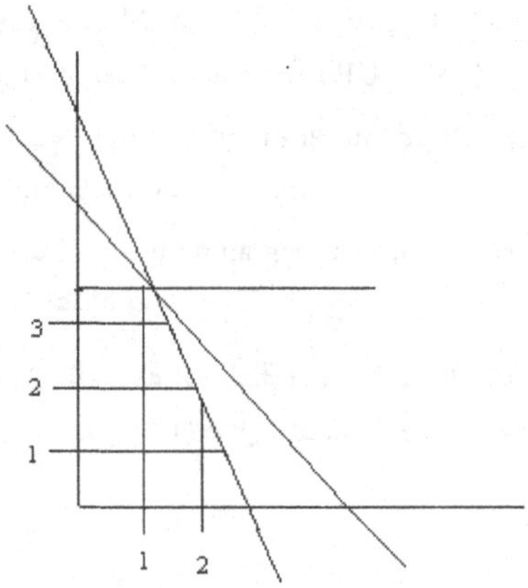

الشكل (2-2)

من الشكل (2-2) يتضح أن عدد نقاط الحلول الممكنة للبرمجة الخطية الصحيحة (.I.L.P) هي أقل من عدد نقاط الحلول الممكنة للبرمجة الخطية (.L.P) وفي بعض الحالات تساويها وعلى هذا الأساس فإن قيمة الحل الأمثل لمسألة البرمجة الخطية الصحيحة (.I.L.P) هي أقل أو تساوي قيمة الحل الأمثل لمسألة البرمجة الخطية (.L.P) في حالة التعظيم(Max) وأكبر أو تساوي في حالة التقليل(Min).

2-2: مسائل توضيحية Illustrative Problems

في هذه الفقرة سوف يتم تناول بعض المسائل التطبيقية والتي توضح كيفية تكوين مسألة البرمجة الخطية الصحيحة (I.L.P).

2-2-1: مسألة الإنتاج

تقوم الشركة العامة للصناعات الكهربائية بإنتاج ثلاثة أنواع من الماطورات وهي (22 واط، 30 واط، 45 واط) ربح الماطور الواحد من الأنواع الثلاثة هو 7)،5، 4 (ألف دينار على التوالي، عملية إنتاج الماطورات تتطلب ثلاثة أنواع من المواد الأولية

المتوفرة يوميا ومقدار ما يتطلبه إنتاج المـاطور الواحـد مـن الأنـواع الثلاثـة مـن المـواد الأوليـة موضح بالجدول (2-1):

الجدول(2-1)

الكمية المتوفرة	45 واط	30 واط	22 واط	المواد الأولية
20	3	2	3	I
25	7	5	3	II
25	4	3	2	III

ما هو عدد الماطورات المنتجة يوميا من كل نوع بحيث يؤدي ذلك إلى تعظيم ربح الشركة.

صيغة أنموذج البرمجة الخطية (.L.P) لمسألة الشركة العامة للصناعات الكهربائية يكون بالصيغة الآتية على افتراض أن X_1 يمثل عدد الماطورات المنتجة يوميا من النوع (22 واط) و X_2 يمثل عدد الماطورات المنتجة يوميا من النوع (30 واط) و X_3 يمثل عدد الماطورات المنتجة يوميا من النوع (40 واط):

$$\text{Max } Z = 4X_1 + 5X_2 + 7X_3$$

S.T

$$3X_1 + 2X_2 + 3X_3 \le 20$$

$$3X_1 + 5X_2 + 7X_3 \le ٢٥$$

$$2X_1 + 3X_2 + 4X_3 \le 25$$

$$X_1 ، X_2 ، X_3 \ge 0 \text{ and Integer}$$

دخول القيد الأخير إلى المسألة لضمان كون قيم المتغيرات سوف تكون أعداد صحيحة.

2-2-2: مسألة النقل

شركة لنقل المسافرين تمتلك 20 حافلة لنقل المسافرين تعمل على أربعة خطوط، إيراد الحافلة الواحدة العاملة على كل خط من الخطوط الأربعة هو (20 ,15 ,10 ,17) ألف دينار يوميا على التوالي، ساعات العمل الفعلية للحافلة الواحدة العاملة على كل خط هو (5 ,5 ,6 ,7) ساعة يوميا ومجموع ساعات العمل المتوفرة لحافلات الشركة هي 124 ساعة عمل يوميا، عدد الأشخاص المستفيدين من الخدمة على الخطوط الأربعة هو

(40,5,50,30) شخص لكل حافلة واحدة يوميا ومجموع الأشخاص المتوقع أن تؤدي الشركة الخدمة لهم يوميا لا يتجاوز 1000 شخص هذا مع العلم أن عدد الحافلات العاملة على الخطين الثاني والثالث يجب إن لا يقل عن (9) حافلات يوميا. ما هو عدد الحافلات العاملة على كل خط يوميا والتي تؤدي إلى الحصول على أعظم إيراد للشركة.

المسألة تمثل مسألة برمجة خطية صحيحة (I.L.P) حيث أن أعداد الحافلات هي أعداد صحيحة لذلك فإن أنموذج البرمجة يكون بالصيغة الآتية على افتراض:

X_1: عدد الحافلات العاملة يوميا على الخط الأول.

X_2: عدد الحافلات العاملة يوميا على الخط الثاني.

X_3: عدد الحافلات العاملة يوميا على الخط الثالث.

X_4: عدد الحافلات العاملة يوميا على الخط الرابع.

$$\text{Max } Z = 20X_1 + 15X_2 + 10X_3 + 17X_4$$

S.T

$$5X_1 + 5X_2 + 6X_3 + 7X_4 \leq 124$$

$$30X_1 + 50X_2 + 5X_3 + 40X_4 \leq 1000$$

$$X_2 + X_3 \geq 9$$

$$X_1, X_2, X_3, X_4 \geq 0 \text{ and integer}$$

3-2-2: مسألة الأيدي العاملة

مصنع يمتلك خطين إنتاجيين , ساعات عمل العامل الواحد في كل خط هي (6 , 5) ساعة يوميا على التوالي ومجموع ما متوافر من ساعات العمل اليومية لعمال المصنع هو 170 ساعة , إنتاج العامل الواحد في كل خط إنتاجي من وحدات الإنتاج هو (4/3 , 2/3) وحدة يوميا وعلى المصنع أن ينتج يوميا ما لا يقل عن 25 وحدة وعدد الأيدي العاملة يوميا يجب أن لا يقل عن 25 عامل , ما هو عدد الأيدي العاملة يوميا على كل خط بحيث يؤدي ذلك إلى تقليل كلفة استخدام الأيدي العاملة اليومي إلى أقل ما يمكن مع العلم أن تكلفة استخدام العامل الواحد على كل خط يوميا" هي (3 , 2) ألف دينار على التوالي.

المسألة تمثل مسألة برمجة خطية صحيحة (I.L.P) لذلك فإن أنموذج البرمجة يكون بالصيغة الآتية على افتراض:

X_1: عدد العمال العاملين على الخط الإنتاجي الأول يوميا.

X_2: عدد العمال العاملين على الخط الإنتاجي الثاني يوميا.

$$\text{Min } Z = 2X_1 + 3X_2$$

S.T

$$5X_1 + 6X_2 \leq 170$$
$$2/3X_1 + 4/3X_2 \geq 25$$
$$X_1 + X_2 \geq 25$$
$$X_1, X_2 \geq 0 \text{ and integer}$$

3-2: طرائق حل مسائل البرمجة الخطية الصحيحة

Solution Methods Of Integer Linear Programming Problems

هنالك العديد من الطرائق التي طورت لحل مسائل البرمجة الخطية الصحيحة (I.L.P) واغلب هذه الطرائق تقوم على أساس تجاهل قيد العدد الصحيح للتوصل إلى حل المسألة ومن ثم معالجة القيم الكسرية للمتغيرات في حال وجودها والسبب يعود في كون عملية التوصل إلى الحل الأمثل لمسألة البرمجة الخطية الصحيحة (I.L.P) يتم من خلال الحل الأمثل لمسألة البرمجة الخطية العامة (L.P) هو تقارب القيم المثلى للحل الأمثل للمسألتين وفي بعض الأحيان تساويها وأن هذا يؤدي إلى تقليل العمليات الحسابية للتوصل إلى الحل الأمثل لمسألة البرمجة الصحيحة (I.L.P).

في هذه الفقرة سوف يتم تناول ثلاث طرائق لحل البرمجة الصحيحة (I.L.P) و هما:

1. أسلوب القطع المكافئ The Cutting – Plane Approach
2. أسلوب التفريع والتحديد The Branch And Bound Approach
3. أسلوب الاختبارين The Two-Test Approach

2-3-1: أسلوب القطع المكافئ The Cutting – Plane Approach

يعتبر من الأساليب المهمة جدا في أيجاد الحلول المثلى لمسائل البرمجة الخطية الصحيحة (I.L.P.) فبواسطته يتم تحويل نقاط الحلول الممكنة لمسائل البرمجة الخطية (L.P.) إلى نقاط تمثل الحلول الممكنة لمسائل البرمجة الخطية الصحيحة (I.L.P.).

2-3-1-1: أسلوب البرمجة الصحيحة النقية

The Pure Integer Programming Algorithm (Fractional)

في هذه الفقرة سوف يتم توضيح كيفية تطبيق أسلوب القطع المكافئ على مسائل البرمجة الخطية الصحيحة في البداية لحل أي مسألة برمجة صحيحة (I.L.P.) يجب التوصل أولا إلى الحل الأمثل للمسألة مع إهمال شرط الأعداد الصحيحة وبافتراض أن جدول الحل الأمثل لمسألة البرمجة الخطية (L.P.) يكون بالصيغة الآتية:

C_B	B.V. \ C_j	$C_1 \ldots C_i \ldots C_m$ $\chi_1 \ldots \chi_i \ldots \chi_m$	$w_1 \ldots w_j \ldots w_n$	b
C_1	χ_1	1 -------- 0 --------- 0	a_{11} ------ a_{1j} ----- a_{1n}	b_1
.	.	.	.	.
.	.	.	.	.
C_i	χ_i	0 -------- 1 --------- 0	a_{i1} ------ a_{ij} ----- a_{in}	b_i
.	.	.	.	.
.	.	.	.	.
C_m	χ_m	0 -------- 0 --------- 1	a_{m1} ------ a_{mj} ----- a_{mn}	b_m
$\overline{C}$		0 -------- 0 --------- 0	$\overline{C}_1$ ------ $\overline{C}_j$ ------- $\overline{C}_n$	

حيث أن:

χ_i : المتغيرات الأساسية (i = 1 , 2 ---- , m)

w_j : المتغيرات غير الأساسية (j = 1 , 2 ---- , n)

بافتراض أن قيمة المتغير χ_i هي قيمة غير صحيحة فإن معادلة المتغير χ_i هي:

$$\chi_i + \sum_{j=1}^{n} a_{ij} w_j = b_i$$

$$\chi_i = b_i - \sum_{j=1}^{n} a_{ij} w_j \quad \text{------} (1-2)$$

بافتراض إن أي قيمة غير صحيحة ممكن أن نعبر عنها كالآتي:

$b_i = [b_i] + f_i$ ------------------ (2-2)

$a_{ij} = [a_{ij}] + f_{ij}$ ------------------ (3-2)

حيث أن:

$[b_i]$: أعلى قيمة صحيحة أقل أو تساوي b_i

$[a_{ij}]$: أعلى قيمة صحيحة أقل أو تساوي a_{ij}

f_i : قيمة موجبة أي $0 < f_i < 1$

f_{ij} : قيمة غير سالبة أي $0 \le f_{ij} < 1$

بتعويض المعادلتين (2-2) و (3-2) في (1-2) نحصل على:

$$f_i - \sum_{j=1}^{n} f_{ij} w_j = \chi_i - [b_i] + \sum_{j=1}^{n} [a_{ij}] w_j \quad \text{------------- (4-2)}$$

ولكي تكون كل المتغيرات χ_i و w_j عبارة عن إعداد صحيحة فإن ذلك يستوجب أن يكون الجانب الأيمن من المعادلة (4-2) صحيح و بالتالي فإن الجانب الأيسر يجب أن يكون صحيح.

بما أن $w_j \ge 0$ و $f_{ij} \ge 0$ لكل i و j فإن $\sum_{j=1}^{n} f_{ij} w_j \ge 0$ ولذلك فإن:

$$f_i - \sum_{j=1}^{n} f_{ij} w_j \le f_i \prec 1 \quad \text{................(5-2)}$$

بما أن الجانب الأيسر من (5-2) يجب أن يكون صحيح فإن تحقيق ذلك يتطلب أن يكون:

$$f_i - \sum_{j=1}^{n} f_{ij} w_j \le 0 \quad \text{................(6-2)}$$

من (6-2) نحصل على ما يسمى بقيد القطع المكافئ والذي يتم إضافته إلى جدول الحل الأمثل للتخلص من القيم الكسرية:

$$\chi_{n+1} = \sum_{j=1}^{n} f_{ij} w_j - f_i \quad \text{...........(7-2)}$$

من جدول الحل الأمثل نلاحظ أن قيمة w_j هي صفر ولذلك فإن المعادلة (7-2) تصبح بالصيغة الآتية:

$$\chi_{n+1} = - f_i \qquad \text{------------ (8-2)}$$

أ أن قيمة المتغير غير السالب χ_{n+1} سوف تصبح سالبة ولذلك يتم اللجوء إلى طريقة السمبلكس الثنائية للتوصل إلى الحل الأمثل وفيما يلي توضيح ذلك عن طريق الأمثلة.

مثال (2-1): أوجد الحل الأمثل لمسألة الأيدي العاملة:

$$\text{Min} \quad Z = 2\chi_1 + 3\chi_2$$
$$\text{S.T}$$
$$5\chi_1 + 6\chi_2 \leq 170$$
$$2/3\chi_1 + 4/3\chi_2 \geq 25$$
$$\chi_1 + \chi_2 \geq 25$$
$$\chi_1, \chi_2 \geq 0 \quad \text{and integer}$$

الحـل:

الخطوة الأولى هي أيجاد الحل الأمثل للمسألة بدون الأخذ بنظر الاعتبار قيد العـدد الصحيح و بعد إضافة المتغيرات الوهمية والاصطناعية للمسألة فإن جدول السمبلكس الأولي يكـون بالصيغة الآتية:

الجدول(2-2)

C_B	C_j / B.V.	2 / χ_1	3 / χ_2	0 / χ_3	0 / χ_4	0 / χ_5	M / $\bar{\chi}_1$	M / $\bar{\chi}_2$	b
0	χ_3	5	6	1	0	0	0	0	170
M	$\bar{\chi}_1$	2/3	4/3	0	-1	0	1	0	25
M	$\bar{\chi}_2$	1	1	0	0	-1	0	1	25
	$\bar{C}$	2-5/3 M	3-7/3 M	0	M	M	0	0	Z = 50 M

من الجدول (2-2) نلاحظ أن المتغير الداخل هو $\bar{\chi}_2$ لأنه ذو القيمة الأكثر سالبية في صف $\bar{C}$ وباستخدام قاعدة أقل النسب يتضح أن المتغير الخارج هو $\bar{\chi}_1$ ولذلك فإن جـدول السـمبلكس يصبح بالصيغة الموضحة بالجدول (2-3):

الجدول(3-2)

C_B	C_j / B.V.	2	3	0	0	0	M	b
		χ_1	χ_2	χ_3	χ_4	χ_5	$\bar{\chi}_2$	
0	χ_3	2	0	1	9/2	0	0	115/2
3	χ_2	1/2	1	0	-3/4	0	0	75/4
M	$\bar{\chi}_2$	1/2	0	0	**3/4**	-1	1	25/4
$\bar{C}$		1/2-1/2 M	0	0	9/4– 3/4 M	M	0	Z = 225/4+25/4 M

من الجدول (2-3) نلاحظ أن المتغير الداخل هو χ_4 وباستخدام قاعدة أقل النسب يتضح أن المتغير الخارج هو $\bar{\chi}_2$ ولذلك فإن جدول السمبلكس يصبح بالصيغة الموضحة بالجدول (2-4):

الجدول(4-2)

C_B	C_j / B.V.	2	3	0	0	0	b
		χ_1	χ_2	χ_3	χ_4	χ_5	
0	χ_3	-1	0	1	0	6	20
3	χ_2	1	1	0	0	-1	25
0	χ_4	**2/3**	0	0	1	-4/3	25/3
$\bar{C}$		-1	0	0	0	3	Z = 75

من الجدول (2-4) نلاحظ أن المتغير الداخل هو χ_1 وباستخدام قاعدة أقل النسب يتضح أن المتغير الخارج هو χ_4 ولذلك فإن جدول السمبلكس يصبح بالصيغة الموضحة بالجدول (2-5):

الجدول(5-2)

C_B	C_j / B.V.	2	3	0	0	0	b
		χ_1	χ_2	χ_3	χ_4	χ_5	
0	χ_3	0	0	1	3/2	4	65/2
3	χ_2	0	1	0	-3/2	1	25/2
2	χ_1	1	0	0	3/2	-2	25/2
$\bar{C}$		0	0	0	3/2	1	Z = 125/2

الجدول (2-5) يمثل الحل الأمثل للمسألة بدون الأخذ بنظر الاعتبار شرط (القيد) الأعداد الصحيحة وللتوصل إلى الحل الأمثل لمسألة البرمجة الصحيحة (I.L.P)

نستخدم أسلوب القطع المكافئ فبعد الحصول على الحل الأمثل لمسألة البرمجة الخطية (.L.P) يتم تحديد معادلة المتغير الأساسي ذو القيمة غير الصحيحة وبما أن كل المتغيرات الأساسية ذات قيم غير صحيحة لذلك يتم اختيار المتغير ذو أعلى كسر وكما مبين بالجدول الآتي:

Var.	b_i	$[b_i]$	$f_i = b_i - [b_i]$
X_3	65/2	32	65/2 – 32 = 1/2
X_2	25/2	12	25/2 – 12 = 1/2
X_1	25/2	12	25/2 – 12 = 1/2

بما أن كل المتغيرات الأساسية متساوية من حيث قيمة الكسر لذلك يتم اختيار احدها وليكن المتغير X_1 ,من معادلة المتغير X_1 الموضحة بالجدول (5-2) نحصل على:

$$X_1 + 3/2\, X_4 - 2\, X_5 = 25/2$$

$$(1 + 0)\, X_1 + (1 + 1/2) X_4 + (-2 + 0)\, X_5 = 12 + 1/2$$

المعادلة في أعلاه تم الحصول عليها من المعادلتين (2-2) , (3-2) ومن المعادلة (6-2) نحصل على:

$$1/2\, X_4 \geq 1/2$$

$$-1/2\, X_4 \leq -1/2$$

ولذلك فإن قيد (القطع) والذي يتم إضافته إلى الجدول (5-2) يكون بالصيغة الآتية بعد تحويله إلى الصيغة القياسية:

$$-1/2\, X_4 + X_6 = -1/2$$

وعلى هذا الأساس فإن الجدول (5-2) يصبح بالصيغة المعرفة بالجدول (6-2):

الجدول (6-2)

C_B	B.V. \ C_j	2	3	0	0	0	•	b
		X_1	X_2	X_3	X_4	X_5	X_6	
0	X_3	0	0	1	3/2	4	0	65/2
3	X_2	0	1	0	-3/2	1	0	25/2
2	X_1	1	0	0	3/2	-2	0	25/2
0	X_6	0	0	0	-1/2	0	1	-1/2
$\overline{C}$		0	0	0	3/2	1	0	

بما أن قيمة أحد المتغيرات الأساسية هي سالبة لذلك نستخدم طريقة السمبلكس الثنائية للتوصل إلى الحل ولذلك فإن المتغير الخارج هو X_6 أما المتغير الداخل فهو X_4 لأنه المتغير الوحيد ذو قيمة سالبة في صف X_6.

وباستخدام عملية المحور نحصل على جدول السمبلكس الجديد والمعرف بالجدول (2-7):

الجدول (2-7)

C_B	C_j / B.V.	2	3	0	0	0	·	b
		X_1	X_2	X_3	X_4	X_5	X_6	
0	X_3	0	0	1	0	4	3	31
3	X_2	0	1	0	0	1	-3	14
2	X_1	1	0	0	0	-2	3	11
0	X_4	0	0	0	1	0	-2	1
	$\overline{C}$	0	0	0	0	1	3	Z = 64

الجدول (2-7) يمثل حلا ممكنا حيث أن قيم المتغيرات كلها صحيحة:

$X_1 = 11 \quad , X_2 = 14 \quad , X_3 = 31 \quad , X_4 = 1 \quad , X_5 = X_6 = 0 \quad ; \quad Z = 64$

وهذه هي إحدى عيوب الأسلوب وهي عدم التوصل إلى الحل الأمثل لبعض المسائل لذلك يتم اللجوء إلى أساليب أخرى والموضحة لاحقا".

مثـــال (2-2): أوجد الحل الأمثل لمسألة الإنتاج:

$$\text{Max } Z = 4X_1 + 5X_2 + 7X_3$$

$$\text{S.T}$$

$$3X_1 + 2X_2 + 3X_3 \leq 20$$

$$3X_1 + 5X_2 + 7X_3 \leq 25$$

$$2X_1 + 3X_2 + 4X_3 \leq 25$$

$$X_1, X_2, X_3 \geq 0 \quad \text{and integer}$$

الحل:

الخطوة الأولى هي التوصل إلى حل المسألة مع إهمال قيد العدد الصحيح, بعد إضافة المتغيرات الوهمية إلى الأنموذج نحصل على الحل الأمثل للمسألة والموضح بالجدول (2-8):

الجدول(8-2)

C_B	B.V. \ C_j	4	5	7	0	0	0	b
		χ_1	χ_2	χ_3	χ_4	χ_5	χ_6	
0	χ_4	3	2	3	1	0	0	20
0	χ_5	3	5	7	0	1	0	25
0	χ_6	2	3	4	0	0	1	25
	$\overline{C}$	4	5	7	0	0	0	Z = 0
0	χ_4	**12/7**	-1/7	0	1	-3/7	0	65/7
7	χ_3	3/7	5/7	1	0	1/7	0	25/7
0	χ_6	2/7	1/7	0	0	-4/7	1	75/7
	$\overline{C}$	1	0	0	0	-1	0	Z = 30
4	χ_1	1	-1/12	٠	7/12	-1/4	0	65/12
7	χ_3	0	**3/4**	١	-1/4	1/4	0	5/4
0	χ_6	0	1/6	0	-1/6	-1/2	1	55/6
	$\overline{C}$	0	1/12	0	-7/12	-3/4	0	Z = 205/6
4	χ_1	1	0	1/9	5/9	-2/9	0	50/9
5	χ_2	0	1	4/3	-1/3	1/3	0	5/3
0	χ_6	0	0	-2/9	-1/9	-5/9	1	80/9
	$\overline{C}$	0	0	-1/9	-5/9	-7/9	0	Z = 275/9

الخطوة الثانية اختيار معادلة المتغير ذو أعلى كسر وكالآتي:

Var.	b_i	$[\,b_i\,]$	$f_i = b_i - [\,b_i\,]$
χ_1	50/9	5	50/9 – 5 = 5/9
χ_2	5/3	1	5/3– 1 = 2/3
χ_6	80/9	8	80/9– 8 = 8/9

من الجدول في أعلاه يتضح أن الاختيار يقع على معادلة المتغير χ_6 الموضحة بالجدول (2-8):

$$-2/9\,\chi_3 - 1/9\,\chi_4 - 5/9\,\chi_5 + \chi_6 = 80/9$$

باستخدام المعادلتين (2-2) , (2-3) فإن المعادلة في أعلاه تتحول إلى :

$$(-1+7/9)\,\chi_3 + (-1+8/9)\,\chi_4 + (-1+4/9)\,\chi_5 + (1+0)\,\chi_5 = 4 + 4/9$$

من المعادلة (2-6) نحصل على:

$$7/9\,\chi_3 + 8/9\,\chi_4 + 4/9\,\chi_5 \geq 8/9$$

$$-7/9\,\chi_3 - 8/9\,\chi_4 - 4/9\,\chi_5 \leq -8/9$$

الصيغة النهائية لقيد القطع الذي يتم إضافته إلى جدول الحل الأمثل (2-8) هي:

$$-7/9\,X_3 - 8/9\,X_4 - 4/9\,X_5 + X_7 = -8/9$$

وعلى هذا الأساس فإن جدول الحل الأمثل يصبح بالصيغة المعرفة بالجدول (2-9):

الجدول(2-9)

C_B	B.V. \ C_j	4	5	7	0	0	0	0	b
		X_1	X_2	X_3	X_4	X_5	X_6	X_7	
4	X_1	1	0	1/9	5/9	-2/9	0	0	40/9
5	X_2	0	1	4/3	-1/3	1/3	0	0	10/3
0	X_6	0	0	-2/9	-1/9	-5/9	1	0	55/9
0	X_7	0	0	-7/9	-8/9	-4/9	0	1	- 8/9
$\overline{C}$		0	0	-1/9	-5/9	-7/9	0	0	

باستخدام طريقة السمبلكس الثنائية يتضح أن المتغير الخارج هو X_7 ولمعرفة المتغير الداخل يتم قسمة صف $\overline{C}$ على صف المتغير الخارج وكالآتي:

$\overline{C}$	صف	0	0	-1/9	-5/9	-7/9	0	0
X_7	صف	0	0	-7/9	-8/9	-4/9	0	1
		-	-	1/7	5/8	7/4	-	-

إذن X_3 هو المتغير الداخل لأنه ذو اقل قيمة ناتجة من حاصل القسمة ولذلك فإن الجدول (2-9) يصبح بالصيغة المعرفة بالجدول (2-10) الناتج من عملية المحور:

الجدول(2-10)

C_B	B.V. \ C_j	4	5	7	0	0	0	0	b
		X_1	X_2	X_3	X_4	X_5	X_6	X_7	
4	X_1	1	0	0	3/7	-2/7	0	1/7	38/7
5	X_2	0	1	0	-13/7	-3/7	0	12/7	1/7
0	X_6	0	0	0	1/7	-3/7	1	-2/7	64/7
7	X_3	0	0	1	8/7	4/7	0	-9/7	8/7
$\overline{C}$		0	0	0	-3/7	-5/7	0	-1/7	

بما أن قيم المتغيرات الأساسية لا زالت غير صحيحة لذلك يتم إعادة الخطوة الثانية باختيار معادلة المتغير ذو أعلى كسر وكالآتي:

Var.	b_i	$[b_i]$	$f_i = b_i - [b_i]$
χ_1	38/7	5	38/7 – 5 = 3/7
χ_2	1/7	0	1/7 – 0 = 1/7
χ_6	64/7	9	64/7 – 9 = 1/7
χ_3	8/7	1	8/7 – 1 = 1/7

من الجدول في أعلاه يتضح إن الاختيار يقع على معادلة المتغير χ_1 الموضحة بالجدول (2-10):

$$\chi_1 + 3/7\ \chi_4 - 2/7\ \chi_5 + 1/7\ \chi_7 = 38/7$$

باستخدام المعادلتين (2-2) , (2-3) فإن المعادلة في أعلاه تتحول إلى:

$$(1+0)\ \chi_1 + (0+3/7)\chi_4 + (-1+5/7)\ \chi_5 + (0+1/7)\ \chi_7 = 5+3/7$$

من المعادلة (2-6) نحصل على:

$$3/7\ \chi_4 + 5/7\ \chi_5 + 1/7\ \chi_7 \geq 3/7$$

$$-3/7\ \chi_4 - 5/7\ \chi_5 - 1/7\ \chi_7 \leq -3/7$$

الصيغة النهائية لقيد القطع الذي يتم إضافته إلى الجدول (2-10) هي:

$$-3/7\ \chi_4 - 5/7\ \chi_5 - 1/7\ \chi_7 + \chi_8 = -3/7$$

وعلى هذا الأساس فإن الجدول(2-10) يصبح بالصيغة المعرفة بالجدول(2-11):

الجدول(2-11)

C_B	B.V.	C_j	4	5	7	0	0	0	0	0	b
			χ_1	χ_2	χ_3	χ_4	χ_5	χ_6	χ_7	χ_8	
4	χ_1		1	0	0	3/7	-2/7	0	1/7	0	38/7
5	χ_2		0	1	0	-13/7	-3/7	0	12/7	0	1/7
0	χ_6		0	0	0	1/7	-3/7	1	-2/7	0	64/7
7	χ_3		0	0	1	8/7	4/7	0	-9/7	0	8/7
0	χ_8		0	0	0	-3/7	-5/7	0	-1/7	1	-3/7
$\overline{C}$			0	0	0	-3/7	-5/7	0	-1/7	0	

باستخدام طريقة السمبلكس الثنائية يتضح أن المتغير الخارج هـو χ_8 ولمعرفة المتغير الـداخل يتم قسمة صف $\overline{C}$ على صف المتغير الخارج وكالآتي:

صف $\overline{C}$ 0   0   0   -3/7   -5/7   0   -1/7   0

صف χ_8 0   0   0   -3/7   -5/7   0   -1/7   1

    -   -   -   1   1   -   1   -

بما أن حاصل القسمة للمتغيرات χ_4, χ_5, χ_7 متساوي لذلك فمن الممكن اختيار احدها كمتغير داخل وليكن χ_4 وعلى هذا الأساس فإن الجدول (2-11) يصبح بالصيغة المعرفة بالجدول (2-12):

الجدول(2-12)

C_B	C_j / B.V.	4	5	7	0	0	0	0	0	b
		χ_1	χ_2	χ_3	χ_4	χ_5	χ_6	χ_7	χ_8	
4	χ_1	1	0	0	0	-1	0	0	1	5
5	χ_2	0	1	0	0	8/3	0	7/3	-13/3	2
0	χ_6	0	0	0	0	-2/3	1	-1/3	1/3	9
7	χ_3	0	0	1	0	-4/3	0	-5/3	8/3	0
0	χ_4	0	0	0	1	5/3	0	1/3	-7/3	1
$\overline{C}$		0	0	0	0	0	0	0	-1	Z= 30

الجدول (2-12) يمثل الحل الأمثل لمسألة البرمجة الصحيحة (I.L.P) ويلاحظ أن قيمة دالة الهدف أقل من قيمة دالة الهدف لمسألة البرمجة الخطية (L.P.) وذلك لكون المسألة تمثل مسألة تعظيم.

2-3-1-2: أسلوب البرمجة الصحيحة المختلطة

The Mixed Integer Programming Algorithm

يستخدم هذا الأسلوب في حال كون مسألة البرمجة الخطية (L.P.) تكون ذات متغيرات بعضها مقيد بقيد العدد الصحيح وهذا الأسلوب مشابه من حيث الفكرة الأساسية للأسلوب السابق والاختلاف الوحيد هو في صيغة قيد القطع , نفترض أن χ_i هو عبارة عن متغير مقيد بقيد العدد الصحيح في مسألة برمجة مختلطة لذلك فإن معادلة χ_i في الحل الأمثل هي:

$$\chi_i = b_i - \sum_{j=1}^{n} a_{ij} w_j = [b_i] + f_i - \sum_{j=1}^{n} a_{ij} w_j$$

$$\chi_i - [b_l] = f_i - \sum_{j=1}^{n} a_{ij} w_j \qquad ....(9\text{-}2)$$

بما أن بعض متغيرات w_j تكون غير مقيدة بقيد الأعداد الصحيحة فأنه من غير الممكن أن نستخدم معادلة القطع المبينة في الأسلوب السابق ولذلك فإن معادلة (قيد) القطع يكون كالآتي:

لكي يكون χ_i عبارة عن عدد صحيح فهذا يعني أن:

$$\chi_i \geq [bi]+1 \quad or \quad \chi_i \leq [bi] \text{ ---------------- } (10\text{-}2)$$

من (2-9) فإن الشروط (2-10) تكافئ الآتي:

$$\sum_{j=1}^{n} a_{ij} w_j \geq f_i \qquad \text{------------ } (11\text{-}2)$$

$$\sum_{j=1}^{n} a_{ij} w_j \leq f_i - 1 \qquad \text{------------ } (12\text{-}2)$$

وبافتراض:

G^+: مجموعة المتغيرات غير الأساسية في الحل الأمثل والتي تحقق $a_{ij} \geq 0$

G^-: مجموعة المتغيرات غير الأساسية في الحل الأمثل و التي تحقق $a_{ij} < 0$

من المعادلات (2-11) و (2-12) نحصل على:

$$\text{------------ } (13\text{-}2) \quad \sum_{j \in G^+} a_{ij} w_j \geq f_i$$

$$\frac{f_i}{f_i - 1} \sum_{j \in G^-} a_{ij} w_j \geq f_i \qquad \text{------------ } (14\text{-}2)$$

المعادلتين (2-13) و (2-14) ممكن ان يشتركان بعلاقة واحدة وكالآتي:

$$\chi_{n+1} - \left\{ \sum_{j \in G^+} a_{ij} w_j + \frac{f_i}{f_i - 1} \sum_{j \in G^-} a_{ij} w_j \right\} = -f_i \qquad \text{------------ } (15\text{-}2)$$

المعادلة (2-15) تمثل قيد القطع حيث χ_{n+1} عبارة عن متغير وهمي.

مثال (2-4): الجدول الآتي يمثل الحل الأمثل لمسألة البرمجة الخطية (L.P.):

C_B	C_j / B.V.	4	3	0	0	0	b
		χ_1	χ_2	χ_3	χ_4	χ_5	
4	χ_1	1	0	2/3	0	-3/2	5/2
0	χ_4	0	0	0	1	1	2
3	χ_2	0	1	1	0	7	4/3
$\overline{C}$		0	0	-17/3	0	-15	Z = 14

بافتراض أن المتغير X_1 مقيد بقيد العدد الصحيح ($X_1 \geq 0$ and integer), أوجد الحل الأمثل لمسألة البرمجة الخطية الصحيحة (I.L.P):

الحـل:

معادلة المتغير X_1 هي:

$$X_1 + 2/3\, X_3 - 3/2\, X_5 = 2 + 1/2$$

$$G^+ = \{3\} \quad , \quad G^- = \{5\} \quad , \quad f_1 = 1/2$$

من المعادلة (2-15) نحصل على:

$$X_6 - \left\{ \frac{2}{3} X_3 + \left(\frac{1/2}{1/2 - 1} \right) \left(\frac{-3}{2} X_5 \right) \right\} = -1/2$$

$$X_6 - 2/3\, X_3 - 3/2\, X_5 = -1/2$$

جدول الحل الأمثل يصبح بالصيغة الموضحة بالجدول (2-13):

الجدول (2-13)

C_B	B.V. \ C_j	4	3	0	0	0	0	b
		X_1	X_2	X_3	X_4	X_5	X_6	
4	X_1	1	0	2/3	0	-3/2	0	5/2
0	X_4	0	0	0	1	1	0	2
3	X_2	0	1	1	0	7	0	4/3
0	X_6	0	0	-2/3	0	-3/2	1	-1/2
	$\overline{C}$	0	0	-17/3	0	-15	0	

بما أن قيمة أحد المتغيرات الأساسية هي سالبة لذلك يتم اللجوء إلى طريقة السمبلكس الثنائية للتوصل إلى الحل و لذلك فإن X_6 يمثل المتغير الخارج لأنه ذو قيمة سالبة ولمعرفة المتغير الداخل يتم قسمة صف $\overline{C}$ على صف X_6 وكالآتي:

$\overline{C}$	صف	0	0	-17/3	0	-15	0
X_6	صف	0	0	-2/3	0	-3/2	1
		-	-	17/2	-	10	-

X_3 هو المتغير الداخل لأنه ذو أقل قيمة ناتجة من حاصل القسمة لذلك فإن الجدول (2-13) يصبح بالصيغة المعرفة بالجدول (2-14) الناتج من تطبيق عملية المحور:

الجدول(14-2)

C_B	B.V. \ C_j	4	3	0	0	0	0	b
		X_1	X_2	X_3	X_4	X_5	X_6	
4	X_1	1	0	0	0	-3	1	2
0	X_4	0	0	0	1	1	0	2
3	X_2	0	1	0	0	19/4	3/2	7/12
0	X_3	0	0	1	0	9/4	-3/2	3/4
$\overline{C}$		0	0	0	0	-9/4	-17/2	Z= 39/4

الجدول (14-2) يمثل الحل الأمثل حيث أن قيمة X_1 هي عدد صحيح.

2-3-2: أسلوب التفريع والتحديد Branch And Bound Approach

يستخدم هذا الأسلوب لحل مسائل البرمجة الخطية الصحيحة (I.L.P) بنوعيها النقية والمختلطة ويستند هذا الأسلوب على مسألة البرمجة الخطية (.L.P) بدون الأخذ بنظر الاعتبار قيد الأعداد الصحيحة فإذا كان الحل الأمثل يمثل قيم عددية صحيحة فأنه يمثل حل أمثل لمسألة البرمجة الخطية الصحيحة (I.L.P) أما إذا احتوى الحل على قيم غير صحيحة فيتم استخدام أسلوب البتر (Truncation) للحصول على حل أمثل صحيح فلو افترضنا أن الحل الأمثل لمسألة برمجة خطية (.L.P) متكونة من متغيرين X_1 و X_2 هو (4.4,3.5) فإن الحل الأمثل لمسألة البرمجة الخطية الصحيحة (I.L.P) يتم من خلال اختيار أربعة حلول صحيحة ممكنة هي (3 , 4) , (4, 4) , (4 , 5) , (3 , 5) وهذا يعني أن الحل الأمثل الصحيح يتم التوصل إليه من خلال الأخذ بنظر الاعتبار كل القيم الصحيحة الممكنة للمتغيرات فمثلا X_1 يتم اخذ القيمة الأقل من أو اكبر من 3.5 أي أن الحل الصحيح الأمثل يجب أن يحقق القيد ≥ 3 X_1 أو يحقق القيد $X_1 \geq 4$, وبصورة عامة نفترض مسألة البرمجة الخطية (.L.P) الآتية:

(L.P- 1) Max $Z = CX$

S.T

$AX = b$

$X \geq 0$

X_j integer

الخطوة الأولى: حل مسألة (L.P-1) بدون الأخذ بنظر الاعتبار قيد العدد الصحيح ولنفترض إن الحل الأمثل يتمثل بقيمة دالة هدف Z_1 وقيمة غير صحيحة لـ χ_j, قيمة Z_1 تمثل الحد الأعلى لتعظيم قيمة دالة الهدف.

الخطوة الثانية: تجزئة المسألة (L.P-1) إلى مسألتين فرعيتين (L.P-2) و (L.P-3) , مسألة (L.P-2) تمثل مسألة (L.P-1) مع إضافة القيد $\chi_j \leq [b_j]$ ومسألة (L.P-3) تمثل مسألة (L.P-1) مع إضافة القيد $\chi_j \geq [b_j]+1$ حيث $[b_j]$ يمثل اكبر عدد صحيح اقل من القيمة غير الصحيحة لـ χ_j وهذا هو معنى التفريع.

في حال وجود أكثر من متغير واحد بقيمة غير صحيحة فإن اختيار قيد المتغير الذي يتم إضافته إلى المسألة الأصلية لتكوين المسائل الفرعية يتم من خلال اختيار المتغير ذو أعلى كسر أو من خلال اختيار المتغير الأفضل بين المتغيرات ويتم تحديد الأفضل من خلال قيمة معامل المتغير في دالة الهدف.

(L.P- 2) Max $Z = CX$	(L.P- 3) Max $Z = CX$
S.T	S.T
$AX = b$	$AX = b$
$\chi_j \leq [b_j]$	$\chi_j \geq [b_j]+1$
$X \geq 0$	$X \geq 0$

الخطوة الثالثة: التوصل إلى الحل الأمثل للمسألتين (L.P-2) و (L.P-3) ولو تم افتراض أن الحلول المثلى للمسألتين هي عبارة عن قيم غير صحيحة فهذا يستدعي إعادة التفريع مرة أخرى بإضافة قيد جديد إلى احد المسألتين التي قيمة دالة الهدف لها أعلى من قيمة دالة الهدف للمسألة الأخرى (مسألة تعظيم) بشرط عدم تجاوزها لقيمة Z_1 , عمليات التفريع تستمر إلى أن يتم الحصول على الحل الصحيح من واحد من البرامج الخطية الفرعية, أي مسألة فرعية تتوقف عن التفريع يطلق عليها مسألة مفهومة (Fathomed) في حال تحقق احد الشروط الآتية:

1. الحل الأمثل للمسألة الفرعية هو حل صحيح.
2. المسألة الفرعية لا تمتلك حل ممكن.

3. قيمة Z لأي من البرامج الفرعية التي يمثل حلها حلا صحيحا تمثل الحد الأدنى لتعظيم مسـألة (-L.P 1) ولذلك فإن التفريع يتوقف في حال كون قيمة Z للمسألة الفرعية اقل من الحد الأدنى.

مثـال (2-5): اوجد الحل الأمثل لمسألة البرمجة الخطية (.L.P) الآتية:

$$\text{Max} \quad Z = 4X_1 + 2X_2$$
$$\text{S.T}$$
$$3X_1 + X_2 \le 12$$
$$X_1 + X_2 \le 7/2$$
$$X_1, X_2 \ge 0 \text{ and integer}$$

الحل:

الخطوة الأولى هي إيجاد الحل الأمثل للمسألة بدون الأخذ بنظر الاعتبار قيد العـدد الصـحيح , الحـل الأمثل موضح بالشكل (2-3):

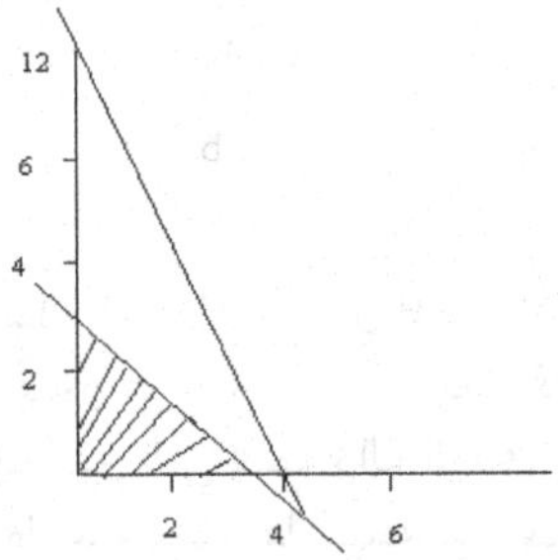

الشكل (2-3)

الحل الأمثل هو:

$$X_1 = 7/2 \quad , \quad X_2 = 0 \quad ; \quad Z = 14$$

بما أن قيمة أحد المتغيرين X_1 غير صحيحة فـإن ذلـك يسـتوجب تكـوين مسـألتين فـرعيتين مـن خـلال إضافة القيد $X_1 \ge 4$ أو $X_1 \le 3$ إلى المسألة الأصلية:

(L.P-1)	(L.P-2)
Max $Z = 4X_1 + 2X_2$	Max $Z = 4X_1 + 2X_2$
S.T	S.T
$3X_1 + X_2 \le 12$	$3X_1 + X_2 \le 12$
$X_1 + X_2 \le 7/2$	$X_1 + X_2 \le 7/2$
$X_1 \le 3$	$X_1 \ge 4$
$X_1, X_2 \ge 0$	$X_1, X_2 \ge 0$

حل المسألتين (L.P-1) و (L.P-2) موضح بالشكلين (2-4) و (2-5) على التوالي:

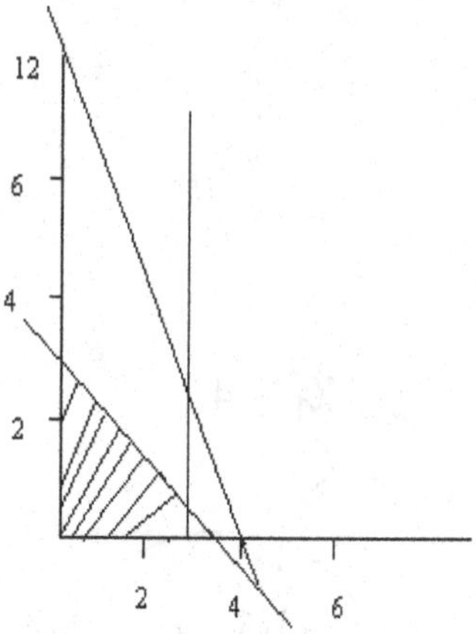

الشكل (2-4)

(L.P-1)

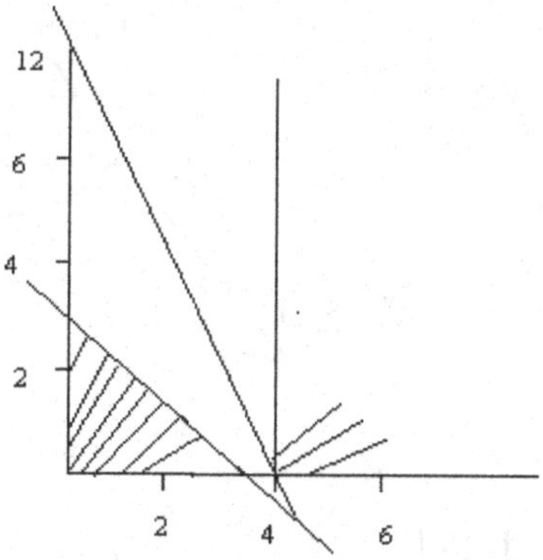

الشكل (2-5)

(L.P-2)

الحل الأمثل لمسألة (L.P-1) هو:

$$x_1 = 3 \quad , \quad x_2 = 0 \quad ; \quad Z = 12$$

وهو يمثل الحل الأمثل للمسألة الأصلية لأن مسألة (L.P-2) غير قابلة للحل وكما هو موضح بالشكل (2-5):

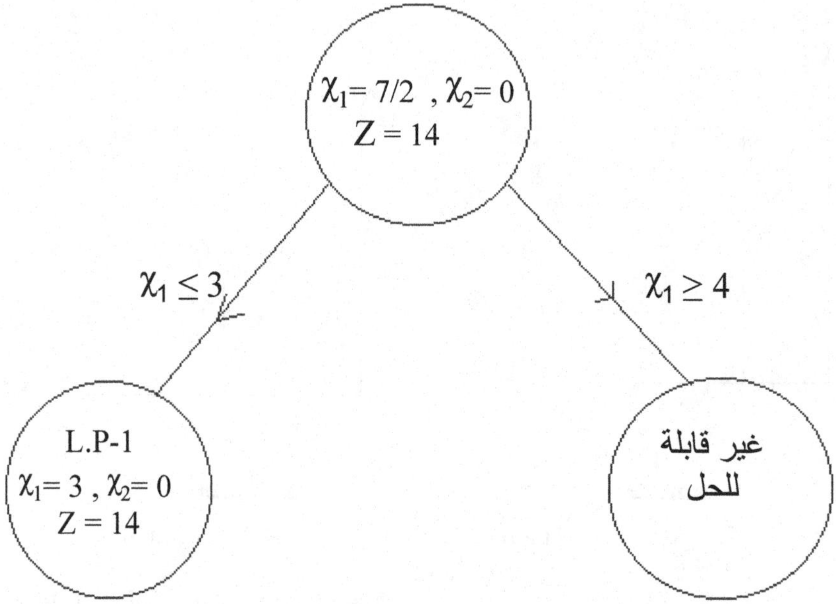

مثـال (6-2): اوجد الحل الأمثل لمسألة الإنتاج باستخدام أسلوب التفريع والتحديد:

$$\text{Max} \quad Z = 4X_1 + 5X_2 + 7X_3$$

S.T

$$3X_1 + 2X_2 + 3X_3 \le 20$$

$$3X_1 + 5X_2 + 7X_3 \le 25$$

$$2X_1 + 3X_2 + 4X_3 \le 25$$

$$X_1, X_2, X_3 \ge 0 \quad \text{and integer}$$

الحل:

الحل الأمثل لمسألة الإنتاج بدون الأخذ بنظر الاعتبار قيد العدد الصحيح هو:

$X_1 = 50/9$, $X_2 = 5/3$, $X_3 = 0$; $Z = 275/9$

بما أن قيم المتغيرات هي قيم غير صحيحة لذلك يتم اختيار المتغير ذو أعلى كسر X_2 لتكوين قيدين هما $X_2 \le 1$ و $X_2 \ge 2$, يتم إضافة القيدين إلى المسألة الأصلية كل على حده لتكوين مسألتي برمجة خطية (L.P.) وكالآتي:

(L.P-1) $\quad \text{Max} \quad Z = 4X_1 + 5X_2 + 7X_3$

S.T

$$3X_1 + 2X_2 + 3X_3 \le 20$$
$$3X_1 + 5X_2 + 7X_3 \le 25$$
$$2X_1 + 3X_2 + 4X_3 \le 25$$
$$X_2 \le 1$$
$$X_1, X_2, X_3 \ge 0 \quad \text{and integer}$$

(L.P-2) $\quad \text{Max} \quad Z = 4X_1 + 5X_2 + 7X_3$

S.T

$$3X_1 + 2X_2 + 3X_3 \le 20$$
$$3X_1 + 5X_2 + 7X_3 \le 25$$
$$2X_1 + 3X_2 + 4X_3 \le 25$$
$$X_2 \ge 2$$
$$X_1, X_2, X_3 \ge 0 \quad \text{and integer}$$

الحل الأمثل لمسألة (LP-1) موضح بالجدول (2-15):

الجدول(2-15)

C_B	B.V. \ C_j	4	5	7	0	0	0	0	b
		X_1	X_2	X_3	X_4	X_5	X_6	X_7	
0	X_4	3	2	3	1	0	0	0	20
0	X_5	3	5	7	0	1	0	0	25
0	X_6	2	3	4	0	0	1	0	25
0	X_7	0	1	0	0	0	0	1	1
	$\overline{C}$	4	5	7	0	0	0	0	Z = 0
0	X_4	**12/7**	-1/7	0	1	-3/7	0	0	65/7
7	X_3	3/7	5/7	1	0	1/7	0	0	25/7
0	X_6	2/7	1/7	0	0	-4/7	1	0	75/7
0	X_7	0	1	0	0	0	0	1	1
	$\overline{C}$	1	0	0	0	-1	0	0	Z = 25
4	X_1	1	-1/12	0	7/12	-1/4	0	0	65/12
7	X_3	0	3/4	1	-1/4	1/4	0	0	5/4
0	X_6	0	1/6	0	-1/6	-1/2	1	0	55/6
0	X_7	0	**1**	0	0	0	0	1	1
	$\overline{C}$	0	19/12	0	-13/12	-1/4	0	0	Z = 335/12
4	X_1	1	0	0	7/12	-1/4	0	1/12	11/12
7	X_3	0	0	1	-1/4	1/4	0	-3/4	1/2
0	X_6	0	0	0	-1/6	-1/2	1	-1/6	9
5	X_2	0	1	0	0	0	0	1	1
	$\overline{C}$	0	0	0	-7/12	-1/4	0	-1/12	Z = 61/2

بما أن قيم المتغيرين χ_3, χ_1 هي قيم غير صحيحة لذلك فإن مسألة (L.P-1) تتفرع إلى مسألتين فرعيتين ولكن قبل ذلك يتم إيجاد الحل الأمثل لمسألة (L.P-2) و كما هو موضح بالجدول (16-2):

الجدول(16-2)

C_B	B.V. \ C_j	4	5	7	0	0	0	0	-M	
		χ_1	χ_2	χ_3	χ_4	χ_5	χ_6	χ_7	$\bar{\chi}_1$	b
0	χ_4	3	2	3	1	0	0	0	0	20
0	χ_5	3	5	7	0	1	0	0	0	25
0	χ_6	2	3	4	0	0	1	0	0	25
-M	$\bar{\chi}_1$	0	**1**	0	0	0	0	-1	1	2
$\bar{C}$		4+M	5	7	0	0	0	-M	0	Z =-2M
0	χ_4	3	0	3	1	0	0	2		16
0	χ_5	3	0	7	0	1	0	5		15
0	χ_6	2	0	4	0	0	1	3		19
5	χ_2	0	1	0	0	0	0	-1		2
$\bar{C}$		4	0	7	0	0	0	5		Z =10
0	χ_4	12/7	0	0	1	-3/7	0	-1/7		67/7
7	χ_3	3/7	0	1	0	1/7	0	5/7		15/7
0	χ_6	2/7	0	0	0	-4/7	1	1/7		73/7
5	χ_2	0	1	0	0	0	0	-1		2
$\bar{C}$		0	0	0	0	-1	0	0		Z = 25
0	χ_4	0	0	-4	1	-1	0	-3		1
4	χ_1	1	0	7/3	0	1/3	0	5/3		5
0	χ_6	0	0	-2/3	0	-2/3	1	-1/3		9
5	χ_2	0	1	0	0	0	0	-1		2
$\bar{C}$		0	0	-7/3	0	-4/3	0	-5/3		Z = 30

الجدول (16-2) يمثل حلا امثلا لمسألة البرمجة الخطية الصحيحة (I.L.P) لأنه لا يمكن الحصول على قيمة لدالة الهدف أفضل من القيمة الحالية(أي ٣٠):

$$\chi_1 = 5 \quad , \chi_2 = 2 \quad , \chi_3 = 0 \qquad ; \; Z = 30$$

مثال (7-2): اوجد الحل الأمثل لمسألة الأيدي العاملة باستخدام أسلوب التفريع والتحديد:

$$\text{Min } Z = 2X_1 + 3X_2$$

S.T

$$5X_1 + 6X_2 \leq 170$$

$$2/3\, X_1 + 4/3 X_2 \geq 25$$

$$X_1 + X_2 \geq 25$$

$$X_1 , X_2 \geq 0 \quad \text{and integer}$$

الحــل:

الحل الأمثل للمسألة بدون الأخذ بنظر الاعتبار قيد العدد الصحيح موضح بالجدول (17-2):

الجدول(17-2)

C_B	C_j / B.V.	2	3	0	0	0	b
		X_1	X_2	X_3	X_4	X_5	
0	X_3	0	0	1	3/2	4	65/2
3	X_2	0	1	0	-3/2	1	25/2
2	X_1	1	0	0	3/2	-2	25/2
	$\overline{C}$	0	0	0	3/2	1	Z = 125/2

بما أن قيمة X_1 و X_2 متساوية من حيث الكسر لذلك يتم الاختيار وفق قاعدة المتغير الأفضل من حيث قيمته في دالة الهدف ولذلك يتم اختيار X_1 والذي تقع قيمته بين 12 و 13 وعلى هذا الأساس يتكون قيدين هما $X_1 \leq 12$ و $X_1 \geq 13$ ولذلك فإن المسألة الأصلية تتفرع إلى مسألتين فرعيتين:

مسألة (L.P-1): تمثل المسألة الأصلية مع إضافة القيد $X_1 \leq 12$:

$$X_1 + X_6 = 12 \text{ ------------ } (16\text{-}2)$$

من الجدول (17-2) معادلة X_1 هي:

$$X_1 + 3/2\, X_4 - 2\, X_5 = 25/2$$

$$X_1 = 25/2 - 3/2\, X_4 + 2\, X_5 \text{ ----------- } (17\text{-}2)$$

بتعويض (17-2) في (16+2) نحصل على:

$$-3/2\, X_4 + 2\, X_5 + X_6 = -1/2 \text{ ------------ } (18\text{-}2)$$

بإضافة المعادلة (2-18) إلى الجدول (2-16) نحصل على الجدول (2-17):

الجدول(2-17)

C_B	B.V. \ C_j	2	3	0	0	0	0	b
		χ_1	χ_2	χ_3	χ_4	χ_5	χ_6	
0	χ_3	0	0	1	3/2	4	0	65/2
3	χ_2	0	1	0	-3/2	1	0	25/2
2	χ_1	1	0	0	3/2	-2	0	25/2
0	χ_6	0	0	0	-3/2	2	1	-1/2
$\overline{C}$		0	0	0	3/2	1	0	

بما أن قيمة أحد المتغيرات الأساسية سالبة χ_6 لذلك يتم اللجوء إلى طريقة السمبلكس الثنائية للتوصل إلى الحل الأمثل وعلى هذا الأساس فإن χ_6 هو المتغير الخارج و χ_4 هو المتغير الداخل لأنه المتغير الوحيد الذي يكون ذو قيمة سالبة في صف χ_6 وبتطبيق عملية المحور نحصل على الجدول (2-18):

الجدول(2-18)

C_B	B.V. \ C_j	2	3	0	0	0	0	b
		χ_1	χ_2	χ_3	χ_4	χ_5	χ_6	
0	χ_3	0	0	1	0	6	1	32
3	χ_2	0	1	0	0	-1	-1	13
2	χ_1	1	0	0	0	0	1	12
0	χ_4	0	0	0	1	-4/3	-2/3	1/3
$\overline{C}$		0	0	0	0	3	1	Z = 63

الجدول (2-18) يمثل الحل الأمثل لمسألة البرمجة الصحيحة (I.L.P) والسبب في ذلك يعود إلى أن قيمة Z (63) هي أفضل قيمة ممكن الحصول عليها حيث أن قيمة Z بدون الأخذ بنظر الاعتبار قيد العدد الصحيح هي (62.5) وبما إن قيم معاملات دالة الهدف هي قيم صحيحه لذلك لا يمكن الحصول على قيمة لـ Z بحيث قيم المتغيرات تكون أعداد صحيحة أفضل من (63).

3-3-2: أسلوب الاختبارين* Two - Test Approach

تستخدم هذه الطريقة اختبارين للتوصل إلى الحل الأمثل الاختبار الأول يتمثل باختبار دالة الهدف من حيث كون قيمة دالة الهدف لمسألة البرمجة الخطية الصحيحة (I.L.P) اقل أو تساوي قيمة دالة الهدف في حالة التعظيم وأكبر أو تساوي في حالة التقليل لمسألة البرمجة الخطية (L.P.) والاختبار الثاني يتمثل باختبار تحقق القيود المؤثرة في الأنموذج (قيود الموارد النادرة) , خطوات هذه الطريقة موضحة من خلال الأمثلة الآتية:

مثال (2-8): اوجد الحل الأمثل لمسألة الإنتاج باستخدام طريقة الاختبارين على اعتبار أن الكمية المتوفرة من المواد الأولية للنوع الثاني هي ٣٠ وذلك لتوضيح الطريقة بشكل أفضل:

$$\text{Max} \quad Z = 4X_1 + 5X_2 + 7X_3$$

S.T

$$3X_1 + 2X_2 + 3X_3 \leq 20$$
$$3X_1 + 5X_2 + 7X_3 \leq 30$$
$$2X_1 + 3X_2 + 4X_3 \leq 25$$
$$X_1, X_2, X_3 \geq 0 \quad \text{and integer}$$

الحل:

خطوات الطريقة هي:

١. إيجاد الحل الأمثل للمسألة بدون الأخذ بنظر الاعتبار قيد العدد الصحيح.

٢. نختار القيود المؤثرة في الأنموذج والتي تكون قيم أسعار الظل لها عبارة عن قيم غير صفرية.

الحل الأمثل هو:

$$X_1 = 4\frac{4}{9} \quad , X_2 = 3\frac{1}{3} \quad , X_3 = 0 \qquad ; \quad Z = 34\ \frac{4}{9}$$

قيم أسعار الظل هي:

$$y_1 = 5/9 \quad , \quad y_2 = 7/9 \quad , y_3 = 0$$

* عرف هذا الأسلوب عام ٢٠٠٢ (راجع المصدر الرابع (الزبيدي))

من قيم أسعار الظل نلاحظ أن القيدين الأول والثاني هما القيدين المؤثرين في الأنموذج.

٣. في حالة كون قيم متغيرات القرار في الحل الأمثل عبارة عن قيم كسرية نختار المتغير ذو أعلى قيمة كسرية (أي X_1).

٤. إعطاء X_1 قيمة تمثل أصغر عدد صحيح اكبر من القيمة غير الصحيحة له (أي 5) مع أعطاء بقية المتغيرات ذات القيم غير الصحيحة قيم تمثل اكبر عدد صحيح أقل من القيم غير الصحيحة لها.

$$X_1 = 5 \quad , X_2 = 3 \quad , X_3 = 0$$

٥. حساب قيمة Z_1 للمرحلة الأولى بتعويض القيم المختارة في (4) أعلاه بدالة الهدف.

$$Z_1 = 4\,(5) + 5\,(3) + 0 = 35$$

٦. حساب $\overline{Z_1} = Z - Z_1$, بحيث قيمة $\overline{Z_1}$ يجب أن تكون أكبر أو تساوي الصفر في حالة التعظيم و أقل أو تساوي الصفر في حالة التقليل وعكس ذلك نتوقف وننتقل إلى المرحلة الثانية:

$$\overline{Z_1} = Z - Z_1 = 34\frac{4}{9} - 35 = -\frac{5}{9}$$

بما أن قيمة $\overline{Z_1}$ سالبة ننتقل إلى المرحلة الثانية.

المرحلة الثانية:

إعطاء X_1 قيمة تمثل اكبر عدد صحيح اقل من القيمة غير الصحيحة له مع إعطاء بقية المتغيرات قيمة تمثل اصغر عدد صحيح اكبر من القيم غير الصحيحة لها:

$$X_1 = 4 \quad , X_2 = 4 \quad , X_3 = 0 \qquad ; \quad Z_2 = 36$$

$$\overline{Z_2} = Z - Z_2 = 34\frac{4}{9} - 36 = -1\frac{5}{9}$$

المرحلة الثالثة:

إعطاء المتغيرات قيم تمثل اكبر عدد صحيح اقل من القيم غير الصحيحة لها:

$$X_1 = 4 \quad , X_2 = 3 \quad , X_3 = 0 \qquad ; \quad Z_3 = 31$$

$$\overline{Z_3} = Z - Z_3 = 34\frac{4}{9} - 31 = 3\frac{4}{9}$$

٧. نختبر تحقق القيود المؤثرة في الأنموذج من خلال ضرب معاملات الجانب الأيسر للقيود في الزيادة أو النقصان لقيم المتغيرات:

1- 3(-(4/9)) + 2(-(1/3)) + 0 = - 2

2- 3(-(4/9)) + 2(-(1/3)) + 0 = - 3

٨. في حالة كون إشارة القيد أصغر أو يساوي فإن القيم المحسوبة في (7) يجب أن تكون اقل أو تساوي صفر أما في حالة كون إشارة القيد اكبر أو تساوي صفر فإن القيم المحسوبة يجب أن تكون اكبر أو تساوي صفر وعكس ذلك ننتقل إلى مرحلة أخرى.

٩. نختار القيد ذو القيمة غير الصفرية الأعلى الناتجة من (7) في حال كون إشارة القيد اصغر أو تساوي أما في حال كون إشارة القيد اكبر أو تساوي فنختار القيد ذو القيمة غير الصفرية الأقل , وعلى هذا الأساس سوف نختار القيد الأول.

١٠. حساب قيمة Q للقيد الأول والتي تمثل معاملات الجانب الأيسر للقيد الأقل من أو تساوي القيمة المحسوبة في (7) بغض النظر عن الأشارة (2-) اما في حالة كون اشارة القيد اكبر أو يساوي فنختار معاملات الجانب الأيسر للقيد الأقل أو تساوي القيمة المحسوبة في (7) وكذلك الأختلاف بين معاملات الجانب الأيسر التي تحقق الشرط.

$$Q_1 = (\ a_{12}\ ,\ a_{11} - a_{12}\ ,\ a_{13} - a_{12}\ )$$

في حالة عدم وجود قيم لـ Q فإن الحل يمثل الحل الأمثل.

١١. حساب قيم $\overline{Q_1}$ والتي تمثل معاملات دالة الهدف بحيث:

إشارة القيد اصغر أو يساوي $\overline{Q_1} = (\ C_2\ ,\ C_1 - C_2\ ,\ C_3 - C_2\ )$

إشارة القيد اكبر أو يساوي $\overline{Q_1} = (-C_2\ ,\ C_2 - C_1\ ,\ C_2 - C_3\ )$

١٢. اختيار قيم $\overline{Q_1}$ الأكبر من الصفر والتي تكون اصغر أو تساوي $\overline{Z_3}$ في حالة التعظيم ومن ثم اختيار القيمة الأعلى منها, أما في حالة التقليل فيتم اختيار قيم

$\overline{Q_1}$ الأصغر من الصفر والتي تكون اكبر أو تساوي $\overline{Z}_3$ وعكس ذلك فإن حل المرحلة الثالثة يمثل الحل الأمثل.

$\overline{Q_1} = (5 > \overline{Z}_3 , -1 , 2 < \overline{Z}_3)$

١٣. قيمة $\overline{Q_1}$ المختارة هي (2) هذا يعني الانتقال إلى المرحلة الرابعة بزيادة قيمة المتغير X_3 نقصان قيمة المتغير X_2 وحدة واحدة مع ثبات قيم المتغيرات الأخرى.

المرحلة الرابعة:

$X_1 = 4 \quad , X_2 = 2 \quad , X_3 = 1 \quad ; \quad Z_4 = \quad 33$

$$Z_4 = Z - \overline{Z}_4 = 34\frac{4}{9} - 33 = 1\frac{4}{9}$$

نختبر إمكانية تحقق القيدين الأول والثاني:

1- $3(-(4/9)) + 2(-(4/3)) + 3\ (1) = -1$

2- $3(-(4/9)) + 5(-(4/3)) + 7\ (1) = -1$

بما أن القيم سالبة ومتساوية فهذا يعني تحقق القيدين وعليه نستخرج قيم Q_1 و Q_2 وكالآتي:

$Q_1 = (a_{11} - a_{12} , a_{13} - a_{12})$

$Q_2 = -$

بما أن Q_2 لا تحتوي على قيم لذلك نستنتج بأن حل المرحلة الرابعة يمثل الحل الأمثل أي:

$X_1 = 4 \quad , X_2 = 2 \quad , X_3 = 1 \quad ; \quad Z_4 = 33$

مثال (2-9): اوجد الحل الأمثل لمسألة البرمجة الخطية الآتية:

$$\text{Max} \quad Z = 5X_1 + 4X_2$$

S.T

$$X_1 + X_2 \le 5$$

$$10X_1 + 6X_2 \le 45$$

$$X_1 , X_2 \ge 0 \qquad \text{and integer}$$

الحل:

الحل الأمثل للمسألة بدون الأخذ بنظر الاعتبار قيد العدد الصحيح هو:

$$X_1 = 3\frac{3}{4} \quad , X_2 = 1\frac{1}{4} \quad ; \quad Z = 23\frac{3}{4}$$

قيم أسعار الظل هي:

$y_1 = 5/2 \quad , \quad y_2 = 1/4$

وهذا يدل على أن قيود الأنموذج هي قيود مؤثرة:

المرحلة الأولى: نختار X_1 لأنه ذو أعلى كسر:

$X_1 = 4 \quad , X_2 = 1 \qquad ; \quad Z_1 = 24$

$$\overline{Z}_1 = Z - Z_1 = 23\frac{3}{4} - 24 = -\frac{1}{4}$$

بما أن قيمة $\overline{Z}_1$ سالبة ننتقل إلى المرحلة الثانية.

المرحلة الثانية:

$X_1 = 3 \quad , X_2 = 2 \qquad ; \quad Z_2 = 23$

$$\overline{Z}_2 = Z - Z_2 = 23\frac{3}{4} - 23 = \frac{3}{4}$$

نختبر إمكانية تحقق القيود وكالآتي:

1- -(3/4) + (3/4) = 0

2- 10(-(3/4)) + 6 (3/4) = - 3

بما أن القيم اصغر أو تساوي الصفر فهذا يعني تحقق القيود ونختار القيد الثاني لحساب قيم Q_2:

$Q_2 = -$

هذا يعني أن حل المرحلة الثانية يمثل الحل الأمثل أي:

$X_1 = 3 \quad , X_2 = 2 \qquad ; \quad Z = 23$

مثال (2-10): اوجد الحل الأمثل لمسألة البرمجة الخطية الآتية:

$$\text{Min} \quad Z = 2X_1 + 3X_2 + 4X_3$$

S.T

$$X_1 + 2X_2 + 2X_3 \geq 6$$
$$X_1 + 4X_2 + 2X_3 \geq 10$$
$$3X_1 + X_3 \geq 4$$
$$X_1 , X_2 , X_3 \geq 0 \quad \text{and integer}$$

الحـــل:

الحل الأمثل للمسألة بدون الأخذ بنظر الاعتبار قيد العدد الصحيح هو:

$$X_1 = 1\frac{1}{3} \quad , X_2 = 2\frac{1}{3} \quad , X_3 = 0 \qquad ; \quad Z = 9\frac{2}{3}$$

قيم أسعار الظل هي:

$y_1 = 3/2 \quad , \quad y_2 = 0 \quad , y_3 = 1/6$

وهذا يدل على أن القيدين الأول والثالث هما القيود المؤثرة في الأنموذج:

المرحلة الأولى: نختار X_1 أي أن :

$X_1 = 2 \quad , X_2 = 2 \ , X_3 = 0 \qquad ; \ Z_1 = 10$

$$\overline{Z}_1 = Z - Z_1 = 9\frac{2}{3} - 10 = -\frac{1}{3}$$

نختبر إمكانية تحقق القيدين الأول والثالث:

1- 1(2/3) + 2(-(1/3)) + 0 = 0

2- 3(2/3) + 0 = 2

بما أن القيم اكبر أو تساوي الصفر فهذا يعني تحقق القيدين ونختار القيد الثالث لاستخراج قيم Q_3 :

$\underline{Q_3} = a_{31} - a_{33}$

$\overline{Q_3} = C_3 - C_1 = 2$

بما أن قيمة $\overline{Q_3}$ موجبة فهذا يدل على أن حل المرحلة الأولى يمثل الحل الأمثل أي:

$X_1 = 2 \quad , X_2 = 2 \ , X_3 = 0 \qquad ; \ Z = 10$

مثال (11-2): اوجد الحل الأمثل للمسألة الآتية باستخدام طريقة الاختبارين:

$$\text{Min} \quad Z = 2X_1 + 3X_2$$

S.T

$$5X_1 + 6X_2 \le 140$$

$$2/3X_1 + 4/3X_2 \ge 25$$

$$X_1 + X_2 \ge 25$$

$$X_1 , X_2 \ge 0 \qquad \text{and integer}$$

الحـل:

الحل الأمثل لمسألة البرمجة الخطية هو:

$$X_1 = 12\frac{1}{2} \quad , X_2 = 12\frac{1}{2} \ ; \ Z_4 = 62\frac{1}{2}$$

قيم أسعار الظل هي:

$y_1 = 0 \quad , \quad y_2 = 3/2 \quad , y_3 = 1$

وهذا يدل على أن القيدين الثاني والثالث هما القيود المؤثرة في الأنموذج:

المرحلة الأولى: نختار X_1 أي أن :

$X_1 = 13 \quad , X_2 = 12 \quad ; \; Z_1 = 62$

$\overline{Z_1} = Z - Z_1 = 62\frac{1}{2} - 62 = \frac{1}{2}$

بما أن القيمة موجبة ننتقل إلى المرحلة الثانية.

المرحلة الثانية:

$X_1 = 12 \quad , X_2 = 13 \quad ; \; Z_2 = 63$

$\overline{Z}_2 = Z - Z_2 = 62\frac{1}{2} - 63 = -\frac{1}{2}$

نختبر إمكانية تحقق القيدين الثاني والثالث:

2- 2/3(-(1/2)) +4/3(1/2) = 1/3

3- -1/2 + 1/2 = 0

هذا يدل على تحقق القيدين ونختار القيد الثاني لاستخراج Q_2:

$Q_2 = -$

إذن الحل الأمثل لمسألة البرمجة الخطية الصحيحة هو:

$X_1 = 12 \quad , X_2 = 13 \quad ; \; Z = 63$

مما ورد أعلاه نستنتج بأن الطريقة كفؤة جدا في استخراج الحل الأمثل لمسألة البرمجة الخطية الصحيحة (I.L.P) وقد تم تطبيقها على العديد من الأمثلة وأثبتت كفاءتها.

4-2 : البرمجة الثنائية Zero - One Programming

تمثل البرمجة الثنائية تطبيقا مهما جدا لمسائل البرمجة الصحيحة (I.L.P) فقد تواجه عامل القرار مسائل تتضمن قرارات من النوع (نعم أو لا) مثال ذلك هل نصنع هذه المادة أم لا أو هل نشغل السيارات على خط معين أم لا , هذه القرارات ممكن أن تمثل بمتغيرات قرار تأخذ قيمتين فقط أما صفر أو واحد أي:

$$X_j = \begin{cases} 1 & \text{اذا كان القرار j هو نعم} \\ 0 & \text{اذا كان القرار j هو لا} \end{cases}$$

هذه المتغيرات تمثل في مسألة البرمجة الخطية الصحيحة (I.L.P) على شكل قيدين هما:

$$\chi_j \le 1$$
$$\chi_j \ge 0 \quad .... \quad (19\text{-}2)$$

بعض المسائل تحتوي على مجموعة متغيرات ذات قرارات نعم أو لا والتي يجب أن يكون أحد المتغيرات نعم والبقية لا مثال ذلك شركة تسعى لإنتاج نوع واحد من المنتوجات من بين عدة منتوجات, هذا النوع من القرار ممكن أن يمثل في مسألة البرمجة الخطية الصحيحة(I.L.P) بالقيد:

$$\sum_{j=1}^{n} \chi_j = 1 \text{ ------------ } (20\text{ -2})$$

أما في حال عدم وجود الشرط القاضي بأن احد المتغيرات يجب أن يكون نعم فإن صيغة القيد تصبح كالآتي:

$$\sum_{j=1}^{n} \chi_j \le 1 \text{ ------------ } (21\text{ -2})$$

حالة أخرى تتمثل في حال وجود قرار تابع لقرار أخر أي أن القرار χ_k ممكن أن يكون نعم في حال كون القرار χ_j نعم وهذه الحالة ممكن أن تمثل بالقيد:

$$\chi_k \le \chi_j \text{ ------------ } (٢٢\text{ -2})$$

فإذا كان $\chi_j = 1$ فإن χ_k يسمح له أن يكون واحد أو صفر أي نعم أو لا أما في حال كون $\chi_j = 0$ فإن $\chi_k = 0$, القيد (22-2) يكتب كالآتي:

$$\chi_k - \chi_j \le 0 \text{ ----------- } (23\text{ -2})$$

مثال (12-2): مكتب مقاولات يخطط للقيام بثلاثة مشاريع , ربح كل مشروع هو (3 , 2 , 1.5) مليون دينار على التوالي, المشروع الأول يتطلب 4 معدات إنشائية والثاني 3 معدات إنشائية والثالث 5 معدات إنشائية, مع العلم أن المكتب يمتلك 10 معدات إنشائية, المطلوب تحديد أي من المشاريع التي يمكن للمكتب أن ينجزها بحيث يحقق أعلى ربح متوقع.

الحل:

المسألة تمثل مسألة برمجة ثنائية حيث أن القرار هو أما انجاز المشروع أو عدم انجازه لذلك فإن أنموذج البرمجة يكون بالصيغة الآتية:

$$\text{Max} \quad Z = 3\chi_1 + 2\chi_2 + 15\chi_3$$

S.T

$$4\chi_1 + 3\chi_2 + 5\chi_3 \le 10$$
$$\chi_1 \le 1$$
$$\chi_2 \le 1$$
$$\chi_3 \le 1$$
$$\chi_1, \chi_2, \chi_3 \ge 0 \quad \text{and integer}$$

حيث أن:

χ_1: المشروع الأول

χ_2: المشروع الثاني

χ_3: المشروع الثالث

الحل الأمثل لمسألة البرمجة موضح بالجدول (2-19) والذي يمثل الحل بدون الأخذ بنظر الاعتبار قيد العدد الصحيح:

الجدول(2-19)

C_B	B.V. \ C_j	3	2	1.5	0	0	0	0	b
		χ_1	χ_2	χ_3	χ_4	χ_5	χ_6	χ_7	
0	χ_4	4	3	5	1	0	0	0	10
0	χ_5	1	0	0	0	1	0	0	1
0	χ_6	0	1	0	0	0	1	0	1
0	χ_7	0	0	1	0	0	0	1	1
	$\overline{C}$	3	2	1.5	0	0	0	0	Z = 0
0	χ_4	0	3	5	1	-4	0	0	6
3	χ_1	1	0	0	0	1	0	0	1
0	χ_6	0	1	0	0	0	1	0	1
0	χ_7	0	0	1	0	0	0	1	1
	$\overline{C}$	0	2	1.5	0	-3	0	0	Z = 3
0	χ_4	0	0	5	1	-4	-3	0	3
3	χ_1	1	0	0	0	1	0	0	1
2	χ_2	0	1	0	0	0	1	0	1
0	χ_7	0	0	1	0	0	0	1	1
	$\overline{C}$	0	0	1.5	0	-3	-2	0	Z = 5
1.5	χ_3	0	0	1	1/5	-4/5	-3/5	0	3/5
3	χ_1	1	0	0	0	1	0	0	1
2	χ_2	0	1	0	0	0	1	0	1
0	χ_7	0	0	0	-1/5	4/5	3/5	1	2/5
	$\overline{C}$	0	0	0	-3/10	-9/5	-11/10	0	Z = 59/10

بما أن قيمة أحد المتغيرات الأساسية هي قيمة غير صحيحة X_3 لذلك نستخدم أسلوب الاختبارين للحصول على الحل الأمثل لمسألة البرمجة الصحيحة (I.L.P) وكالآتي:
الحل الأمثل للمسألة بدون الأخذ بنظر الاعتبار قيد العدد الصحيح هو:

$$X_1 = 1 \quad , X_2 = 1 \, , X_3 = 3/5 \quad ; \quad Z = 3/5$$

قيم أسعار الظل هي:

$$y_1 = 3/10 \quad , y_2 = 9/5 \, , y_3 = 11/10 \, , y_4 = 0$$

وهذا يدل على أن القيود الثلاث الأولى للأنموذج هي القيود المؤثرة:

المرحلة الأولى: بما إن قيمة المتغيرين الأول والثاني عبارة عن أعداد صحيحة لذلك يأخذ X_3 قيمة تمثل اكبر عدد صحيح اقل من القيمة غير الصحيحة له مع ثبات قيم X_1, X_2 :

$$X_1 = 1 \quad , X_2 = 1 \, , X_3 = 0 \quad ; \quad Z_1 = 5$$

$$\overline{Z_1} = Z - Z_1 = 5\frac{9}{10} - 5 = \frac{9}{10}$$

نختبر تحقق القيود المؤثرة في الانموذج:

1- $4(0)+3(0)+5(-3/5) = -3$
2- $1(0) = 0$
3- $1(0) = 0$

بما أن القيم اصغر أو تساوي الصفر فهذا يعني تحقق القيود ونختار القيد الأول لحساب قيم Q_1 :

$$Q_1 = (a_{12} \, , a_{11} - a_{12} \, , a_{13} - a_{11} \, , a_{131} - a_{12})$$

$$\overline{Q_1} = (C_2 , C_1 - C_2 , C_3 - C_1 , C_3 - C_2)$$
$$= (2 > \overline{Z}_1 \, , 1 > \overline{Z}_1 \, , -1.5 \, , -0.5)$$

هذا يعني أن حل المرحلة الأولى يمثل الحل الأمثل أي:

$$X_1 = 1 \quad , X_2 = 1 \, , X_3 = 0 \quad ; \quad Z = 5$$

مثال (2-13): أوجد الحل الأمثل لمسألة البرمجة الثنائية المعرفة بالمثال (2-12) مع اعتبار أن مكتب المقاولات يخطط للقيام بمشروع واحد فقط من بين المشاريع الثلاثة.

الحــل:

أنموذج البرمجة الثنائية يصبح بالصيغة الآتية:

$$\text{Max } Z = 3X_1 + 2X_2 + 1.5X_3$$
$$\text{S.T}$$
$$4X_1 + 3X_2 + 5X_3 \leq 10$$
$$X_1 + X_2 + X_3 = 1$$
$$X_1, X_2, X_3 \geq 0 \quad \text{and integer}$$

بعد إضافة المتغيرات الوهمية والاصطناعية إلى الأنموذج يتم التوصل إلى الحل الأمثل والموضح بالجدول (2-20):

الجدول(2-20)

C_B	B.V. \ C_j	3	2	1.5	0	-M	b
		X_1	X_2	X_3	X_4	$\bar{X}_1$	
0	X_4	4	3	5	1	0	10
-M	$\bar{X}_1$	1	1	1	0	1	1
	$\bar{C}$	3+M	2+M	1.5+M	0	0	Z =-M
0	X_4	0	-1	1	1		6
3	X_1	1	1	1	0		1
	$\bar{C}$	0	-1	-1.5	0		Z = 3

الجدول(2-20) يمثل الحل الأمثل لمسألة البرمجة الثنائية والصحيحة:

$$X_1 = 1 \quad , \quad X_2 = X_3 = 0 \quad ; \quad Z = 3$$

مثـال (2-14): أوجد الحل الأمثل لمسألة البرمجة الثنائية المعرفة بالمثـال (2-12) مـع اعتبـار أن انجـاز المشروع الأول يجب أن يرافقه انجاز المشروع الثالث أيضا.

الحــل:

أنموذج البرمجة الثنائية يصبح بالصيغة الآتية:

$$\text{Max } Z = 3X_1 + 2X_2 + 1.5X_3$$
$$\text{S.T}$$
$$4X_1 + 3X_2 + 5X_3 \leq 10$$
$$X_1 - X_3 \leq 0$$
$$X_2 \leq 1$$
$$X_1, X_2, X_3 \geq 0 \quad \text{and integer}$$

مع العلم أن الصيغة الأصلية للأنموذج تتطلب إضافة قيدين $\chi_1 \leq 1$ و $\chi_3 \leq 1$.

بعد إضافة المتغيرات الوهمية والاصطناعية إلى الأنموذج يتم التوصل إلى الحل الأمثل بدون الأخذ بنظر الاعتبار قيد العدد الصحيح والموضح بالجدول(2-21):

الجدول(2-21)

C_B	B.V. \ C_j	3	2	1.5	0	0	0	b
		χ_1	χ_2	χ_3	χ_4	χ_5	χ_6	
0	χ_4	4	3	5	1	0	0	10
0	χ_5	1	0	-1	0	1	0	0
0	χ_6	0	1	0	0	0	1	1
	$\overline{C}$	3	2	1.5	0	0	0	Z = 0
0	χ_4	0	3	9	1	-4	0	10
3	χ_1	1	0	-1	0	1	0	0
0	χ_6	0	1	0	0	0	1	1
	$\overline{C}$	0	2	4.5	0	-3	0	Z = 0
1.5	χ_3	0	1/3	1	1/9	-4/9	0	10/9
3	χ_1	1	1/3	0	1/9	5/9	0	10/9
0	χ_6	0	1	0	0	0	1	1
	$\overline{C}$	0	1/2	0	-1/2	-1	0	Z = 5
1.5	χ_3	0	0	1	1/9	-4/9	-1/3	7/9
3	χ_1	1	0	0	1/9	5/9	-1/3	7/9
2	χ_2	0	1	0	0	0	1	1
	$\overline{C}$	0	0	0	-1/2	-1	-1/2	Z = 11/2

بما أن قيم المتغيرات الأساسية هي قيم غير صحيحة لذلك نستخدم أسلوب الاختبارين للتوصل إلى الحل الأمثل لمسألة البرمجة الصحيحة (I.L.P) وكالآتي:

الحل الأمثل للمسألة بدون الأخذ بنظر الاعتبار قيد العدد الصحيح هو:

$$\chi_1 = 7/9 \quad , \chi_2 = 1 \, , \chi_3 = 7/9 \quad ; \quad Z = 5\frac{1}{2}$$

قيم أسعار الظل هي:

$$y_1 = 1/2 \quad , y_2 = 1 \, , y_3 = 1/2$$

وهذا يدل على أن جميع قيود الأنموذج هي قيود مؤثرة:

المرحلة الأولى: نختار χ_1

$$\chi_1 = 1 \quad , \chi_2 = 1 \, , \chi_3 = 0 \quad ; \quad Z_1 = 5$$

$$\overline{Z}_1 = Z - Z_1 = 5\frac{1}{2} - 5 = \frac{1}{2}$$

نختبر تحقق القيود:

1- 4(2/9)+3(0)+5(-7/9) = -3
2- 1(2/9) - 1(-7/9) = 1
3- 1(0) = 0

المرحلة الثانية:

$\chi_1 = 0 \quad , \chi_2 = 1 , \chi_3 = 1 \quad ; \quad Z_2 = 3.5$

$$\overline{Z}_2 = Z - Z_2 = 5\frac{1}{2} - 3\frac{1}{2} = 2$$

نختبر تحقق القيود:

1. 4(-7/9)+3(0)+5(2/9) = -2
2. 1(-7/9) - 1(2/9) = -1
3. 1(0) = 0

بما أن القيم اصغر أو تساوي الصفر فهذا يعني تحقق القيود ونختار القيد الأول لحساب قيم Q_1:

$\underline{Q_1} = (a_{11} - a_{12} , a_{13} - a_{11} , a_{131} - a_{12})$

$Q_1 = (C_1 - C_2, C_3 - C_1, C_3 - C_2)$

$= (1 < \overline{Z}_2 , -1.5 , -0.5)$

هذا يعني الانتقال إلى المرحلة الثالثة بزيادة قيمة المتغير χ_1 ونقصان قيمة المتغير χ_2 وحدة واحدة.

المرحلة الثالثة:

$\chi_1 = 1 \quad , \chi_2 = 0 , \chi_3 = 1 \quad ; \quad Z_3 = 4.5$

$$\overline{Z}_3 = Z - Z_3 = 5\frac{1}{2} - 4\frac{1}{2} = 1$$

نختبر تحقق القيود:

1. 4(2/9)+3(-1)+5(2/9) = -1
2. 1(2/9) - 1(2/9) = 0
3. 1(-1) = -1

بما أن القيم اصغر أو تساوي الصفر فهذا يعني تحقق القيود لذلك يتم حساب قيم Q_1 ، Q_3:

$Q_1 = (a_{11} - a_{12} , a_{13} - a_{11})$

$Q_3 = (a_{32})$

في هذه الحالة الزيادة والنقصان في قيم المتغيرات يجب أن تحقق القيدين سوية لذلك فإن (a_{13} - a_{11}) هو فقط الذي يحقق القيدين وبما أن المسالة هي مسالة برمجة ثنائية لذلك لايمكن زيادة قيمة المتغير χ_3 لتصبح ٢ وعليه فإن حل المرحلة الثالثة يمثل الحل الأمثل.

$\chi_1 = 1 \quad , \chi_2 = 0 \ , \chi_3 = 1 \qquad ; \ Z_3 = 4.5$

1-4-2: أسلوب الإضافة The Additive Algorithm

يستخدم هذا الأسلوب لحل مسائل البرمجة الثنائية ويشترط هذا الأسلوب أن يكون جدول السمبلكس الأولي يمثل حل غير ممكن للأنموذج الأولي وحل ممكن للأنموذج المقابل حيث أن قيم المتغيرات الوهمية تكون سالبة وكذلك فإن إشارة القيود يجب أن تكون من النوع اصغر أو يساوي , نفترض مسألة البرمجة الآتية

$$Z = \sum_{j=1}^{n} c_j \chi_j \qquad \text{Min}$$

S.T

$$\sum_{j=1}^{n} a_{ij} \chi_j + \chi_{n+i} = b_i \qquad i = 1,2,......,m$$

$$\chi_j = 0 \quad or 1 \qquad j = 1,2,........n$$

$$\chi_{n+i} \geq 0 \qquad i = 1,2,.....m$$

حيث χ_{n+i} تمثل المتغيرات الوهمية ولتحقيق شرط إمكانية الحل للأنموذج المقابل فإن معاملات دالة الهدف يجب أن تكون اكبر أو تساوي صفر وفي حالة وجود معاملات سالبة يتم إجراء التحويل الآتي:

$$\chi_j = 1 - \chi_j' \quad ----------- (24-2)$$

حيث χ_j' هي المتغيرات الأصلية للأنموذج.

الفكرة الأساسية لهذا الأسلوب تستند على البدء بقيم صفرية لكل المتغيرات وهذا منطقي لأن $C_j \geq 0$ ولذلك فإن الحل سوف يكون حلا غير ممكنا لأن قيم المتغيرات الوهمية سوف تكون سالبة وعلى هذا الأساس يجب تحويل قيم بعض المتغيرات من الصفر إلى الواحد للحصول على الحل الممكن ($\chi_{n+i} \geq 0$) أن عملية الوصول إلى الحل الأمثل يتم من خلال

تكوين عدة حلول جزئية (Partial Solution) وكل حل جزئي يشترط أن يكون واحد أو أكثر من المتغيرات عبارة عن متغير ثابت(Fixed Variable) أي محدد بقيمة أما صفر أو واحد وللسهولة يتم التعبير عن الحلول الجزئية كالآتي:

نفترض J_t يمثل الحل الجزئي لـ t من النقاط (أو المراحل) بحيث:

$+j$ يمثل $\chi_j = 1$

$-j$ يمثل $\chi_j = 0$

الحلول الجزئية تستخدم لتعريف النقاط الناتجة من أسلوب التفريع والتحديد فلو افترضنا الشكل الآتي:

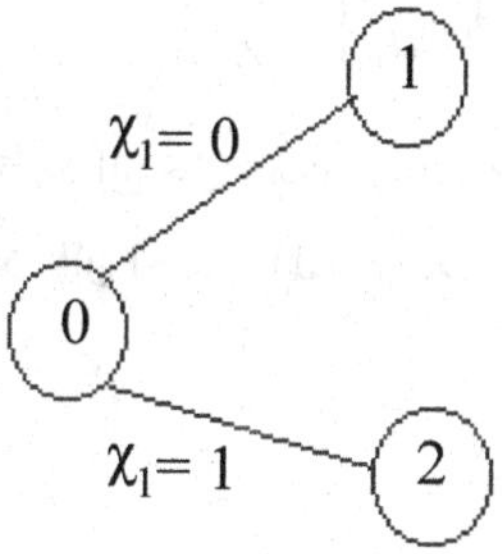

فإن الحلول الجزئية تتمثل كالآتي:

$J_0 = \varnothing$
$J_1 = \{-1\}$
$J_2 = \{1\}$

كل حل جزئي يدعى مفهوم Fathomed في حال تحقق احد الشرطين:

1. لا يقود إلى قيمة أفضل لدالة الهدف
2. لا يقود إلى حل ممكن.

أن اختيار المتغير الداخل يخضع لعدة اختبارات هي:

الاختبار الأول: لكل متغير حر (free variable) χ_r , أي متغير غير محدد بقيمة إذا $a_{ir} \ge 0$ لكل i المناظرة لـ $\chi_{n+i} < 0$ فإن χ_r سوف لا يطور الحل غير الممكن للمسألة لذلك يستبعد.

الاختبار الثاني: لأي متغير حر χ_r إذا:

$$C_r + Z^t \ge Z$$

حيث أن:

Z^t : قيمة دالة الهدف للمرحلة t

Z : الحد الأعلى لدالة الهدف لأي حل ممكن.

فإن χ_r سوف لا يطور الحل لذلك يستبعد.

الاختبار الثالث: نفترض القيد الآتي:

$$a_{i1}\chi_1 + a_{i2}\chi_2 + \text{----------} + a_{in}\chi_n + \chi_{n+i} = b_i$$

لكل $\chi_{n+i} < 0$ نفترض N_t تمثل مجموعة المتغيرات الحرة غير المستبعدة بوساطة الاختبار الأول والثاني , في حال تحقق الشرط الآتي:

$$\sum_{j \in N_t} Min\{0, a_{ij}\} \succ \chi_{n+i}$$

فأن المجموعة N_t سوف لا تقود إلى حل ممكن وعلى هذا الأساس فإن J_t هي fathomed.

الاختبار الرابع: إذا $N_t \neq \varnothing$ فإن اختيار المتغير χ_k من مجموعة متغيرات N_t يستند إلى القاعدة الآتية:

$$v_k^t = \underset{j \in Nt}{Max}\{v_j^t\}$$

حيث أن:

$$v_j^t = \sum_{i=1}^{m} Min\{0, \chi_{n+i} - a_{ij}\}$$

إذا $v_j = 0$ فإن $\chi_k = 1$ و أن J_t سوف تطور الحل الممكن و J_{t+1} تعرف بوساطة J_t مع تخصيص { k } على الجانب الأيمن وتكون fathomed .

وغير ذلك يتم تطبيق الاختبارات السابقة على J_{t+1} ونستمر إلى أن تكون كل عناصر الحل الجزئي fathomed partial solution سالبة.

مثــال (15-2)**:** اوجد الحل الأمثل للمسألة الآتية:

$$Max\ X_0 = 3\chi'_1 + 2\chi'_2 - 5\chi'_3 - 2\chi'_4 + 3\chi'_5$$

S.T

$$\chi'_1 + \chi'_2 + \chi'_3 + 2\chi'_4 + \chi'_5 \le 4$$

$$7\chi'_1 + 3\chi'_3 - 4\chi'_4 + 3\chi'_5 \le 8$$

$$11\chi'_1 - 6\chi'_2 + 3\chi'_4 - 3\chi'_5 \ge 3$$

$$\chi'_j = 0 \text{ or } 1 \quad j = 1 \text{ --- } 5$$

الحــل:

تحول المسألة إلى مسألة تقليل بوساطة ضرب طرفي دالة الهدف بـ (-1) ومن ثم نحول معاملات دالـة الهدف السالبة إلى موجبة وكالآتي:

$$x'_j = \begin{cases} 1 - x_j & j = 1, 2, 5 \\ x_j & j = 3, 4 \end{cases}$$

وبعد ذلك نحول إشارة القيد الثالث إلى اصغر أو يساوي وبذلك فإن أنموذج البرمجـة يصـبح بالصـيغة الآتية:

$$\text{Min } Z = 3x_1 + 2x_2 + 5x_3 + 2x_4 + 3x_5$$

S.T

$$-x_1 - x_2 + x_3 + 2x_4 - x_5 + x_6 = 1$$

$$-7x_1 + 3x_3 - 4x_4 - 3x_5 + x_7 = -2$$

$$11x_1 - 6x_2 - 3x_4 - 3x_5 + x_8 = -1$$

$$x_j \geq 0 \quad j = 6, 7, 8$$

$$x_j = 0 \text{ or } 1 \quad j = 1 --- 5$$

الجدول (2-22) يمثل جدول السمبلكس الأولي:

الجدول(2-22)

C_B	B.V. \ C_j	3	2	5	2	3	0	0	0	b
		x_1	x_2	x_3	x_4	x_5	x_6	x_7	x_8	
0	x_6	-1	-1	1	2	-1	1	0	0	1
0	x_7	-7	0	3	-4	-3	0	1	0	-2
0	x_8	11	-6	0	-3	-3	0	0	1	-1

قيم المتغيرات الوهمية هي:

$$(x_6^\circ, x_7^\circ, x_8^\circ) = (1, -2, -1) \qquad ; Z^\circ = 0$$

بوساطة الاختبار الأول يتم استبعاد x_3 وباستخدام الاختبار الثالث فإن:

$$x_7 = -7 - 4 - 3 = -14 < -2$$

$$x_8 = -6 - 3 - 3 = -12 < -1$$

و باستخدام الاختبار الرابع ينتج:

$$= 0 + 0 + (-1 - 11) = -12 \; V_1^\circ$$

$$V_2^\circ = 0 + (-2 - 0) + 0 = -2$$

$$= (1 - 2) + 0 + 0 = -1 \; V_4^\circ$$

$$= 0 + 0 + 0 + 0 = 0 \; V_5^\circ$$

يتضح مما تقدم أن K = 5

المرحلة الأولى: $\bar{J}_1 = \{5\}$, $Z = 3$

$$\left(\chi_6^1, \chi_7^1, \chi_8^1\right) = \left(1+1, -2+3, -1+3\right) = \left(2,1,2\right) \qquad ; Z^1 = 3$$

يتضح أن الحل هو حل ممكن وبما أن $Z = Z^1 = 3$ فإن J_1 هي Fathomed

المرحلة الثانية: عندما $\bar{J}_1 = \{-5\}$, $Z = 3$

$$\left(\chi_6^2, \chi_7^2, \chi_8^2\right) = \left(1,-2,-1\right) \qquad ; Z^2 = 0$$

الاختبار الأول يستبعد χ_3

الاختبار الثاني يستبعد χ_1 و χ_3

عند استخدام الاختبار الثالث فإن $N_2 = \{2, 4\}$, أما الاختبار الرابع فيبين:

$$V_2^2 = -2 \quad , V_4^2 = -1$$

وهذا يعني إن K = 4

المرحلة الثالثة: عندما $J_3 = \{-5, 4\}$, $\bar{Z} = 3$

$$\left(\chi_6^3, \chi_7^3, \chi_8^3\right) = \left(-1,2,2\right) \qquad ; Z^3 = 2$$

الاختبار الأول يستبعد χ_3

الاختبار الثاني يستبعد χ_1 و χ_2 , χ_3

و لذلك فإن $N_3 = \varnothing$ و الذي يعين J_3 هي Fathomed

المرحلة الرابعة: عندما $J_4 = \{-5, -4\}$, $\bar{Z} = 3$

$$\left(\chi_6^4, \chi_7^4, \chi_8^4\right) = \left(1,-2,-1\right) \qquad ; Z^4 = 0$$

الاختبار الأول يستبعد χ_3

الاختبار الثاني يستبعد χ_1 و χ_3

الاختبار الثالث $N_4 = \{2\}$ وهو متروك (Abandoned) ولذلك فإن J_4 هو Fathomed . إذن كل عناصر J_4 هي سالبة ولذلك يتوقف التفرع والحل الأمثل هو J_1.

2-4-2: البرمجة متعددة الحدود الثنائية
Zero - One Polynomial Programming

نفترض مسألة البرمجة الآتية:

$$\text{Max} \quad Z = f(\chi_1, \ldots, \chi_n)$$

S.T

$$g_i(\chi_1, \ldots, \chi_n) \leq b_i \qquad i = 1, 2 \ldots, m$$

$$\chi_j = 0 \text{ or } 1 \qquad j = 1, 2 \ldots n$$

حيث f و g_i هي عبارة عن دوال متعددة الحدود تتمثل بالصيغة:

$$d_k \prod_{j=1}^{nk} \chi_j^{akj} \qquad \text{------------- } (25-2)$$

حيث إن:

akj: ثوابت موجبة

d_k: ثابت

المسألة تمثل مسألة برمجة لاخطية والتي ممكن تحويلها إلى الصيغة الخطية ومن ثم حلها بوساطة أساليب البرمجة الثنائية , بافتراض χ_j يمثل متغير ثنائي بحيث $\chi_j^{akj} = \chi_j$ لكل قيمة موجبة لـ akj فإن (25-2) تكتب بالصيغة الآتية:

$$d_k \prod_{j=1}^{nk} \chi_j \qquad \text{------------- } (26-2)$$

نفترض $y_k = \prod_{j=1}^{nk} \chi_j$ بحيث y_k هو متغير ثنائي لذلك فإن k من متعدد الحدود سوف يتحول إلى الصيغة الخطية $d_k y_k$ ولضمان تحقق أن $y_k = 1$ عندما كل $\chi_j = 1$ وغير ذلك $y_k = 0$ فيجب إضافة القيدين الآتين لكل y_k

$$\sum_{j=1}^{nk} \chi_j - (nk-1) \leq y_k \qquad \text{------------- } (27-2)$$

$$\frac{1}{nk} \sum_{j=1}^{nk} \chi_j \geq y_k \qquad \text{------------- } (28-2)$$

في حال كون أن $\chi_j = 1$ لكل قيم j فإن القيد (2-27) تنتج $y_k \geq 1$ والقيد(2- 28) تنتج $y_k \leq 1$ وهذا يعني ان $y_k = 1$ أما في حال كون متغير واحد على الأقل من متغيرات χ_j يساوي صفر فإن:

$$\sum_{j=1}^{nk} \chi_j \prec nk \qquad \text{------------- (29 - 2)}$$

وفي هذه الحالة فإن القيد (2-27) يصبح $y_k \geq -(nk - 1)$ والقيد (2-28) يصبح $y_k < 1$ ولـذلك فـإن القيمة التي تحققهما هي $y_k = 0$.

مثـال (2-16): حول صيغة متعددة الحدود الآتية إلى الصيغة الخطية:

$$Z = 4\chi_1^2\chi_2\chi_3 + \chi_1\chi_3^2 \quad \text{Max}$$

S.T

$$5\chi_1\chi_2^3 + 2\chi_3 \leq 10$$

$$\chi_j = 0 \quad \text{or} \quad 1 \quad j = 1, 2, 3$$

الحـل:

نفترض أن:

$$y_1 = \chi_1\chi_2\chi_3$$

$$y_2 = \chi_1\chi_3$$

$$y_3 = \chi_1\chi_2$$

الصيغة الخطية للمسألة هي:

$$\text{Max} \quad Z = 4y_1 + y_2$$

S.T

$$5y_3 + 2\chi_3 \leq 10$$

$$\chi_1 + \chi_2 + \chi_3 - 2 \leq y_1$$

$$1/3\,(\chi_1 + \chi_2 + \chi_3) \geq y_1$$

$$\chi_1 + \chi_3 - 1 \leq y_2$$

$$1/2\,(\chi_1 + \chi_3) \geq y_2$$

$$\chi_1 + \chi_2 - 1 \leq y_3$$

$$1/2\,(\chi_1 + \chi_2) \geq y_3$$

$$\chi_j = 0 \quad \text{or} \quad 1 \quad j = 1, 2, 3$$

$$y_j = 0 \quad \text{or} \quad 1 \quad j = 1, 2, 3$$

مسائل
Problems

(1-2) معمل لإنتاج المصابيح الكهربائية يمتلك ثلاثة خطوط إنتاجية , كلفة إنتاج المصباح الواحد في كل خط إنتاجي هي (100 , 175 , 150) دينار على التوالي , الإنتاج الأسبوعي للمعمل يجب ان لا يقل عن 1500 مصباح وإما الإنتاج الأسبوعي لكل خط إنتاجي من المصابيح فهو لا يتجاوز (500 , 700 , 700) على التوالي المطلوب تكوين خطة إنتاجية لتقليل كلف الإنتاج إلى اقل ما يمكن.

(2-2) شركة لنقل المسافرين خصصت مبلغ مقداره 50 مليون دينار لشراء ثلاثة أنواع من السيارات , كلفة شراء كل سيارة من الأنواع الثلاثة هي (3 , 5 ,4) مليون دينار على التوالي والربح الأسبوعي المتوقع من كل سيارة من الأنواع الثلاثة هو (40 , 60 , 45) ألف دينار على التوالي مع العلم أن الشركة يجب ان توفر ما لا يقل عن سيارتين من كل نوع. ما هو عدد السيارات التي يجب شراءها من كل نوع من الأنواع الثلاثة بحيث يؤدي إلى تعظيم الربح الأسبوعي للشركة.

(3-2) اوجد الحل الأمثل للمسألة الآتية باستخدام أسلوب التفريع والتحديد

(A) $\text{Max } Z = 3X_1 + 2X_2$

S.T

$$2X_1 + 2X_2 \le 9$$
$$3X_1 + 3X_2 \le 18$$
$$X_1, X_2 \ge 0 \quad \text{and integer}$$

(B) $\text{Max } Z = 2X_1 + 3X_2$

S.T

$$5X_1 + 7X_2 \le 35$$
$$4X_1 + 9X_2 \le 36$$
$$X_1, X_2 \ge 0 \quad \text{and integer}$$

(C) $\text{Min } Z = 5X_1 + 4X_2$

S.T

$$4X_1 + 2X_2 \ge 6$$
$$2X_1 + 3X_2 \ge 8$$
$$X_1, X_2 \ge 0 \quad \text{and integer}$$

(4-2) اوجد الحل الأمثل للمسألة (2-3) على اعتبار أن X_2 فقط هو المقيد بقيد العدد الصحيح.

(5-2) اوجد الحل الأمثل للمسألة (2-3) باستخدام أسلوب الاختبارين.

(6-2) اوجد الحل الأمثل للمسائل الآتية باستخدام أسلوب القطع:

(A) Max $Z = 3X_1 + 2X_2 + 3X_3$

S.T

$$-X_1 + 2X_2 + X_3 \le 4$$
$$4X_2 - 3X_3 \le 2$$
$$X_1 - 3X_2 + 2X_3 \le 3$$
$$X_1, X_2, X_3 \ge 0 \quad \text{and integer}$$

(B) Max $Z = 4X_1 + 6X_2 + 2X_3$

S.T

$$4X_1 - 4X_2 \le 5$$
$$-X_1 + 6X_2 \le 5$$
$$-X_1 + X_2 + X_3 \le 5$$
$$X_1, X_2, X_3 \ge 0 \quad \text{and integer}$$

(C) Max $Z = 2X_1 + X_2$

S.T

$$10X_1 + 10X_2 \le 9$$
$$10X_1 + 5X_2 \ge 1$$
$$X_1, X_2 \ge 0 \quad \text{and integer}$$

(7-2) اوجد الحل الأمثل للمسألة (2-6) على اعتبار أن $X_{1,} X_3$ فقط مقيدة بقيد العدد الصحيح باستخدام أسلوب البرمجة الصحيحة المختلطة.

(8-2) اوجد الحل الأمثل للمسألة الآتية باستخدام أسلوب الإضافة.

(A) Max $Z = 2X_1 - X_2 + 5X_3 - 3X_4 - 4X_5$

S.T

$$3X_1 - 2X_2 - 7X_3 - 5X_4 - 4X_5 \le 6$$
$$X_1 - X_2 - 2X_3 - 4X_4 - 2X_5 \le 0$$
$$X_j \ge 0 \text{ or } 1 \quad j = 1, ------, 5$$

(B) $\text{Max } Z = -2\chi_1 - \chi_2 + 3\chi_3 + 2\chi_4 + 2\chi_5$

S.T

$$-3\chi_1 - \chi_2 + 2\chi_4 + 2\chi_5 \le 0$$

$$5\chi_1 + 5\chi_2 - 4\chi_3 + 3\chi_4 - 2\chi_5 \ge 5$$

$$\chi_j \ge 0 \text{ or } 1 \quad j = 1, 2 ----- , 5$$

(9-2) خصصت وزارة الصناعة والمعادن مبلغ مقداره مليار دينار لإنشاء ثلاثة أقسام إنتاجية في احد المنشآت التابعة لها كلفة إنشاء كل قسم هي (1/4 , 1/3 , 1/2) مليار دينار على التوالي , الربح المتوقع من كل قسم هو (2 , 1 , 1) مليون دينار أسبوعيا, المطلوب تحديد أي من الأقسام سوف يتم إنشاءها بحيث تحقق أعلى ربح للمنشأة حسب الحالات الآتية:

1. المطلوب إنشاء قسم واحد فقط.
2. إنشاء القسم الثالث يجب أن يصاحبه إنشاء القسم الأول.
3. ممكن إنشاء القسم الثاني في حال إنشاء القسم الثالث.
4. المطلوب إنشاء قسمين من الأقسام الثلاثة.

(10-2) حول مسألة متعددة الحدود الثنائية إلى الصيغة الخطية:

$$Max \qquad Z = \chi_1\chi_2 + 2\chi_1\chi_2\chi_3^2$$

S.T

$$\chi_1 + \chi_2 + \chi_3 \le 15$$

$$\chi_1 + 2\chi_2^2\chi_3 \le 10$$

$$\chi_j = 0 \quad \text{or } 1 \quad j = 1, 2, 3$$

الفصل الثالث

البرمجة الخطية المعلمية

Parametric Linear Programming

3-1 المدخل

3-2 التغيير في C

3-٣ التغيير في b

3-٤ التغيير في Pj

3-5 التغيير في C وb

1-3: المدخل Introduction

البرمجة المعلمية (P.P) أو ما يطلق عليها بتحليل الحساسية المنتظم (Systematic Sensitivity Analysis)هي توسع لتحليل الحساسية الذي يوضح تأثير التغيرات في معاملات أنموذج البرمجة الخطية (.L.P) في حال حدوث هذه التغيرات مرة واحدة في كل وقت أما في حال حدوث التغيرات بصورة مستمرة لمعامل أو أكثر من معاملات الأنموذج أي المعاملات تتغير كدالة لمعلمة واحدة فهذا ما يطلق عليه بالبرمجة المعلمية (P.P) .

الفكرة الأساسية للبرمجة المعلمية (P.P) تتلخص في إيجاد الحل الأمثل للمسالة البرمجة عندما $\lambda = 0$ حيث λ تمثل معلمة موجبة أو سالبة غير معلومة ومن ثم استخدام شروط الحلول المثلى والحلول الممكنة لطريقتي السمبلكس الأولية والسمبلكس الثنائية لإيجاد المدى لـ λ والذي يبقي الحل امثل عندما $\lambda=0$ ولنفترض أن مدى λ هو $(\lambda_1 , 0)$ هذا يعني أن الحل الأمثل عندما $\lambda = 0$ سوف يبقى امثل لقيم λ التي لا تتجاوز λ_1 أما في حال تجاوز λ قيمة λ_1 فأن الحل سوف لا يصبح أمثل وهذا يستدعي إيجاد حل أمثل آخر .

2-3: التغيير في معاملات دالة الهدف C CHANG IN C

اعتبر الأتي مسألة برمجة خطية (.L.P):

$$\text{Min} \quad Z = (C + \lambda C^*) X$$
$$\text{S.T}$$
$$AX = b$$
$$X \geq 0$$

حيث أن:

C: متجه الكلفة

C^*: متجه التغيرات (variation vector)

λ : معلمة موجبة أو سالبة غير معلومة بحيث التغير في λ يؤدي إلى تغير معاملات الكلفة لكل المتغيرات.

لتوضيح مفهوم التغير في C نفترض أن مصنع ما يقوم بتصنيع منتجات مختلفة وهذه المنتجات تتطلب مواد أولية وبكميات مختلفة مع العلم أن كلفة المواد الأولية هي متغيرة على مر الوقت والتي تؤثر في تكوين خطة إنتاجية مثلى ولمعرفة تأثير هذه التغيرات على الخطة الإنتاجية نفترض أن:

C^*: كمية المواد الأولية المستخدمة

λ : التغيرات في كلفة المواد الأولية

وعلى هذا الأساس سوف تتوفر لعامل القرار عدة خطط إنتاجية تتناسب مع التغير في كلفة المواد الأولية من خلال إيجاد الحل الأمثل لمسألة البرمجة الخطية (.L.P) مع قيمة ثابتة لـ λ والتي عادة ما تأخذ صفر وهذا يعني أن معاملات الكلفة النسبية $\overline{C_j}$ سوف تكون غير سالبة:

$$\overline{C_j} = C_j - C_B \overline{P_j} \text{ ------------------ } (1\text{-}3)$$

حيث أن:

C_B: متجه الكلفة للمتغيرات الأساسية في دالة الهدف

$\overline{P_j}$: j من الأعمدة المناظرة للمتغير χ_j في جدول الحل الأمثل

عندما λ تتغير من صفر إلى قيمة موجبة أو سالبة فإن معامل الكلفة النسبية للمتغير χ_j يحسب كالآتي:

$$\overline{C_j}(\lambda) = (C_j + \lambda C_j^*) - (C_B + \lambda C_B^*) \overline{P_j}$$

$$= (C_j - C_B \overline{P_j}) + \lambda (C_j^* - C_B^* \overline{P_j})$$

$$= \overline{C_j} + \lambda \overline{C_j^*} \text{ ------------- } (2\text{-}3)$$

بما أن المتجهات C* , C معلومة فأنه بالأمكان حساب $\overline{C_j}$, $\overline{C_j^*}$ وعلى هذا الأساس فإن لأي قيمة لـ λ فإن معاملات الكلفة النسبية تحسب وفق المعادلة (3-2) وبهذا فإن جدول السمبلكس يكون أمثل في حال كون قيم $\overline{C_j}(\lambda)$ غير سالبة .

مثـــال (3-1): بافتراض أن متجه التغير في الكلفة هو (5 -5) = C* اوجد الحل الأمثل لمسألة البرمجة الخطية للمثال (1-17):

$$\text{Max } Z = (20 + 5\lambda)\chi_1 + (25 - 5\lambda)\chi_2$$

S.T

$$2\chi_1 + 3\chi_2 + \chi_3 = 40$$

$$\chi_1 + 2\chi_2 + \chi_4 = 20$$

$$3\chi_1 + \chi_2 + \chi_5 = 30$$

$$\chi_j \geq 0 \qquad j = 1, 2....,5$$

الحـل:

عندما λ= 0 فإن جدول الحل الأمثل هو:

الجدول (3-1)

C_B	C_j / B.V.	20	25	0	0	0	b
		χ_1	χ_2	χ_3	χ_4	χ_5	
0	χ_3	0	0	1	-7/5	-1/5	6
25	χ_2	0	1	0	3/5	-1/5	6
20	χ_1	1	0	0	-1/5	2/5	8
$\overline{C}$		0	0	0	-11	-3	Z = 310

عندما تكون قيمة λ قيمة غير صفرية فإن ذلك يتطلب اضافة صف ربح نسبي جديد $\overline{C^*}$ إلى جدول السمبلكس ليصبح بالصيغة المعرفة بالجدول (3-2):

الجدول (3-2)

C_B^*	C_B	B.V. \ C_j^* / C_j	5 20	-5 25	0 0	0 0	0 0	b
			χ_1	χ_2	χ_3	χ_4	χ_5	
0	0	χ_3	0	0	1	-7/5	-1/5	6
-5	25	χ_2	0	1	0	3/5	-1/5	6
5	20	χ_1	1	0	0	-1/5	2/5	8
		$\overline{C}$	0	0	0	-11	-3	Z = 310
		$\overline{C^*}$	0	0	0	4	-3	Z* = 10

قيم صف $\overline{C^*}$ يتم إيجادها بنفس الأسلوب الذي يتم بواسطته ايجاد قيم صف $\overline{C}$ مع استبدال المتجه C بـ *C و C_B بـ C_B^* وكمثال على ذلك:

$$\overline{C_4} = C_4 - C_B\,\overline{P_4} = 0 - [0\quad 25\quad 20]\begin{bmatrix}-7/5\\3/5\\-1/5\end{bmatrix} = 0 - 11 = -11$$

$$\overline{C_4^*} = C_4^* - C_B^*\,\overline{P_4} = 0 - [0\quad -5\quad 5]\begin{bmatrix}-7/5\\3/5\\-1/5\end{bmatrix} = 0 - (-4) = 4$$

الجدول (3-2) يمثل الحل الممكن الأساسي بحيث قيمة دالة الهدف هي:

$$Z(\lambda) = Z + \lambda\, Z^*$$
$$= 310 + 10\,\lambda$$

أما معاملات الأرباح النسبية فهي:

$$\overline{C_j}(\lambda) = \overline{C_j} + \lambda\,\overline{C_j^*}$$

عندما $\lambda = 0$ فإن الجدول (3-2) يمثل الحل الأمثل للمسألة ويبقى كذلك لقيم أخرى لـ λ طالما:

$$\overline{C_j}(\lambda) \le 0 \qquad j = 4, 5$$

ولذلك فإن تحديد مدى λ يكون كالآتي:

$$\overline{C_4}(\lambda) = -11 + 4\lambda \le 0 \rightarrow \lambda \le 11/4$$

$$\overline{C_5}(\lambda) = -3 - 3\lambda \le 0 \rightarrow \lambda \ge -1$$

وهذا يعني إن الجدول (3-2) يبقى أمثل لقيم λ المحصورة بين 1- و 11/4 أما في حال تجاوز قيمة λ الحد الأعلى لها أي 11/4 فإن معامل الربح النسبي للمتغير غير الأساسي χ_4 أي λ)

($\overline{C_4}$ يصبح موجب ولذلك فإن الجدول (3-2) لا يمثل الحل الأمثل وعلى هذا الأساس يدخل χ_4 كمتغير أساسي و يغادر χ_2 ليصبح متغير غير أساسي وبتطبيق عملية المحور فإن الجدول (3-2) يصبح بالصيغة المعرفة بالجدول (3-3):

الجدول (3-3)

C_B^*	C_B	B.V. \ C_j^* / C_j	5 / 20 χ_1	-5 / 25 χ_2	0 / 0 χ_3	0 / 0 χ_4	0 / 0 χ_5	b
0	0	χ_3	0	7/3	1	0	-2/3	20
0	0	χ_4	0	5/3	0	1	-1/3	10
5	20	χ_1	1	1/3	0	0	1/3	10
		$\overline{C}$	0	55/3	0	0	-20/3	Z = 200
		$\overline{C^*}$	0	-20/3	0	0	-5/3	Z* = 50

الجدول (3-3) يمثل الحل الأمثل طالما قيم $\overline{C_2}(\lambda)$ و $\overline{C_5}(\lambda)$ تبقى غير موجبة أي أن لكل $\lambda \geq$ 11/4 فإن الحل الأمثل هو:

$\chi_1 = 10 \ , \ \chi_2 = 0 \ ; \ Z = 200 + 50\lambda$.

أما في حال كون قيمة λ اصغر من ١- فإن معامل الربح النسبي للمتغير غير الأساسي χ_5 أي (λ) $\overline{C_5}$ يصبح موجب ولذلك فإن الجدول (3-1) لا يمثل الحل الأمثل ولذلك فإن χ_5 يمثل المتغير الداخل و χ_1 يمثل المتغير الخارج وبتطبيق عملية المحور فإن الجدول (3-1) يصبح بالصيغة المعرفة بالجدول (3-4):

الجدول (3-4)

C_B^*	C_B	B.V. \ C_j^* / C_j	5 / 20 χ_1	-5 / 25 χ_2	0 / 0 χ_3	0 / 0 χ_4	0 / 0 χ_5	b
0	0	χ_3	1/2	0	1	-3/2	0	10
-5	25	χ_2	1/2	1	0	1/2	0	10
0	0	χ_5	5/2	0	0	-1/2	1	20
		$\overline{C}$	15/2	0	0	-25/2	0	Z = 250
		$\overline{C^*}$	15/2	0	0	5/2	0	Z* = -50

الجدول (3-4) يمثل الحل الأمثل طالما قيم $\overline{C_1}(\lambda)$ و $\overline{C_4}(\lambda)$ تبقى غير موجبة أي أن لكل $\lambda \le -1$ فإن الحل الأمثل هو:

$$\chi_1 = 0 \ , \ \chi_2 = 10 \ ; \quad Z = 250 - 50\lambda$$

مثال (3-2): بافتراض أن متجه التغير في الكلفة هو $C^* = (\,1 \quad 2\,)$ أوجد الحل الأمثل لمسألة البرمجة الخطية المعرفة بالمثال (1-23):

$$\text{Min} \quad Z = (2+\lambda)\chi_1 + (3+2\lambda)\chi_2 + M\bar{\chi}_1 + M\bar{\chi}_2$$

S.T

$$\chi_1 + 2\chi_2 + \chi_3 = 6$$

$$2\chi_1 + 2\chi_2 - \chi_4 + \bar{\chi}_1 = 4$$

$$\chi_1 + \chi_2 + \bar{\chi}_2 = 3$$

$$\chi_1, \chi_2, \chi_3, \chi_4, \bar{\chi}_1, \bar{\chi}_2 \ge 0$$

الحل:

عندما $\lambda = 0$ فإن جدول الحل الأمثل هو:

الجدول (3-5)

C_B	B.V. \ C_j	2	3	0	0	b
		χ_1	χ_2	χ_3	χ_4	
0	χ_3	0	1	1	0	3
2	χ_1	1	1	0	0	3
0	χ_4	0	0	0	1	2
$\overline{C}$		0	1	0	0	Z = 6

لمعرفة تأثير قيم λ غير الصفرية على الحل الأمثل فإن الجدول في أعلاه يصبح بالصيغة المعرفة بالجدول (3-6):

الجدول (6-3)

C_B^*	C_B	B.V. \ C_j^* / C_j	1 2 x_1	2 3 x_2	0 0 x_3	0 0 x_4	b
0	0	x_3	0	1	1	0	3
1	2	x_1	1	1	0	0	3
0	0	x_4	0	0	0	1	2
		$\overline{C}$	0	1	0	0	Z = 6
		$\overline{C^*}$	0	1	0	0	Z* = 3

الجدول (6-3) يمثل الحل الممكن الأساسي بحيث قيمة دالة الهدف هي:

$$Z(\lambda) = Z + Z^* \lambda$$
$$= 6 + 3\lambda$$

أما معاملات الأرباح النسبية فهي:

$$\overline{C_j}(\lambda) = \overline{C_j} + \lambda \overline{C_j^*}$$

عندما0 =λ فإن الجدول (6-3) يمثل الحل الأمثل للمسألة ويبقى كذلك لقيم أخرى لـ λ طالما:

$$\overline{C_2}(\lambda) \geq 0$$

وعلى هذا الأساس فإن:

$$\overline{C_2}(\lambda) = 1 + \lambda \geq 0 \rightarrow \lambda \geq -1$$

وهذا يعني إن الجدول (6-3) يبقى يمثل الحل الأمثل لكل قيم λ الأكبر أو تساوي (-1) , أما في حال كون قيمة λ اصغر من (-1) فإن معامل الربح النسبي للمتغير غير الأساسي x_2 أي $\overline{C_2}(\lambda)$يصبح سالب ولذلك فإن الجدول (6-3) سوف لا يمثل الحل الأمثل وعلى هذا الأساس فإن x_2 يمثل المتغير الداخل أما المتغير الخارج فبالأماكن اختيار احد المتغيرين x_1 وx_3 ولنفترض x_3 وبتطبيق عملية المحور فإن الجدول (6-3) يصبح بالصيغة المعرفة بالجدول (7-3):

الجدول (7-3)

C_B^*	C_B	B.V. \ C_j^* / C_j	1 / 2 χ_1	2 / 3 χ_2	0 / 0 χ_3	0 / 0 χ_4	b
2	3	χ_2	0	1	1	0	3
1	2	χ_1	1	0	-1	0	0
0	0	χ_4	0	0	0	1	2
		$\overline{C}$	0	0	-1	0	Z = 9
		$\overline{C^*}$	0	0	-1	0	Z* = 6

الجدول (7-3) يمثل الحل الأمثل طالما قيمة $\overline{C_3}(\lambda)$ تبقى غير سالبة أي أن لكل $\lambda \leq -1$ فإن الحل الأمثل هو:

$$\chi_1 = 0 \ , \ \chi_2 = 3 \ ; \ Z = 9 + 6\lambda$$

3-3: التغيير في b   b Change in b

ثوابت الجانب الأيمن في مسائل البرمجة الخطية (.L.P) تمثل حدود الموارد المتاحة وليس ضروريا أن تكون الموارد مستقلة واحدة عن الأخرى ففي بعض المسائل فإن العجز في احد الموارد يكون مصحوبا بعجز في مورد آخر وبمستويات مختلفة مثال ذلك مصنع يعتمد على الكهرباء فإن العجز في الكهرباء ممكن أن يؤثر على الطلبات لكل المنتجات بدرجات مختلفة حسب احتياجها إلى الكهرباء , في هذه الفقرة سوف نعتبر التغيير يتم بصورة متساوية في ثوابت الجانب الأيمن أي تكون دوال لمعلمة واحدة , نفترض مسألة البرمجة المعلمية الآتية:

$$\text{Max} \quad Z = CX$$
$$\text{S.T}$$
$$AX = b + \lambda b^*$$
$$X \geq 0$$

حيث أن:

b: متجه الموارد

b*: متجه التغيرات (variation vector)

λ : معلمة غير معلومة

أن عملية تحديد الحلول المثلى لكل قيم λ من ∞ - إلى ∞ تعتمد على الآتي:

عندما $\lambda = 0$ فإن الحل الأمثل هو:

$$X_B = B^{-1} b$$
$$X_N = 0 \quad \text{-------------- (3-3)}$$

حيث أن:

B^{-1}: معكوس مصفوفة المتغيرات الأساسية

X_B: المتغيرات الأساسية في الحل الأمثل

X_N: المتغيرات غير الأساسية في الحل الأمثل

عندما λ تكون ذات قيم غير صفرية فإن قيم المتغيرات الأساسية سوف تتغير تبعا لذلك وبالصيغة الآتية:

$$X_B = B^{-1}(b + \lambda b^*)$$
$$= B^{-1} b + \lambda B^{-1} b^*$$
$$= \bar{b} + \lambda \bar{b}^* \quad \text{-------------- (4-3)}$$

أما قيم معاملات الأرباح النسبية فأنها سوف لا تتغير ولذلك طالما $\bar{b}+\lambda \bar{b}^*$ هو متجه غير سالب فإن الحل الممكن والأمثل هو:

$$X_B = \bar{b} + \lambda \bar{b}^*$$
$$X_N = 0 \quad \text{-------------- (5-3)}$$

مثال (3 - 3): بافتراض أن متجه التغيير في الموارد هو $b^* = \begin{bmatrix} -4 \\ 10 \\ 5 \end{bmatrix}$ أوجد الحل الأمثل لمسألة البرمجة الخطية للمثال (1-17):

$$\text{Max} \quad Z = 20\, \chi_1 + 25\, \chi_2$$
$$\text{S.T}$$

$$2\chi_1 + 3\,\chi_2 + \chi_3 = 40 - 4\,\lambda$$
$$\chi_1 + 2\,\chi_2 + \chi_4 = 20 + 10\,\lambda$$
$$3\chi_1 + \chi_2 + \chi_5 = 30 + 5\,\lambda$$
$$\chi_j \geq 0 \qquad j = 1, 2\ldots\ldots,5$$

الحــــل:

عندما $\lambda = 0$ فإن الجدول (3-1) يمثل الحل الأمثل للمسألة , أما عندما تكون قيمة λ قيمة غير صفرية فإن الجدول (3-1) يصبح بالصيغة المعرفة بالجدول (3-8):

الجدول (3-8)

C_B	B.V. \ C_j	20 x_1	25 x_2	0 x_3	0 x_4	0 x_5	$\bar{b}$	$\bar{b}^*$
0	x_3	0	0	1	-7/5	-1/5	6	-19
25	x_2	0	1	0	3/5	-1/5	6	5
20	x_1	1	0	0	-1/5	2/5	8	0
$\bar{C}$		0	0	0	-11	-3	Z = 310	Z* = 125

قيم المتجهات $\bar{b}$, $\bar{b}^*$ استخرجت وفق الصيغة الآتية:

$$\bar{b} = B^{-1} b = \begin{pmatrix} 1 & -7/5 & -1/5 \\ 0 & 3/5 & -1/5 \\ 0 & -1/5 & 2/5 \end{pmatrix} \begin{pmatrix} 40 \\ 20 \\ 30 \end{pmatrix} = \begin{pmatrix} 6 \\ 6 \\ \mathbf{8} \end{pmatrix}$$

$$\bar{b}^* = B^{-1} b^* = \begin{pmatrix} 1 & -7/5 & -1/5 \\ 0 & 3/5 & -1/5 \\ 0 & -1/5 & 2/5 \end{pmatrix} \begin{pmatrix} -4 \\ 10 \\ 5 \end{pmatrix} = \begin{pmatrix} -19 \\ 5 \\ 0 \end{pmatrix}$$

قيم المتغيرات الأساسية في الجدول (3-8) هي:

$$x_1 = \bar{b}_1 + \lambda \bar{b}_1^* = 8$$

$$x_2 = \bar{b}_2 + \lambda \bar{b}_2^* = 6 + 5\lambda$$

$$x_3 = \bar{b}_3 + \lambda \bar{b}_3^* = 6 - 19\lambda$$

بتغير قيمة λ فإن قيم المتغيرات الأساسية سوف تتغير تبعا لذلك والجدول (3-8) يبقى يمثل الحل الأمثل طالما قيم المتغيرات الأساسية غير سالبة أي:

$$x_2 = 6 + 5\lambda \geq 0 \rightarrow \lambda \geq -6/5$$

$$x_3 = 6 - 19\lambda \geq 0 \rightarrow \lambda \leq 6/19$$

أي أن الجدول(3-8) يبقى أمثل طالما قيم λ محصورة بين 6/5 - و 6/19 أي إذا كانت $\lambda \le$ 6/19 $\le$ 6/5 - فإن الحل الأمثل هو:

$$X_1 = 8 \;,\; X_2 = 6 + 5\lambda \;,\; X_3 = 6 - 19\lambda \;;\quad Z = 310 + 125\lambda$$

في حال كون قيمة λ اكبر من (6/19) فإن المتغير X_3 يصبح سالب وباستخدام طريقة السمبلكس الثنائية فإن X_3 يمثل المتغير الخارج و X_4 يمثل المتغير الداخل وبتطبيق عملية المحور فإن الجدول (3-8) يصبح بالصيغة المعرفة بالجدول (3-9):

الجدول (3-9)

C_B	C_j / B.V.	20	25	0	0	0	$\bar{b}$	$\bar{b}^*$
		X_1	X_2	X_3	X_4	X_5		
0	X_4	0	0	-5/7	1	1/7	-30/7	95/7
25	X_2	0	1	3/7	0	-2/7	60/7	-22/7
20	X_1	1	0	-1/7	0	3/7	50/7	19/7
$\bar{C}$		0	0	-55/7	0	-10/7	Z = 2500/7	Z* = -170/7

الحل الأمثل هو:

$$X_1 = 50/7 + 19/7\,\lambda \;,\; X_2 = 60/7 - 22/7\,\lambda \;,\; X_4 = -30/7 + 95/7\,\lambda \;,\; X_3 = X_5 = 0 \; Z = 2500/7 - 170/7\,\lambda$$

الحل يبقى أمثل طالما قيم المتغيرات الأساسية غير سالبة أي:

$$X_1 = 50/7 + 19/7\,\lambda \ge 0 \;\rightarrow\; \lambda \ge -50/19$$

$$X_2 = 60/7 - 22/7\,\lambda \ge 0 \;\rightarrow\; \lambda \le 30/11$$

$$X_4 = -30/7 + 95/7\,\lambda \ge 0 \;\rightarrow\; \lambda \ge 6/19$$

هذا يعني طالما 30/11 $\le \lambda \le$ 6/19 فإن الجدول (3-9) يمثل الحل الأمثل , أما في حال كون قيمة λ اكبر من (30/11) فإن المتغير X_2 يصبح سالب وباستخدام طريقة السمبلكس الثنائية فإن X_2 يمثل المتغير الخارج و X_5 يمثل المتغير الداخل وبتطبيق عملية المحور فإن الجدول (3-9) يصبح بالصيغة المعرفة بالجدول (3-10):

الجدول (3-10)

C_B	B.V. \ C_j	20	25	0	0	0	$\bar{b}$	$\bar{b}^*$
		x_1	x_2	x_3	x_4	x_5		
0	x_4	0	1/2	-1/2	1	0	0	12
0	x_5	0	-7/2	-3/2	0	1	-30	11
20	x_1	1	3/2	1/2	0	0	20	-2
$\bar{C}$		0	-5	-10	0	0	Z = 400	Z* = -40

الحل الأمثل هو:

$x_1 = 20-2\lambda$, $x_4=12\lambda$, $x_5 =-30 +11\lambda$, $x_2 = x_3 = 0$

$Z = 400- 40\lambda$

الجدول (3-10) يبقى أمثل طالما قيم المتغيرات الأساسية غير سالبة أي:

$x_1 = 20-2\lambda \geq 0 \quad \rightarrow \lambda \leq 10$

$x_4 = 12\lambda \geq 0 \quad \rightarrow \lambda \geq 0$

$x_5 = -30 +11\lambda \geq 0 \rightarrow \lambda \geq 30/11$

هذا يعني طالما $10 \geq \lambda \geq 30/11$ فإن الجدول (3- 10) يمثل الحل الأمثل , أما في حال كون قيمة λ اكبر من (10) فإن المتغير x_1 يصبح سالب وبما أن صف x_1 لا يحتوي على قيمة سالبة فإن المسألة غير قابلة للحل عندما $\lambda > 10$.

عندما تكون قيمة λ اصغر من 6/5- فإن المتغير x_2 يصبح سالب وباستخدام طريقة السمبلكس الثنائية فإن x_2 يمثل المتغير الخارج و x_5 يمثل المتغير الداخل وبتطبيق عملية المحور فإن الجدول (٣-٨) يصبح بالصيغة المعرفة بالجدول(٣-١١):

الجدول (3-11)

C_B	C_j / B.V.	20 χ_1	25 χ_2	0 χ_3	0 χ_4	0 χ_5	$\bar{b}$	$\bar{b}^*$
0	χ_3	0	-1	1	-2	0	0	-24
0	χ_5	0	-5	0	-3	1	-30	-25
20	χ_1	1	2	0	1	0	20	10
$\bar{C}$		0	-15	0	-20	0	Z = 400	Z* = 200

الحل الأمثل هو:

$\chi_1 = 20+10\lambda$, $\chi_3 = -24\lambda$, $\chi_5 = -30-25\lambda$, $\chi_2 = \chi_4 = 0$

$Z = 400+200\lambda$

الجدول (3-11) يبقى أمثل طالما قيم المتغيرات الأساسية غير سالبة أي:

$\chi_1 = 20+10\lambda \geq 0 \rightarrow \lambda \geq -2$

$\chi_3 = -24\lambda \geq 0 \rightarrow \lambda \leq 0$

$\chi_5 = -30-25\lambda \geq 0 \rightarrow \lambda \leq -6/5$

هذا يعني طالما $-2 \leq \lambda \leq -6/5$ فإن الجدول (3- 11) يمثل الحل الأمثل , أما في حال كون قيمة λ اصغر من (-2) فإن المتغير χ_1 يصبح سالب وبما أن صف χ_1 لا يحتوي على قيمة سالبة فإن المسألة غير قابلة للحل عندما $\lambda < -2$.

مثــال (3-4): بافتراض أن متجه التغيير في الموارد هو $b^* = \begin{bmatrix} -2 \\ -1 \\ 1 \end{bmatrix}$

أوجد الحل الأمثل لمسألة البرمجة الخطية المعرفة بالمثال (١-٢٣):

$$\text{Min } Z = 2\chi_1 + 3\chi_2 + M\bar{\chi}_1 + M\bar{\chi}_2$$

S.T

$$\chi_1 + 2\chi_2 + \chi_3 = 6 - 2\lambda$$

$$2\chi_1 + 2\chi_2 - \chi_4 + \bar{\chi}_1 = 4 - \lambda$$

$$\chi_1 + \chi_2 + \bar{\chi}_2 = 3 + \lambda$$

$$\chi_1, \chi_2, \chi_3, \chi_4, \bar{\chi}_1, \bar{\chi}_2 \geq 0$$

الحـل:

عندما $\lambda = 0$ فإن الجدول (3-5) يمثل الحل الأمثل للمسألة , أما عندما تكون λ ذات قيمة غير صفرية فإن الجدول (3-5) يصبح بالصيغة المعرفة بالجدول (3-12):

الجدول (3-12)

C_B	B.V. \ C_j	2	3	0	0	M	M	$\bar{b}$	$\bar{b}^*$
		χ_1	χ_2	χ_3	χ_4	$\bar{\chi}_1$	$\bar{\chi}_2$		
0	χ_3	0	1	1	0	0	-1	3	-3
2	χ_1	1	1	0	0	0	1	3	1
0	χ_4	0	0	0	1	-1	2	2	3
$\bar{C}$		0	1	0	0	M	M - 2	Z = 6	Z* = 2

حيث أن :

$$\bar{b}^* = B^{-1} b^* = \begin{pmatrix} 1 & 0 & -1 \\ 0 & 0 & 1 \\ 0 & -1 & 2 \end{pmatrix} \begin{bmatrix} -2 \\ -1 \\ 1 \end{bmatrix} = \begin{bmatrix} -3 \\ 1 \\ 3 \end{bmatrix}$$

الحل الأمثل هو:

$$\chi_1 = 3 + \lambda \;,\; \chi_3 = 3 - 3\lambda \;,\; \chi_4 = 2 + 3\lambda \;,\; \chi_2 = 0 \;;\quad Z = 6 + 2\lambda$$

الحل يبقى أمثل طالما قيم المتغيرات الأساسية غير سالبة أي:

$$\chi_1 = 3 + \lambda \geq 0 \rightarrow \lambda \geq -3$$

$$\chi_3 = 3 - 3\lambda \geq 0 \rightarrow \lambda \leq 1$$

$$\chi_4 = 2 + 3\lambda \geq 0 \rightarrow \lambda \geq -2/3$$

هذا يعني طالما $-2/3 \leq \lambda \leq 1$ فإن الجدول (3- 12) يمثل الحل الأمثل , أما في حال كون قيمة λ اكبر من (1) فإن المتغير χ_3 يصبح سالب وباستخدام طريقة السمبلكس الثنائية فإن χ_3 يمثل المتغير الخارج و $\bar{\chi}_2$ يمثل المتغير الداخل وبتطبيق عملية المحور فإن الجدول (3-12) يصبح بالصيغة المعرفة بالجدول (3-13):

الجدول (13-3)

C_B	B.V.	C_j	2 X_1	3 X_2	0 X_3	0 X_4	M $\bar{X}_1$	M $\bar{X}_2$	$\bar{b}$	$\bar{b}^*$
M	$\bar{X}_2$		0	-1	-1	0	0	1	-3	3
2	X_1		1	2	1	0	0	0	6	-2
0	X_4		0	2	2	1	-1	0	8	-3
	$\bar{C}$		0	-1+M	-2+M	0	M	0	Z = 12-3M	Z* = -4+3M

الحل الأمثل هو:

$$X_1 = 6 - 2\lambda \ , \ X_4 = 8 - 3\lambda \ , \ \bar{X}_2 = -3 + 3\lambda \ , \ X_2 = X_3 = \bar{X}_1 = 0$$

$$Z = 12 - 3M + (-4 + 3M)\lambda$$

الحل يبقى أمثل طالما قيم المتغيرات الأساسية غير سالبة أي:

$$X_1 = 6 - 2\lambda \geq 0 \rightarrow \lambda \leq 3$$

$$X_4 = 8 - 3\lambda \geq 0 \rightarrow \lambda \leq 8/3$$

$$\bar{X}_2 = -3 + 3\lambda \geq 0 \rightarrow \lambda \geq 1$$

هذا يعني طالما $8/3 \geq \lambda \geq 1$ فإن الجدول (13 - 3) يمثل الحل الأمثل , أما في حال كون قيمة λ اكبر من (8/3) فإن المتغير X_4 يصبح سالب وباستخدام طريقة السمبلكس الثنائية فإن X_4 يمثل المتغير الخارج و $\bar{X}_1$ يمثل المتغير الداخل وبتطبيق عملية المحور فإن الجدول (13-3) يصبح بالصيغة المعرفة بالجدول (14-3):

الجدول (14-3)

C_B	B.V.	C_j	2 X_1	3 X_2	0 X_3	0 X_4	M $\bar{X}_1$	M $\bar{X}_2$	$\bar{b}$	$\bar{b}^*$
M	$\bar{X}_2$		0	-1	-1	0	0	1	-3	3
2	X_1		1	2	1	0	0	0	6	- 2
M	$\bar{X}_1$		0	-2	-2	-1	1	0	-8	3
	$\bar{C}$		0	-1+3M	-2+3M	M	0	0	Z = 12-11M	Z* = -4+6M

الحل الأمثل هو:

$$X_1 = 6 - 2\lambda \ , \ \bar{X}_1 = -8 + 3\lambda \ , \ \bar{X}_2 = -3 + 3\lambda \ , \ X_2 = X_3 = X_4 = 0$$

$$Z = 12 - 11M + (-4 + 6M)\lambda$$

الحل يبقى أمثل طالما قيم المتغيرات الأساسية غير سالبة أي:

$\chi_1 = 6 - 2\lambda \geq 0 \rightarrow \lambda \leq 3$

$\overline{\chi_1} = -8 + 3\lambda \geq 0 \rightarrow \lambda \geq 8/3$

$\chi_2 = -3 + 3\lambda \geq 0 \rightarrow \lambda \geq 1$

هذا يعني طالما $3 \geq \lambda \geq 8/3$ فإن الجدول (3- 14) يمثل الحل الأمثل , أما في حال كون قيمة λ اكبر من (3) فإن المتغير χ_1 يصبح سالب و بما أن صف χ_1 لا يحتوي على قيم سالبة فهذا يعني أن المسألة لا تمتلك حل ممكن عندما $\lambda > 3$.

عندما تكون قيمة λ اصغر من (2/3-) فإن χ_4 يصبح سالب وباستخدام طريقة السمبلكس الثنائية فإن χ_4 يمثل المتغير الخارج و χ_1 يمثل المتغير الداخل وبتطبيق عملية المحور فإن الجدول (3-12) يصبح بالصيغة المعرفة بالجدول (3-15):

الجدول (3-15)

C_B	C_j / B.V.	2	3	0	0	M	M	$\overline{b}$	$\overline{b^*}$
		χ_1	χ_2	χ_3	χ_4	$\overline{\chi}_1$	$\overline{\chi}_2$		
0	χ_3	0	1	1	0	0	-1	3	-3
2	χ_1	1	1	0	0	0	1	3	1
M	$\overline{\chi}_1$	0	0	0	-1	1	-2	-2	-3
$\overline{C}$		0	1	0	M	0	-2+3M	Z = 6-2M	Z* = 2-3M

الحل الأمثل هو:

$\chi_1 = 3 + \lambda \;,\; \chi_3 = 3 - 3\lambda \;,\; \overline{\chi_1} = -2 - 3\lambda \;,\; \chi_2 = \chi_4 = \overline{\chi_2} = 0$

$Z = 6 - 2M + (2-3M)\lambda$

الحل يبقى أمثل طالما قيم المتغيرات الأساسية غير سالبة أي:

$\chi_1 = 3 + \lambda \geq 0 \rightarrow \lambda \geq -3$

$\chi_3 = 3 - 3\lambda \geq 0 \rightarrow \lambda \leq 1$

$\overline{\chi_1} = -2 - 3\lambda \geq 0 \rightarrow \lambda \leq -2/3$

هذا يعني طالما $-2/3 \geq \lambda \geq -3$ فإن الجدول (3- 15) يمثل الحل الأمثل للمسألة, أما في حال كون قيمة λ اصغر من (3-) فإن المتغير χ_1 يصبح سالب وبما أن صف χ_1 لا يحتوي على قيمة سالبة فهذا يعني أن المسألة لا تمتلك حل ممكن عندما $\chi_1 < -3$.

4-3: التغيير في معاملات المتغير X_j داخل القيود (P_j) Change InP_j (P_j)

هذه الفقرة تتناول تأثير التغيرات في P_j الذي يمثل متجه عمودي غير أساسي في الحل الأمثل , تأثير التغيير في P_j يظهر على المتغير X_j حيث أن X_j يبقى متغير غير أساسي في حال بقاء $\overline{C_j}$ غير موجب (تعظيم)

أي أن الحل الأمثل يبقى أمثل طالما:

$$\overline{C_j} = C_j - C_B B^{-1} P_j^* \le 0 \quad \text{----------} (6 - 3)$$

حيث أن:

P_j^* : متجه التغيرات العمودي

مثال (3 - 5): بافتراض أن متجه التغيرات العمودي للمتغير X_2 هو $P_2^* = \begin{bmatrix} 1 \\ -1 \\ 2 \end{bmatrix}$ أوجد الحل الأمثل لمسألة البرمجة الخطية المعرفة بالمثال (1-23):

$$\text{Min} \quad Z = 2X_1 + 3X_2 + M\overline{X_1} + M\overline{X_2}$$

S.T

$$\begin{aligned}
X_1 + 2X_2 + X_3 \quad\quad\quad\quad &= 6 \\
2X_1 + 2X_2 \quad - X_4 + \overline{X_1} \quad &= 4 \\
X_1 + X_2 \quad\quad\quad + \overline{X_2} &= 3 \\
X_1, X_2, X_3, X_4, \overline{X_1}, \overline{X_2} &\ge 0
\end{aligned}$$

الحـل:

$$P_2^* \begin{pmatrix} 2 + \lambda \\ 2 - \lambda \\ 1 + 2\lambda \end{pmatrix}$$

عندما $\lambda = 0$ فإن الجدول (3- 5) يمثل الحل الأمثل ويبقى أمثل طالما:

$$\overline{C_2} = C_2 - C_B B^{-1} P_j^* \ge 0$$

$$= 3 - (0 \;\; 2 \;\; 0) \begin{pmatrix} 1 & 0 & -1 \\ 0 & 0 & 1 \\ 0 & -1 & 2 \end{pmatrix} \begin{pmatrix} 2+\lambda \\ 2-\lambda \\ 1+2\lambda \end{pmatrix}$$

$$= 3 - (0 \;\; 0 \;\; 2) \begin{pmatrix} 2+\lambda \\ 2-\lambda \\ 1+2\lambda \end{pmatrix} = 3 - 2(1 + 2\lambda) = 1 - 4\lambda$$

$$1 - 4\lambda \geq 0 \rightarrow \lambda \leq 1/4$$

أي أن الجدول (3-5) هو أمثل لكل $\lambda \leq 1/4$, أما في حال كون قيمة λ اكبر من (1/4) فإن المتغير X_2 يمثل المتغير الداخل وبالإمكان اختيار احد المتغيرين X_1 أو X_3 كمتغير خارج .

3-5 التغيير في :C و b في آن واحد Change In C and b

في هذه الفقرة سوف نتناول تأثير التغير المشترك لكل من C و b (معاملات دالة الهدف والجانب الأيمن) وبتطبيق ما ورد في الفقرتين (3-2)و(3-3) كل على حدة نحصل على قيم λ التي تحافظ على أمثلية الحل, وبافتراض:

λ_1: معلمة التغير في C

λ_2: معلمة التغير في b

L_1 , U_1 : الحد الأدنى والأعلى لقيم λ_1 على التوالي .

L_2 , U_2 : الحد الأدنى والأعلى لقيم λ_2 على التوالي .

فإن حدود λ هي $L \leq \lambda \leq U$ بحيث أن:

$$L = Max(L_1 \;,\; L_2)$$
$$U = Min(U_1 \;,\; U_2)$$

مثال (3-6): بافتراض متجهي التغيير $C^* = (5 \;\; -5)$ و $b^* = \begin{bmatrix} -4 \\ 10 \\ 5 \end{bmatrix}$ أوجد الحل الأمثل لمسألة البرمجة الخطية(.L.P) المعرفة بالمثال (1-17):

$$\text{Max} \quad Z = (20 + 5\lambda)\chi_1 + (25 - 5\lambda)\chi_2$$

S.T

$$2\chi_1 + 3\chi_2 + \chi_3 \qquad = 40 - 4\lambda$$

$$= 30 + 5\lambda \qquad \chi_1 + 2\chi_2 \qquad + \chi_4 \qquad = 20 + 10\lambda$$

$$3\chi_1 + \chi_2 \qquad + \chi_5$$

$$\chi_j \geq 0 \qquad j = 1, ---- ,5$$

الحـــل:

عندما $\lambda_1 = \lambda_2 = 0$ فإن جدول الحل الأمثل هو الجدول (3- 1) , من المثال (3-1) قيم λ_1 التي تحقق شروط الأمثلية هي $-1 \leq \lambda_1 \leq 11/4$ ومن المثال (3-2) قيم λ_2 التي تحقق شروط الحل الممكن هي $-6/5 \leq \lambda_2 \leq 6/19$ وعلى هذا الأساس فإن حدود λ هي:

$$-1 \leq \lambda \leq 6/19$$

عندما تكون قيمة λ اكبر من (6/19) فإن χ_3 يصبح سالب ولذلك فإن الحل يصبح غير ممكن وباستخدام طريقة السمبلكس الثنائية فإن χ_3 يمثل المتغير الخارج و χ_4 يمثل المتغير الداخل ولذلك فإن الجدول (3- 9) يمثل الحل الممكن وحدود λ_2 هي: $6/19 \leq \lambda_2 \leq 30/11$ ولتحقيق شروط الأمثلية للجدول (3-9) فإن :

$$\overline{C_3}(\lambda_1) = \overline{C_3} + \lambda_1 \left(C_3^* - C_B^* \overline{P_3} \right)$$

$$= -55/7 + \lambda_1 \left[0 - (0 \ -5 \ 5) \begin{pmatrix} -5/7 \\ 3/7 \\ -1/7 \end{pmatrix} \right]$$

$$= -55/7 + \lambda_1 \ (0 + 20/7) = -55/7 + 20/7 \ \lambda_1$$

$$\overline{C_3}(\lambda_1) \leq 0 \rightarrow \lambda_1 \leq 11/4$$

$$\overline{C_5}(\lambda_1) = \overline{C_5} + \lambda_1 \left(C_5^* - C_B^* \overline{P_5} \right)$$

$$= -10/7 + \lambda_1 \quad 0 - \left\{ (0 \ -5 \ 5) \begin{pmatrix} 1/7 \\ -2/7 \\ 3/7 \end{pmatrix} \right\}$$

$= -10/7 + \lambda_1 (0 - 25/7) = -10/7 - 25/7 \lambda_1$

$$\overline{C_5} (\lambda_1) \le 0 \rightarrow \lambda_1 \ge -2/5$$

وعلى هذا الأساس فإن حدود λ_1 التي تبقي الجدول (3-9) أمثل هي $11/4 \ge \lambda_1 \ge -2/5$ ولذلك فإن $30/11 \ge \lambda \ge 6/19$ والتي تحقق شروط الحل الممكن والأمثل سوية للجدول (3-9) , أما في حال كون قيمة λ اكبر من (30/11) فإن χ_2 يصبح سالب ولذلك فإن الجدول (3- 9) لا يمثل حلا ممكنا للمسألة وعليه نستخدم طريقة السمبلكس الثنائية حيث χ_2 يمثل المتغير الخارج و χ_5 يمثل المتغير الداخل وبتطبيق عملية المحور فإن الجدول (3-10) يمثل الحل الممكن للمسألة بحيث أن $10 \ge \lambda_2 \ge 30/11$ ولتحقيق شروط الأمثلية فإن :

$$\overline{C_2} (\lambda_1) = \overline{C_2} + \lambda_1 (C_2^* - C_B^* \overline{P_2})$$

$$= -5 + \lambda_1 \left[5 - (0 \ -5 \ 0) \begin{pmatrix} 1/2 \\ -7/2 \\ 3/2 \end{pmatrix} \right]$$

$$= -5 + \lambda_1(-5 - 15/2) = -5 - 25/2 \lambda_1$$

$$\overline{C_2} (\lambda_1) \le 0 \rightarrow \lambda_1 \ge -1/10$$

$$\overline{C_3} (\lambda_1) = \overline{C_3} + \lambda_1 (C_3^* - C_B^* \overline{P_3})$$

$$= -10 + \lambda_1 \left[0 - (0 \ 0 \ 5) \begin{pmatrix} -1/2 \\ -3/2 \\ 1/2 \end{pmatrix} \right]$$

$$= -10 + \lambda_1 (0 - 5/2) = -10 - 5/2 \lambda_1$$

$$\overline{C_3} (\lambda_1) \le 0 \rightarrow \lambda_1 \ge -4$$

هذا يعنى طالما $\infty \ge \lambda_1 \ge -1/10$ فإن الجدول (3 - 10) يمثل الحل الأمثل ولذلك فإن $10 > \lambda_1 \ge 30/11$ تحقق شرطي الحل الممكن والأمثل للجدول 3-10)

,) أما في حال كون قيمة λ اكبر من (10) فإن χ_1 يصبح سالب و بما أن صف χ_1 لا يحتوي على قيمة سالبة فإن المسألة لاتمتلك حل ممكن عندما $\lambda > 10$.

في حال كون قيمة λ اصغر من (-1) فإن معامل الربح النسبي للمتغير غير أساسي χ_5 أي $\overline{C_5}(\lambda_1)$يصبح موجب أي أن الجدول (3- 1) لا يحقق شروط الأمثلية ولذلك فإن χ_5 يمثل المتغير الداخل و χ_1 يمثل المتغير الخارج وبتطبيق عملية المحور فإن الجدول (3-4) يمثل الحل الأمثل بحيث $\lambda_1 \le -1$ ولتحقيق شروط الحل الممكن للجدول (3-4) نتبع الآتي:

$$\overline{b} = B^{-1}b = \begin{pmatrix} 1 & -3/2 & 0 \\ 0 & 1/2 & 0 \\ 0 & -1/2 & 1 \end{pmatrix} \begin{pmatrix} 40 \\ 20 \\ 30 \end{pmatrix} = \begin{pmatrix} 10 \\ 10 \\ 20 \end{pmatrix}$$

$$\overline{b^*} = B^{-1}b^* = \begin{pmatrix} 1 & -3/2 & 0 \\ 0 & 1/2 & 0 \\ 0 & -1/2 & 1 \end{pmatrix} \begin{pmatrix} -4 \\ 10 \\ 5 \end{pmatrix} = \begin{pmatrix} -19 \\ 5 \\ 0 \end{pmatrix}$$

$$\overline{b} + \lambda \overline{b^*} = \begin{pmatrix} 10 \\ 10 \\ 20 \end{pmatrix} + \lambda_2 \begin{pmatrix} -19 \\ 5 \\ 0 \end{pmatrix}$$

$10 - 19\lambda_2 \ge 0 \rightarrow \lambda_2 \le 10/19$

$10 + 5\lambda_2 \ge 0 \rightarrow \lambda_2 \ge -2$

هذا يعني طالما $-2 \le \lambda_2 \le 10/19$ فإن الجدول (3- 4) يحقق شروط الحل الممكن وعليه فإن $-2 \le \lambda \le -1$ تحقق شرطي الحل الأمثل والممكن للجدول (3-4) , أما في حال كون قيمة λ اصغر من (-2) فإن المتغير χ_2 يصبح سالب وبما أن صف χ_2 لايحتوي على قيمة سالبة لذلك فإن المسألة لاتمتلك حل ممكن عندما $\lambda < -2$.الجدول (3-16) يمثل خلاصة الحلول المثلى للمسألة لقيم λ المختلفة

الجدول (3-16)

λ	X_1	Z
$\lambda < -2$	عدم وجود حل ممكن	—
$-2 \le \lambda \le -1$	$X_1 = 0 \ , \ X_2 = 10 + 5\lambda$	$-25\lambda^2 + 75\lambda + 250$
$-1 \le \lambda \le 6/19$	$X_1 = 8 \ , \ X_2 = 6 + 5\lambda$	$-25\lambda^2 + 135\lambda + 310$
$6/19 \le \lambda \le 30/11$	$X_1 = (50/7) + (19/7)\lambda \quad X_2 = (60/7) - (22/7)\lambda$	$(205/7)\lambda^2 - (220/7)\lambda + 2500/7$
$30/11 \le \lambda \le 10$	$X_1 = 20 - 2\lambda \ , \ X_2 = 0$	$-10\lambda^2 + 60\lambda + 400$
$10 < \lambda$	عدم وجود حل ممكن	—

مثال (3-7): بافتراض متجهي التغيير $C^* = (1 \quad 2)$, $b^* = \begin{pmatrix} -2 \\ -1 \\ 1 \end{pmatrix}$ أوجد الحل الأمثل لمسألة البرمجة الخطية(L.P.) المعرفة بالمثال (1-23):

$$\text{Min} \quad Z = (2+\lambda)X_1 + (3+2\lambda)X_2 + M\overline{X}_1 + M\overline{X}_2$$

S.T

$$X_1 + 2X_2 + X_3 = 6 - 2\lambda$$

$$2X_1 + 2X_2 - X_4 + \overline{X}_1 = 4 - \lambda$$

$$X_1 + X_2 + \overline{X}_2 = 3 + \lambda$$

$$X_1, X_2, X_3, X_4, \overline{X}_1, \overline{X}_2 \ge 0$$

الحـــل:

عندما $\lambda_1 = \lambda_2 = 0$ فإن الجدول (3- 5) يمثل الحـل الأمثـل , مـن المثـال (3-2) قيمـة λ_1 التـي تحقـق شروط الأمثلية هي $\lambda_1 \ge -1$, من المثال (3-4) قيمة λ_2 التي تحقق شروط الحل الممكن هي $-2/3 \le \lambda_2 \le 1$ وعلى هذا الأساس فإن حدود λ هي:

$$2/3 \le \lambda \le 1$$

عندما تكون قيمة λ اكبر من (1) فإن X_3 يصبح سالب ولذلك فإن الحل يصبح غير ممكن وباستخدام طريقة السمبلكس الثنائية فإن X_3 يمثل المتغير الخارج و X_2 يمثل المتغير الداخل وبتطبيق عملية المحور فإن الجدول (3- 13) يمثل الحل الممكن للمسألة ولتحقيق شروط الأمثلية للجدول (3-13) فإن :

$$\overline{C_2}(\lambda_1) = \overline{C_2} + \lambda_1 \left(C_2^* - C_B^* \overline{P_2} \right)$$

$$= (-1 + M) + \lambda_1 \left[2 - [0 \;\; 1 \;\; 0] \begin{pmatrix} -1 \\ 2 \\ 2 \end{pmatrix} \right]$$

$$= (-1 + M) + \lambda_1 (2 - 2) \qquad = -1 + M$$

$$\overline{C_3}(\lambda_1) = \overline{C_3} + \lambda_1 \left(C_3^* - C_B^* \overline{P_3} \right)$$

$$= (-2 + M) + \lambda_1 \left[0 - [0 \;\; 1 \;\; 0] \begin{pmatrix} -1 \\ 1 \\ 2 \end{pmatrix} \right]$$

$$= (-2 + M) - \lambda_1$$

$$\overline{C_3}(\lambda_1) \geq 0 \rightarrow \lambda_1 \leq -2 + M$$

$$\overline{C_{\overline{x}_1}}(\lambda_1) = \overline{C_{\overline{x}_1}} + \lambda_1 \left(C_{\overline{x}_1}^* - C_B^* \overline{P_{\overline{x}_1}} \right)$$

$$= M + \lambda_1 \left(0 - (0 \;\; 1 \;\; 0) \begin{pmatrix} 0 \\ 0 \\ -1 \end{pmatrix} \right)$$

$$= M$$

وعلى هذا الأساس فإن حدود λ_1 التي بموجبها يكون الجدول (3-13) امثل هي $\lambda_1 \leq -2 + M$ و بما أن حدود λ_2 هي $8/3 \leq \lambda_2 \leq 1$ لذلك فإن $8/3 \leq \lambda \leq 1$ تحقق شرطي الحل الممكن والأمثل للجدول (3-13) , أما في حال كون قيمةλ اكبر من (8/3) فإن χ_4 يصبح سالب وباستخدام طريقة السمبلكس الثنائية فإن χ_4 يمثل المتغير الخارج و $\overline{\chi}_1$ يمثل المتغير الداخل وبتطبيق عملية المحور فإن الجدول (3-14) يمثل الحل الممكن بحيث $8/3 \leq \lambda_2 \leq 3$ ولتحقيق شروط الأمثلية للجدول (3-14) فإن:

$$\overline{C_2}(\lambda_1) = \overline{C_2} + \lambda_1 \left(C_2^* - C_B^* \overline{P_2} \right)$$

$$= (-1 + 3M) + \lambda_1 \left[2 - \left[0 \;\; 1 \;\; 0 \right] \begin{pmatrix} -1 \\ 2 \\ -2 \end{pmatrix} \right]$$

$$= (-1+3M) + \lambda_1 (2-2) = -1+3M$$

$$\overline{C_3}(\lambda_1) = \overline{C_3} + \lambda_1 (C_3^* - C_B^* \overline{P_3})$$

$$= (-2+3M) + \lambda_1 \left[0 - \left(0 \quad 1 \quad 0 \right) \begin{pmatrix} -1 \\ 1 \\ -2 \end{pmatrix} \right]$$

$$= (-2+3M) - \lambda_1$$

$$\overline{C_3}(\lambda_1) \geq 0 \rightarrow \lambda_1 \leq -2+3M$$

$$\overline{C_4}(\lambda_1) = \overline{C_4} + \lambda_1 (C_4^* - C_B^* \overline{P_4})$$

$$= M + \lambda_1 \left[0 - \left(0 \quad 1 \quad 0 \right) \begin{pmatrix} 0 \\ 0 \\ -1 \end{pmatrix} \right]$$

$$= M$$

وعلى هذا الأساس فإن حدود λ_1 التي بموجبها يكون الجدول (3-14) امثل هي $\lambda_1 \leq -2 +3M$ و لذلك فإن $8/3 \leq \lambda \leq 3$ تحقق شرطي الحل الممكن والأمثل للجدول (3-14) , أما في حال كون قيمة λ اكبر من (3) فإن χ_1 يصبح سالب وبما أن صف χ_1 لايحتوي على قيمة سالبة لذلك فإن المسألة لاتمتلك حل ممكن عندما $\lambda>3$.

عندما قيمة λ اصغر من (2/3-) فإن χ_4 يصبح سالب وباستخدام طريقة السمبلكس الثنائية فإن χ_4 يمثل المتغير الخارج و $\overline{\chi}_1$ يمثل المتغير الداخل وبتطبيق عملية المحور فإن الجدول (3- 15) يمثل الحل الممكن للمسألة بحيث $-3 \leq \lambda_2 \leq -2/3$ ولتحقيق شروط الأمثلية للجدول (3-15) فإن :

$$\overline{C_2}(\lambda_1) = \overline{C_2} + \lambda_1 (C_2^* - C_B^* \overline{P_2})$$

$$-1 + \lambda_1 \left[2 - \left[0 \quad 1 \quad 0 \right] \begin{pmatrix} 1 \\ 1 \\ 0 \end{pmatrix} \right]$$

$$= 1 + \lambda_1$$

$$\overline{C_2}\,(\lambda_1) \geq 0 \rightarrow \quad \lambda_1 \geq -1$$

$$\overline{C_4}\,(\lambda_1) = \overline{C_4} + \lambda_1\,(\,C_4^* - C_B^*\,\overline{P_4}\,)$$

$$= M + \lambda_1 \left(0 - [0 \quad 1 \quad 0] \begin{pmatrix} 0 \\ 0 \\ -1 \end{pmatrix} \right)$$

$$= M$$

أما قيمة $\overline{C_{\overline{\chi_2}}}\,(\lambda)$ فهي قيمة كبيرة جدا لأن χ_2 متغير اصطناعي وعلى هذا الأساس فإن حدود λ_1 التي بموجبها يكون الجدول (3-15) امثل هي $-1 \leq \lambda_1$ و لذلك فإن $-1 \leq \lambda \leq -2/3$ تحقق شرطي الحل الممكن والأمثل للجدول (3-15) , أما في حال كون قيمة λ اصغر من (1-) فإن معامل الربح النسبي للمتغير χ_2 يصبح سالب أي أن شروط الأمثلية لا تتحقق لذلك فإن χ_2 يمثل المتغير الداخل أما المتغير الخارج فيتم معرفته بعد الحصول على عمود (b) من الجدول (3-15) وذلك بافتراض أي قيمة لـ λ اصغر من (1-) وتعويضها في المعادلة:

$$b = \overline{b} + \lambda\,\overline{b^*}$$

وعلى هذا الأساس فإن χ_1 يمثل المتغير الخارج وبتطبيق عملية المحور فإن الجدول (3-15) يصبح بالصيغة المعرفة بالجدول (3-17):

الجدول (3-17)

C_B^*	C_B	C_j^* / C_j / B.V.	1 / 2 / χ_1	2 / 3 / χ_2	0 / 0 / χ_3	0 / 0 / χ_4	0 / M / $\overline{\chi}_1$	0 / M / $\overline{\chi}_2$	$\overline{b}$	$\overline{b^*}$
0	0	χ_3	-1	0	1	0	0	-2	0	-4
2	3	χ_2	1	1	0	0	0	1	3	1
0	M	$\overline{\chi}_1$	0	0	0	-1	1	-2	-2	-3
		$\overline{C}$	-1	0	0	M	0	-3 + 3M		
		$\overline{C^*}$	-1	0	0	0	0	-2		

الجدول (3-17) يمثل الحل الأمثل طالما قيمة $j = 1, 4$ $\quad (\lambda_1 \overline{C_j}) \geq 0$ أي أن:

$$\overline{C_1}\,(\lambda_1) = -1 - \lambda_1 \geq 0 \rightarrow \lambda_1 \leq -1$$

$$\overline{C_4}\,(\lambda_1) = M$$

هذا يعني أن الجدول (3- 17) يمثل الحل الأمثل طالما $\lambda_1 \leq -1$.

أن الجدول (3- 17) يمثل حلا ممكنا طالما $b + b^* \lambda_2 \geq 0$ أي أن:

$$0 - 4\lambda_2 \geq 0 \quad \rightarrow \quad \lambda_2 \leq 0$$

$$3 + \lambda_2 \geq 0 \rightarrow \lambda_2 \geq -3$$

$$-2 + 3\lambda_2 \geq 0 \quad \rightarrow \quad \lambda_2 \leq -2/3$$

هذا يعني أن الجدول (3- 17) يمثل حلا ممكنا طالما $-3 \leq \lambda_2 \leq -2/3$ ولذلك فإن $-3 \leq \lambda \leq -1$ تحقق شرطي الحل الممكن والأمثل للجدول (3-17) , أما في حال كون قيمة λ اصغر من (-3) فإن χ_2 يصبح سالب وبما أن صف χ_2 لايحتوي على قيمة سالبة لذلك فإن المسألة لاتمتلك حل ممكن عندما $\lambda < -3$.

الجدول (3-18) يمثل خلاصة الحلول المثلى للمسألة لقيم λ المختلفة:

الجدول (3-18)

λ	χ_j	Z
$\lambda < -3$	عدم وجود حل ممكن	–
$-3 \leq \lambda \leq -1$	$\chi_1 = 0,\ \chi_2 = 3 + \lambda,\ \chi_3 = -4\lambda$ $\chi_1 = -2-3\lambda,\ \chi_2 = 0$	$2\lambda^2 + 9\lambda + 9$ $-2M - 3M\lambda$
$-1 \leq \lambda \leq -2/3$	$\chi_1 = 3 + \lambda,\ \chi_2 = 0,\ \chi_3 = 3-3\lambda$ $\chi_1 = -2-3\lambda,\ \chi_2 = 0$	$\lambda^2 + (5 - 3M)\lambda$ $-2M + 6$
$-2/3 \leq \lambda \leq 1$	$\chi_1 = 3 + \lambda,\ \chi_2 = 0$ $\chi_1 = 0,\ \chi_2 = 0$	$\lambda^2 + 5\lambda + 6$
$1 \leq \lambda \leq 8/3$	$\chi_1 = 6-2\lambda,\ \chi_2 = 0,\ \chi_4 = 8\ 3\lambda$ $\chi_1 = 0,\ \chi_2 = -3+3\lambda$	$2\lambda^2 + (2 + 3M)\lambda$ $-3M + 12$
$8/3 \leq \lambda \leq 3$	$\chi_1 = 6-2\lambda,\ \chi_2 = 0,$ $\chi_1 = -8+3\lambda,\ \chi_2 = -3+3\lambda$	$-2\lambda^2 + (2 + 6M)\lambda$ $-11M + 12$
$\lambda > 3$	عدم وجود حل ممكن	–

مسائل
Problems

(1-3): تنتج شركة ثلاثة أنواع من المنتجات وكل منتج يحتاج إلى نوعين من المواد الأولية , متطلبات كل منتج من النوع الأول من المواد الأولية هي (2 , 3 , 2) على التوالي ومن النوع الثاني (3 , 4 , 4) على التوالي , ربح كل منتج هو (4 , 5 , 4) ألف دينار على التوالي مع العلم أن أرباح المنتوجات هي متغيرة على مر الوقت بحيث أن متجه التغيرات هو (1 , -1 , 2) ألف دينار على التوالي , أوجد الحل الأمثل للمسألة الذي يؤدي إلى تعظيم ربح الشركة مع العلم أن ما متوفر من المواد الأولية هو (34 , 44) على التوالي .

(2-3): أوجد الحل الامثل للمسألة (1-3) على افتراض ثبات أرباح المنتجات وأن المتوفر من المواد الأولية هو متغير بحيث

$$b^{*} = \begin{bmatrix} 5 \\ -5 \end{bmatrix}$$

(3-3) : أوجد الحل الأمثل للمسألة (1-3) على افتراض أن ما متوفر من المواد الأولية هو متغير وغير ثابت و أن متجه التغيرات هو

$$b^{*} = \begin{bmatrix} 5 \\ -5 \end{bmatrix}$$

(4-3) : لمسألة البرمجة الخطية (L.P.) الآتية:

$$\text{Max} \quad Z = 5\chi_1 + 2\chi_2 + 3\chi_3$$

$$\text{S.T}$$

$$\chi_1 + 5\chi_2 + 2\chi_3 = 30$$

$$\chi_1 - 5\chi_2 - 6\chi_3 \le 40$$

$$\chi_1, \chi_2, \chi_3 \ge 0$$

1 . اوجد الحل الأمثل للمسألة

2 . على افتراض أن معاملات دالة الهدف للمتغيرات χ_1, χ_2, χ_3 هي $[(3+\lambda), (2+2\lambda), (5-\lambda)]$ أوجد قيم λ التي تحافظ على أمثلية الحل في (1) مع العلم أن λ معلمة غير سالبة .

(5-3) : للمسألة (3-4) أوجد الحل الأمثل للحالات الآتية:

1 . متجه التغيرات هو: $p_2^* = \begin{bmatrix} 1 \\ 1 \end{bmatrix}$

2 . متجه التغيرات هو: $p_3^* = \begin{bmatrix} -2 \\ 2 \end{bmatrix}$

(6-3): للمسألة (3-4) أوجد الحل الأمثل بوجود متجه التغيرات في الموارد

$$b^* = \begin{bmatrix} 1 \\ -1 \end{bmatrix}$$

(7-3) : لمسألة البرمجة الخطية (.L.P) الآتية:

$$\text{Max } Z = 3X_1 + 2X_2 + 5X_3$$

S.T

$$X_1 + 2X_2 + X_3 \le 40$$

$$3X_1 + 2X_3 \le 60$$

$$3X_1 + 4X_2 \le 40$$

$$X_1, X_2, X_3 \ge 0$$

1. اوجد الحل الأمثل للمسألة
2. أوجد الحل الأمثل للمسألة للحالات الآتية:

(A) $Z = (3 + 3\lambda)X_1 + 2X_2 + (5 - 6\lambda)X_3$

(b) $Z = (3 - 2\lambda)X_1 + (2 + \lambda)X_2 + (5 + 2\lambda)X_3$

(C) $Z = (3 + \lambda)X_1 + (2 + 2\lambda)X_2 + (5 - \lambda)X_3$

(8-3): للمسألة (3-7) أوجد الحل الأمثل في حال كون قيمة متجه الموارد هي:

$$b = \begin{pmatrix} 40 - \lambda \\ 60 + 2\lambda \\ 30 - 7\lambda \end{pmatrix}$$

(9-3) : للمسألة (3-7) أوجد الحل الأمثل عندما :

$$\overline{P_1} = \begin{pmatrix} 1 + \lambda \\ 3 - 2\lambda \\ 1 + 3\lambda \end{pmatrix}$$

(10-3): أوجد الحل الأمثل للمسألتين (3-7) و (3-8) عندما التغيرات الواردة في المسألتين تحدث بصورة مشتركة .

الفصل الرابع
مسألة النقــل
Transportation Problem

4-1 المدخل

٤-٢ تكوين أنموذج النقل

٤-٣ صياغة أنموذج مبرمجة خطية

٤-٤ مسائل تطبيقية

٤-٤-١ مسألة توزيع الإنتاج

٤-٤-٢ مسألة المباني

٤-٤-٣ مسألة السيارات

٤-٥ إيجاد الحل الأول

٤-٥-١ طريقة الركن الشمالي الغربي

٤-٥-٢ طريقة اقل الكلف

٤-٥-٣ طريقة قوجل التقريبية

٤-٥-٤ طريقة روسيل التقريبية

٤-٥-٥ طريقة المجاميع

٤-٦ إيجاد الحل الأمثل

٤-٦-١ طريقة المسار المتعرج

٤-٦-٢ طريقة المسار المعدل

٤-٧ حل مسألة النقل غير المتوازنة

٤-٨ مسألة التعظيم

٤-٩ مسألة الوقت

٤-١٠ الطرق الممنوعة

٤-١١ الأنموذج المقابل ومسألة النقل

٤-١١-١ الصيغة الرياضية للأنموذج المقابل

٤-١١-٢ تفسير الأنموذج المقابل

٤-١٢ جدولة الإنتاج وسعة الخزن

٤-١٣ مسألة التخصيص

٤-١٣-١ الصيغة الرياضية للمسألة

٤-١٣-٢ طرائق حل مسألة التخصيص

٤-١٣-٢-١ طريقة هانكرين

٤-١٣-٢-٢ طرائق مسائل النقل

٤-١٣-٣ مسألة التخصيص غير الممكن

٤-١٣-٤ مسألة عدم تساوي الصفوف والأعمدة

٤-١٣-٥ مسألة تخصيص العمل

٤-١٤ أنموذج الشحن

٤-1: المدخل Introduction

تعتبر مسألة النقل إحدى تطبيقات البرمجة الخطية (L.P.) الهامة حيث أنها تهتم بتوزيع الوحدات أو المنتجات من عدة مصادر للعرض (معامل,موانئ,مراكز تسويقية) إلى عدة مواقع للطلب(مراكز استهلاكية) بأقل كلفة ممكنة أو بأعلى ربح أو بأقل وقت, فبافتراض وجود منتج معين في عدة مصادر للعرض (مخازن) والمطلوب توزيع هذا المنتج على عدة مواقع للطلب (مراكز استهلاكية) بحيث أن الكميات في المخازن من المنتوج معلومة وكذلك الكميات التي تتطلبها المراكز الاستهلاكية , هكذا نوع من المسائل يصار إلى تكوين أنموذج نقل للتوصل إلى التوزيع الأمثل للمنتوج من كل مخزن إلى كل مركز استهلاكي بحيث يحقق أقل كلفة ممكنة للنقل أو أعلى ربح أو أقل وقت.

2-4: تكوين أنموذج النقل
Framework Of Transportation Model

تكوين أنموذج النقل يكون حسب الصيغة المعرفة بالجدول (4-1) على افتراض أن عدد مصادر العرض هو (3) وعدد مواقع الطلب(الغايات) هو (3) أيضا:

الجدول (4-1)

من \ إلى	I	II	III	العرض
A	C_{11} χ_{11}	C_{12} $\chi_{١٢}$	C_{13} χ_{13}	a_1
B	C_{21} χ_{21}	C_{23} χ_{22}	C_{23} $\chi_{٢3}$	a_2
C	$C_{٣١}$ $\chi_{٣١}$	C_{32} $\chi_{٣٢}$	C_{33} χ_{33}	a_3
الطلب	b_1	b_2	b_3	Σai \ Σbj

حيث أن:

I , II , III: مواقع الطلب(الغايات)

A , B , C: مصادر العرض

C_{ij} : كلفة نقل الوحدة الواحدة من المصدر i إلى الموقع j

χ_{ij} : عدد الوحدات المنقولة من المصدر i إلى الموقع j (أو الكمية المنقولة)

الفرضية الأساسية لحل أنموذج النقل هو أن ما معروض في مصادر العرض أي مجموع المعروض يساوي مجموع الطلب في مواقع الطلب أي $\Sigma b_j = \Sigma a_i$ وفي هذه الحالة يسمى أنموذج النقل بأنموذج النقل المتوازن (Balanced Transportation Model) أما في حال كون مجموع العرض أقل من مجموع الطلب أي $\Sigma a_i < \Sigma b_j$ فإن أنموذج النقل يدعى

أنموذج النقل غير المتوازن (Unbalanced Transportation Model) وفي هذه الحالة يصار إلى إضافة مصدر وهمي (Dummy Supply) ليغطي النقص في العرض وهنالك حالة أخرى لأنموذج النقل غير المتوازن عندما يكون مجموع الطلب أقل من مجموع العرض أي $\Sigma a_i > \Sigma b_j$ وفي هذه الحالة يصار إلى إضافة موقع وهمي (Dummy Demand) ليعمل على امتصاص الزيادة في العرض وفي كلا الحالتين فإن كلفة الوحدة الواحدة (أو ربح الوحدة الواحدة) المنقولة من المصدر الوهمي إلى مواقع الطلب أو المنقولة إلى الموقع الوهمي من مصادر العرض هي صفر.

3-4: صياغة أنموذج برمجة خطية

Linear Programming Model Formulation

من الجدول(4 -1) ممكن صياغة أنموذج برمجة خطية (L.P.) لمسألة النقل وبالصيغة الآتية:

$$\text{Min } Z = \sum_{i=1}^{m}\sum_{j=1}^{n} C_{ij}\,\chi_{ij}$$

S.T

$$\sum_{j=1}^{n} \chi_{ij} \le a_i \qquad i = 1 , \text{--------} , m \qquad (\text{قيود العرض})$$

$$\sum_{i=1}^{m} \chi_{ij} \ge b_j \qquad j = 1 , \text{--------} , n \qquad (\text{قيود الطلب})$$

$$\chi_{ij} \ge 0$$

حيث أن:

n : عدد مواقع الطلب

m: عدد مصادر العرض

قيود العرض توجب بأن الكمية المنقولة من أي من مصادر العرض يجب أن لا تتجاوز الموجود في ذلك المصدر من المنتج أما قيود الطلب فتوجب بأن مجموع الكمية المنقولة إلى أي من مواقع الطلب يجب أن تحقق على الأقل الطلب لذلك الموقع من المنتج ومجموع قيود أنموذج البرمجة الخطية (L.P.) يساوي عدد المصادر زائد عدد المواقع أي (n + m) وبما أن الفرضية الأساسية لحل أنموذج النقل هي أن مجموع الطلب يساوي مجموع العرض أي $\Sigma a_i = \Sigma b_j$ فهذا يعني أن كل الكميات أو الوحدات الموجودة في مصادر العرض سوف تنقل لتحقق الطلب على المنتوج وعلى هذا الأساس فإن أنموذج البرمجة الخطية (L.P) يتحول إلى الصيغة الآتية:

$$\text{Min } Z = \sum_{i=1}^{m}\sum_{j=1}^{n} C_{ij}\,\chi_{ij}$$

S.T

$$\sum_{j=1}^{n} \chi_{ij} = a_i \qquad i = 1 , \text{--------} , m$$

$$\sum_{i=1}^{m} \chi_{ij} = b_j \qquad j = 1 , \text{--------} , n$$

$$\chi_{ij} \geq 0$$

أنموذج البرمجة في أعلاه يمثل أنموذج النقل المتوازن أما في حالة أنموذج النقل غير المتوازن بحيث مجموع الطلب يكون أكبر من مجموع العرض فإن أنموذج البرمجة الخطية يصبح بالصيغة الآتية:

$$\text{Min } Z = \sum_{i=1}^{m+1}\sum_{j=1}^{n} C_{ij}\,\chi_{ij}$$

S.T

$$\sum_{j=1}^{n} \chi_{ij} = a_i \qquad i = 1 , \text{--------} , m+1$$

$$\sum_{i=1}^{m+1} \chi_{ij} = b_j \qquad j = 1 , \text{--------} , n$$

$$\chi_{ij} \geq 0$$

حيث أن $i = m + 1$ يمثل المصدر الوهمي بكمية عرض مقدارها: $\sum_{i=1}^{m} b_j \quad a_i$

$$a_{m+1} = - \sum_{j=1}^{n}$$

وبكلفة نقل مقدارها $C_{m+1,j} = 0$ لكل $j = 1,2$ ---- , n.

أما في حال كون مجموع الطلب أقل من مجموع العرض فإن أنموذج البرمجة الخطية يصبح بالصيغة الآتية:

$$\text{Min } Z = \sum_{i=1}^{m}\sum_{j=1}^{n+1} C_{ij}\,\chi_{ij}$$

S.T

$$\sum_{j=1}^{n+1} \chi_{ij} = a_i \qquad i = 1 , \text{--------} , m$$

$$\sum_{i=1}^{m} \chi_{ij} = b_j \qquad j = 1 , \text{--------} , n+1$$

$\chi_{ij} \geq 0$

حيث أن $j = n + 1$ يمثل الموقع الوهمي بكمية طلب مقدارها:

$$b_j \sum_{j=1}^{n} a_i - \sum_{i=1}^{m} b_{n+1} =$$

وبكلفة نقل مقدارها $C_{i,n+1} = 0$ لكل $i = 1,2 ----, m$.

وبحل نماذج البرمجة الخطية (L.P.) السابقة يمكن التوصل إلى حل مسألة النقل وبالإضافة إلى البرمجة الخطية توجد طرائق أخرى لحل مسألة النقل وهي الأكثر شيوعيا وسيتم التطرق لها لاحقا.

4-4: مسائل تطبيقية Problems Application

في هذه الفقرة سوف نوضح بعض التطبيقات العملية لمسائل النقل.

4-4-1: مسألة توزيع الإنتاج

شركة لإنتاج البتروكيمياويات تمتلك مخزنين سعة المخزن الأول 750 طن وسعة المخزن الثاني 500 طن,تسوق الشركة منتجاتها إلى ثلاثة مراكز استهلاكية بواقع طلب (500 , 500 , 250) طن على التوالي , كلفة نقل الطن الواحد من المخزن الأول إلى المراكز الاستهلاكية هي (10 , 12 , 8) ألف دينار على التوالي وكلفة نقل الطن الواحد من المخزن الثاني إلى المراكز الاستهلاكية هي (8 , 7 , 10) ألف دينار على التوالي, المطلوب تكوين جدول نقل للمسألة.

جدول النقل للمسألة في أعلاه يكون بالصيغة المعرفة بالجدول (4-2):

الجدول (4 -2)

من \ إلى	١	٢	٣	العرض
A	١٠ χ_{11}	١٢ $\chi_{1٢}$	٨ χ_{13}	٧٥٠
B	٨ χ_{21}	٧ χ_{22}	١٠ $\chi_{٢3}$	750
الطلب	500	500	250	١٢٥٠ \ ١٢٥٠

4-4-2: مسألة المباني

مكتب مقاولات يقوم بانجاز ثلاثة مشاريع , كل مشروع من المشاريع الثلاثة يحتاج إلى (15 , 30 , 20) ألف طن من الاسمنت على التوالي , تجهز المشاريع الثلاثة بالإسمنت من ثلاثة

مخازن سعة الخزن لكل مخزن هي (20 , 20 , 25) ألف طن على التوالي , كلفة نقل كل ألف طن من المخزن الأول إلى المشاريع الثلاثة هي (2 , 3 , 2) مليون دينار على التوالي ومن المخزن الثاني إلى المشاريع الثلاثة 3 , 5 , 4) (مليون دينار على التوالي ومن المخزن الثالث إلى المشاريع الثلاثة (4, 2 , 4) مليون دينار على التوالي, المطلوب تكوين جدول النقل للمسالة.

جدول النقل لمسألة المباني يكون بالصيغة المعرفة بالجدول (4- 3):

الجدول (4 -3)

من \ إلى	١	٢	٣	العرض
A	٢ x_{11}	٣ x_{12}	٢ x_{13}	٢٠
B	٣ x_{21}	٥ x_{22}	٤ x_{23}	20
C	٤ x_{31}	٢ x_{32}	٤ x_{33}	٢٠
الطلب	١٥	٣٠	٢٠	٦٥ / ٦٥

4-4-3: مسألة السيارات

مؤسسة عالمية لتصنيع السيارات تمتلك ثلاثة معامل لتصنيع السيارات في ثلاث بلدان مختلفة, القدرة التصنيعية لكل مصنع هي (40 , 30 , 25) سيارة شهريا , تصدر المؤسسة السيارات المنتجة إلى أربعة بلدان مختلفة , كمية الطلب على السيارات للبلدان الأربعة هي (20 , 25 , 30 , 20) سيارة شهريا على التوالي , كلفة تصدير السيارة الواحدة من المعمل الأول إلى البلدان الأربعة هي (1 , 2 , 2 , 3) ألف دولار على التوالي ومن المعمل الثاني هي 4) (2 , 3 , 3 , ألف دولار على التوالي ومن المعمل الثالث (4 , 1 , 3 , 2) ألف دولار على التوالي مع العلم أن كلفة التصدير تتحملها المؤسسة , المطلوب تكوين جدول النقل للمسالة.

جدول النقل لمسألة السيارات يكون بالصيغة المعرفة بالجدول (4- 4):

الجدول (4 -4)

من \ إلى	١	٢	٣	٤	العرض
A	١ x_{11}	٢ x_{12}	٢ x_{13}	٣ x_{14}	٤٠
B	٢ x_{21}	٣ x_{22}	٣ x_{23}	٤ x_{24}	٣٠
C	٤ x_{31}	١ x_{32}	٣ x_{33}	٢ x_{34}	٢٥
الطلب	٢٠	٢٥	٣٠	٢٠	٩٥ / ٩٥

5-4: إيجاد الحل الأولي Finding An Initial Solution

من المتعارف عليه أن عدد المتغيرات الأساسية في أي حل أولي (حل ممكن أساسي) يساوي عدد القيود لكن في مسألة النقل ذات $(m+n)$ من القيود و $(m*n)$ من المتغيرات فإن عدد المتغيرات الأساسية للحل الممكن الأساسي الأولي هو $(m+n-1)$ والسبب في ذلك يعود إلى وجود$(m+n-1)$ من المعادلات المستقلة لمسألة النقل بحيث أذا تم جمع قيود الطلب أي:

$$\sum_{i=1}^{m}\sum_{j=1}^{n} \chi_{ij} = \sum_{j=1}^{n} b_j$$

وكذلك جمع قيود العرض أي:

$$\sum_{i=1}^{m}\sum_{j=1}^{n} \chi_{ij} = \sum_{i=1}^{m} a_1$$

فهذا يعني إن:

$$\sum_{i=1}^{m} a_1 = \sum_{j=1}^{n} b_j$$

وهذا يعني وجود معادلتين متماثلة في مسألة النقل أي أن المسألة تحتوي على $(m+n-1)$ فقط من المعادلات المستقلة.

في هذه الفقرة سوف يتم التطرق إلى بعض الطرائق المستخدمة في إيجاد الحل الأولي لمسألة النقل.

1-5-4: طريقة الركن الشمالي الغربي North - West Corner Rule

يعتمد إيجاد الحل الأولي لمسالة النقل وفق هذه الطريقة على البدء بالزاوية الشمالية الغربية لجدول النقل أي اختيارχ_{11} كأول متغير أساسي ويتم تخصيص الكمية الأقل له من بين الطلب b_1 والعرض a_1 أي أن:

$$\chi_{11}= \text{Min } (a_1, b_1) \text{ -------- } (1-4)$$

ولنفترض أن a_1 هي الأقل فإن هذا يعني بأن العرض في المصدر الأول قد نفذ وأن $\chi_{1j} = 0$ لكل قيم j أي أنها متغيرات غير أساسية وبالإضافة إلى ذلك فإن كمية الطلب في الموقع الأول أصبحت $(b_1 - a_1)$.

يعاد تكرار العملية في أعلاه إلى أن يتم التوصل إلى الحل الأولي أي أن الخطوة اللاحقة هي التخصيص للمتغير χ_{21} بحيث:

$$\chi_{21}= \text{Min } (a_2, b_1- a_1) \text{ -------- } (2-4)$$

وهكذا نستمر إلى أن نحصل على $(m + n -1)$ من القيم الموجبة.

مثـال (4-1): أوجد الحل الأولي لمسألة توزيع الإنتاج باستخدام طريقة الـركن الشـمالي الغـربي لتقليـل كلفة النقل.

الحـــل:

جدول النقل يكون وفق الصيغة الآتية بعد أن يتم التخصيص للمتغير X_{11} بحيث:

$$X_{11} = \text{Min}\ (500, 750) = 500$$

الجدول (4 -5)

من \ إلى	١	٢	٣	العرض
A	10 / 500	12	8	750
B	8	7	10	500
الطلب	500	500	250	1250 \ 1250

من الجدول (4-5) نلاحظ أن الموقع الأول قد استوفى لكميـة الطلـب لـذلك يـتم الغـاء العمـود الأول مـن جـدول النقل مرحليا" والتخصيص الأحق يكون للمتغير X_{12} بحيث:

$$X_{12} = \text{Min}\ (250, 500) = 250$$

وكما موضح بالجدول (4-6):

الجدول (4 -6)

من \ إلى	٢	٣	العرض
A	12 / 250	8	250
B	7	10	500
الطلب	500	250	750 \ 750

من الجدول (4-6) نلاحظ أن ما معروض في المصدر الأول (A) قد نفذ أما ما معروض في المصدر الثاني (B) فيوزع بصورة متساوية بين الموقعين الثاني والثالث ولذلك فـإن الحـل الأولي لمسـألة النقـل يكـون كالآتي:

الجدول (4 -7)

من \ إلى	١	٢	٣	العرض
A	10 / 500	12 / 250	8	750
B	8	7 / 250	10 / 250	500
الطلب	500	500	250	1250 \ 1250

قيمة دالة الهدف هي:

$$Z = 500\,(10) + 250(12) + 250(7) + 250(10) = 12250$$

أي كلفة نقل البتروكيمياويات من المخازن إلى المراكز الاستهلاكية هي 12250 ألف دينار في حال نقل 500 طن من المخزن الأول إلى المركز الاستهلاكي الأول و 250 طن من المخزن الأول إلى المركز الثاني و 250 طن من المخزن الثاني إلى المركز الثاني و 250 طن من المخزن الثاني إلى المركز الثالث.

مثال (4-2): أوجد الحل الأولي لمسألة المباني لتقليل كلفة النقل باستخدام طريقة الركن الشمالي الغربي.

الحل:

نبدأ بالزاوية الشمالية الغربية بحيث التخصيص يكون للمتغير X_{11} أي أن :

$$X_{11} = \text{Min}\ (20, 15) = 15$$

وكما هو موضح بالجدول (4-8):

الجدول (4 -8)

من \ إلى	١	٢	٣	العرض
A	2 / 15	3	2	20
B	3	5	4	20
C	٤	2	4	25
الطلب	15	30	20	65 / 65

من الجدول (4-8) نلاحظ أن الموقع الأول قد أستوفى لكمية الطلب لذلك يتم إلغاء العمود الأول من الجدول مرحليا والتخصيص اللاحق يكون للمتغير X_{12} بحيث:

$$X_{12} = \text{Min}\ (5, 30) = 5$$

وكما هو موضح بالجدول (4-9):

الجدول (4 -9)

من \ إلى	٢	٣	العرض
A	3 / 5	2	5
B	5	4	20
C	2	4	25
الطلب	30	20	50 / 50

من الجدول (4-9) نلاحظ أن كمية العرض للمصدر الأول قد أستنفذ لذلك يتم إلغاء الصف الأول من الجدول مرحليا" والتخصيص اللاحق يكون للمتغير χ_{22} بحيث:

$$\chi_{22} = \text{Min } (20, 25) = 20$$

وكما هو موضح بالجدول (4-10):

الجدول (4-10)

من \ إلى	٢	٣	العرض
B	5 ٢٠	4	20
C	2	4	25
الطلب	٢٥	20	٤٥ / ٤٥

الجدول (4-11) يمثل الحل الأولي لمسألة المباني:

الجدول (4-11)

من \ إلى	١	٢	٣	العرض
A	2 15	3 ٥	2	20
B	3	5 ٢٠	4	20
C	٤	2 ٥	4 ٢٠	25
الطلب	15	30	20	65 / 65

قيمة تقليل كلفة النقل هي:

$$Min \quad Z = \sum_{i=1}^{m} \sum_{j=1}^{n} C_{ij} \chi_{ij}$$

$$Z = 15(2) + 5(3) + 20(5) + 5(2) + 20(4) = 235$$

2-5-4: طريقة أقل الكلف The Least- Cost Method

تعتبر هذه الطريقة أكفأ من الطريقة السابقة التي لا تعتمد على أي أساس علمي في اختيار المتغيرات الأساسية بينما هذه الطريقة تعتمد في اختيار المتغيرات الأساسية على المتغير الأقل من حيث الكلفة ويتم التخصيص له ومن ثم اختيار المتغير الأقل كلفة من المتغيرات المتبقية ويتم التخصيص له وهكذا تكرر العملية إلى أن يتم التوصل إلى الحل الأولي أي الحصول على (m+ n-1) من القيم الموجبة.

مثـــال (4-3): أوجد الحل الأولي للمثال (4-1) باستخدام طريقة أقل الكلف

الحــــــل:

أقل الكلف تتمثل بالمتغير χ_{22} لذلك يتم التخصيص له بحيث:

χ_{22}= Min (500, 500) = 500

وكما هو موضح بالجدول (4-12):

الجدول (4 -12)

من \ إلى	١	٢	٣	العرض
A	10	12	8	750
B	8	7 / 500	10	500
الطلب	500	500	250	1250 / 1250

من الجدول (4-12) نلاحظ أن كمية العرض للمصدر الثاني قد استنفذت وكذلك الموقع الثاني قد استوفى كمية الطلب ولذلك فإن الحل الأولي للمسالة يكون بالصيغة المعرفة بالجدول (4-13):

الجدول (4 -13)

من \ إلى	١	٢	٣	العرض
A	10 / 500	12	8 / 250	750
B	8	7 / 500	10	500
الطلب	500	500	250	1250 / 1250

الحل في أعلاه يمثل حل منحل لأن عدد الخلايا المشغولة أقل من (m+n-1) , مجموع كلف النقل هي:

$$Min \qquad Z = \sum_{i=1}^{m} \sum_{j=1}^{n} C_{ij} \chi_{ij}$$

Z = 500 (10) + 500(7) + 250(8) = 10500

نلاحظ أن طريقة أقل الكلف هي أفضل من طريقة الركن الشمالي الغربي من حيث عدد المراحل التي تم بموجبها التوصل إلى الحل الأولي وكذلك تقليل كلف النقل وهذا يلاحظ في أغلب مسائل النقل.

مثــال (4-4): أوجد الحل الأولي للمثال (4-2) باستخدام طريقة أقل الكلف.

الحــل:

يلاحظ أن هنالك ثلاثة متغيرات ذات كلفة واحدة والتي تمثل أقل الكلف وهي (2) لذلك يـتم اختيـار أحدهما ولنفترض X_{11} يتم التخصيص له بحيث:

$$X_{11} = \text{Min} \ (20 , 15) = 15$$

وكما هو موضح بالجدول (4-8) ويلاحظ أن الموقع الأول قد استوفى متطلباته لذلك يحذف مرحليا من الجدول , بعد أن تم اختيار أحد المتغيرات الثلاثة ذات الكلفة الأقل يتم اختيار أحد المتغيرين المتبقيـين أي أما X_{13} أو X_{32} ولنفترض أن الاختيار يكون لـ X_{13} بحيث:

$$X_{13} = \text{Min} \ (5 , 20) = 5$$

وكما هو موضح بالجدول (4-14):

الجدول (4 -14)

من \ إلى	٢	٣	العرض
A	3	2 / 5	5
B	5	4	20
C	2	4	25
الطلب	30	20	50 \ 50

من الجدول (4-14) نلاحظ أن كمية العرض للمصدر الأول قد استنفذت لذلك يتم إلغاء الصف الأول مرحليا" والتخصيص الأحق يكون للمتغير X_{32} بحيث:

$$X_{32} = \text{Min} \ (25 , 30) = 25$$

وكما هو موضح بالجدول (4-15):

الجدول (4 -15)

من \ إلى	٢	٣	العرض
B	5	4	20
C	2 / 25	4	25
الطلب	30	15	45 \ 45

من الجدول (4-15) نلاحظ أن كمية العرض للمصدر الثالث قد استنفذت لذلك فإن جدول الحل الأولي لمسالة النقل يكون وفق الصيغة المعرفة بالجدول (4-16):

الجدول (4 -16)

من \ إلى	١	٢	٣	العرض
A	2 / 15	3	2 / 5	20
B	3	5 / 5	4 / 15	20
C	٤	2 / 25	4	25
الطلب	15	30	20	65 \ 65

مجموع كلف النقل هو:

$$Min \qquad Z = \sum_{i=1}^{m} \sum_{j=1}^{n} C_{ij} \chi_{ij}$$

Z = 15 (2) + 5 (2) + 5(5) + 15(4) + 25(2) = 175

يلاحظ أن مجموع كلف النقل هو أقل من مجموع كلف النقل المستخرج بوساطة طريقة الركن الشمالي الغربي.

4-5-3: طريقة ڤوجل التقريبية Vogel's Approximation Method

إيجاد الحل الأولي لمسألة النقل وفق الطريقة هذه يتلخص بالآتي:

١- حساب الفرق بين أقل كلفتين في كل صف وعمود.

٢- اختيار أكبر فرق ناتج من الخطوة (1).

٣- اختيار المتغير ذو الكلفة الأقل في الصف أو العمود المناظر للقيمة المختارة في (2) ويتم التخصيص له.

٤- يعاد تكرار الخطوات السابقة إلى أن نتوصل إلى الحل الأولي.

مثال (4-5): أوجد الحل الأولي للمثال (4-1) باستخدام طريقة فوجل التقريبية.

الحل:

نبدأ أولا باحتساب الفرق بين أقل كلفتين في كل صف وعمود وكالآتي:

الجدول (4 -17)

إلى / من	١	٢	٣	العرض	
A	10	12	8	٧٥٠	٢
B	8	7 500	10	٥٠٠	١
الطلب	500	500	250	1250 / 1250	
	2	5	2		

الحل الأولي لمسألة النقل يكون مماثل للحل الأولي المستخرج بطريقة أقل الكلف والموضح بالجـدول (4-13).

مثال (4-6): أوجد الحل الأولي لمسألة النقل للمثال (3-2) باستخدام طريقة فوجل التقريبية.

الحـــل:

حساب الفرق بين أقل كلفتين في كل صف وعمود موضح بالجدول (4-18):

الجدول (4 -18)

إلى / من	١	٢	٣	العرض	
A	2	3	2	20	0
B	3	5	4	20	1
C	٤	2 25	4	25	2
الطلب	15	30	20	65 / 65	
	1	1	2		

من الجدول (4-18) نلاحظ أن أعلى فرق هو (2) وهو مناظر للصف الثالث والعمـود الثالـث لـذلك يـتم اختيـار أحدهما ولنفترض الاختيار يكون للصف الثالث وعلى هذا الأسـاس فـإن التخصـيص سـيكون لأقـل كلفـة في الصـف الثالث أي χ_{32} ونتيجة للتخصيص فإن كمية العرض للمصدر الثالث قد استنفذت ولذلك يتم حذف الصـف الثالـث مرحليا" ويتم تكرار الحسابات مرة أخرى وكما هو موضح بالجدول (4-19):

الجدول (4 -19)

من \ إلى	١	٢	٣	العرض	
A	2	3 / ٥	2	20	0
B	3	5	4	2٠	١
الطلب	15	5	20	40 / 40	
	1	2	2		

من الجدول (4-19) نلاحظ أن أعلى فرق هو (2) وهو مناظر للعمود الثاني والعمود الثالث لذلك يتم اختيار أحدهما وليكن العمود الثاني ومن ثم يتم التخصيص لأقل كلفة في العمود الثاني أي X_{12} بحيث:

$$X_{12} = \text{Min } (20, 5) = 5$$

ونتيجة للتخصيص يتم استيفاء كمية الطلب للموقع الثاني وبعد ذلك تكرر الحسابات مرة أخرى وكما هو موضح بالجدول (4-20):

الجدول (4 -20)

من \ إلى	1	٣	العرض	
A	2	2 / 15	15	0
B	3	4	20	1
الطلب	15	20	35 / 35	
	1	2		

من الجدول (4-20) نلاحظ أن أعلى فرق هو (2) وهو مناظر للعمود الثالث لذلك يتم التخصيص لأقل كلفة في العمود الثالث أي X_{13} بحيث:

$$X_{13} = \text{Min } (15, 20) = 15$$

الحل الأولي لمسألة النقل موضح بالجدول(4-21):

الجدول (4 -21)

من \ إلى	١	٢	٣	العرض
A	2	3 / 5	2 / 15	20
B	3 / 15	5	4 / 5	20
C	٤	2 / 25	4	25
الطلب	15	30	20	65 / 65

مجموع كلف النقل هي:

$$Min \qquad Z = \sum_{i=1}^{m} \sum_{j=1}^{n} C_{ij} \chi_{ij}$$

$Z = 5\,(3) + 15\,(2) + 15\,(3) + 5\,(4) + 25\,(2) = 160$

يلاحظ أن مجموع كلف النقل وفق طريقة فوجل أقل من مجموع كلف النقـل وفـق طريقتـي الـركن الشمالي الغربي وأقل الكلف.

4-5-4: طريقة روسيل التقريبية Russell′s Approximation Method

إيجاد الحل الأولي لمسألة النقل وفق هذه الطريقة يتلخص بالآتي:

1. نختار الكلفة الأعلى في كل صف ويرمز لها بـ u_i.
2. نختار الكلفة الأعلى في كل عمود (موقع) ويرمز لها بـ v_j.
3. نطبق المعادلة ($\Delta_{ij} = C_{ij} - (u_i + v_j)$ لكل قيم i , j .
4. نختار المتغير ذو القيمة الأكثر سالبية من حيث Δ_{ij} ويتم التخصيص له.
5. يتم تكرار الخطوات السابقة إلى أن نتوصل إلى الحل الأولي.

مثـال (7-4):أوجد الحل الأولي لمسألة النقل للمثال(1-3) باستخدام طريقة روسيل التقريبية.

الحـــل:

نختار الكلفة الأعلى في كل صف وعمود وكما هو موضح بالجدول (4-22):

الجدول (4 -22)

من \ إلى	١	٢	٣	العرض	
A	10	12	8	750	12
B	8	7 500	10	500	10
الطلب	500	500	250	1250 1250	
	10	12	10		

$\Delta_{11} = C_{11} - (u_1 + v_1) = 10 - (12 + 10) = -12$

$\Delta_{12} = C_{12} - (u_1 + v_2) = 12 - (12 + 12) = -12$

$\Delta_{13} = C_{13} - (u_1 + v_3) = 8 - (12 + 10) = -14$

$\Delta_{21} = C_{21} - (u_2 + v_1) = 8 - (10 + 10) = -12$

$\Delta_{22} = C_{22} - (u_2 + v_2) = 7 - (10 + 12) = -15$

$\Delta_{23} = C_{23} - (u_2 + v_3) = 10 - (10 + 10) = -10$

يتضح أن المتغير χ_{22} هو ذو القيمة الأكثر سالبية من حيث Δ لذلك يتم التخصيص لـه. الحل الأولي لمسألة النقـل وفق هذه الطريقة هو نفس الحل الموضح بالجدول (4-13).

مثـال (4-8): أوجد الحل الأولي لمسألة النقل المعرفة بالمثال (4-2) بأستخدام طريقة روسيل التقريبية.

الحــل:

نختار الكلفة الأعلى في كل صف وعمود وكما هو موضح بالجدول (4-23):

الجدول (4-23)

إلى / من	١	٢	٣	العرض	
A	2	3	2	20	3
B	3	5	4	20	5
C	٤	2 / 25	4	25	4
الطلب	15	30	20	65 / 65	
	4	5	4		

$\Delta_{11} = C_{11} - (u_1 + v_1) = 2 - (3 + 4) = -5$

$\Delta_{12} = C_{12} - (u_1 + v_2) = 3 - (3 + 5) = -5$

$\Delta_{13} = C_{13} - (u_1 + v_3) = 2 - (3 + 4) = -5$

$\Delta_{21} = C_{21} - (u_2 + v_1) = 3 - (5 + 4) = -6$

$\Delta_{22} = C_{22} - (u_2 + v_2) = 5 - (5 + 5) = -5$

$\Delta_{23} = C_{23} - (u_2 + v_3) = 4 - (5 + 4) = -5$

$\Delta_{31} = C_{31} - (u_3 + v_1) = 4 - (4 + 4) = -4$

$\Delta_{32} = C_{32} - (u_3 + v_2) = 2 - (4 + 5) = -7$

$\Delta_{33} = C_{33} - (u_3 + v_3) = 4 - (4 + 4) = -4$

يتضح أن المتغير الذي سوف يتم التخصيص لـه هـو χ_{32} لأنـه ذو القيمـة الأكـثر سـالبية مـن حيـث Δ ونتيجة للتخصيص فإن كمية العرض للمصدر الثالث قد استنفذت

لذلك يستبعد الصف الثالث من جدول النقل مرحليا" ويتم تكرار الحسابات ثانية وكما موضح بالجدول (4-24).

الجدول (4 -24)

إلى / من	١	٢	٣	العرض	
A	2	3 5	2	20	3
B	3	5	4	20	5
الطلب	15	5	20	40 / 40	
	3	5	4		

$$\Delta_{11} = C_{11} - (u_1 + v_1) = 2 - (3 + 3) = -4$$
$$\Delta_{12} = C_{12} - (u_1 + v_2) = 3 - (3 + 5) = -5$$
$$\Delta_{13} = C_{13} - (u_1 + v_3) = 2 - (3 + 4) = -5$$
$$\Delta_{21} = C_{21} - (u_2 + v_1) = 3 - (5 + 3) = -5$$
$$\Delta_{22} = C_{22} - (u_2 + v_2) = 5 - (5 + 5) = -5$$
$$\Delta_{23} = C_{23} - (u_2 + v_3) = 4 - (5 + 4) = -4$$

يتضح أن المتغيرات χ_{12}, χ_{13}, χ_{21}, χ_{22} هي ذات القيمة الأكثر سالبية (5-) من حيث Δ لذلك يتم اختيار أحد هذه المتغيرات وليكن χ_{12} ويخصص له بحيث:

$$\chi_{12} = \text{Min } (20 , 5) = 5$$

ونتيجة لذلك فإن كمية الطلب للموقع الثاني قد تم استيفائها ولذلك يستبعد العمود الثاني من الجدول مرحليا" ويتم تكرار الحسابات مرة أخرى وكما هو موضح بالجدول (4-25).

الجدول (4 -25)

إلى / من	١	٣	العرض	
A	2	2 15	15	٢
B	3	4	20	٤
الطلب	15	20	35 / 35	
	3	4		

$\Delta_{11} = C_{11} - (u_1 + v_1) = 2 - (2 + 3) = -3$
$\Delta_{13} = C_{13} - (u_1 + v_3) = 2 - (2 + 4) = -4$
$\Delta_{21} = C_{21} - (u_2 + v_1) = 3 - (4 + 3) = -4$
$\Delta_{23} = C_{23} - (u_2 + v_3) = 4 - (4 + 4) = -4$

يتضح أن المتغيرات $\chi_{13}, \chi_{21}, \chi_{23}$ هي ذات القيمة الأكثر سالبية (-4) من حيث Δ لذلك يتم اختيار أحد هذه المتغيرات وليكن χ_{13} بحيث:

$$\chi_{13} = \text{Min } (15, 20) = 15$$

الحل الأولي لمسألة النقل وفق طريقة روسيل مشابه للحل الأولي للمسألة وفق طريقة فوجل والموضح بالجدول (4-21).

4-5-5: طريقة المجاميع *Totals Method

تستخدم هذه الطريقة للحصول على الحل الأولي لأنموذج النقل والذي غالبا ما يمثل الحل الأمثل وخطوات هذه الطريقة تكون كالأتي:

١. حساب مجاميع الكلف للصفوف (المصادر).
٢. اختيار الصف الذي يمثل مجموع الكلفة الأقل.
٣. طرح كل كلفة من كلف الصف من اقل كلفة من كلف العمود المناظر.
٤. يتكون صف من الكلف الجديدة يتم اختيار أعلى كلفة ويتم التخصيص لها ومن ثم اختيار أعلى كلفة من الكلف المتبقية ويتم التخصيص لها إلى ان يتم استنفاذ ما متوفر من العرض والاختيار يكون للكلف الموجبة فقط.
٥. يعاد تكرار الخطوات السابقة إلى أن يتم الحصول على الحل الذي غالبا ما يمثل الحل الأمثل.
٦. في حالة وجود صفين أو أكثر يمثلان الأقل من حيث مجاميع الكلف يتم اختيار احد هذين الصفين.
٧. في حالة وجود أكثر من رقم واحد يمثل أعلى الكلف في صف الكلف الجديدة فإن الاختيار للكلفة الأقل من كلف الصف الأصلية التي تناظر الأعلى في صف الكلف الجديدة.

---

* عرفت هذه الطريقة عام ٢٠٠١ (راجع المصدرين الثاني والثالث(الزبيدي))

مثــال (4-9): أوجد الحل الأولي لمسألة النقل للمثال(3-1) باستخدام طريقة المجاميع.

الحــل:

الجدول (4 -25)

إلى / من	١	٢	٣	العرض	
A	10	12	8	750	30
B	8	7 500	10	500	25
الطلب	500	500	250	1250 / 1250	

2 5 -2

بما أن المتغير χ_{22} يناظر الكلفة الأعلى في صف الكلف الجديد لذلك يتم التخصيص له. الحل الأولي لمسألة النقل وفق هذه الطريقة هو نفس الحل الموضح بالجدول (4-13).

مثــال (4-10): أوجد الحل الأولي لمسألة النقل المعرفة بالمثال (4-2) باستخدام طريقة المجاميع.

الحــل:

الجدول (4 -26)

إلى / من	١	٢	٣	العرض	
A	2	3	2 20	20	7
B	3	5	4	20	12
C	٤	2 25	4	25	10
الطلب	15	30	20	65 / 65	

1 -1 2

بما أن المتغير χ_{13} يناظر الكلفة الأعلى في صف الكلف الجديد لذلك يتم التخصيص له. ويعاد تكرار الطريقة مرة أخرى بعد حذف كل من المصدر الأول والموقع الثالث مرحليا وكما هو موضح بالجدول (4-27):

الجدول (4 -27)

من \ إلى	١	٢	العرض	
B	3	5	20	8
C	٤	2 25	25	6
الطلب	15	30	65 / 65	
	-1	3		

بما أن المتغير χ_{32} يناظر الكلفة الأعلى في صف الكلف الجديد لذلك يتم التخصيص له.
الحل الأولي لمسالة النقل موضح بالجدول (4-28).

الجدول (4 -28)

من \ إلى	١	٢	٣	العرض
A	2	3	2 20	20
B	3 15	5 5	4	20
C	٤	2 25	4	25
الطلب	15	30	20	65 / 65

مجموع كلف النقل هي:

$$Min \qquad Z=\sum_{i=1}^{m}\sum_{j=1}^{n}C_{ij}\chi_{ij}$$

Z = 20 (2) + 15 (3) + 5(5) + 25(2) = 160

يلاحظ أن مجموع كلف النقل وفق طريقة المجاميع أقل من مجموع كلف النقل وفق طريقتي الركن الشمالي الغربي وأقل الكلف ومساوية لمجموع كلف النقل لطريقتي فوجل وروسيل ولكنها أسرع من حيث عدد المراحل المستخدمة لإيجاد الحل.

من استعراضنا للطرائق السابقة يلاحظ أن طريقة المجاميع هي الطريقة الأكثر كفاءة في إيجاد الحل الأولي من حيث كونه قريب جدا من الحل الأمثل وفي أغلب الحالات يمثل حلا أمثلا وكذلك من حيث عدد المراحل التي تستخدم للتوصل إلى الحل.

6-4: إيجاد الحل الأمثل Finding The Optimal Solution

بعد أن تم استعراض بعض الطرائق المستخدمة لإيجاد الحل الأولي لمسألة النقل في الفقرة السابقة سوف نوضح في هذه الفقرة الطرائق المستخدمة لتحويل الحل الأولي إلى حل أمثل.

1-6-4: طريقة المسار المتعرج The Stepping Stone Method

الحل الذي يتم التوصل إليه بوساطة طريقة السمبلكس لمسألة البرمجة الخطية (L.P.) التي تمثل مسألة تقليل يعتبر حل أمثل في حال كون معاملات الكلف النسبية للمتغيرات غير الأساسية (التغير الصافي في Z نتيجة لزيادة وحدة واحدة في المتغيرات غير الأساسية) أكبر أو يساوي صفر وعلى هذا الأساس سوف يتم اختبار المتغيرات غير الأساسية في الحل الأولي هل أن تحويل هذه المتغيرات إلى متغيرات أساسية يساهم في تقليل كلفة النقل أم لا.

خطوات إيجاد الحل الأمثل هي كالآتي:

١- تكوين مسار مغلق يبدأ بالخلية الفارغة (متغير غير أساسي) ويتحرك أفقيا أو عموديا وينتهي بنفس الخلية على أن تكون زوايا المسار تمثل متغيرات أساسية أي خلايا غير فارغة.

٢- نخصص الإشارة (+) والإشارة (-) لكل زاوية من زوايا المسار والتي تمثل خلية من خلايا الجدول مبتدئين بإشارة (+) للخلية الفارغة ومن ثم الإشارة (-) للخلية اللاحقة وهكذا بالتناوب.

٣- تحديد الزيادة أو النقصان في مجموع كلف النقل الناتج من التخصيص للخلية الفارغة من خلال جمع كلف زوايا (خلايا) المسار المغلق بحيث تكون إشارة كلفة الخلية هي نفس الإشارة المخصصة لها في الخطوة (2).

٤- إذا كانت القيمة التي تم الحصول عليها في الخطوة (3) موجبة فهذا يعني أن التخصيص للخلية الفارغة سوف يزيد من مجموع كلف النقل (والذي يمثل معامل الكلفة النسبية للمتغير غير الأساسي) أما أذا كانت سالبة فهذا يعني أن التخصيص يقلل من مجموع كلف النقل.

٥- تطبق الخطوات السابقة على كل الخلايا الفارغة (متغيرات غير أساسية) في الجدول ويتم اختيار القيمة الأكثر سالبية الناتجة من (3) لكي يتم التخصيص لها أما في حال كون كل القيم غير سالبة فهذا يعني أن الحل الأولي هو حل أمثل.

٦- عدد الوحدات التي تخصص إلى الخلية الفارغة يمثل عدد الوحدات الأقل المخصص للخلايا التي تحمل إشارة (-).

٧- يعاد تكرار الخطوات السابقة بعد كل تخصيص إلى احد المتغيرات غير الأساسية إلى أن تكون كل القيم التي يتم الحصول عليها من الخطوة (3) غير سالبة.

٨- عدد الوحدات المخصص في الخطوة (6) يجب أن يرافقه طرح هذا العدد من قيم خلايا المسار ذات الإشارة السالبة وجمعه مع خلايا المسار ذات الإشارة الموجبة.

مثـال (4 -11): أوجد الحل الأمثل لمسألة النقل للمثال (4-1) باستخدام طريقة المسار المتعرج.

الحـــل:

الحل الأولي لمسألة النقل باستخدام طريقة الركن الشمالي الغربي موضح بالجدول (4-29):

الجدول (4 -29)

من \ إلى	1	2	3	العرض
A	١٠ — 500 -	١٢ — +250 -	٨ — +	٧٥٠
B	8 — +	7 — -250 +	10 — - 250	500
الطلب	500	500	250	1250 / 1250

من الجدول (4-29) يتضح المسارات المغلقة للمتغيرين غير الأساسين χ_{13} , χ_{21}, حساب التغير في مجموع كلف النقل والمتمثل بالخطوة (3) يكون كالآتي:

$$\overline{C_{13}} = C_{13} - C_{12} + C_{22} - C_{23} = 8 - 12 + 7 - 10 = -7$$

$$\overline{C_{21}} = C_{21} - C_{22} + C_{12} - C_{11} = 8 - 7 + 12 - 10 = 3$$

التخصيص سوف يكون للمتغير χ_{13} لأن زيادة وحدة واحدة في هذا المتغير تؤدي أن نقصان في مجموع كلف النقل مقداره (7) بحيث:

$$\chi_{13} = \text{Min } (250 , 250) = 250$$

وكما هو موضح بالجدول (4-30):

الجدول (4 -30)

من \ إلى	١	٢	٣	العرض
A	10 / 500	12	8 / 250	750
B	8	7 / 500	10	500
الطلب	500	500	250	1250 / 1250

من الجدول (4-30) يتضح أن الحل هو عبارة عن حل منحل لأن عدد المتغيرات الأساسية (الخلايا غير الفارغة) أقل من 4 = m + n -1 ولتطبيق طريقة المسار المتعرج لمعرفة هل أن الجدول (4-30) هو أمثل أم لا فيجب أن يكون عدد المتغيرات الأساسية يساوي (4) لكي نتمكن من تكوين مسار مغلق لذلك تخصص قيمة تدعى الايبسلون (ε) لأحد المتغيرات غير الأساسية ذو الكلفة الأقل على أن لا يشكل مسار مغلق مع المتغيرات الأساسية بحيث الايبسلون هي قيمة صغيرة جدا بحيث أن حاصل طرحها من أي عدد أو جمعها مع أي عدد يمثل العدد نفسه و كما هو موضح بالجدول (4-31):

الجدول (4 -31)

من \ إلى	١	٢	٣	العرض
A	10 / 500	12	8 / 250	750
B	8 / ε	7 / 500	10	500
الطلب	500	500	250	1250 / 1250

$\overline{C_{12}} = 12 - 10 + 8 - 7 = 3$

$\overline{C_{23}} = 10 - 8 + 10 - 8 = 4$

بما أن معاملات الكلفة النسبية غير سالبة لذلك فإن الجدول (4-31) يمثل الحل الأمثل بمجموع كلف نقل:

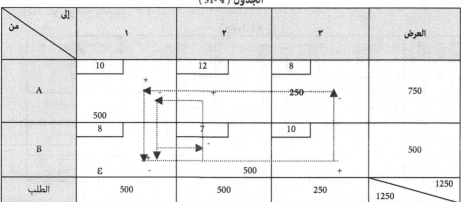

$$Z = 500(10) + 250(8) + 500(7) + \varepsilon(8)$$
$$= 5000 + 2000 + 3500 + 0 = 10500$$

مثـال (4-12): أوجد الحل الأمثل لمسألة النقل للمثال (4-2) باستخدام طريقة المسار المتعرج.

الحــل:

الحل الأولي لمسألة النقل باستخدام طريقة الركن الشمالي الغربي موضح بالجدول (4-11) , المسارات المغلقة للجدول هي كالآتي:

$$\overline{C_{13}} = C_{13} - C_{33} + C_{32} - C_{12} = 2 - 4 + 2 - 3 = -3$$

$$\overline{C_{21}} = C_{21} - C_{22} + C_{12} - C_{11} = 3 - 5 + 3 - 2 = -1$$

$$\overline{C_{23}} = C_{23} - C_{22} + C_{32} - C_{33} = 4 - 5 + 2 - 4 = -3$$

$$\overline{C_{31}} = C_{31} - C_{32} + C_{12} - C_{11} = 4 - 2 + 3 - 2 = 3$$

القيمة الأكثر سالبية هي للمتغيرين χ_{13} , χ_{23} لذلك يتم اختيار أحدهما وليكن χ_{13} بحيث:

$$\chi_{13} = \text{Min}\ (5, 20) = 5$$

وكما هو موضح بالجدول :(4-32)

الجدول (4 -32)

من \ إلى	١	٢	٣	العرض
A	2 / 15	3	2 / 5	20
B	3	5 / 20	4	20
C	٤	2 / 10	4 / 15	25
الطلب	15	30	20	65 \ 65

المسارات المغلقة للجدول (4 -32) هي كالآتي:

$$\overline{C_{12}} = C_{12} - C_{13} + C_{33} - C_{32} = 3 - 2 + 4 - 2 = 3$$

$$\overline{C_{21}} = C_{21} - C_{11} + C_{13} - C_{33} + C_{32} - C_{22} = 3 - 2 + 2 - 4 + 2 - 5 = -4$$

$= C_{23} - C_{22} + C_{32} - C_{33} = 4 - 5 + 2 - 4 = -3 \overline{C_{23}}$

$\overline{C_{31}} = C_{31} - C_{33} + C_{13} - C_{11} = 4 - 4 + 2 - 2 = 0$

معامل الكلفة النسبية للمتغير غير الأساسي X_{21} هـو الأكـثر سـالبية لـذلك X_{21} يمثـل المتغـير الـداخل أي المتغير الذي يتم التخصيص له بحيث:

$X_{21} = \text{Min } (15, 15, 20) = 15$

وهذا يعني أن X_{33} , X_{11} يمثلان المتغير الخارج وكما هو موضح بالجدول (4-33):

الجدول (4 -33)

إلى / من	١	٢	٣	العرض
A	2 / ε	3	2 / 20	20
B	3 / 15	5 / 5	4	20
C	٤	2 / 25	4	25
الطلب	15	30	20	65 / 65

من الجدول (4 - 33) نلاحظ أن عدد المتغيرات الأساسية (الخلايا غير الفارغـة) أقـل مـن (m+n-1) وهذا لا يسمح لنا بتكوين مسارات مغلقة لذلك نخصص القيمـة (ε) للمتغـير غـير الأسـاسي (الخلايـا الفارغة) X_{11} وعلى هذا الأساس فإن المسارات المغلقة للجدول(4 - 33) هي كالآتي:

$\overline{C_{12}} = C_{12} - C_{11} + C_{21} - C_{22} = 3 - 2 + 3 - 5 = -1$

$\overline{C_{23}} = C_{23} - C_{13} + C_{11} - C_{12} = 4 - 2 + 2 - 3 = 1$

$\overline{C_{31}} = C_{31} - C_{32} + C_{22} - C_{21} = 4 - 2 + 5 - 3 = 4$

$\overline{C_{33}} = C_{33} - C_{32} + C_{22} - C_{21} + C_{11} - C_{13} = 4 - 2 + 5 - 3 + 2 - 2 = 4$

المتغير X_{12} هو المتغير الداخل لأنه ذو قيمة سالبة من حيث معامل الكلفة النسبية بحيث :

$X_{12} = \text{Min } (X_{11}, X_{22}) = \text{Min } (\varepsilon, 5) = \varepsilon$

ولذلك فإن X_{11} هو المتغير الخارج وكما هو موضح بالجدول (4-34):

الجدول (4 -34)

إلى / من	١	٢	٣	العرض
A	2	3 ε	2 20	20
B	3 15	5 5	4	20
C	٤	2 25	4	25
الطلب	15	30	20	65 / 65

المسارات المغلقة للجدول(4 – 34) هي كالآتي:

$$\overline{C_{11}} = C_{11} - C_{12} + C_{22} - C_{21} = 2 - 3 + 5 - 3 = 1$$

$$\overline{C_{23}} = C_{23} - C_{13} + C_{12} - C_{22} = 4 - 2 + 3 - 5 = 0$$

$$\overline{C_{31}} = C_{31} - C_{32} + C_{22} - C_{21} = 4 - 2 + 5 - 3 = 4$$

$$\overline{C_{33}} = C_{33} - C_{13} + C_{12} - C_{32} = 4 - 2 + 3 - 2 = 3$$

بما أن معاملات الكلف النسبية غير سالبة فهذا يعني أن الجدول (4-34) يمثل الحل الأمثل لمسألة النقل بمجموع كلفة:

$$Z = \varepsilon(8) + 20(2) + 15(3) + 5(5) + 25(2) = 160$$

تدل القيمة الصفرية لمعامل الكلفة النسبية للمتغير χ_{23} على وجدود حل أمثل آخر للمسألة بحيث:

$$\chi_{23} = \text{Min}\ (\chi_{13}, \chi_{22}) = \text{Min}\ (20, 5) = 5$$

أي أن χ_{22} يمثل المتغير الخارج وχ_{23} يمثل المتغير الداخل وكما هو موضح بالجدول (4-35):

الجدول (4 -35)

إلى / من	١	٢	٣	العرض
A	2	3 5	2 15	20
B	3 15	5	4 5	20
C	٤	2 25	4	25
الطلب	15	30	20	65 / 65

مجموع كلف النقل هي:

$$Z = 5(3) + 15(2) + 15(3) + 5(4) + 25(2) = 160$$

2-6-4: طريقة التوزيع المعدل The Modified Distribution Method

تستخدم هذه الطريقة لاختبار أمثلية الحل الأولي وهي أكفأ من الطريقة السابقة التي تعتمد على تكوين مسارات مغلقة للمتغيرات غير الأساسية ومن ثم إيجاد المتغير غير الأساسي الذي يساهم بتقليل مجموع كلف النقل أما هذه الطريقة فهي قادرة على تحديد المتغير غير الأساسي الذي يساهم بتقليل مجموع كلف النقل مباشرة وتتلخص خطوات هذه الطريقة بالآتي:

1. إيجاد قيم u_i التي تمثل المصادر وقيم v_j والتي تمثل المواقع بحيث:

$$u_i + v_j = C_{ij} \quad \text{--------} \ (3-4)$$

المعادلة (3-4) تطبق للمتغيرات الأساسية (الخلايا غير الفارغة) في الحل الأولي.

2. حساب معاملات الكلفة النسبية للمتغيرات غير الأساسية وكالآتي:

$$\overline{C_{ij}} = C_{ij} - (u_i + v_j) \quad \text{-------} \ (4-4)$$

3. إذا كانت معاملات الكلفة النسبية موجبة فهذا يدل على أن الحل الأولي هو حل أمثل أما أذا كانت سالبة أو احتوت على بعض القيم السالبة فيتم اختيار المتغير غير الأساسي ذو معامل الكلفة النسبية الأقل (الأكثر سالبية) ليمثل المتغير الداخل.
4. تكوين مسار مغلق للمتغير الداخل الذي تم اختياره في الخطوة (3) لتحديد عدد الوحدات التي سوف يتم تخصيصها له وبنفس أسلوب طريقة المسار المتعرج.
5. نكرر الخطوات السابقة إلى أن يتم التوصل إلى الحل الأمثل.

مثال (4-13): أختبر أمثلية الحل لمسألة النقل المعرفة بالمثال (4-1) باستخدام طريقة التوزيع المعدل.

الحل: جدول الحل الأولي لمسألة النقل يكون بالصيغة الآتية:

من \ إلى	١	٢	٣	العرض	
A	10 / 500	12 / 250	8	750	$u_1=0$
B	8	7 / 250	10 / 250	500	$u_2=-5$
الطلب	500	500	250	1250 / 1250	
	$v_1 = 10$	$v_2 = 12$	$v_3 = 15$		

من المعادلة (4 -3) نحصل على:

$$\left.\begin{array}{l} u_1 + v_1 = 10 \\ u_1 + v_2 = 12 \\ u_2 + v_2 = 7 \\ u_2 + v_3 = 10 \end{array}\right\} \ldots\ldots \qquad (5-4)$$

نظام المعادلات (4 -5) يتكون من أربعة معادلات وخمسة متغيرات وهذا يعني أنه بالإمكان الحصول على عدد غير محدود من الحلول ولتعين حل معين نخصص قيمة صفرية لأحد المتغيرات وليكن $u_1 = 0$ ولذلك فإن:

$v_1 = 10$, $v_2 = 12$, $u_2 = -5$, $v_3 = 15$

من المعادلة(٤-٤) نحصل على:

$\overline{C_{13}} = C_{13} - (u_1 + v_3)=8-(0+15)=-7$

$= C_{21} - (u_2 + v_1) =8-(-5+10)=3\ \overline{C_{21}}$

يتضح أن X_{13} هو المتغير الداخل لذلك يتم تكوين مسار مغلق له وكالآتي:

$$X_{13} \rightarrow X_{12} \rightarrow X_{22} \rightarrow X_{23} \rightarrow X_{13}$$

ولذلك فإن قيمة X_{13} هي:

$X_{13}= \text{Min} \ (X_{12}, X_{23}) =\text{Min} (250 , 250) = 250$

أي أن المتغيرين X_{12} , X_{23} يمثلان المتغير الخارج وكما هو موضح بالجدول (4-36):

الجدول (4 -36)

من \ إلى	١	٢	٣	العرض	
A	10 / 500	12	8 / 250	750	$u_1=0$
B	8 / ε	7 / 500	10	500	$u_2=-2$
الطلب	500	500	250	1250 / 1250	
	$v_1 = 10$	$v_2 = 9$	$v_3 = 8$		

بما أن عدد المتغيرات الأساسية (الخلايا غير الفارغة) أقل من (m+n-1) لذلك يتم تخصص القيمة (ε للمتغير غير الأساسي X_{21} , من المعادلة (4 - 3) نحصل على:

$u_1 + v_1 = 10$
$u_1 + v_3 = 8$
$u_2 + v_1 = 8$
$u_2 + v_2 = 7$

عندما $u_1 = 0$ فإن:

$v_1 = 10 \quad , v_3 = 8 \quad , u_2 = -2 \quad , v_2 = 9$

من المعادلة (4-4) نحصل على:

$= C_{12} - (u_1 + v_2)=12-(0+9)=3 \overline{C_{12}}$

$\overline{C_{23}} = C_{23} - (u_2 + v_3)=10-(-2+8)=4$

بما إن معاملات الكلفة النسبية موجبة لذلك فإن الجدول (4-36) يمثل الحل الأمثل بمجموع كلف نقل:

$Z = 500 (10) + 250(8) + 500(7) = 10500$

مثـال (4-14): أختبر أمثلية الحل لمسألة النقل المعرفة بالمثال (4-1) باستخدام طريقة التوزيع المعدل.

الحـل: جدول الحل الأولي لمسألة النقل يكون بالصيغة الآتية:

من \ إلى	١	٢	٣	العرض	
A	2 / 15	3 / 5	2	20	$u_1=0$
B	3	5 / 20	4	20	$u_2=2$
C	٤	2 / 5	4 / 20	25	$u_3=2$
الطلب	15	30	20	65 / 65	
	$v_1 = 2$	$v_2 = 3$	$v_3 = 2$		

من المعادلة (4 - 3) نحصل على:

$u_1 + v_1 = 2$
$u_1 + v_2 = 3$
$u_2 + v_2 = 5$
$u_3 + v_2 = 5$
$u_3 + v_3 = 4$

عندما $u_1 = 0$ فإن:

$v_1 = 2 \ , \ v_3 = 3 \ , \ u_2 = 2 \ , \ u_3 = 2 \ , \ v_2 = 2$

من المعادلة (4-4) نحصل على:

$\overline{C_{13}} = C_{13} - (u_1 + v_3) = 2 - (0 + 2) = 0$

$\overline{C_{21}} = C_{21} - (u_2 + v_1) = 3 - (2 + 2) = -1$

$= C_{23} - (u_2 + v_3) = 4 - (2 + 2) = 0 \ \overline{C_{23}}$

$= C_{31} - (u_3 + v_1) = 4 - (2 + 2) = 0 \ \overline{C_{31}}$

X_{21} يمثل المتغير الداخل لأنه ذو قيمة سالبة من حيث معامل الربح النسبي ,المسار المغلق لـ X_{21} يكون بالصورة الآتية:

$$X_{21} \rightarrow X_{22} \rightarrow X_{12} \rightarrow X_{11} \rightarrow X_{21}$$

ولذلك فإن قيمة X_{21} هي:

$$X_{21} = \text{Min } (X_{22} , X_{11}) = \text{Min } (20 , 15) = 15$$

أي أن X_{11} , يمثل المتغير الخارج وكما هو موضح بالجدول (4-37):

الجدول (4 -37)

من \ إلى	١	٢	٣	العرض	
A	[2]	[3] 20	[2]	20	$u_1=0$
B	[3] 15	[5] 5	[4]	20	$u_2=2$
C	[٤]	[2] 5	[4] 20	25	$u_3=-1$
الطلب	15	30	20	65 / 65	
	$v_1 = 1$	$v_2 = 3$	$v_3 = 5$		

من المعادلة (4 - 3) نحصل على:

$u_1 + v_2 = 3$
$u_2 + v_1 = 3$
$u_2 + v_2 = 5$
$u_3 + v_2 = 2$
$u_3 + v_3 = 4$

عندما $u_1 = 0$ فإن:

$v_2 = 3 \ , \ u_2 = 2 \ , v_1 = 1 \ , u_3 = -1 \ , \ v_3 = 5$

من المعادلة (4-4) نحصل على:

$\overline{C_{11}} = C_{11} - (u_1 + v_1) = 2 - (0 + 1) = 1$

$\overline{C_{13}} = C_{13} - (u_1 + v_3) = 2 - (0 + 5) = -3$

$\overline{C_{23}} = C_{23} - (u_2 + v_3) = 4 - (2 + 5) = -3$

$\overline{C_{31}} = C_{31} - (u_3 + v_1) = 4 - (-1 + 1) = 4$

يمكن اختيار أي من المتغيرين X_{13} , X_{23} كمتغير داخل لأنها الأكثر سالبية من حيث معامل الربح النسبي ولنفترض X_{23} لذلك فإن المسار المغلق للمتغير X_{23} يكون بالصورة الآتية:

$$X_{23} \rightarrow X_{22} \rightarrow X_{32} \rightarrow X_{33} \rightarrow X_{23}$$

قيمة X_{23} هي:

$X_{23} = \text{Min } (X_{22}, X_{33}) = \text{Min } (5, 20) = 5$

أي أن المتغير X_{22} يمثل المتغير الخارج وكما هو موضح بالجدول (4-38):

الجدول (4 -38)

من \ إلى	١	٢	٣	العرض	
A	2	3 / 20	2	20	$u_1=0$
B	3 / 15	5	4 / 5	20	$u_2=-1$
C	٤	2 / 10	4 / 15	25	$u_3=-1$
الطلب	15	30	20	65 / 65	
	$v_1 = 4$	$v_2 = 3$	$v_3 = 5$		

من المعادلة (4 - 3) نحصل على:

$u_1 + v_2 = 3$
$u_2 + v_1 = 3$
$u_2 + v_3 = 4$
$u_3 + v_2 = 2$
$u_3 + v_3 = 4$

عندما $u_1 = 0$ فإن:

$v_2 = 3 \;,\; u_3 = -1 \;,\; v_3 = 5 \;,\; u_2 = -1 \;,\; v_1 = 4$

من المعادلة (4-4) نحصل على:

$\overline{C_{11}} = C_{11} - (u_1 + v_1) = 2 - (0 + 4) = -2$

$\overline{C_{13}} = C_{13} - (u_1 + v_3) = 2 - (0 + 5) = -3$

$\overline{C_{22}} = C_{22} - (u_2 + v_2) = 5 - (-1 + 3) = 3$

$\overline{C_{31}} = C_{31} - (u_3 + v_1) = 4 - (-1 + 4) = 1$

X_{13} يمثل المتغير الداخل لأنه الأكثر سالبية من حيث معامل الربح النسبي والمسار المغلق له يكون بالصورة الآتية:

$$X_{13} \rightarrow X_{12} \rightarrow X_{32} \rightarrow X_{33} \rightarrow X_{13}$$

قيمة X_{13} هي:

$X_{13} = \text{Min} \ (X_{12}, X_{33}) = \text{Min} \ (20 , 15) = 15$

أي أن المتغير X_{33} يمثل المتغير الخارج وكما هو موضح بالجدول (4-39):

الجدول (4 -39)

من \ إلى	١	٢	٣	العرض	
A	2	3 / 5	2 / 15	20	$u_1=0$
B	3 / 15	5	4 / 5	20	$u_2=2$
C	٤	2 / 25	4	25	$u_3=-1$
الطلب	15	30	20	65 / 65	
	$v_1 = 1$	$v_2 = 3$	$v_3 = 2$		

من المعادلة (4 - 3) نحصل على:

$u_1 + v_2 = 3$

$u_1 + v_3 = 2$

$u_2 + v_1 = 3$

$u_2 + v_3 = 4$

$u_3 + v_2 = 2$

عندما $u_1 = 0$ فإن:

$v_2 = 3 \ , \ v_3 = 2 \ , \ u_2 = 2 \ , \ u_3 = -1 \ , v_1 = 1$

من المعادلة (4-4) نحصل على:

$\overline{C_{11}} = C_{11} - (u_1 + v_1) = 2 - (0 + 1) = 1$

$\overline{C_{22}} = C_{22} - (u_2 + v_2) = 5 - (2 + 3) = 0$

$\overline{C_{31}} = C_{31} - (u_3 + v_1) = 4 - (-1 + 1) = 4$

$\overline{C_{33}} = C_{33} - (u_3 + v_3) = 4 - (-1 + 2) = 3$

بما أن معاملات الكلفة النسبية موجبة لذلك فإن الجدول (4-39) يمثل الحل الأمثل بمجموع كلف نقل:

$Z = 5 (3) + 15(2) + 15 (3) + 5 (4) + 25 (2) = 160$

ولوجود قيمة صفرية لأحد معاملات الربح النسبي $\overline{C_{22}}$ فهذا يعني وجود حل أمثل آخر بدخول المتغير χ_{22} كمتغير أساسي.

4-7: حل مسألة النقل غير المتوازنة

Solve The Unbalanced Transportation Problem

في هذه الفقرة سوف يتم توضيح حل مسألة النقل غير المتوازنة المتكونة بسب كون كمية الطلب عند المواقع أكبر أو أقل من كمية العرض عند المصادر وكما هو موضح بالمثالين الآتيين

مثـــال (4 - 15): أوجد الحل الأمثل لمسألة المباني على افتراض أن كمية الطلب للموقع الأول (المشروع الأول) هي 25 ألف طن بدلا من 15 ألف طن.

الحـــل:

في هذه الحالة كمية الطلب أكبر من كمية العرض لذلك يصار إلى إضافة مصدر وهمي (مخزن وهمي) بحيث أن كلف النقل من هذا المصدر هي صفر وكما هو موضح بالجدول (4-40):

الجدول (4-40)

إلى / من	١	٢	٣	العرض
A	2	3	2	20
B	3	5	4	20
C	٤	2	4	25
D	0	0	0	10
الطلب	25	30	20	75 / 75

الحل الأمثل للمسالة موضح بالجدول(4 - 41):

الجدول (4 -41)

من \ إلى	١	٢	٣	العرض
A	2 / 5	3	2 / 15	20
B	3 / 20	5	4	20
C	٤	2 / 25	4	25
D	0	0 / 5	0 / 5	10
الطلب	25	30	20	75 \ 75

مع العلم أن المسألة تمتلك حلول مثلى أخرى.

مثــال (4 - 16): أوجد الحـل الأمثـل لمسـألة المبـاني عـلى افـتراض أن كميـة العـرض للمصـدر الأول (المخزن الأول) هي 35 ألف طن بدلا من 20 ألف طن.

الحــل:

في هذه الحالة كمية العرض أكبر من كمية الطلـب لـذلك يصـار إلى إضـافة موقـع وهمـي (مشـروع وهمي) بحيث أن كلف النقل إلى المشروع الوهمي هي صفر وكما هو موضح بالجدول (4-42):

الجدول (4 -42)

من \ إلى	١	٢	٣	D	العرض
A	2	3	2	0	35
B	3	5	4	0	20
C	٤	2	4	0	25
الطلب	15	30	20	15	80 \ 80

الحل الأمثل للمسألة موضح بالجدول (٤-٤٣) بمجموع كلفة مقداره (١٤٠) مليون دينار:

الجدول (4 -43)

إلى / من	١	٢	٣	D	العرض
A	2 / 10	3 / 5	2 / 20	0	35
B	3 / 5	5	4	0 / 15	20
C	٤	2 / 25	4	0	25
الطلب	15	30	20	15	80 / 80

4-8: مسألة التعظيم A maximization Problem

مسألة التعظيم تمثل مسألة نقل تتضمن توزيع الوحدات (المنتج) من عدد من المصادر إلى المواقع بحيث نحصل على أعلى ربح متوقع , حل هكذا نوع من المسائل يتم باستخدام نفس الطرائق السابقة التي استخدمت لإيجاد الحل الأولي والأمثل لمسألة التقليل مع وجود فارق بسيط وكما هو موضح بالمثال الآتي.

مثـــال (4-17): أوجد الحل الأمثل لمسألة السيارات على افتراض أن كلفة تصدير السيارة الواحدة تمثل ربح تصدير السيارة الواحدة.

الحـــل:

لإيجاد الحل الأولي لمسألة النقل نستخدم طريقة المجاميع وذلك من خلال اختيار الصف الذي يمثل أعلى مجموع أرباح ومن ثم طرح أرباح الصف من أعلى ربح في العمود المناظر فيتكون صف جديد من الأرباح ويتم التخصيص للقيمة الأكثر سالبية في الصف الجديد على أن التخصيص يتم للقيم السالبة فقط وعلى هذا الأساس فإن الحل الأولي لمسألة السيارات يكون بالصيغة الموضحة بالجدول (4- 44:

الجدول (4 -44)

إلى / من	١	٢	٣	4	العرض
A	1	2 / 15	2 / 25	3	40
B	2	3 / 10	3	4 / 20	30
C	٤ / 20	1	3 / 5	2	25
الطلب	20	25	30	20	95 / 95

لاختبار أمثلية الحل للجدول (4 - 44) نستخدم طريقة التوزيع المعدل بحيث معاملات الكلفة النسبية أذا كانت سالبة فهذا يدل على أمثلية الحل أما أذا كانت موجبة فيدل على أن الحل الأولي هو غير أمثل ويتم اختيار المتغير ذو معامل الكلفة النسبية الأعلى ليمثل المتغير الداخل ولذلك فإن:

$u_1 + v_2 = 2$

$u_1 + v_3 = 2$

$u_2 + v_2 = 3$

$u_2 + v_4 = 4$

$u_3 + v_1 = 4$

$u_3 + v_3 = 3$

عندما $u_1 = 0$ فإن:

$v_2 = 2 \;,\; v_3 = 2 \;,\; u_2 = 1 \;,\; v_4 = 3 \;,\; u_3 = 1 \;,\; v_1 = 3$

من المعادلة (4-4) نحصل على:

$\overline{C_{11}} = C_{11} - (u_1 + v_1) = 1 - (0 + 3) = -2$

$= C_{14} - (u_1 + v_4) = 3 - (0 + 3) = 0 \overline{C_{14}}$

$\overline{C_{21}} = C_{21} - (u_2 + v_1) = 2 - (1 + 3) = -2$

$\overline{C_{23}} = C_{23} - (u_2 + v_3) = 3 - (1 + 2) = 0$

$\overline{C_{32}} = C_{32} - (u_3 + v_2) = 1 - (1 + 2) = -2$

$\overline{C_{34}} = C_{34} - (u_3 + v_4) = 2 - (1 + 3) = -2$

بما أن معاملات الكلفة النسبية غير موجبة لذلك فإن الحل الأولي يمثل حلا أمثلا مع العلم أن المسألة تمتلك حلول مثلى أخرى ومجموع أرباح النقل هو:

$Z = 15 (2) + 25 (2) + 10 (3) + 20 (4) + 20 (4) + 5 (3) = 285$

4-9: مسألة الوقت Time Problem

نوضح مسألة الوقت من خلال المثال الآتي:

مثـــال (4 - 18): شركة لإنتاج الألبان تمتلك ثلاثة معامل إنتاجية, القدرة الإنتاجية لكل معمل هـي (100 , 80 , 110) وحدة يوميا على التوالي وعلى الشركة أن تجهز أربعة مراكز استهلاكية بكمية مقدارها (80 , 60 , 50 , 100) وحـدة يوميا عـلى التـوالي , هـدف الشركة هـو توزيـع منتجاتها عـلى المراكز الاستهلاكية بأسرع وقت ممكن وذلك تجنبا لتلف المنتوجات مع العلـم أن الوقـت المتطلـب لإيصـال المنتج

الواحد من المعمل الأول إلى المراكز الاستهلاكية هو (1 , 3 , 2 , 1) ساعة على التوالي ومن المعمل الثاني هو (2 , 2 , 4 , 3) ساعة على التوالي ومن المعمل الثالث هو (3 , 3 , 4 , 2) ساعة على التوالي أوجد التوزيع الأمثل للمنتوجات والذي يحقق أقل وقت ممكن لتوزيع المنتوجات.

الحل: الحل الأولي للمسألة باستخدام طريقة المجاميع موضح بالجدول (4 - 45):

الجدول (4 -45)

من \ إلى	١	٢	٣	4	العرض
A	1 / 80	2	3	1 / 20	100
B	2	2 / 60	4 / 20	3	80
C	3	3	4 / 30	2 / 80	110
الطلب	80	60	50	100	290 / 290

الجدول (4 - 45) يمثل كذلك الحل الأمثل للمسألة بمجموع وقت:

$$Z = 80\ (1) + 20(1) + 60\ (2) + 20\ (4) + 30\ (4) + 80\ (2) = 580$$

هذا مع العلم أن المسألة تتملك حلول مثلى أخرى.

4-10: الطرق الممنوعة Prohibited Routes

بعض مسائل النقل تكون فيها كلفة أو ربح أو وقت الوحدة الواحدة المنقولة من مصدر معين إلى موقع معين غير معلومة بصورة مؤكدة لأسباب مختلفة, علاج هكذا نوع من المسائل يتم عن طريق تخصيص M بحيث أن:

M: عدد كبير جدا يمثل كلفة أو وقت الوحدة الواحدة المنقولة من المصدر إلى الموقع.

M: عدد صغير جدا يمثل ربح الوحدة الواحدة المنقولة من المصدر إلى الموقع.

مثال (4-19): لمسألة الوقت المعرفة بالمثال (4 - 18) أوجد الحل الأمثل لها على افتراض أن وقت الوحدة الواحدة المنقولة من المصدر الثاني إلى الموقع الثاني (t_{22}) غير معلوم وكذلك وقت الوحدة الواحدة المنقولة من المصدر الثالث إلى الموقع الرابع (t_{34}).

الحل: جدول النقل يكون بالصيغة الآتية:

الجدول (4 -46)

من \ إلى	١	٢	٣	4	العرض	
A	1	2	3	1 100	100	7
B	2	M	4	3	80	M+9
C	3	3	4	M	110	M+10
الطلب	80	60	50	100	290 \ 290	
	1	1	1	2		

لإيجاد الحل الأولي نستخدم طريقة المجاميع,المرحلة الأولى موضحة بالجدول (٤-٤٦), المرحلـة الثانيـة موضحة بالجدول (٤-٤٧):

الجدول (4 -47)

من \ إلى	١	٢	٣	العرض	
B	2	M	4	80	M+6
C	3	3 60	4	110	**10**
الطلب	80	60	50	190 \ 190	
	-1	**M-3**	**0**		

المرحلة الثالثة موضحة بالجدول(٤-48):

الجدول (4 -48)

من \ إلى	1	3		
B	2 80	4	80	**6**
C	3	4	50	**7**
الطلب	80	50	130 \ 130	
	1	**0**		

الحل الأولي للمسألة موضح بالجدول(٤-٤٩):

الجدول (4 -49)

إلى / من	١	٢	٣	4	العرض
A	1	2	3	1 100	100
B	2 80	M	4	3	80
C	3	3 60	4 50	M	110
الطلب	80	60	50	100	290 / 290

لاختبار أمثلية الحل للجدول في أعلاه نستخدم طريقة التوزيع المعدل وكالاتي:

الجدول (4 -50)

إلى / من	١	٢	٣	4	العرض
A	1 ε	2	3	1 100	100
B	2 80	M	4	3	80
C	3 ε	3 60	4 50	M	110
الطلب	80	60	50	100	290 / 290

$u_1 + v_1 = 1$

$u_1 + v_4 = 1$

$u_2 + v_1 = 2$

$u_3 + v_1 = 3$

$u_3 + v_2 = 3$

$u_3 + v_3 = 4$

عندما $u_1 = 0$ فإن:

$v_1 = 1 \;,\; v_4 = 1 \;,\; u_2 = 1 \;,\; u_3 = 2 \;,\; v_2 = 1 \;,\; v_3 = 2$

$\overline{C_{34}} = C_{12} - (u_1 + v_1) = 2 - (0 + 1) = 1$

$\overline{C_{34}} = C_{13} - (u_1 + v_3) = 3 - (0 + 2) = 1$

$\overline{C_{34}} = C_{22} - (u_2 + v_2) = M - (1 + 1) = M - 2$

$= C_{23} - (u_2 + v_3) = 4 - (1 + 2) = 1 \overline{C_{34}}$

$\overline{C_{34}} = C_{24} - (u_2 + v_4) = 3 - (1 + 1) = 1$

$\overline{C_{34}} = C_{34} - (u_3 + v_4) = M - (2 + 1) = M - 3$

الحل في أعلاه يمثل الحل الأمثل للمسالة أيضا بمجموع وقت نقل مقداره:

$Z = 100(1) + 80(2) + 60(3) + 50(4) = 640$

4-11: الأنموذج المقابل و مسألة النقل
Dual Model And Transportation Problem

4-11-1 الصيغة الرياضية للأنموذج المقابل
Mathematical Formulation Of The Dual Model

الصيغة العامة لأنموذج البرمجة الخطية (.L.P) الذي يمثل مسألة النقل هي:

$$\text{Min } Z = \sum_{i=1}^{m}\sum_{j=1}^{n} C_{ij}\,\chi_{ij}$$

S.T

$$\sum_{j=1}^{n} \chi_{ij} \le a_i \qquad i = 1, 2 \text{--------}, m \qquad (\text{قيود العرض})$$

$$\sum_{i=1}^{m} \chi_{ij} \ge b_j \qquad j = 1, 2 \text{--------}, n \qquad (\text{قيود الطلب})$$

$$\chi_{ij} \ge 0$$

بإعادة كتابة القيود $\sum_{j=1}^{n} \chi_{ij} \le a_i$ بالصيغة ($\sum_{j=1}^{n} - \chi_{ij}) \ge - a_i$ فإن أنموذج البرمجة الخطية يصبح بالصيغة الآتية:

$$\text{Min } Z = \sum_{i=1}^{m}\sum_{j=1}^{n} C_{ij}\chi_{ij}$$

S.t

$$\sum_{j-1}^{n}\left(-\chi_{ij}\right) \ge -ai \qquad i = 1,2.......m$$

$$\sum_{i=1}^{m} \chi_{ij} \ge b_j \qquad j = 1, 2 \text{--------}, n$$

$$\chi_{ij} \ge 0$$

بافتراض أن المتغير u_i يشير إلى i من قيود العرض و v_j يشير إلى j من قيود الطلب بحيث u_i و v_j تمثل متغيرات الأنموذج المقابل وعلى هذا الأساس فإن الأنموذج المقابل يكون بالصيغة الآتية:

$$\text{Max } T = \sum_{j=1}^{n} b_j v_j - \sum_{i=1}^{m} a_i u_i$$

S.t

$$v_j - u_i \le C_{ij} \qquad i = 1, -----, m \;;\quad j = 1, 2 -------, n$$

$$u_i, v_i \ge 0$$

قيود النموذج المقابل ممكن أن تكتب بالصيغة $v_j \le C_{ij} + u_i$

2-11-4: تفسير الأنموذج المقابل Interpretation Of The Dual Model

صيغة أنموذج البرمجة الخطية (L. P.) لمسألة المباني المعرفة بالفقرة (4 - 4 - 2) تكون كالآتي:

$$\text{Min} \quad Z = 2X_{11} + 3X_{12} + 2X_{13} + 3X_{21} + 5X_{22} + 4X_{23} + 4X_{31} + 2X_{32} + 4X_{33}$$

S.T

$$-X_{11} - X_{12} - X_{13} \ge -20$$
$$-X_{21} - X_{22} - X_{23} \ge -20$$
$$-X_{31} - X_{32} - X_{33} \ge -25$$
$$X_{11} + X_{21} + X_{31} \ge 15$$
$$X_{12} + X_{22} + X_{32} \ge 30$$
$$X_{13} + X_{23} + X_{33} \ge 20$$

صيغة الأنموذج المقابل تكون كالآتي:

$$\text{Max} \quad T = -20u_1 - 20u_2 - 25u_3 + 15v_1 + 30v_2 + 20v_3$$

S.T

$$-u_1 + v_1 \le 2$$
$$-u_1 + v_2 \le 3$$
$$-u_1 + v_3 \le 2$$
$$-u_2 + v_1 \le 3$$
$$-u_2 + v_2 \le 5$$
$$-u_2 + v_3 \le 4$$
$$-u_3 + v_1 \le 4$$
$$-u_3 + v_2 \le 2$$
$$-u_3 + v_3 \le 4$$
$$u_i, v_j \ge 0 \quad i, j = 1, 2, 3$$

الحل الأمثل لمسألة المباني هو:

$$X_{12} = 5, \; X_{13} = 15, \; X_{21} = 15, \; X_{23} = 5, \; X_{32} = 25$$

من الحل الأمثل للمسألة تتكون العلاقات الآتية:

$$v_2 = u_1 + 3$$
$$v_3 = u_1 + 2$$
$$v_1 = u_2 + 3$$
$$v_3 = u_2 + 4$$
$$v_2 = u_3 + 2$$

عندما $u_1 = 0$ فإن:

$u_2 = -2 \quad , u_3 = 1 \quad , v_1 = 1 \quad , v_2 = 3 , \quad v_3 = 2 \quad ; \quad T = 160$

بما أن تقليل الأولي يساوي تعظيم المقابل لمسألة النقل فإن:

$$\sum_{i=1}^{m}\sum_{j=1}^{n} C_{ij}\chi_{ij} = \sum_{j=1}^{n} b_j v_j - \sum_{i=1}^{m} a_i u_i \ ...... \quad (6-4)$$

$$\sum_{j=1}^{n}\chi_{ij} = a_i \quad : \sum_{i=1}^{m}\chi_{ij} = b_j \quad ....(7-4)$$

بتعويض(7 - 4) في (6 - 4) نحصل على:

$$\sum_{i=1}^{m}\sum_{j=1}^{n} C_{ij}\chi_{ij} + \sum_{i=1}^{m}\left(u_i \sum_{j-1}^{n}\chi_{ij}\right) - \sum_{j=1}^{n}\left(v_j \sum_{i=1}^{m}\chi_{ij}\right) = 0$$

$$\sum_{i=1}^{m}\sum_{j=1}^{n}\chi_{ij}(C_{ij} + u_i - v_j) = 0 \quad ......(8-4)$$

إذن $\chi_{ij} \geq 0$ و $(C_{ij} + u_i - v_j) \geq 0$ ولذلك فإن:

$v_j = C_{ij} + u_i \qquad \text{if } \chi_{ij} > 0$

$v_j \leq C_{ij} + u_i \qquad \text{if } \chi_{ij} = 0$

12-4: جدولة الإنتاج وسعة الخزن

Production Scheduling And Inventory Storage

أساليب حل مسألة النقل ممكن أن تستخدم في مسائل أخرى لا تتضمن النقل , في هذه الفقرة سوف نناقش واحدة من هذه المسائل والمتمثلة بجدولة الإنتاج , لنفترض شركة تقوم بإنتاج منتج معين بحيث أن الشركة ترغب بجدولة إنتاجها على مدار السنة مع العلم أن الطلب على المنتج معروف مسبقا وكالآتي:

100 وحدة للربع الأول من السنة

100 وحدة للربع الثاني من السنة

120 وحدة للربع الثالث من السنة

120 وحدة للربع الرابع من السنة

قدرة الشركة على الإنتاج على مدار السنة هي كالآتي:

120 وحدة للربع الأول من السنة

100 وحدة للربع الثاني من السنة

110 وحدة للربع الثالث من السنة

130 وحدة للربع الرابع من السنة

هنالك نوعين من الكلف كلف الإنتاج وكلف الخزن , كلفة أنتاج الوحدة الواحدة في الربع الأول والثاني هي 10 آلاف دينار و كلفة إنتاجها في الربع الثالث والرابع هي 11 ألف دينار وكلفة الخزن تبلغ 2 ألف دينار لكل وحدة في نهاية كل ربع سنوي , الشركة ترغب في جدولة الإنتاج في كل ربع سنوي بحيث تقلل مجموع الكلفة.

المسألة ممكن توضيحها بشكل جدول نقل وكالآتي:

الجدول (4 - 49)

الربع السنوي	١	٢	٣	٤	D.	القدرة الإنتاجية
١	١٠	١٢	١٤	١٦	٠	١٢٠
٢		١٠	١٢	١٤	٠	١٠٠
٣			١١	١٣	٠	١١٠
٤				١١	٠	١٣٠
الطلب	١٠٠	١٠٠	١٢٠	١٢٠	٢٠	٤٦٠

صفوف الجدول (4 - 49) تمثل القدرة الإنتاجية للشركة مصنفة حسب الأرباع السنوية أما الأعمدة فتمثل الطلب و العمود (.D) هو عمود وهمي لموازنة الطلب مع القدرة الإنتاجية , الكلف في الجدول تمثل كلف الإنتاج والخزن مسألة جدولة الإنتاج مشابهة لمسألة الطرق الممنوعة ولذلك يتم استخدام نفس الأسلوب لإيجاد الحل الأمثل والمتمثل بالجدول (4 - 50):

الجدول (4 - 50)

الربع السنوي	١	٢	٣	٤	D.	العرض
١	١٠ / ١٠٠	١٢	١٤ / ١٠	١٦	٠ / ١٠	١٢٠
٢		١٠ / ١٠٠	١٢ / ε	١٤	٠	١٠٠
٣			١١ / ١١٠	١٣	٠	١١٠
٤				١١ / ١٢٠	٠ / ١٠	١٣٠
الطلب	١٠٠	١٠٠	١٢٠	١٢٠	٢٠	٤٦٠

من الجدول (4 - 50) يتضح أن الإنتاج في الربع الأول 100 تباع في الربع الأول و 10 وحدات تباع في الربع الثالث و بنفس الأسلوب يتم تفسير الإنتاج للأرباع الثلاثة الأخرى , مجموع كلفة الإنتاج والخزن 4670 ألف دينار.

13-4: مسألة التخصيص The Assignment Problem

تمثل مسألة التخصيص حالة خاصة من مسألة النقل فبافتراض شركة ترغب في إنشاء أربعة أقسام وهنالك أربعة مكاتب مقاولات بإمكانها القيام بذلك وأن الشركة ترغب في إسناد إنشاء كل قسم إلى مكتب معين مع العلم أن هذه المكاتب لها القدرة على إنشاء أي قسم بحيث أن كلفة إنشاء أي قسم تختلف من مكتب إلى آخر وكما هو موضح بالجدول (4 - 51):

الجدول (4 - 51)

أقسام / مكاتب	١	٢	٣	٤	العرض
A	٥	٧	٨	١٠	1
B	٧	٦	٤	٩	١
C	١٠	٩	٥	٨	١
D	١١	٨	٩	٧	١
الطلب	١	١	١	١	4 / 4

الشركة ترغب في تخصيص إنشاء الأقسام الأربعة إلى المكاتب الأربعة بحيث تحقق أقل كلفة.

14-13-1: الصيغة الرياضية للمسألة

Mathematical Statement Of The Problem

لمسألة إنشاء الأقسام هنالك 24 = !4 تخصيص ممكن حيث أن هنالك أربعة مكاتب وأربعة أقسام وكل مكتب يستطيع القيام بإنشاء قسم واحد فقط , وبافتراض أن x_{ij} يمثل قيمة التخصيص لـ i من المكاتب و j من الأقسام بحيث أن:

$$\chi_{ij} = \begin{cases} 1 & \text{تخصيص المكتب i لإنشاء القسم j} \\ 0 & \text{عدم التخصيص} \end{cases}$$

وعلى هذا الأساس فإن أنموذج البرمجة الخطية (L.P.) لمسألة التخصيص يكون بالصيغة الآتية:

$$\text{Min } Z = \sum_{i=1}^{4}\sum_{j=1}^{4} C_{ij}\chi_{ij}$$

S.T

$$\sum_{i=1}^{4} \chi_{ij} = 1 \qquad j, = 1,2,3,4$$

$$\sum_{j=1}^{4} \chi_{ij} = 1 \qquad i = 1,2,3,4$$

$$\chi_{ij} \geq 0$$

قيود عدم السالبية ممكن أن تكتب بالصيغة $\chi_{ij} = 0 \text{ or } 1$ وكذلك فإن أنموذج البرمجة الخطية (L.P.) ممكن أن يكتب بالصيغة الآتية:

$$\text{Min } Z = \sum_{i=1}^{n}\sum_{j=1}^{n} C_{ij}\chi_{ij}$$

S.T

$$\sum_{i=1}^{n} \chi_{ij} = \sum_{j=1}^{n} \chi_{ij} = 1$$

$$\chi_{ij} \geq 0$$

4-13-2: طرائق حل مسألة التخصيص

Solution Methods Of Assignment Problem

4-13-2-1: الطريقة الهنكارية Hungarian Method

خطوات هذه الطريقة تتلخص بالآتي:

١- طرح أقل كلفة من كل صف من كلف الصف ومن ثم أقل كلفة في كل عمود من كلف العمود وبهذا تتكون مصفوفة من الكلف الجديدة بحيث أن كل صف وعمود يحتوي على الأقل قيمة صفرية واحدة.

٢- نرسم اقل عدد من الخطوط المستقيمة بحيث تمر على جميع القيم الصفرية ,فإذا كان عدد الخطوط مساوي إلى عدد الصفوف أو الأعمدة فإن الحل يمثل حلا" امثلا"(في بعض المسائل نحصل على الحل الأمثل بمجرد طرح اقل كلفة في كل صف من كلف الصف ولا نحتاج إلى طرح اقل كلفة في كل عمود من كلف العمود).

٣- في حال كون عدد الخطوط أقل من عدد الأعمدة أو الصفوف يتم اختيار أقل كلفة من الكلف التي لم يمر عليها خط و طرحها من هذه الكلف(الكلف التي لم يمر عليها خط) وتضاف إلى كل كلفة تتمثل بتقاطع خطين.

٤- يتم تكرار الخطوتين 2 , 3 إلى أن يكون عدد الخطوط يساوي عدد الأعمدة أو الصفوف أي أمكانية الحصول على الحل الأمثل للمسألة.

مثال (4-18): أوجد الحل الأمثل لمسألة التخصيص المعرفة بالفقرة (4 - 13).

الحل:

بطرح أقل كلفة في كل صف من كلف الصف فإن الجدول (4 - 51) يصبح بالصيغة المعرفة بالجدول (4 - 52):

الجدول (4 - 52)

مكاتب \ أقسام	١	٢	٣	٤	العرض
A	٠	٢	٣	٥	1
B	٣	٢	٠	٥	١
C	٥	٤	٠	٣	١
D	٤	١	٢	٠	١
الطلب	١	١	١	١	4 \ 4

بطرح أقل كلفة في كل عمود من كلف العمود فإن الجدول (4 - 52) يصبح بالصيغة المعرفة بالجدول (4 - 53):

جدول (4 - 53)

أقسام / مكاتب	١	٢	٣	٤	العرض
A	٠	١	٣	٥	1
B	٣	١	٠	٥	١
C	٥	٣	٠	٣	١
D	٤	٠	٢	٠	١
الطلب	١	١	١	١	4 / 4

بما أن عدد الخطوط أقل من عدد الصفوف أو عدد الأعمدة لذلك نختار أقل كلفة من الكلف التـي لم يمر عليها خط أي (1) ولذلك فإن الجدول (4 - 53) يصبح بالصيغة المعرفة بالجدول (4 - 54):

الجدول (4 - 54)

أقسام / مكاتب	١	٢	٣	٤	العرض
A	٠	١	٤	٥	1
B	٣	٠	٠	٤	١
C	٤	٢	٠	٢	١
D	٤	٠	٣	٠	١
الطلب	١	١	١	١	4 / 4

بما أن عدد الخطوط يساوي عدد الصفوف أو الأعمدة لذلك فأنـه بالإمكـان الحصـول عـلى التخصـيص الأمثل كالآتي:

١. يكون التخصيص للصف الذي يحتوي على صفر واحد فقط ومن ثـم يـتم إهـمال كـل صـفر يقع في العمود المناظر للخلية التي تم التخصيص لها.

٢. يكون التخصيص للعمود الذي يحتوي على صفر واحد فقط ومن ثم يتم إهمال كل صفر يقع في الصف المناظر للخلية التي تم التخصيص لها.

ولذلك فإن الحل الأمثل هو:

$$\chi_{11} = 1 \ , \ \chi_{22} = 1 \ , \ \chi_{33} = 1 \ , \ \chi_{44} = 1 \ , \ Z = 23$$

أي أن:

القسم الأول إلى المكتب الأول
القسم الثاني إلى المكتب الثاني
القسم الثالث إلى المكتب الثالث
القسم الرابع إلى المكتب الرابع

4 - 13 -2 - 2: طرائق مسألة النقل Transportation Problem Methods

الطرائق المستخدمة لحل مسألة النقل ممكن استخدامها لحل مسألة التخصيص وكما موضح بالمثال الأتي:

مثـــال (4-19): أوجد الحل الأمثل لمسألة التخصيص المعرفة بالفقرة (4 - 13)

الحـــل:

باستخدام طريقة اقل الكلف فإن الحل الأولي للمسألة يكون بالصيغة الآتية:

الجدول (4 - 55)

أقسام / مكاتب	١	٢	٣	٤	العرض
A	٥ ١	٧	٨	١٠ ε	1
B	٧ ε	٦	٤ ١	٩	١
C	١٠	٩ ١	٥ ε	٨	١
D	١١	٨	٩	٧ ١	١
الطلب	١	١	١	١	4 / 4

لاختبار أمثلية الحل للجدول (4 - 55) نستخدم طريقة التوزيع المعدل بعد أن يتم تخصيص القيمة (ε) إلى ثلاثة خلايا ليصبح بالإمكان تكوين مسارات مغلقة وعلى هذا الأساس فإن الحل الأمثل يصبح بالصيغة المعرفة بالجدول (4 - 56):

الجدول(4 - 56)

أقسام / مكاتب	١	٢	٣	٤	العرض
A	٥ / ١	٧	٨	١٠	1
B	٧	٦ / ١	٤	٩	١
C	١٠	٩	٥ / ١	٨	١
D	١١	٨	٩	٧ / ١	١
الطلب	١	١	١	١	4 / 4

وهذا يعني أن مكتب المقاولات الأول يقوم بإنشاء القسم الأول والثاني يقوم بإنشاء القسم الثاني والثالث يقوم بإنشاء القسم الثالث والرابع يقوم بإنشاء القسم الرابع وبذلك نحصل على أقل كلفة ممكنة.

4-13-3: مسألة التخصيص غير الممكن
A problem With Impossible Assignment

نوضح هذه الفقرة من خلال المثال الآتي:

مثال (4-20): لمسألة التخصيص المعرفة بالفقرة (4 - 13) نفترض أن المكتب الأول غير قادر على إنشاء القسم الثالث والمكتب الرابع غير قادر على أنشاء القسم الثاني, أوجد الحل الأمثل لمسألة التخصيص.

الحل:

المسألة تمثل ما يسمى بالتخصيص غير الممكن والذي يحدث لعدة أسباب منها مثلا طبيعة العمل الذي يقوم به المكتب لا يتناسب مع الغرض من أنشاء القسم الذي قد يتطلب خبرة هندسية أكثر مما هي إنشائية ولذلك فإن مسألة التخصيص تكون بالصيغة الآتية:

الجدول (4 - 57)

مكاتب \ أقسام	١	٢	٣	٤	العرض
A	5	7	M	١٠	1
B	٧	٦	٤	9	١
C	١٠	٩	٥	٨	١
D	11	M	٩	٧	١
الطلب	١	١	١	١	4 \ 4

باستخدام الطريقة الهنكارية نقوم بطرح اقل كلفة قي كل صف من كلف الصف وكذلك أقل كلفة في كل عمود من كلف العمود ولذلك تتكون مسألة بكلف جديدة وكما هو موضح بالجدول (4 – 58):

الجدول (4 - ٥٨)

مكاتب \ أقسام	١	٢	٣	٤	العرض
A	٠	٠	M-٥	5	1
B	٣	٠	٠	٥	١
C	٥	٢	٠	٣	١
D	٤	M-٩	٢	٠	١
الطلب	١	١	١	١	4 \ 4

بما أن عدد الخطوط يساوي عدد الصفوف أو الأعمدة لذلك فإن التخصيص الأمثل هو:

$\chi_{11} = 1$, $\chi_{22} = 1$, $\chi_{33} = 1$, $\chi_{44} = 1$, $Z = 23$

هذا مع العلم أن M تمثل قيمة كبيرة جدا.

4-13-4: مسألة عدم تساوي الصفوف و الأعمدة

A problem With Unequal Rows And Columns

مسألة التخصيص يشترط فيها أن يكون عدد الصفوف يساوي عدد الأعمدة وفي حال كون عدد الصفوف أكبر من عدد الأعمدة يصار إلى إضافة عمود وهمي بكلف

صفرية أما في حال كون عدد الأعمدة أكبر من عدد الصفوف فيصار إلى إضافة صف وهمي بكلف صفرية وكما هو موضح بالمثال الآتي:

مثال (4-21): أوجد الحل الأمثل لمسألة التخصيص الآتية:

من \ إلى	١	٢	٣	العرض
A	٣	٥	٨	١
B	٧	٤	١٠	١
الطلب	١	١	١	٣ \ ٢

الحـــل:

بما أن عدد الصفوف أقل من عدد الأعمدة فيتم إضافة صف وهمي بكلف صفرية وكالآتي:

الجدول (4 - 59)

من \ إلى	١	٢	٣	العرض
A	٣	٥	٨	١
B	٧	٤	١٠	١
D.	٠	٠	٠	١
الطلب	١	١	١	٣

باستخدام الطريقة الهنكارية نقوم بطرح أقل كلفة في كل صف من كلف الصف فيتكون جدول كلف جديد والمعرف بالجدول (4 - 60):

الجدول (4 - 60)

من \ إلى	١	٢	٣	العرض
A	٠	٢	٥	١
B	٢	٠	٦	١
D.	٠	٠	٠	١
الطلب	١	١	١	٣

بما أن عدد الخطوط يساوي عدد الصفوف أو الأعمدة لذلك فإن التخصيص الأمثل هو:

$\chi_{11} = 1 \; , \quad \chi_{22} = 1 \; , \; \chi_{33} = 1 \; ; \; Z = 7$

A يخصص إلى ١

B يخصص إلى ٢

عند تطبيق الطريقة الهنكارية في حالة إضافة صف وهمي يتم طرح اقل كلفة في كل صف من كلف الصف فقط أما في حالة إضافة عمود وهمي فيتم طرح أقل كلفة في كل عمود من كلف العمود فقط.

5-13-4: مسألة تخصيص العمل A job - Assignment Problem

الشرط الأساسي لمسألة التخصيص هو أن عدد الصفوف يساوي عدد الأعمدة وفي حالة عدم تحقق هذا الشرط فإن الطريقة الهنكارية لايمكن تطبيقها ولحل هكذا نوع من المسائل يتم استخدام طريقة الجدول المحورة (Modified Index Method) فبافتراض شركة تملك أربعة مكائن وعليها القيام بـ (8) أعمال مختلفة بحيث أن كل ماكنة تستطيع القيام بأي عمل من الأعمال الثمانية مع العلم أن الوقت المتطلب لإنجاز أي عمل يختلف من ماكنة إلى أخرى وذلك حسب كفاءة الماكنة وكذلك فإن كل ماكنة محددة بوقت معين للعمل وكما هو موضح بالجدول (4- 61):

الجدول (4 - 61)

الماكنة / العمل	A	B	C	D
1	5	7	7	9
2	6	4	5	7
3	4	3	6	4
4	8	10	9	5
5	10	6	11	12
6	9	5	8	10
7	8	12	9	14
8	8	10	11	13
وقت العمل	20	12	18	10

الخطوة الأولى لطريقة (MIM) هو حساب الفرق بين أقل وقتين لازمين لإكمال أي عمل وبهذا يتكون عمود جديد يتم اختيار أعلى قيمة من هذا العمود ويتم التخصيص لأقل وقت في الصف (العمل) المناظر للقيمة المختارة وكما موضح بالجدول (4 - 62):

الجدول (4 - 62)

ماكنة / عمل	A	B	C	D	فرق الوقت
1	5	7	7	9	2
2	6	4	5	7	1
3	4	3	6	4	1
4	8	10	9	5	3
5	10	**6**	11	12	4
6	9	5	8	10	3
7	8	12	9	14	1
8	8	10	11	13	2
وقت العمل	20	12	18	10	
الوقت الباقي	20	6	18	10	

من الجدول (4 - 62) يتضح أن أعلى فرق يتمثل بالعمل الخامس لذلك يتم تخصيص العمل الخامس لأحد المكائن ذات الوقت الأقل والمتمثل بالماكنة B لذلك فإن وقت العمل للماكنة B سوف ينقص 6 ساعات.

الخطوة الثانية تتمثل باختيار فرق الوقت الأعلى من الأعمال المتبقية (أي عدا العمل الخامس) ويتمثل بالعملين الرابع والسادس ويتم التخصيص لهما وهكذا نستمر إلى أن تستنفذ إحدى المكائن وقت العمل الخاص بها وكما هو موضح بالجدول (4 - 63):

الجدول (4 - 63)

الماكنة / العمل	A	B	C	D	فرق الوقت
1	5	7	7	9	2
2	6	4	5	7	1
3	4	3	6	4	1
4	8	10	9	**5**	3
5	10	**6**	11	12	
6	9	**5**	8	10	3
7	8	12	9	14	1
8	8	10	11	13	2
وقت العمل	20	12	18	10	
الوقت الباقي	20	١	18	٥	

من الجدول (4 - 63) نلاحظ أن الماكنة B بقي لها من الوقت ساعة عمل واحدة وهي لا تكفي لأي عمل من الأعمال لذلك يستبعد عمود B من الحسابات ويتم تكرار الخطوتين الأولى والثانية إلى أن يتم الحصول على التخصيص الأمثل وكما هو موضح بالجدول (4 - 64):

الجدول (4 - 64)

العمل \ الماكنة	A	B	C	D	فوق الوقت
1	**5**	7	7	9	2
2	6	4	**5**	7	1
3	**4**	3	6	4	0
4	8	10	9	**5**	
5	10	**6**	11	12	
6	9	**5**	8	10	
7	8	12	**9**	14	1
8	**8**	10	11	13	3
وقت العمل	20	12	18	10	
الوقت الباقي	٣	1	4	5	

من الجدول (4 – 64) يتضح أن الماكنـة A سـوف تقـوم بـالأعمال (8 , 3 ,1) و الماكنـة B سـوف تقـوم بالأعمال (6 , 5) و الماكنة C سوف تقوم بالأعمال (7 , 2) والماكنة D سوف تقوم بالعمل الرابع.

4 -14: أنموذج الشحن The Transshipment Model

مسألة النقل تفترض أن النقل من المصدر إلى الموقع يكـون مبـاشر ولكـن في حـال كـون النقـل غـير مباشر إي أن النقل من المصدر يمر بنقاط متعـددة إلى أن يصـل إلى الموقـع فهـذا مـا يسـمى بـأنموذج الشحن.

لنفترض مسألة نقل متمثلة بمصدرين للعرض وكما موضح بالشكل (4 – 1) حيـث أن الأرقـام عـلى الأسهم تمثل الكلف:

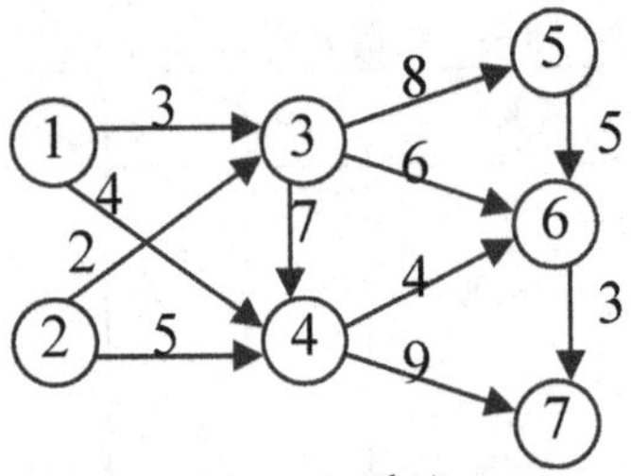

الشكل (4 - 1)

كمية العرض للمصدرين (1 , 2) هي (1000 , 1200) وحدة على التوالي , كمية الطلب للمواقع (5 , 6 , 7) هي (500 , 800 , 900) علي التوالي , عملية وصول الوحدات من مصادر العرض إلى مواقع الطلب تتم من خلال مركزين للتوزيـع (3 , 4) بحيث أن النقاط (1 , 2) تدعى بنقاط العرض الرئيسية (Pure Supply Pointes) لأنهـا تمثـل مصـادر العـرض إي إنها نقاط لخروج

الوحدات وكما هو موضح بالأسهم بالشكل (4 - 1) أما النقطة (7) فتدعى نقطة الطلب الرئيسية (Pure Demand Point) لأنها تمثل نقطة لاستلام أو دخول الوحدات فقط أما النقاط (3 , 4 , 5 , 6) فتدعى نقاط الشحن (Transshipment Nodes) لأنها تمثل نقاط لدخول وخروج الوحدات أي الوحدات المنقولة من المصدر تمر بهذه النقاط قبل وصولها إلى الموقع.

لإيضاح عملية تكوين أنموذج الشحن نبين أولا كيفية التعبير من المسألة بصيغة أنموذج برمجة خطية (.L.P) ومن ثم تحويل هذا الأنموذج إلى أنموذج نقل بحيث أن χ_{ij} يمثل عدد الوحدات المنقولة من النقطة i إلى النقطة j ولذلك فإن أنموذج البرمجة الخطية (.L.P) ممكن توضيحه بالجدول الآتي:

الجدول(4 - 65)

النقاط	3	4	2	5	7	8	6	4	9	5	3	Min
	χ_{13}	χ_{14}	χ_{23}	χ_{24}	χ_{34}	χ_{35}	χ_{36}	χ_{46}	χ_{47}	χ_{56}	χ_{67}	
1	1	1										= 1000
2			1	1								= 1200
3	-1		-1		1	1	1					= 0
4		-1		-1	-1			1	1			= 0
5						-1				1		= - 800
6							-1	-1		-1	1	= - 900
7									-1		-1	= - 500

من الجدول (4- 65) نلاحظ أن كل نقطة تمثل قيد من قيود أنموذج البرمجة الخطية (.L.P) وكذلك تمثل خط سير النقطة أي الوحدات الداخلة والخارجة من النقطة بحيث أن عدد الوحدات الداخلة يساوي عدد الوحدات الخارجة أي:

مجموع الوحدات الخارجة - مجموع الوحدات الداخلة = صفر

وعلى هذا الأساس فإن الجانب الأيمن للمعادلة يصبح قيمة موجبة للنقاط (1 , 2) وقيمة سالبة للنقاط (5 , 6 , 7) وقيمة صفرية للنقاط (3 , 4) وكما هو موضح بالجدول (4 - 65) وأن معامل χ_{ij} يكون (1) للصف i و (-1) للصف j .

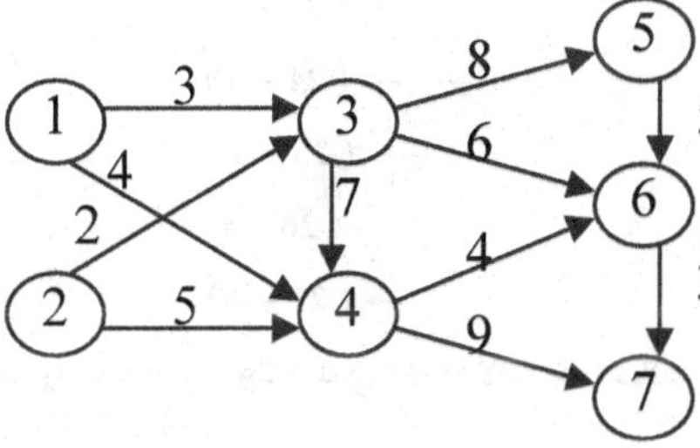

أنموذج البرمجة الخطيـة (.L.P) المعـرف بالجـدول (4 - 65) ممكـن تحويلـه إلى أنمـوذج نقـل مكـافيء بالصيغة الآتية:

معادلات النقاط (7 , 2 , 1) ممكن أن تكتب بالصيغة الآتية:

$X_{13} + X_{14} = 1000$ -------- (9 – 4)

$X_{23} + X_{24} = 1200$ -------- (10 – 4)

$X_{47} + X_{67} = 500$ -------- (11 – 4)

أما معادلات النقاط (6 , 5 , 4 , 3) فتكون بالصيغة الآتية:

$X_{34} + X_{35} + X_{36} = X_{13} + X_{23}$ -------- (12 – 4)

$X_{46} + X_{47} = X_{14} + X_{24} + X_{34}$ -------- (13 – 4)

$X_{56} = X_{35} - 800$ -------- (14 – 4)

$X_{67} = X_{36} + X_{46} + X_{56} - 900$ -------- (15 – 4)

بإضافة متغير وهمي غير سالب X_{ii} فإن المعادلات (4 - 12) إلى (4 - 15) تصبح:

$X_{33} + X_{34} + X_{35} + X_{36} = X_{33} + X_{13} + X_{23}$ -------- (16 – 4)

$X_{44} + \quad + X_{46} + X_{47} = X_{44} + X_{14} + X_{24} + X_{34}$ -------- (17 – 4)

$X_{67} = X_{66} + X_{36} + X_{46} \quad X_{55} \quad + X_{56} = X_{55} + X_{35} - 800$ -------- (18 – 4)

$X_{66} \quad + + X_{56} - 900$ -------- (19 – 4)

بدخول B كقيمة كبيرة فإن المعادلات (4 - 16) إلى (4 - 19) ممكن إعادة كتابتها بالصيغة الآتية:

$X_{33} + X_{34} + X_{35} + X_{36} = B$ -------- (20 – 4)

$X_{13} + X_{23} + X_{33} = B$ -------- (21 – 4)

$X_{44} + X_{46} + X_{47} = B$ -------- (22 – 4)

$X_{14} + X_{24} + X_{34} + X_{44} = B$ -------- (23 – 4)

$X_{55} + X_{56} = B$ -------- (24 – 4)

$X_{35} + X_{55} = 800 + B$ -------- (25 – 4)

$X_{66} + X_{67} = B$ ------- (26 – 4)

$X_{36} + X_{46} + X_{56} + X_{66} = 900 + B$ -------- (27 – 4)

باعتبار X_{ii} عبارة عن متغيرات وهمية ولتحقيق المعادلات في أعـلاه فـإن قيمـة B يجـب عـلى الأقـل أن تساوي عدد الوحدات المعروضة أي:

$$B \geq 1000 + 1200 = 2200$$

B تدعى كمية الموازنة (buffer amount) ولذلك فإن أنموذج النقل يكون بالصيغة الموضحة بالجدول (4 - 66):

الجدول (4 - 66)

إلى / من	٣	٤	٥	٦	٧	العرض
١	٣ χ_{13}	٤ χ_{14}	M	M	M	١٠٠٠
٢	٢ χ_{23}	٥ χ_{24}	M	M	M	١٢٠٠
٣	٠ χ_{33}	٧ χ_{34}	٨ χ_{35}	٦ χ_{36}	M	B
٤	M	٠ χ_{44}	M	٤ χ_{46}	٩ χ_{47}	B
٥	M	M	٠ χ_{55}	5 χ_{56}	M	B
٦	M	M	M	٠ χ_{66}	٣ χ_{67}	B
الطلب	B	B	800+B	900+B	500	2200+4B

من الجدول (4 - 66) نلاحظ:

1. النقاط (2 , 1) هي نقاط عرض رئيسية لذلك فهي تمثل مصادر فقط.
2. النقطة (7) هي نقطة طلب رئيسية لذلك فهي تمثل موقع فقط.
3. النقاط (3 , 4 , 5 , 6) هي نقاط عرض وطلب أي نقاط شحن .
4. قيمة الطلب لنقاط الشحن تتمثل بعدد الوحدات المطلوبة زائد عدد الوحدات المعروضة أما قيمة العرض فتتمثل بعدد الوحدات المعروضة فقط.

عندما B = 2200 فإن الحل الأمثل لمسألة النقل هو:

$\chi_{14} = 1000$, $\chi_{23} = 1200$, $\chi_{35} = 800$, $\chi_{36} = 400$, $\chi_{46} = 1000$, $\chi_{67} = 500$

مثـــال (4-22): معمل لصنع الدراجات الهوائية يقوم بإنتاج 30 دراجة يوميا تسوق الدراجات الهوائية إلى مركزين للتوزيع وذلك لتوزيعها على محلين لبيع الدراجات كل محل يحتـاج إلى 15 دراجـة هوائيـة يوميا , كلف النقل من المعمل إلى المراكز التوزيعية ومن ثم إلى محلات البيع مبينة بالشكل (4 - 2):

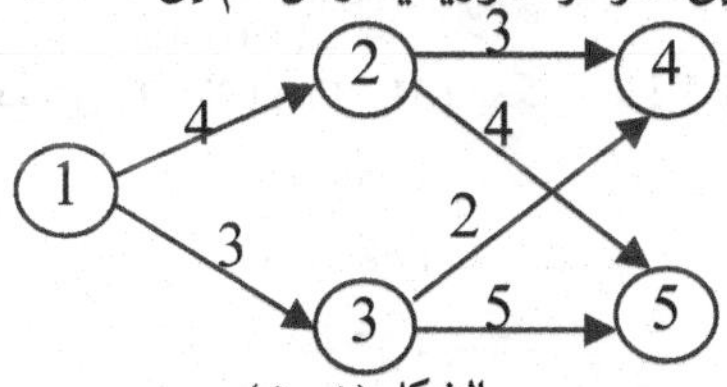

الشكل (4 - 2)

حيث أن:

النقطة (1): المعمل

النقطتان (3 , 2): مراكز التوزيع

النقطتان (5 , 4): محلات البيع

وأن الأرقام على الأقواس تمثل كلفة نقل الدراجة الواحدة. أوجد التوزيع الأمثل للدراجات الهوائية من المعمل إلى محلات البيع بحيث يحقق أقل كلفة نقل.

الحـــل:

النقطة (1) تمثل نقطة عرض رئيسية والنقطتان (5 , 4) تمثلان نقطتا طلب رئيسية , الجدول 4 - 67) (يمثل أنموذج البرمجة الخطية (.L.P) للمسألة.

الجدول(4 - 67)

النقاط	4	3	3	4	2	5	Min
	χ_{12}	χ_{13}	χ_{24}	χ_{25}	χ_{34}	χ_{35}	
1	1	1					= 30
2	-1		1	1			= 0
3		-1			1	1	= 0
4			-1		-1		= -15
5				-1		-1	= -15

معادلات النقاط (1 , 4 , 5) تكون بالصيغة الآتية:

$\chi_{12} + \chi_{13} = 30$ -------- (28 – 4)

$\chi_{24} + \chi_{34} = 15$ -------- (29 – 4)

$\chi_{25} + \chi_{35} = 15$ -------- (30 – 4)

أما معادلات النقطتين (2 , 3) فتكون بالصيغة الآتية:

$\chi_{24} + \chi_{25} = \chi_{12}$ -------- (31 – 4)

$\chi_{34} + \chi_{35} = \chi_{13}$ -------- (32 – 4)

بإضافة المتغير الوهمي χ_{ii} إلى طرفي المعادلتين (4 – 31) و (4 – 32) يتكون:

$\chi_{22} + \chi_{24} + \chi_{25} = \chi_{12} + \chi_{22}$ -------- (33 – 4)

$\chi_{33} + \chi_{34} + \chi_{35} = \chi_{13} + \chi_{33}$ -------- (34 – 4)

بدخول B كقيمة كبيرة فإن المعادلتين (4 - 33) و (4 – 34) ممكن إعادة كتابتها بالصيغة الآتية:

$\chi_{22} + \chi_{24} + \chi_{25} = B$ -------- (35 – 4)

$\chi_{12} + \chi_{22} = B$ ------- (36 – 4)

$\chi_{33} + \chi_{34} + \chi_{35} = B$ -------- (37 – 4)

$\chi_{13} + \chi_{33} = B$ -------- (38 – 4)

أنموذج النقل يكون بالصيغة الموضحة بالجدول (4 – 68):

الجدول (4 – 68)

من \ إلى	٢	٣	٤	٥	العرض
١	٤	٣	M	M	٣٠
٢	٠	M	٣	٤	B
٣	M	٠	٢	٥	B
الطلب	B	B	١٥	١٥	٣٠+2B

عندما B=30 فإن الحل الأولي لأنموذج النقل باستخدام طريقة المجاميع موضح بالجدول (4 - 69):

الجدول (4 - 69)

من \ إلى	٢	٣	٤	٥	العرض
١	(٤)	(٣) ١٥	(M)	(M)	٣٠
٢	(٠) ٣٠	(M)	(٣) ε	(٤)	٣٠
٣	(M)	(٠) ε	(٢) ١٥	(٥) ١٥	٣٠
الطلب	٣٠	٣٠	١٥	١٥	٩٠ \ ٩٠

الجدول (4 - 70) يمثل الحل الأمثل لأنموذج النقل باستخدام طريقة التوزيع المعدل:

الجدول (4 - 70)

من \ إلى	٢	٣	٤	٥	العرض
١	(٤) ١٥	(٣) ١٥	(M)	(M)	٣٠
٢	(٠) ١٥	(M)	(٣)	(٤) ١٥	٣٠
٣	(M)	(٠) ١٥	(٢) ١٥	(٥)	٣٠
الطلب	٣٠	٣٠	١٥	١٥	٩٠

من الجدول (4 - 70) نلاحظ أن المعمل يسوق يوميا 15 دراجة هوائية لكل مركز توزيع وأن مركز التوزيع المتمثل بالنقطة (2) يجهز المحل المتمثل بالنقطة (5) ومركز التوزيع المتمثل بالنقطة (3) يجهز المحل المتمثل بالنقطة (4 وكما موضح بالشكل (4 - 3):

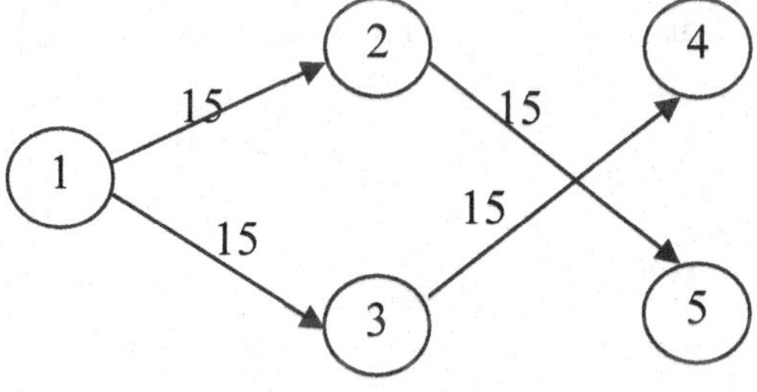

الشكل (4 - 3)

مسائل
Problems

(4 - 1): شركة لتصنيع المواد الغذائية تملك ثلاثة معامل , القدرة التصنيعية لكل معمل هـي 100 , 80 , 70 وحـدة يوميا وعـلى الشركة أن تجهز أربعة مراكز استهلاكية بحيث أن كمية الطلب لكل مركز هي 50 , 50 , 70 ,80 وحدة يوميا عـلى التوالي , كلفة نقل الوحدة الواحدة من المعمل الأول إلى المراكز الأربعة هي (10 , 8 , 15 , 12) دينار على التـوالي ومن المعمل الثاني إلى المراكز الأربعة هي (8 , 7 , 10 , 10) دينار على التوالي ومن المعمل الثالث 10 , 9 , 9 , 8) (دينار على التوالي , المطلوب تكوين جدول النقل.

(4 - 2)للمسألة (4 - 1) أوجد الحل الأولي بأستخدام طريقتي الركن الشمالي الغربي وأقل الكلـف مـع بيـان الأفضـل مـن بـين الطريقتين.

(4 - 3)للمسألة (4 - 1) أوجد الحل الأولي باستخدام طرق (فوجل ,روسيل,المجاميع) مع بيان الأفضل من بين الطرق.

(4 - 4) :للمسألة (4 - 2) اختبر أمثلية الحل باستخدام طريقة المسار المتعرج .

(4 - 5) :للمسألة (4 - 2) اختبر أمثلية الحل باستخدام طريقة التوزيع المعدل .

(4 - 6) :للمسألة (4 - 3) اختبر أمثلية الحل باستخدام طريقة المسار المتعرج والتوزيع المعدل .

(4 - 7) : أوجد الحل الأمثل لمسألة النقل الآتية:

إلى / من	1	2	3	العرض
A	1	2	1	20
B	0	4	5	40
C	2	3	3	30
الطلب	30	20	20	90 / 70

(4 - 8):مسألة نقل تتمثل بثلاث مصادر للعرض وثلاث مواقع للطلب , كمية العرض للمصادر الثلاثة هي 15 , 30 , 85 وحدة على التوالي أما كمية الطلب للمواقع الثلاثة فهي 20 , 30 , 80 وحدة على التوالي وعلى افتراض أن الحل الأولي للمسألة بطريقة الركن الشمالي الغربي يمثل حلا أمثلا. أوجد مجموع كلف النقل المثلى مع العلم أن $v = (2, 5, 10)$, $u = (-2, 3, 5)$.

(4 - 9) : على افتراض أن كلف نقل الوحدة الواحدة للمسألة (4 - 1) تمثل ربح الوحدة الواحدة , أوجد الحل الأولي باستخدام طريقة المجاميع.

(4 - 10) :أوجد الحل الأولي للمسألة (4 - 9) باستخدام طريقتي فوجل وروسيل المقربة.

(4 - 11) :اختبر أمثلية الحل للمسألة (4 - 9) باستخدام طريقتي المسار المتعرج والتوزيع المعدل .
(4 - 12) :اختبر أمثلية الحل للمسألة (4 - 10) باستخدام طريقتي المسار المتعرج والتوزيع المعدل .
(4 - 13) : أوجد الحل الأمثل لمسألة النقل الآتية:

من \ إلى	1	2	3	العرض
A	2	M	1	10
B	4	2	3	10
C	M	5	6	25
الطلب	20	10	15	45 / 45

(4 - 14):باستخدام طرائق إيجاد الحل الأولي لمسالة النقل ,أوجد الحل الأولي للمسائل الآتية مع بيان أي من الطرائق هي الأفضل.

(A)

1	2	6	٧
0	4	2	١٢
3	1	5	١١
١٠	١٠	١٠	

(B)

5	1	8	12
2	4	0	١٤
3	6	7	٤
٩	١٠	١١	

(4 - 15): شركة هندسية لإنتاج الماطورات ترغب بجدولة إنتاجها السنوي من الماطورات بحيث أن القدرة الإنتاجية للشركة والطلب على الماطورات مصنف حسب الأرباع السنوية وكما هو مبين بالجدول الآتي:

الأرباع السنوية	القدرة الإنتاجية	الطلب
1	90	80
2	100	90
3	90	100
4	100	110

الكلفة تتمثل بكلف الإنتاج وكلف الخزن , كلفة إنتاج الماطور الواحد هي (9) الآف دينار عندما لا يتجاوز الإنتاج ٩٠ ماطور للربع الواحد وتتزايد الكلفة بواقع 3 الآف دينار للماطور الواحد في حال تجاوز الإنتاج 90 ماطور , كلفة خزن الماطور الواحد في نهاية كل ربع سنوي هي (2) ألف دينار للماطور الواحد. أوجد جدولة الإنتاج السنوية المثلى بحيث تؤدي إلى تحقيق أقل كلفة.

(4 – 16):أوجد الحل الأمثل لمسألة تخصيص أربعة رجال للقيام بأربعة إعمال مختلفة بحيث أن كل رجل يستطيع القيام بأي عمل من الأعمال الأربعة مع العلم أن كلفة أكمال أي عمل من الأعمال الأربعة تختلف من رجل إلى آخر وكما هو موضح بالجدول الآتي:

الأعمال / الرجال	1	2	3	4
1	30	25	26	28
2	26	32	24	20
3	20	22	18	27
4	23	20	21	19

(4 – 16) :أوجد الحل الأمثل لمسألة التخصيص المتمثلة بمصفوفة الكلف الآتية:

الأعمال / الرجال	1	2	3	4
1	30	M	26	28
2	M	32	24	20
3	20	22	M	27
4	23	20	21	19

(4 – 18) :أوجد الحل الأمثل لمسألة النقل المتمثلة بمصفوفة الوقت الآتية:

إلى / من	A	B	C
1	14	21	19
2	18	16	12
3	23	27	32
4	25	28	30
5	16	24	22
6	17	20	24
وقت العمل	48	40	45

(4 – 19) : معمل للحقائب الجلدية يقوم بتجهيز ثلاثة محلات لبيع الحقائب من خلال مركزين توزيعيين , الطاقة الإنتاجية للمعمل تبلغ 120 حقيبة أسبوعيا وكل محل من المحلات الثلاثة يحتاج إلى (35 , 45 , 40) حقيبة أسبوعيا على التوالي , اوجد الخطة التوزيعية المثلى للحقائب من المعمل إلى المحلات الثلاثة بحيث تؤدي إلى تقليل كلف النقل مع العلم أن كلفة نقل الحقيبة الواحدة موضحة بالشكل الآتي :

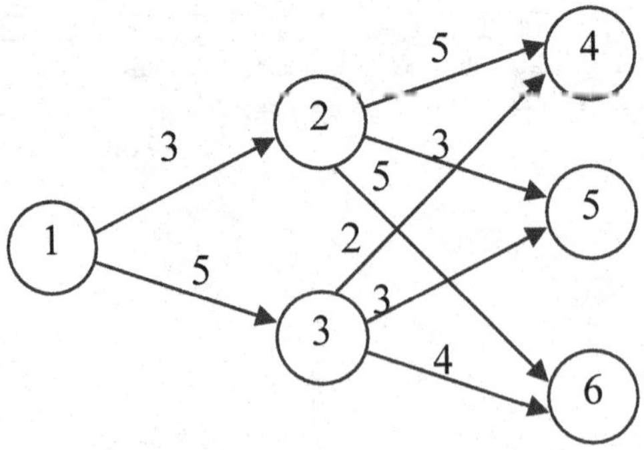

الفصل الخامس
تحليل المخططات الشبكية
Networks Analysis

٥-١ المدخل
٥-٢ تعريف المخطط الشبكي
٥-٣ الأسهم الأمامية والخلفية
٥-٤ مسائل المخططات الشبكية
٥-٤-١ مسألة الشجرة الممتدة الصغرى
٥-٤-٢ مسألة الانسياب الأقصى
٥-٤-٢-١ أسلوب العلاقة
٥-٤-٢-٢ أسلوب الانسياب الأقصى
٥-٤-٢-٣ الأسهم اللامباشرة
٥-٤-٣ مسألة انسياب سعة الكلفة الصغرى
٥-٤-٣-١ قضايا خاصة لأنموذج المخططات الشبكية ذات السعة
٥-٤-٣-٢ صياغة برمجة خطية
٥-٤-٣-٣ طريقة السمبلكس والمخططات الشبكية ذات السعة
٥-٤-٤ مسألة أقصر المسارات
٥-٤-٤-١ أسلوب الدورة
٥-٤-٤-٢ أسلوب الدورة (Dijkstra)
٥-٤-٤-٣ مسألة أقصر المسارات وانموذج الشحن

٥-٥ إدارة المشروع

٥-٥-١ شبكة أعمال المشروع

٥-٥-٢ فعاليات المشروع

٥-٥-٢-١ الفعاليات الحقيقية

٥-٥-٢-٢ الفعاليات الوهمية

٥-٥-٣ الحل بواسطة البرمجة الخطية

٥-٥-٤ الحل بوساطة تحليل شبكة الاعمال

٥-٥-٤-١ أوقات المرونة

٥-٥-٥ طريقة المسار الحرج

٥-٥-٥-١ طريقة البدائل

٥-٥-٥-٢ طرائق البرمجة الرياضية

٥-٥-٦ أسلوب تقويم البرامج وإعادة النظر فيها (بيرت)

1-5: المدخـل Introduction

تؤدي عملية التخطيط والمراقبة دورا مهما و بارزا في نجاح المشاريع وخاصة الكبيرة منها ولا تقتصر أهمية تحليل المخططات الشبكية على المشاريع فقط حيث أنها ذات فائدة كبيرة جدا في مجالات متعددة أخرى مثل نظرية المعلومات وعلم الاتصال والرقابة وفي دراسة نظم النقل والتخطيط والسيطرة على مشاريع البحوث والتطوير.

5 - 2: تعريف المخطط الشبكي Network Definition

أي مخطط شبكي يتألف من مجموعة من النقاط المتصلة بينها والتي تسمى العقد (nodes) والتي تمثل فعاليات المشروع, عملية الاتصال بين العقد تتم بوساطة الأسهم أو التفرعات ولذلك فإن العقد تصنف إلى نوعين الأول يسمى المصدر (source) والثاني يسمى المصب (sink) وذلك حسب اتجاه السهم الذي يربط بين العقدتين فالعقدة التي يخرج منها السهم تسمى المصدر والتي يدخل إليها السهم تسمى المصب وكما هو موضح بالشكل (5 - 1:

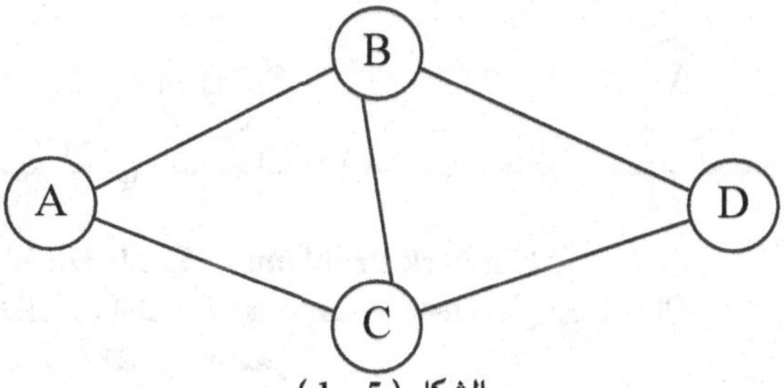

الشكل (5 - 1)

من الشكل (5 – 1) يمكن تعريف الآتي:

1. **الدورة:** هي عبارة عن سلسلة من الأسهم التي تربط العقدة بنفسها لذلك فإن اتجاه المسار للأنشطة AB - BC - CA تمثل دورة .
2. **الشبكة المتصلة:** هي الشبكة التي تتألف من سلسلة من الأسهم التي تربط بين كل زوج من العقد المؤلفة للشبكة ولذلك فإن الشكل (5 - 1) يمثل شبكة متصلة أما في حالة رفع السهمين BD , BC فإن الشبكة تكون غير متصلة.
3. **الشجرة:** هي الشبكة التي لا تحتوي على أية دورة ولذلك فإن الشكل (5 – 1) يمثل شجرة في حال رفع السهمين AC , CD بحيث أن أية شبكة تحتوي على n من العقد و n-1 من الأسهم ولا تحتوي على دورة تمثل شجرة .

4. **المسار (path):** مجموعة الأسهم التي تربط بين عقدتين أو أكثر بحيث أن السهمين AB , BD تمثل المسار الذي يربط العقدتين A , D .

إن كل سهم في الشبكة يمثل نشاط معين والعقد تمثل بداية أو نهاية النشاط فمثلا السهم AB يمثل النشاط AB والذي عادة يستغرق فترة زمنية معينة تمثل برقم يكتب على السهم والعقدة A تمثل بداية النشاط و B تمثل نهاية النشاط .

5 - 3: الأسهم الأمامية و الخلفية Forward And Backward Arcs

لأي عقدة فإن كل الأسهم التي تغادرها يطلق عليها أسهم أمامية والأسهم الداخلة إليها يطلق عليها أسهم خلفية ولذلك فإن أي سهم هو أمامي بالنسبة لعقدة معينة وخلفي بالنسبة لعقدة أخرى فمثلا

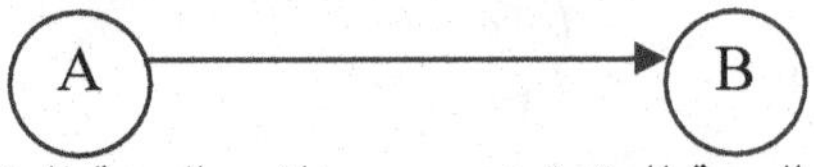

السهم AB هو سهم أمامي بالنسبة للعقدة A وسهم خلفي بالنسبة للعقدة B .

5 - 4: مسائل المخطط الشبكي Network Problems

اغلب مسائل المخططات الشبكية تكون بصيغة واحدة من المسائل الآتية:

5-4 -1: مسألة الشجرة الممتدة الصغرى

The Minimal Spanning Tree Problem

تعتبر هذه المسألة من المسائل ذات الأهمية في التطبيقات الاقتصادية والخدمية وتبرز أهميتها بشكل خاص في قطاع النقل فبافتراض أن شركة ما ترغب بتوفير شبكة اتصالات تربط بين مجموعة من المدن وهذه الشبكة قد تتمثل بخطوط للسكك الحديد أو خطوط هاتف أو غيرها بحيث أن العقد تمثل المدن والأسهم طرق النقل والمسافات كلفة النقل والهدف هو تحديد طريق النقل الذي سيقوم بخدمة كل المدن بأقل كلفة كلية , المسألة هي اختيار الأسهم التي تؤدي إلى اقل مجموع كلفة بحيث توفر مسارا بين كل زوج من العقد أي يؤدي إلى تكوين شجرة .

يمكن حل مسألة الشجرة الممتدة الصغرى بطريقة مباشرة وذلك باختيار أي عقدة من عقد الشبكة ثم ربطها بأقرب عقدة لها ويتم تكرار العملية إلى أن تكون جميع عقد الشبكة متصلة.

مثـــال (5 - 1): أوجد الطريق الذي يربط كل عقد المخطط الشبكي الآتية بأقل مسافة:

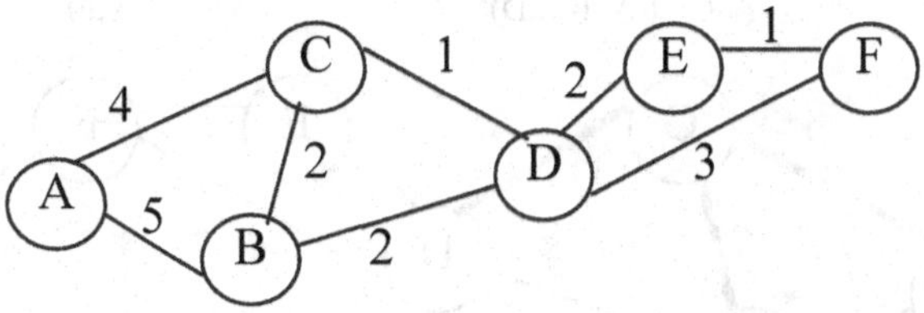

الحـــل:

في بداية الحل يتم تكوين مجموعتين من العقد ,المجموعة الأولى تسمى مجموعة العقد المتصلة ويرمز لها بالرمز(C) والأخرى تسمى مجموعة العقد غير المتصلة ويرمز لها بالرمز(U.C):

C =(φ)   U.C =(A,B,C,D,E,F)

نبدأ باختيار أية عقدة من العقد ولتكن A وبعد ذلك يتم إيصالها مع اقرب عقدة لهـا(الأقـل مسـافة) أي C وكما هو موضح بالشكل (5 - 2):

C =(A,C)   U.C =(B,D,E,F)

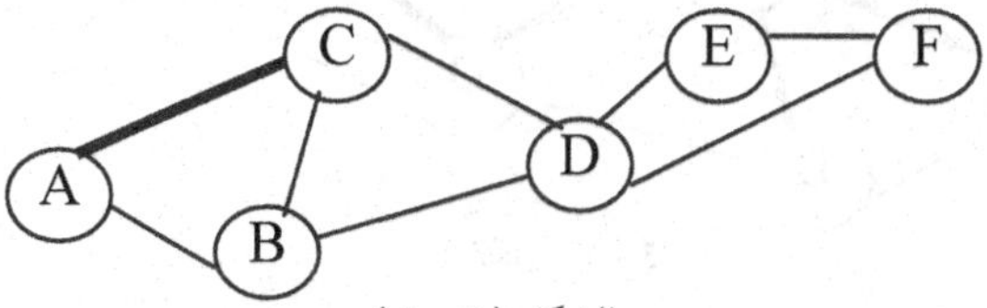

الشكل (5 - 2)

نختار اقرب عقدة غير متصلة للعقدة A أو C لتصبح عقدة متصـلة لـذلك نختـار D الأقـرب إلى C وكما هو موضح بالشكل (5 - 3):

C =(A,C,D)   U.C =(B,E,F)

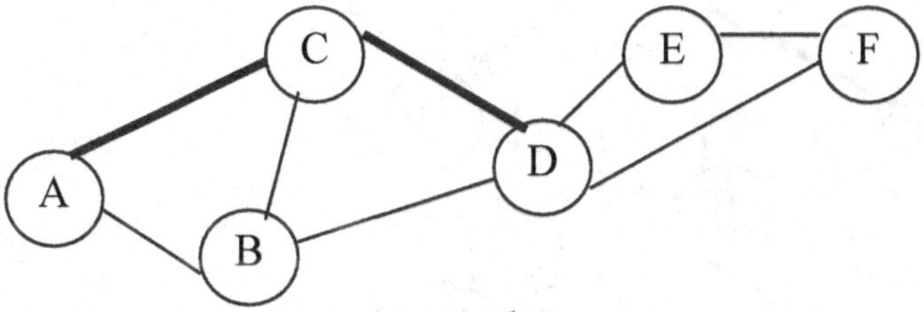

الشكل (5 - 3)

نختار العقدة الأقرب إلى A أو C أو D لذلك الاختيار يكون لـ B الأقرب إلى C وكما هو موضح بالشكل (5 - 4):

C =(A, B,C,D) U.C =(E,F)

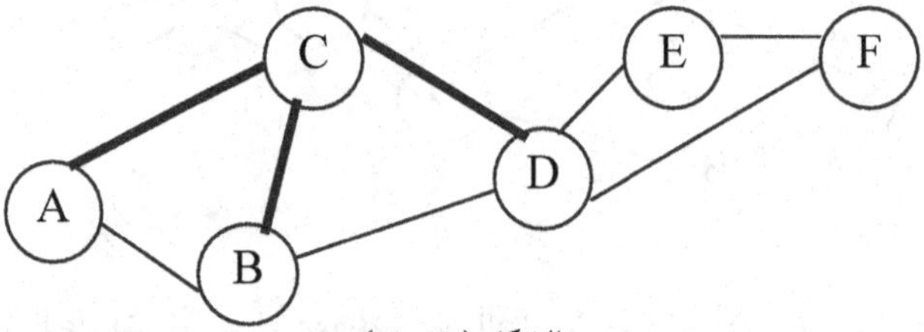

الشكل (5 - 4)

نختار العقدة الأقرب إلى A أو B أو C أو D لذلك الاختيار يكون لـ E الأقرب إلى D وكما هو موضح بالشكل (5 - 5):

C =(A, B,C,D, E) U.C =(F)

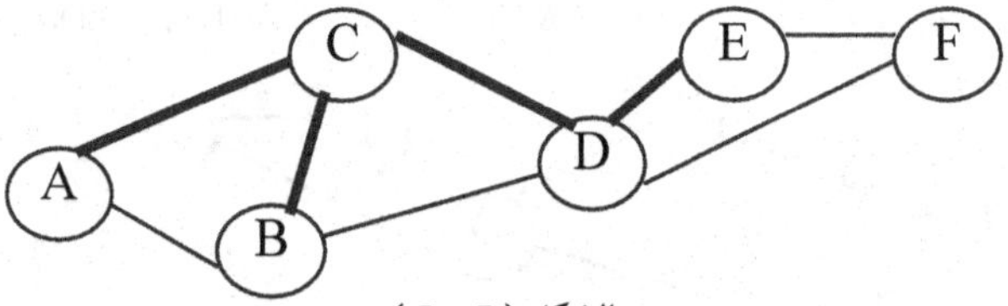

الشكل (5 - 5)

العقدة غير المتصلة الوحيدة هي F لذلك يتم إيصالها مع E الأقرب لها وكما هو موضح بالشكل (5 - 6):

C =(A, B,C,D, E, F) U.C =(φ)

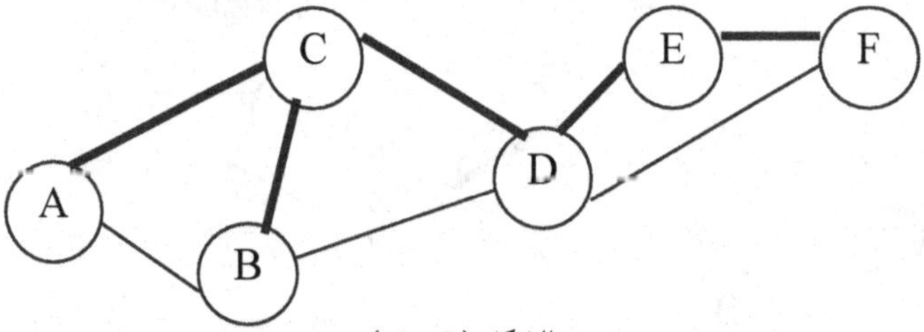

الشكل (5 - 6)

مجموع المسافة هو:

$$4 + 1 + 2 + 2 + 1 = 10$$

اختيار أي عقدة من العقد كبداية سوف يعطي نفس الحل .

5-4 -2: مسألة الانسياب الأقصى The Maximal Flow Problem

تقام مباراة كرة قدم بين فريقين في إحدى المدن الفريق الأول يمثل فريق المدينة والفريق الثاني يمثل فريق مدينة أخرى , مشجعي الفريق الثاني عليهم أن يجتازوا مدينتين للوصول إلى المدينة التي تقام بها المباراة وكما هو موضح بالشكل (5 - 7):

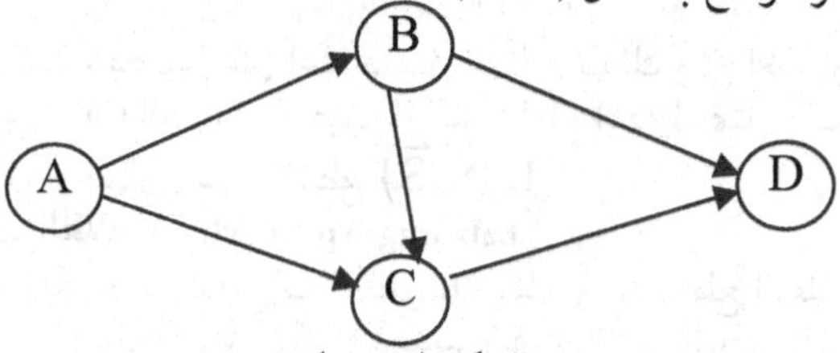

الشكل (5 - 7)

الرحلات ما بين مدينة وأخرى محدده بعدد معين من الرحلات , الهدف هو تعظيم عدد الرحلات التي يمكن القيام بها وذلك لخدمة اكبر عدد من المشجعين أي تحديد المسارات التي تخدم اكبر عدد من المشجعين تبعا لقيد عدد الرحلات . المسألة تمثل ما يسمى بمسألة الانسياب الأقصى.

العقدة D تمثل مكان إقامة المباراة وA تمثل مدينة الفريق الثاني ولذلك فإن المشجعين يملكون عدة طرق للوصول إلى D وبافتراض أن N يمثل مجموعة العقد المكونة للشبكة فإنه بالإمكان تجزأت عقد الشبكة إلى مجموعتين بحيث المجموعة الأولى تحتوي على المصدر (A) ويرمز لها بالرمز (S) والمجموعة الثانية تحتوي على المصب (D) ويرمز بالرمز $(\overline{S})$ فمثلا الشكل (5 - 7) ممكن أن يجزء بالشكل الآتي:

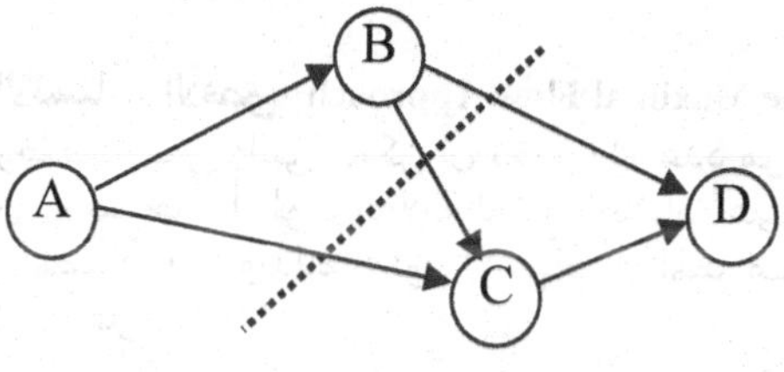

الشكل (5 - 8)

حيث أن:

$S = \{ A, B \}, \overline{S} = \{ C, D \}, S \cup \overline{S} = N = \{ A, B, C, D \}$

$S \cap \overline{S} = \emptyset, A \in S, D \in \overline{S}$

تجزأت عقد الشبكة يتم بواسطة ما يسمى بالقطع (CUT) , هنالك أنواع أخرى من القطع ممكن أن تعمل للشكل (5 - 7) بشرط أن يكون المصدر ضمن المجموعة $\overline{S}$ والمصب ضمن المجموعة S وبعد ذلك يتم استخراج ما يسمى بسعة القطع $K\left(S,\overline{S}\right)$ وهو يمثل مجموع سعات الأسهم المتجه من العقد في المجموعة S إلى عقد المجموعة S فمثلا سعة القطع للشكل (5 - 8) هو:

$$K_{AC} + K_{BC} + K_{BD}$$

وبما أن كل شبكة تحتوي على إعداد من القطع لذلك يتم اختيار القطع ذو السعة الأقل ويدعى قطع التقليل (Minimal Cut) حيث أن سعة قطع التقليل تمثل مقدار الانسياب الأقصى (f) حيث أن قيمة f اقل أو تساوي سعة القطع $K\left(S,\overline{S}\right)$.

5-4 -2-1: أسلوب العلامة Labeling Approach

لأي مخطط شبكي قيمة الانسياب الأقصى (f) يساوي سعة قطع التقليل وهذا يستدعي إيجاد السعة لكل القطوع واختيار السعة الأقل ولتحديد كيفية الانسياب خلال الأسهم يستخدم أسلوب العلامة الذي يحدد الانسياب من المصدر إلى المصب وذلك من خلال وضع علامات على عقد الشبكة حيث أن وضع العلامة على أية عقدة يتطلب تحقيق واحد من الشرطين الآتيين:

بافتراض إننا نرغب في وضع علامة على العقدة B من خلال العقدة A:

1 . السهم الذي يربط بين B , A هو سهم أمامي وقيمة انسياب السهم اقل من سعة السهم أي $f_{ij} < k_{ij}$.

2 . السهم الذي يربط بين B , A هو سهم خلفي وقيمة انسياب السهم اكبر من الصفر أي $f_{ij} > 0$.

نستمر بوضع علامات على عقد الشبكة إلى أن يتم وضع علامة على عقدة المصب وبذلك نحصل على الانسياب أو الممر من المصدر إلى المصب .

5-4 -2-2: أسلوب الانسياب الأقصى The Maximal Flow Approach

لتحديد عدد الرحلات الأقصى والتي ممكن أن تخدم اكبر عدد من المشجعين نبدأ بوضع علامة على المصدر (A) ومن ثم نستخدم أسلوب العلامة لوضع العلامات على بقية عقد الشبكة إلى أن يتم وضع علامة على عقدة المصب (D) وبذلك يتكون الانسياب أو الممر من A إلى D وبالرجوع من D إلى A وبمساعدة العلامات على

العقد نحدد قيمة الانسياب الأقصى $\overline{f}$ والذي يساوي سعة السهم الأقل وبعد ذلك يتم إضافة القيمة $\overline{f}$ إلى سعة الأسهم الأمامية وتطرح من سعة الأسهم الخلفية مع العلم أن قيمة انسياب الأسهم هي قيمة صفرية من البداية , يتم تكرار الأسلوب السابق إلى أن نتوصل إلى حالة لا نستطيع بها تحديد ممر من A إلى D .

مثال (5 - 2): أوجد الانسياب الأقصى لمسألة مشجعي كرة القدم بحيث:

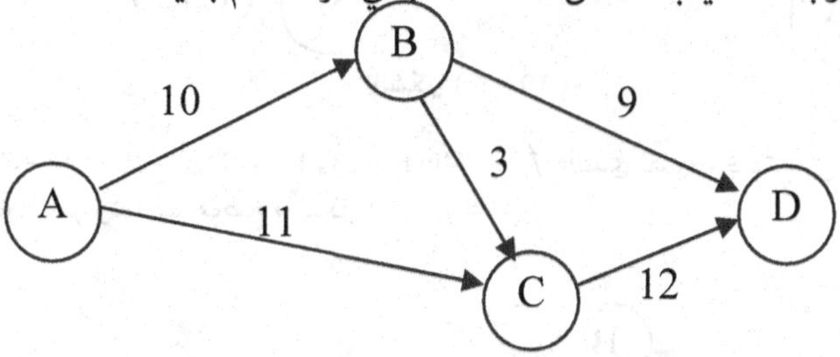

الأرقام على الأسهم تشير إلى عدد الرحلات الممكن القيام بها بين مدينة وأخرى.

الحـــــل:

في البداية قيمة انسياب الأسهم هي قيمة صفرية وكما موضح بالشكل (5-9) حيث إن الرقم على السهم يمثل سعة السهم وقيمة انسياب السهم أي (f_{ij} , k_{ij}):

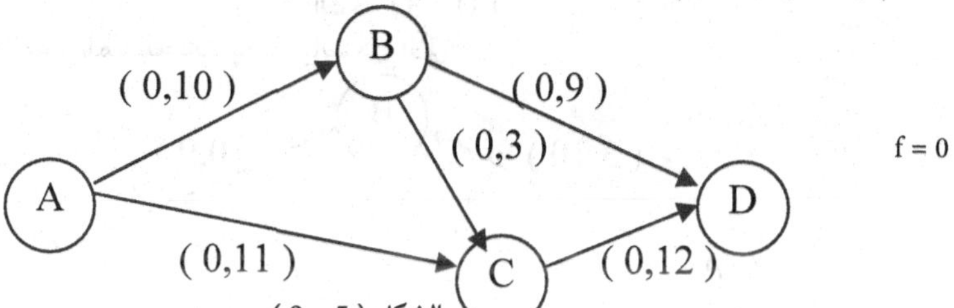

الشكل (5 - 9)

نضع علامة على A , من A نستطيع وضع علامة على B حيث أن السهم أمامي وقيمة انسياب السهم أقل من سعة السهم , من B نستطيع وضع علامة على C ومن C نستطيع وضع علامة على D وبذلك يتكون ممر من أسهم أمامية فقط وكما هو موضح بالشكل (5 - 10):

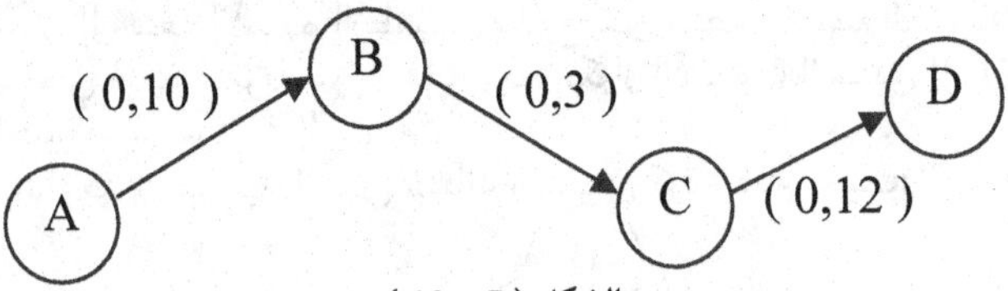

الشكل (5 - 10)

من الشكل (5 - 10) يتضح أن $\bar{f}$ = Min (10 , 3 , 12) = 3 والذي تضاف قيمته إلى قيمة انسياب الأسهم الأمامية المكونة للممر وكما هو موضح بالشكل (5 - 11):

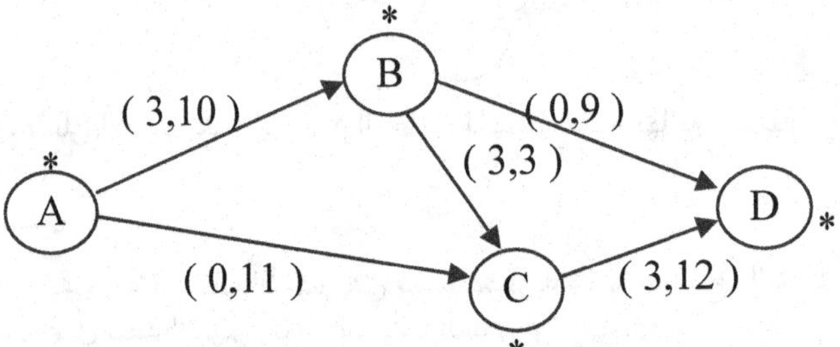

$$f = 0 + \bar{f} = 3$$

الشكل (5 - 11)

نكرر أسلوب العلامة والممر الجديد يكون بالشكل الآتي:

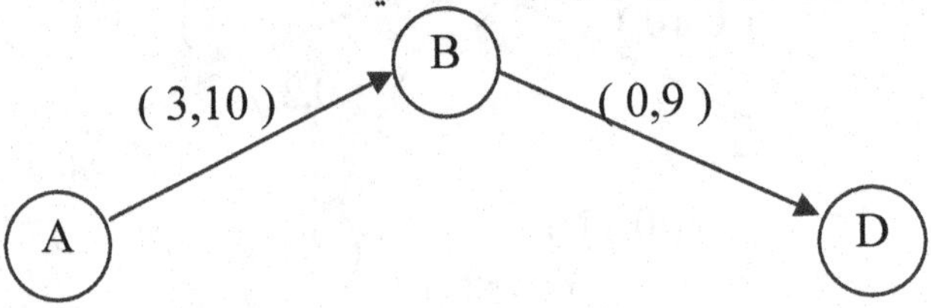

قيمة $\bar{f}$ تتحدد وفق الآتي:

$$\bar{f} = \text{Min}\{(10-3),(9-0)\} = 7$$

تضاف القيمة إلى قيمة انسياب الأسهم الأمامية المكونة للممر وكما هو موضح بالشكل (5 - 12):

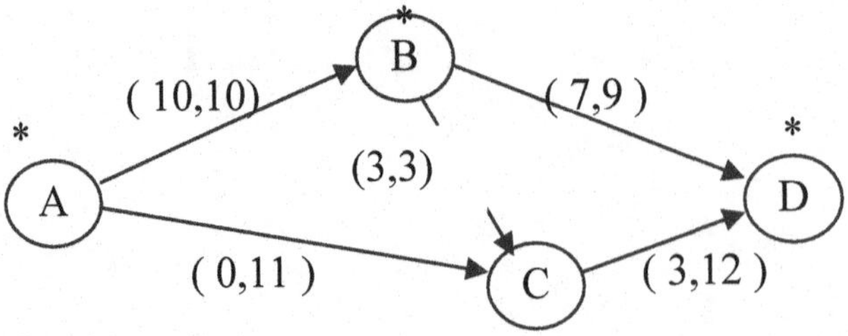

$$f = 3 + \bar{f} = 10$$

الشكل (5 - 12)

نكرر أسلوب العلامة وفي هذه الحالة لا يمكن ان نضع علامة على B من A لأن سعة السهم تساوي قيمة انسياب السهم ولذلك ممكن تكوين ممر آخر من خلال C وكما هو موضح بالشكل الآتي:

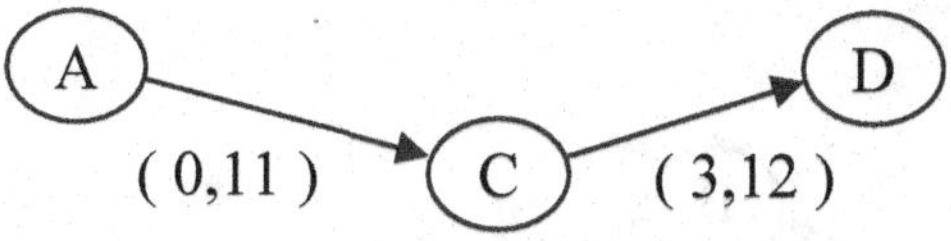

$\overline{f}$ = Min (11 , 9) = 9

تضاف قيمة $\overline{f}$ إلى قيمة انسياب الأسهم الأمامية المكونة للممر وكما هو موضح بالشكل (5 - 13):

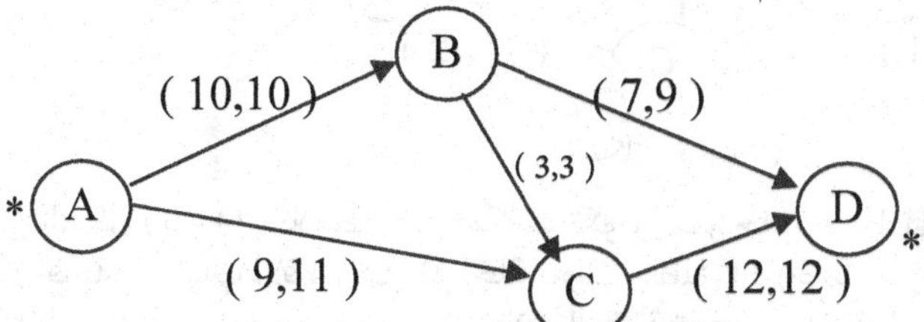

$$f = 10 + \overline{f} = 19$$

الشكل (13 - 5)

نكرر أسلوب العلامة والممر الجديد يكون بالشكل الآتي:

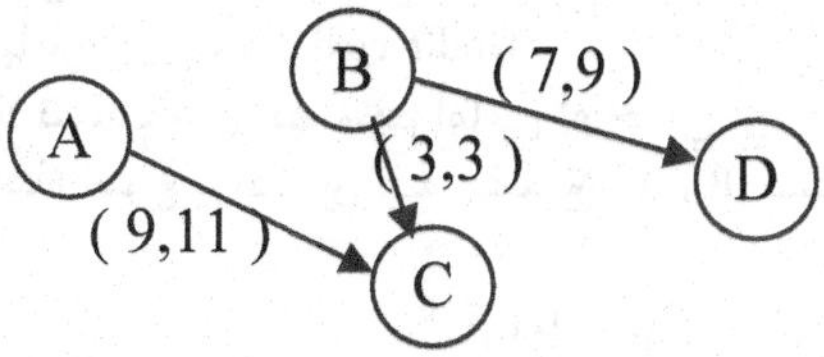

الممر الجديد يتكون من سهم أمامي يربط بين C , A وسهم خلفي يربط بين B , C وسهم أمامي يربط بين D , B حيث أن السهم الخلفي يحقق الشرط بأن الانسياب يكون أكبر من الصفر لذلك:

$\overline{f}$ = Min (11- 9 , 3 , 9- 7) = 2

تضاف قيمة $\overline{f}$ إلى قيمة انسياب الأسهم الأمامية وتطرح من قيمة انسياب الأسهم الخلفية المكونة للممر وكما هو موضح بالشكل (5 - 14):

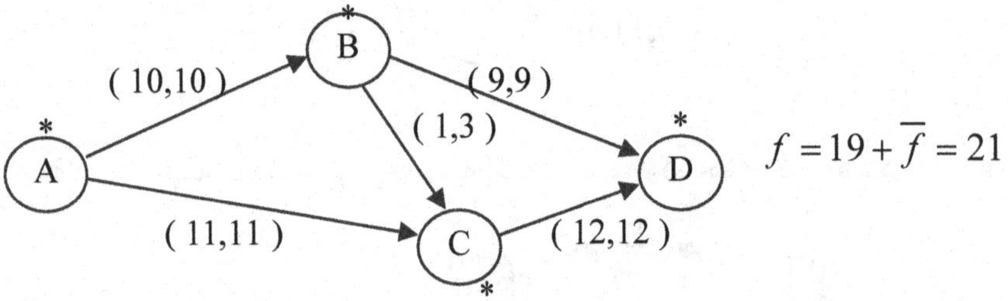

الشكل (5 - 14)

من الشكل (5 - 14) نلاحظ عدم إمكانية تكوين ممر جديد يربط المصدر (A) بالمصب (D) ولذلك فإن قيمة الانسياب الأقصى هي 21 رحلة بحيث تنطلق 10 رحلات من مدينة الفريق الثاني (A) إلى المدينة (B) , تسعة من مجموع الرحلات العشرة تذهب مباشرة إلى مدينة الفريق الأول (D) ورحلة واحدة تتجه إلى المدينة (C) ومن ثم إلى المدينة (D) أما (11) رحلة المتبقية فتنطلق من المدينة (A) إلى المدينة (C) ومن ثم إلى المدينة (D) .

5-4 -2-3: الأسهم اللامباشرة Undirected Arcs

هي الأسهم التي لا تصنف على أنها سهم أمامي أو خلفي أي إن الاتجاه فيها يكون غير محدد وعليه فإن أي سهم من هذا النوع يربط بين أية عقدتين A , B بسعة مقدارها k يمكن أن يفسر كالآتي:

$$f_{AB} \leq k$$
$$f_{BA} \leq k$$
$$f_{AB} * f_{BA} = 0$$

الشبكة التي تحتوي على أسهم لا مباشرة تدعى شبكة لا مباشرة (undirected network) ولحل هكذا نوع من الشبكات يتم تحويلها إلى شبكة مباشرة باستبدال السهم اللامباشر بزوج من الأسهم المباشرة المتعاكسة ومن ثم إيجاد الانسياب الأقصى وبعد ذلك يتم استبدال انسياب الأسهم المباشرة المتعاكسة بالقيمة $f_{AB} - f_{BA}$ في حال كون $f_{AB} > f_{BA}$ أما في حال كون $f_{AB} < f_{BA}$ فيتم استبدالها بالقيمة $f_{BA} - f_{AB}$ لتكون أسهم مباشرة باتجاه واحد .

مثال:(5 - 3) أوجد الانسياب الأقصى للمخطط الشبكي الآتي:

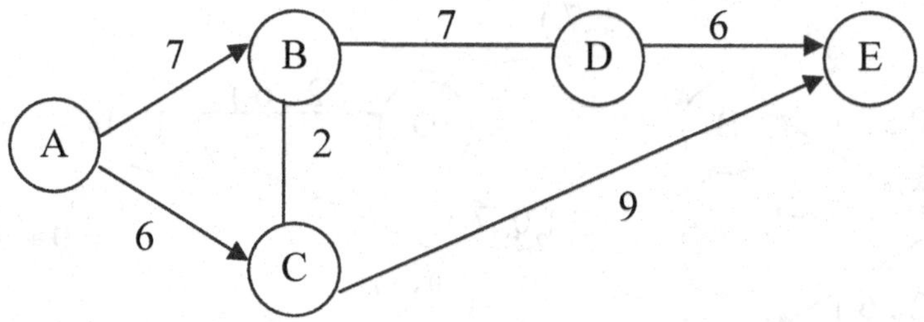

الحـــــل:

الشبكة هي شبكة لا مباشرة لذلك يجب تحويلها إلى شبكة مباشرة وكما هو موضح بالشكل (5 - 15):

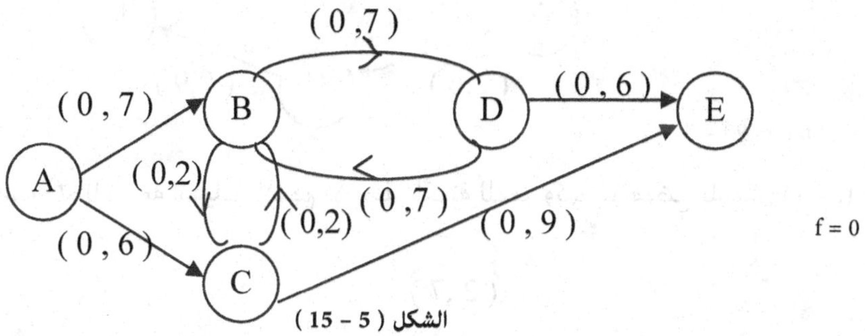

الشكل (5 - 15)

نضع علامة على A ومن A نستطيع وضع علامة على C ومن C نستطيع وضع علامة على B ومن B نستطيع وضع علامة على D ومن D نستطيع وضع علامة على E ولذلك يتكون ممر من الأسهم المباشرة وكما هو موضح بالشكل الآتي:

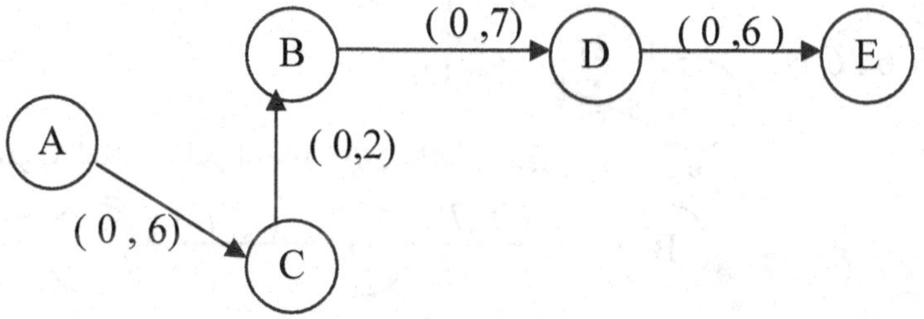

$\overline{f}$ = Min (6 , 2 , 7 , 6) = 2

تضاف قيمة $\overline{f}$ إلى قيمة انسياب الأسهم الأمامية المكونة للممر وكما هو موضح بالشكل (5 -16):

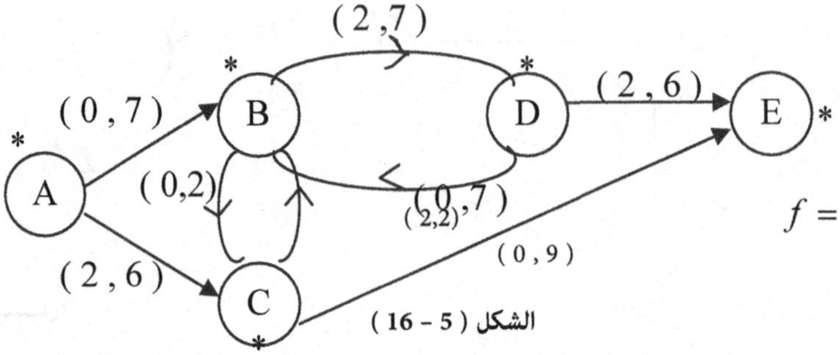

$f = 0 + \overline{f} = 2$

الشكل (5 - 16)

نكرر أسلوب العلامة والممر الجديد يكون بالشكل الآتي:

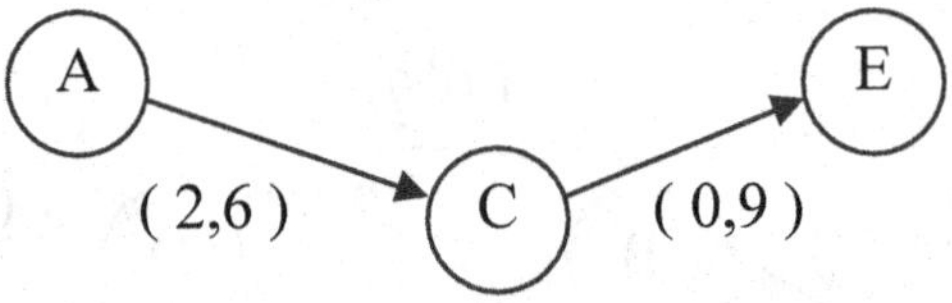

$\overline{f}$ = Min (4 , 9) = 4

تضاف قيمة $\overline{f}$ إلى قيمة انسياب الأسهم الأمامية المكونة للممر وكما هو موضح بالشكل (5 - 17):

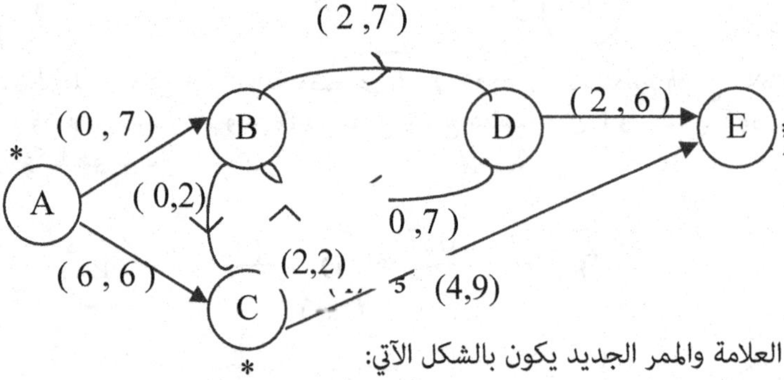

$2 + \overline{f} = 6$

نكرر أسلوب العلامة والممر الجديد يكون بالشكل الآتي:

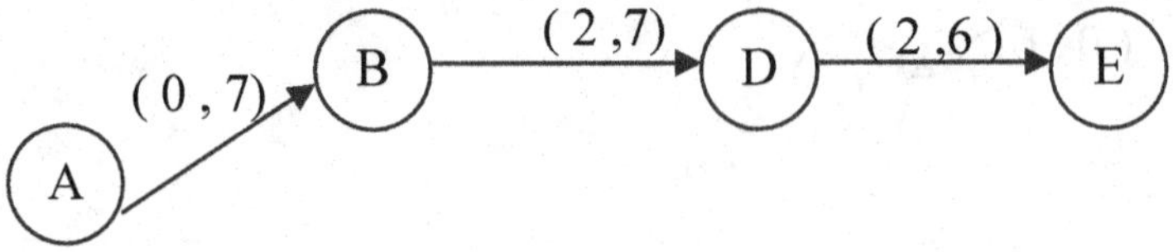

$\overline{f}$ = Min (7 , 5 , 4) = 4

تضاف قيمة $\overline{f}$ إلى قيمة انسياب الأسهم الأمامية المكونة للممر وكما هو موضح بالشكل (5 - 18):

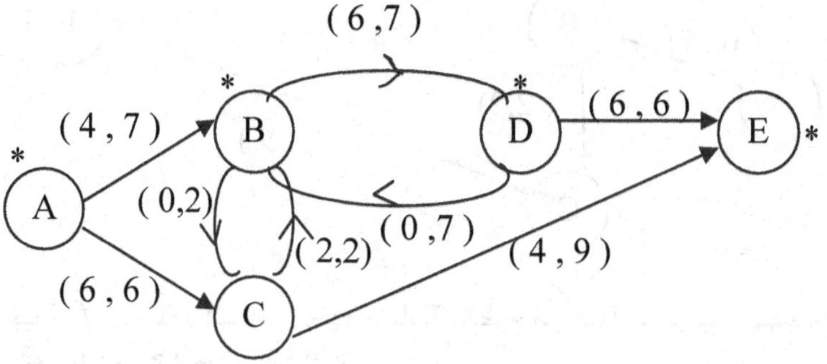

$f = 6 + \overline{f} = 10$

الشكل (5 - 18)

نكرر أسلوب العلامة والممر الجديد يكون بالشكل الآتي:

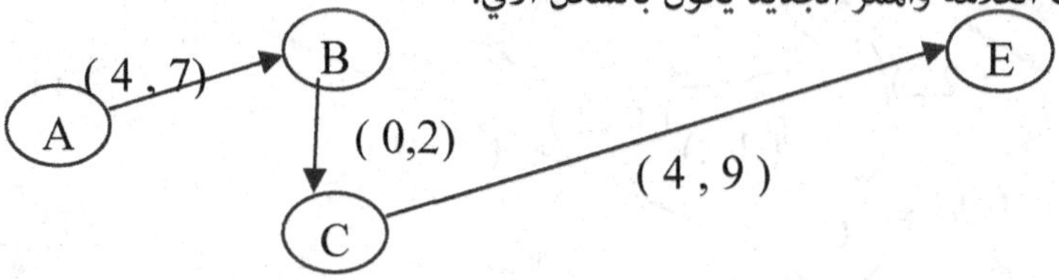

$\overline{f} = \text{Min}(3, 2, 5) = 2$

تضاف قيمة $\overline{f}$ إلى قيمة انسياب الأسهم الأمامية المكونة للممر وكما هو موضح بالشكل (5 -19):

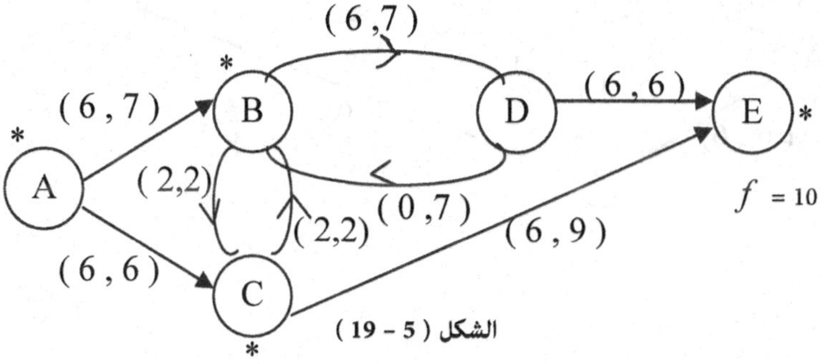

$f = 10 + \overline{f} = 12$

الشكل (5 - 19)

نكرر أسلوب العلامة والممر الجديد يكون بالشكل الآتي:

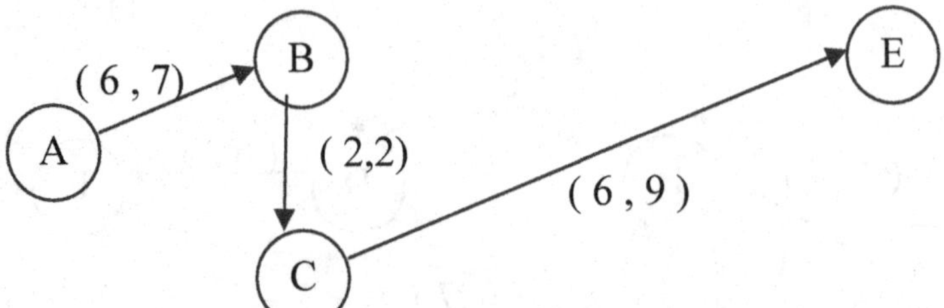

$\overline{f}$ = Min (1 , 2 , 3) = 1

تضاف قيمة $\overline{f}$ إلى قيمة انسياب الأسهم الأمامية وتطرح من قيمة انسياب السهم الخلفي المكونة للممر وكما هو موضح بالشكل (5 – 20):

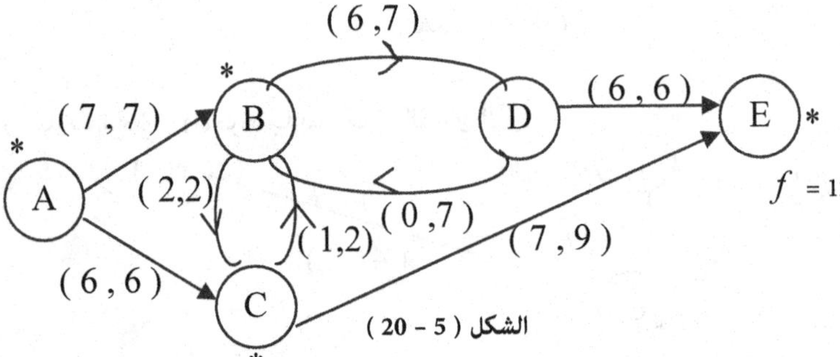

f = 12 + $\overline{f}$ = 13

الشكل (5 - 20)

من الشكل (5-20) يتضح عدم إمكانية تكوين ممر جديد وذلك لأن سعة الأسهم الأمامية الخارجة من A قد استنفذت ولذلك فإن قيمة الانسياب الأقصى هي (13) والشكل النهائي للمخطط يكون كالآتي:

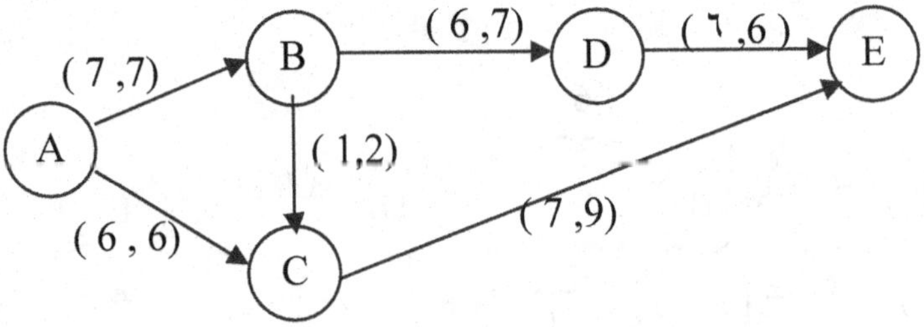

3-4-5: مسألة انسياب سعة الكلفة الصغرى
Minimum - cost capacitated Flow problem

تمثل هذه المسألة صيغة عامة لنماذج المخططات الشبكية حيث إنها تتضمن النقل, الشحن, التخصيص وكذلك مسائل الانسياب الأقصى ولتوضيح طبيعة هذه المسألة نستعين بالمثال الآتي:

مثــال (5 - 4): شركة لتصنيع مواد كيميائية , تمتلك الشركة معملين لتصنيع المواد الكيميائية يقومان بتجهيز مركزين للتوزيع , الشركة متعاقدة مع مجهزين لتجهيز المواد الأولية لها , الكميات التي تجهز بها الشركة من المجهزين الأول والثاني هي 500 , 750 طن شهريا كحد أدنى بسعر 200 , 210 ألف دينار على التوالي للطن الواحد مع العلم أن صناعة طن واحد من المواد الكيميائية يتطلب 1.2 طن من المواد الأولية , كلفة نقل الطن الواحد من المواد الأولية من المجهز الأول إلى المعملين الأول والثاني هي 10 , 12 ألف دينار على التوالي ومن المجهز الثاني إلى المعملين الأول والثاني هي 9 , 13 ألف دينار على التوالي , الحد الأدنى والأعلى للإنتاج وكلفة إنتاج الطن الواحد للمعملين الأول والثاني هي:

المعمل	الكلفة	الحد الأدنى	الحد الأعلى
1	25	400	800
2	28	450	900

كميات الطلب الشهرية لمركزي التوزيع هي 660 , 800 طن على التوالي, كلفة نقل الطن الواحد من المعمل الأول إلى مركزي التوزيع الأول والثاني هي 3 , 4 ألف دينار على التوالي ومن المعمل الثاني إلى مركزي التوزيع الأول والثاني هي 5 , 2 ألف دينار على التوالي.

الشكل (5 - 21) يمثل المخطط الشبكي للمسألة:

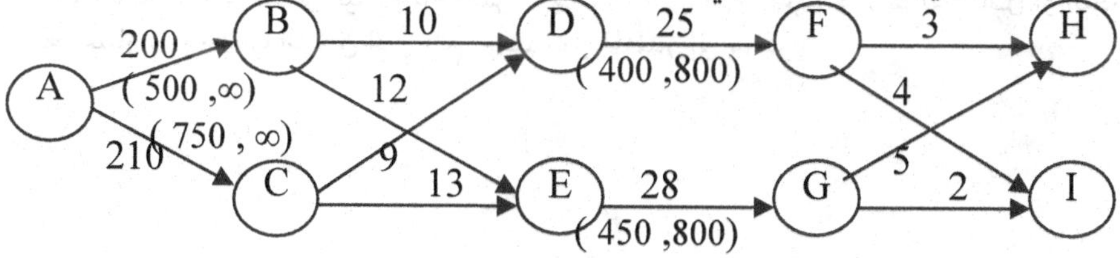

الشكل (5 - 21)

العقدة A تمثل عقدة المصدر والأسهم AC , AB تمثل المجهزين الأول والثاني على التوالي بحيث أن إمكانية تجهيز المجهز الأول هي (∞ , 500) والثاني (∞ , 750) ولتوضيح سعة أو أمكانية المعملين الأول والثاني فإن كل معمل سوف يمثل بعقدتين تمثلان الإدخال والإخراج للمعمل بحيث العقدتين E , D تمثلان عقدتي الإدخال و G , F تمثلان عقدتي الإخراج إلى مركزي التوزيع I , H ولذلك فإن I , H يمثلان عقدتي المصب.

كمية الطلب في I , H يجب أن تساوي كمية العرض في A ولكن يجب أن نأخذ بنظر الاعتبار أن 1.2 طن من المواد الأولية يستخدم لتصنيع طن واحد من المواد الكيميائية ولذلك فإن سعة أو إمكانية الأسهم AC , AB يجب أن تتحول إلى (∞ ,500/1.2) , (∞ ,750/1.2)على التوالي وكذلك كلفة شراء المواد الأولية تتحول إلى (1.2 * 200) , (1.2 * 210) على التوالي ونفس الشيء ينطبق على كلف النقل من العقدتين C , B ومن العقدتين E , D .

الشكل (5-21) يمثل مسألة شحن والتي تم تعريفها في الفقرة (4 -14) ولكن الاختلاف يتمثل في سعة الأسهم.

5-4 -3 -1: قضايا خاصة لأنموذج المخططات الشبكية ذات السعة

Special Cases Of The Capacitated Network Model

المثـال (5 – 4) ممكن أن يصنف لأحد المسائل الآتية:

1 . مسألة (النقل , الشحن , التخصيص).

2 . مسألة الانسياب الأقصى.

3 . مسألة المسار الأقصر المعرفة في الفقرة (5–4 –4).

لتصنيف المثال (5 – 4) كمسألة نقل أو تخصيص يجب أجراء الآتي:

1 . عقد المصدر ترتبط مباشرة بعقد التوزيع .

2 . سعة الأسهم أي الحد الأدنى والأعلى تتحول إلى (∞ , 0) .

أما في حالة مسألة الشحن فيتم إتباع نفس الإجراءات التي تم إتباعها في مسألة النقل أو التخصيص مع اعتبار أن وحدات الشحن التي يتم شحنها من المصدر إلى مراكز

التوزيع يجب أن تمر بواحدة أو أكثر من عقد الشحن , ولتصنيف المثال كمسألة انسياب أقصى- يجب إجراء التحويرات الآتية:

1 . الحد الأعلى لسعة السهم يمثل قيمة الانسياب الأقصى للسهم أما الحد الأدنى فيكون مساوي للصفر .

2 . كل الأسهم تفرض ذات كلف صفرية لكل وحدة انسياب .

3 . تساوي الكمية المعروضة والمطلوبة لعقدتي المصدر والمصب على التوالي على أن تكون عالية لتحقيق الانسياب الأقصى للشبكة .

4 . السهم الذي يربط عقدة المصدر مع عقدة المصب أو الموقع يجب أن يكون سهم مباشر.

4-5 -3 -2: صياغة برمجة خطية Linear Programming Formulation

أنموذج المخططات الشبكية ذات السعة ممكن أن يعبر عنها بصيغة برمجة خطية (L.P.) وكالآتي:

1 . χ_{ij} يمثل كمية الانسياب للسهم (i j) .

2 . C_{ij} كلفة الوحدة الواحدة للسهم (i j) .

3 . كل عقدة من عقد الشبكة تمثل قيد من لقيود البرمجة الخطية (L.P.) .

4 . b_j ($- b_j$) تمثل كمية العرض (الطلب) للعقدة j .

5 . (L_{ij} , U_{ij}) تمثل سعة السهم (i j) .

وعلى هذا الأساس فإن أنموذج البرمجة الخطية (L.P.) يكون بالصيغة الآتية:

$$Min \quad Z = \sum_{i=1}^{n}\sum_{j=1}^{n} C_{ij}\chi_{ij}$$

$$S.T$$

$$\sum_{k=1}^{n}\chi_{ik} - \sum_{k=1}^{n}\chi_{ki} = b_i \quad \forall \quad i$$

$$L_{ij} \le \chi_{ij} \le u_{ij} \qquad \forall i, j$$

طريقة حل الأنموذج في أعلاه معرفة بالفقرة (1 - 10)

4-5 -3 -3: طريقة السمبلكس والمخططات الشبكية ذات السعة

Capacitated Network And Simplex Method

خطوات طريقة السمبلكس للمخطط الشبكي (Network simplex method) هي مماثلة لخطوات طريقة السمبلكس المستخدمة لحل أنموذج البرمجة الخطية (.L.P) الذي يحتوي على متغيرات محددة بحدود عليا ودنيا والاختلاف يكون فقط في العمليات الحسابية التي صممت للاستفادة من التركيب الخاص لمسألة المخطط الشبكي , أنه من الضروري أن يكون مجموع عدد الوحدات المعروضة والمطلوبة يساوي صفر وذلك لنضمن وجود حل ممكن للمخططات الشبكية ذات السعة أي:

$$\sum_{j=1}^{n} b_j = 0 \quad \text{-----------} \ (1-5)$$

الشرط في أعلاه يتحقق بواسطة إضافة مصدر (موقع) وهمي كما هو الحال في نماذج النقل المصدر (الموقع أو المصب) الوهمي يرتبط مع بقية المواقع (المصادر) بكلف انسياب صفرية وسعة حد أعلى مالانهاية .

الحل الأساسي للمخطط الشبكي ذات السعة يتحدد بوساطة n من عقد المخطط الشبكي والتي تمثل n من القيود وبما أن مجموع وحدات العرض والطلب يجب أن تساوي صفر فإن احد القيود سوف يكون غزير (redundant) وهذا يعني أن الحل الأساسي للمخطط الشبكي سوف يتضمن (n-1) من المتغيرات الأساسية.

حل أنموذج البرمجة الخطية (.L.P) يكون مناظر لحل الشجرة الممتدة التي تشترط وجود (n-1) من الأسهم لشبكة تتمثل بـ(n) من العقد مع عدم وجود أي دورة لذلك فإن خطوات طريقة سمبلكس المخطط الشبكي تكون كالآتي:

1 . إيجاد حل الشجرة الممتدة الممكن الأولي (الأساسي), في حال عدم وجود الحل يتم التوقف .

2 . نحدد المتغير الداخل (السهم) باستخدام شروط الأمثلية لطريقة السمبلكس ونتوقف في حال عدم أمكانية تحديد المتغير الداخل .

3 . نحدد المتغير الخارج (السهم) باستخدام شروط الحل الممكن لطريقة السمبلكس ذات المتغيرات المحددة , ولذلك يتم تغير الأساس (الحل) للشجرة الممتدة وبعد ذلك يتم تكرار الخطوتين 2 , 3 .

مثـــال (5 - 5) أوجد الحل الأمثل لشبكة الأعمال الآتية:

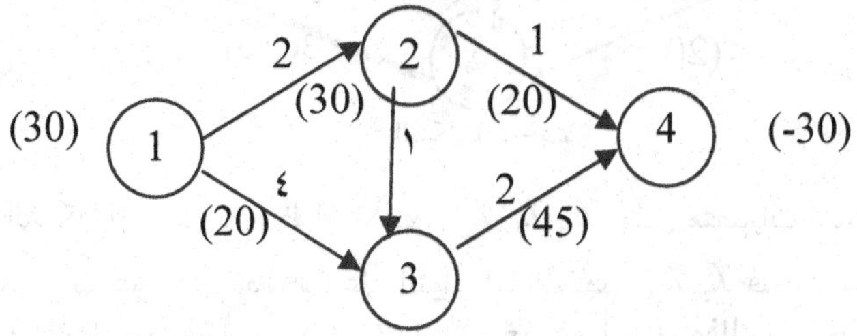

الحــل:

الأرقام على الأسهم تمثل سعة الأسهم والكلفة ونلاحظ إن مجموع عدد الوحدات المعروضة والمطلوبة هو صفر أي:

$30 + (-30) = 0$

أول خطوة هي صياغة جدول السمبلكس للمخطط الشبكي والذي يكون بالصيغة الآتية:

الجدول(5 - 1)

Min	2	4	1	1	2	b
	χ_{12}	χ_{13}	χ_{23}	χ_{24}	χ_{34}	
1	1	1				30
2	-1		1	1		0
3		-1	-1		1	0
4				-1	-1	-30
الحد الأعلى	30	20	∞	20	45	

صيغة الجدول في أعلاه تماثل صيغة الأساس لمسألة الشحن الموضحة بالفقرة (4-14) ولإيجاد الحل الأمثل نستعين بمتغيرات الأنموذج المقابل بعد أن يتم أولا إيجاد الحل الممكن للشجرة الممتدة وكما هو موضح بالشكل (5 – 22):

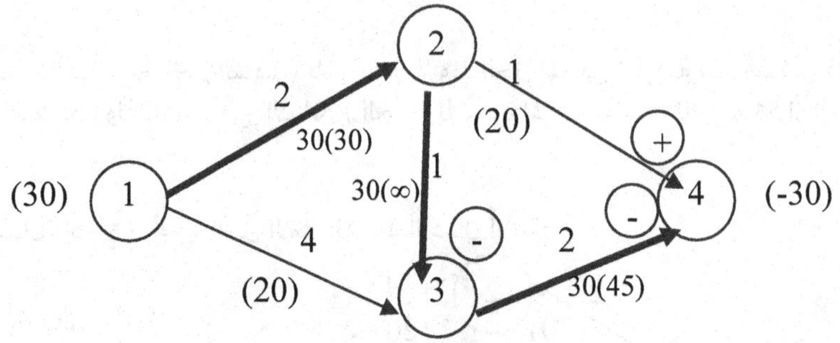

الشكل (5 - 22)

مـن الشـكل (5 - 22) نلاحـظ أن الأسـهم $\chi_{34}, \chi_{23}, \chi_{12}$ تمثـل متغـيرات أساسـية بحيـث أن قيمـة الانسياب لكل منها هو (30 , 30 , 30) على التوالي أما الأسـهم χ_{24}, χ_{13} فتمثـل متغـيرات غـير أساسـية ولإيجاد الحل الأمثل يتم حساب ($C_{ij} - Z_{ij}$) لكل متغير غير أساسي وذلك مـن خـلال اسـتخدام مسـألة الأنموذج المقابل والتي تكون بالصيغة الآتية:

$$Max \qquad T = \sum_{i=1}^{4} b_i y_i$$

$$S.T$$

$$y_i - y_j \le C_{ij} \qquad \forall \quad i, j$$

$$y_i \text{ unrestricted} \quad i = 1,2,3,4$$

بالاستعانة بالشروط الوهمية التكميلية الموضحة بالفقرة (١-٦) نحصل على:

لكل متغير أساسي $y_i - y_j = C_{ij}$ ------ (5 - 2)

بتطبيق المعادلة (5 - 2) على الحل الممكن نحصل على:

$$y_1 - y_2 = 2$$
$$y_2 - y_3 = 1$$
$$y_3 - y_4 = 2$$

عندما $y_1 = 0$ فإن:

$$y_2 = -2 \;,\; y_3 = -3 \;,\; y_4 = -5$$

لكل متغير غير أساسي فإن $C_{ij} - Z_{ij}$ ممكن أن تصاغ كالآتي:

$C_{ij} - Z_{ij} = C_{ij} - y_i + y_j$ ------ (3 – 5)

وذلك بالاستناد إلى أساليب حل مسألة النقل الموضحة بالفقرة (٤-٦-٢) وعلى هذا الأساس فإن:

$C_{13} - Z_{13} = 4 - 0 + (-3) = 1$

$C_{24} - Z_{24} = 1 - (-2) + (-5) = -2$

يتضح أن X_{24} هو المتغير الداخل لأنه ذو معامل سالب وهذا يؤدي إلى تكوين دورة متمثلة بالأسهم X_{34}, X_{23}, X_{24} وهذا غير ممكن لأنه يخالف شروط الشجرة الممتدة ولذلك فإن احد الأسهم يجب أن يتمثل بمتغير خارج , أن الزيادة في قيمة انسياب المتغير X_{24} باعتباره متغير داخل تستدعي الحفاظ على شروط الحل الممكن أي ان قيمة المتغيرات الأساسية يجب ان لاتكون سالبة وذلك يتم من خلال وضع إشارة (+) أو (-) على كل سهم من أسهم الدورة بحيث أن سهم المتغير الداخل يأخذ إشارة (+) أما بقية الأسهم فتكون إشارتها بالاعتماد على انسياب السهم وكما هو موضح بالشكل (5 – 22) .

قيمة انسياب المتغير الداخل X_{24} يجب أن تحقق الآتي:

1 . قيمة انسياب كل سهم أساسي حالي من أسهم الدورة يجب أن لا تكون سالبة ولا تتجاوز سعة السهم .

2 . قيمة انسياب السهم الداخل لا تتجاوز سعة السهم .

تعظيم قيمة انسياب X_{24} هي $Min (30 , 30 , 20) = 20$ والذي يمثل الحد الأعلى لسعة السهم ولذلك فإن السهم يبقى غير أساسي مع اجراء التحويل الآتي وذلك حسب شروط الحل الممكن للمتغيرات المحددة والموضحة بالفقرة (1 – 10)

$X_{24} = 20 - X'_{24}$ --------- (4 – 5)

حيث $20 \leq X'_{24} \leq 0$, المعادلة (5 – 4) سوف تؤثر على قيود العقدتين 4 , 2 لتصبح بالصيغة الآتية:

$-X_{12} + X_{23} - X'_{24} = -20$ ---------(5 – 5)

$X'_{24} - X_{34} = -10$ --------- (6 – 5)

معامل المتغير X'_{24} في دالة الهدف يصبح (-1) , الشكل (5 -23) يوضح التغيرات في العرض والطلب للعقدتين 2 , 4 وكذلك التغير في كلفة السهم وكذلك اتجاه السهم الذي يصبح من العقدة 4 إلى العقدة 2 وذلك بالاستناد على المعادلتين (5 - 5) و (5 - 6):

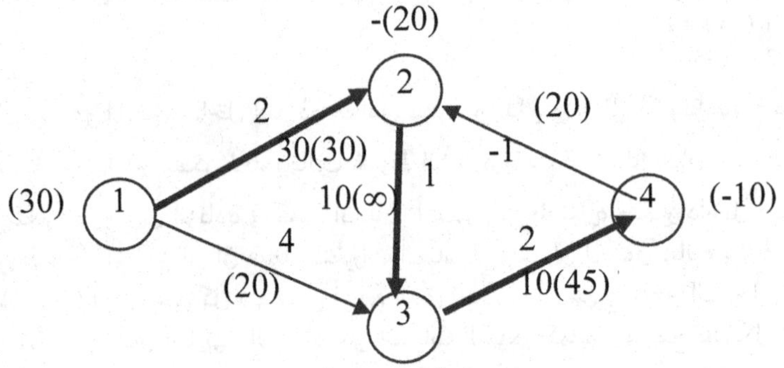

الشكل (5 -23)

تكرر الحسابات السابقة أي نطبق المعادلة (5 - 2) على الشكل (5 - 23) ومن ثم يتم استخراج معاملات المتغيرات غير الأساسية ($C_{ij} - Z_{ij}$) والتي تكون عبارة عن قيم موجبة وهذا يعني أن الشكل (5 - 23) يمثل الحل الأمثل أي:

$X_{12} = 30$, $X_{23} = 10$, $X_{34} = 10$, $X_{24} = 20 - X'_{24} = 20$

مثـــال (5 - 6): أوجد الحل الأمثل للمخطط الشبكي الآتي:

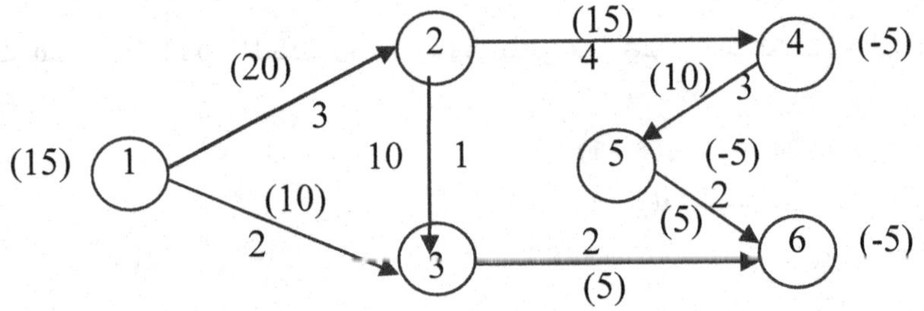

الحل:

صيغة جدول السمبلكس تكون كالآتي:

الجدول(5 - 2)

Min	3	2	1	4	2	3	2	b
	χ_{12}	χ_{13}	χ_{23}	χ_{24}	χ_{36}	χ_{45}	χ_{56}	
1	1	1						15
2	-1		1	1				0
3		-1	-1		1			0
4				-1		1		-5
5						-1	1	-5
6					-1		-1	-5
الحد الأعلى	20	10	∞	15	5	10	5	

الشكل (5 – 24) يمثل الحل الممكن للشجرة الممتدة:

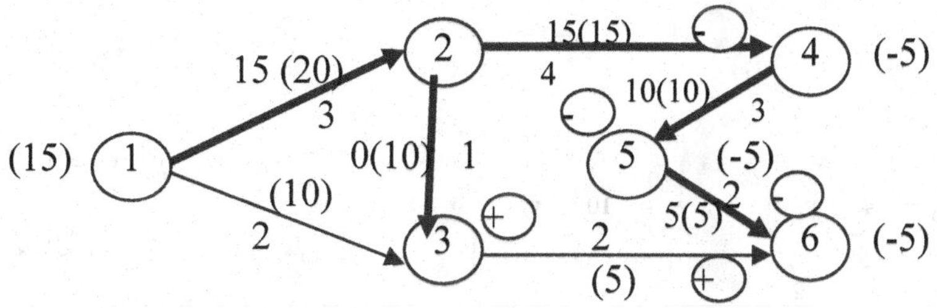

الشكل (5 – 24)

من المعادلة (5 – 2) نحصل على:

$$y_1 - y_2 = 3$$
$$y_2 - y_3 = 1$$
$$y_2 - y_4 = 4$$
$$y_4 - y_5 = 3$$
$$y_5 - y_6 = 2$$

عندما $y_1 = 0$ فإن:

$y_2 = -3$, $y_3 = -4$, $y_4 = -7$, $y_5 = -10$, $y_6 = -12$

من المعادلة (5 – 3) نحصل على:

$$C_{13} - Z_{13} = 2 - 0 - 4 = -2$$
$$C_{36} - Z_{36} = 2 + 4 - 12 = -6$$

X_{36} يمثل المتغير الداخل ولذلك فإن الزيادة في X_{36} يجب أن تصاحبها زيادة في X_{23} ونقصان في X_{56} , X_{45} , X_{24} وكما هو موضح بالإشارات بالشكل (5 – 24) بحيث:

5 = (15, 10 , 5) X_{36} = Min ولذلك فإن X_{56} يمثل المتغير الخارج وكما هو موضح بالشكل (5 – 25):

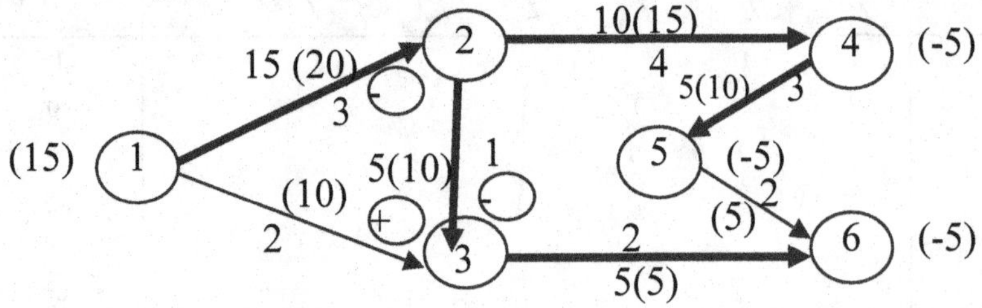

الشكل (5 – 25)

من المعادلة (5 – 2) نحصل على:

$$y_1 - y_2 = 3$$
$$y_2 - y_3 = 1$$
$$y_2 - y_4 = 4$$
$$y_4 - y_5 = 3$$
$$y_5 - y_6 = 2$$

عندما $y_1 = 0$ فإن:

$y_2 = -3$, $y_3 = -4$, $y_4 = -7$, $y_5 = -10$, $y_6 = -6$

من المعادلة (5 – 3) نحصل على:

$$C_{13} - Z_{13} = 2 - 0 - 4 = -2$$
$$C_{56} - Z_{56} = 2 + 10 - 6 = 6$$

X_{13} يمثل المتغير الداخل ولذلك فإن الزيادة في X_{13} يجب أن تصاحبها نقصان في X_{12} , X_{23} وكما هو موضح بالإشارات بالشكل (5 – 25) بحيث أن:

5 = (5 , 15 , 10) X_{13} = Min ولذلك فإن X_{23} يمثل المتغير الخارج وكما هو موضح بالشكل (5 – 26):

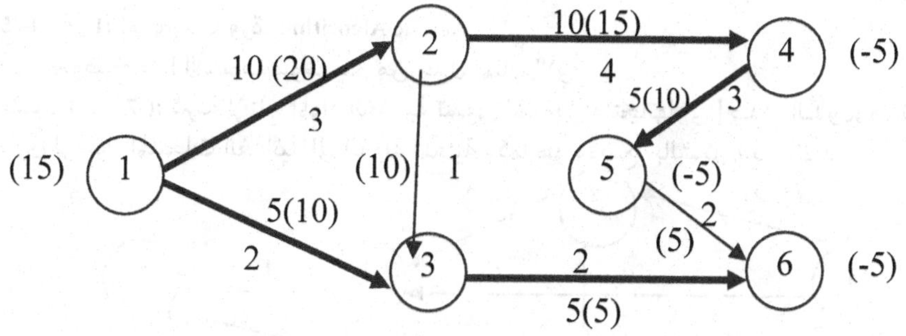

الشكل (5 - 26)

من المعادلة (5 - 2) نحصل على:

$$y_1 - y_2 = 3$$
$$y_1 - y_3 = 2$$
$$y_2 - y_4 = 4$$
$$y_4 - y_5 = 3$$
$$y_3 - y_6 = 2$$

عندما $y_1 = 0$ فإن:

$$y_2 = -3 \ , \ y_3 = -2 \ , \ y_4 = -7 \ , \ y_5 = -10 \ , \ y_6 = -4$$

من المعادلة (5 - 3) نحصل على:

$$C_{23} - Z_{23} = 1 + 3 - 2 = 2$$
$$C_{56} - Z_{56} = 2 + 10 - 4 = 8$$

وعلى هذا الأساس فإن الشكل (5 - 26) يمثل الحل الأمثل:

$$X_{12} = 10 \ , \ X_{13} = 5 \ , \ X_{24} = 10 \ , \ X_{45} = 5 \ , \ X_{36} = 5$$

5-4 -4: مسألة اقصر المسارات The Shortest - Route Problem

تمثل هذه المسألة إيجاد اقصر المسارات بين عقـدة المصـدر وعقـدة المصـب أو بـين أي عقـدتين داخل المخطط الشبكي أي اقصر مسافة أو أقل كلفة أو أقل وقت بين العقدة i والعقدة j ولذلك فإنه بالإمكان صياغة هذه المسألة كبرنامج خطي للحصول على الحل الأمثل ومع ذلـك فـإن هنالـك طرائـق أخرى للحصول على حل مسألة اقصر المسارات نذكر منها:

5 -4 -4 -1: أسلوب الدورة Acyclic Algorithm

توضيح هذا الأسلوب سوف يتم من خلال المثال الآتي:

مثـال (5 - 7): شركة لإنتاج المواد الغذائية تسعى لتسويق منتجاتها إلى إحدى الدول, هنالك عدة طرق لوصول المنتجات الغذائية إلى الدولة المعنية وكما هو موضح بالشكل (5 - 27):

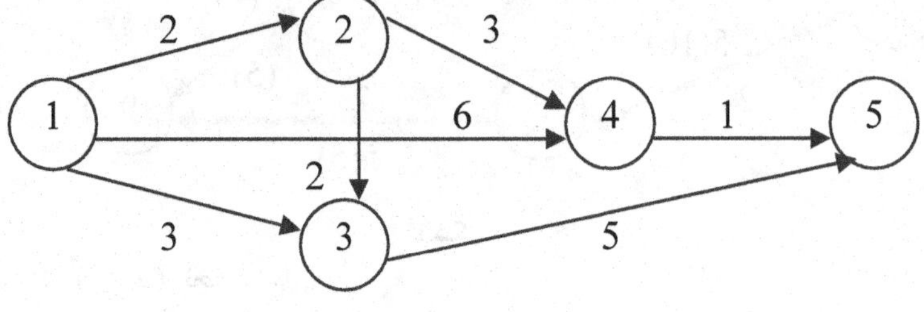

الشكل (5 - 27)

حيث أن العقدة (1) تمثل الشركة والعقدة (5) تمثل الدولة والأرقام على الأسهم تمثل الفترة الزمنية (d_{ij}) , الشركة ترغب في إيجاد اقصر المسارات لإيصال منتجاتها تجنبا لتلف المواد الغذائية.

الحـــل:

نفترض أن u_j تمثل الفترة الزمنية الأقصر للوصول من العقدة 1 إلى العقدة j وعلى هذا الأساس فإن $u_1 = 0$ ولحساب u_j لبقية العقد نستخدم العلاقة:

$$u_j = \text{Min}\,(u_i + d_{ij}) \quad \text{---------} \quad (7 - 5)$$

فمثلا لحساب u_2 فإن $u_2 = \text{Min}\,(u_1 + d_{12})$ وهكذا بالنسبة لبقية العقد وهذا يعني ان العقدة i تربط بالعقدة j بوساطة سهم مباشر ولتحديد اقصر المسارات يتم استخدام اسلوب العلامة أي إن كل عقدة داخل الشبكة تعطى العلاقة الآتية (u_j , n) حيث ان n تمثل العقدة ذات المسافة الأقصر إلى العقدة j من بقية عقد الشبكة وعلى هذا الأساس يتم تحديد المسار بالرجوع من عقدة المصب إلى عقدة المصدر بالاستعانة بالعلامة.

والجدول (5 - 3) يمثل الحسابات المتسلسلة التي تقود إلى الحل النهائي:

الجدول (5 - 3)

العقدة j	u_j	العلامة
1	$u_1 = 0$	(0 , _)
2	$u_2 = u_1 + d_{12} = 0 + 2 = 2$	(2 , 1)
3	$u_3 = Min\ (u_1 + d_{13}\ ,\ u_2 + d_{23})$ $= Min\ (\ 0 + 3\ , 2 + 2\ ) = 3$	(3 , 1)
4	$u_4 = Min\ (u_1 + d_{14}\ ,\ u_2 + d_{24})$ $= Min\ (\ 0 + 6\ , 2 + 3\ ) = 5$	(5 , 2)
5	$u_5 = Min\ (u_4 + d_{45}\ ,\ u_3 + d_{35})$ $= Min\ (\ 5 + 1\ , 3 + 5\ ) = 6$	(6 , 4)

تحديد اقصر المسارات يتم من خلال علامات العقد بالرجوع من العقدة 5 إلى العقدة1 وكالآتي وبفترة زمنية مقدارها (٦) أسابيع:

$1 \rightarrow 2 \rightarrow 4 \rightarrow 5$

مثال (5 - 8): أوجد اقصر المسارات للمخطط الشبكي الآتي:

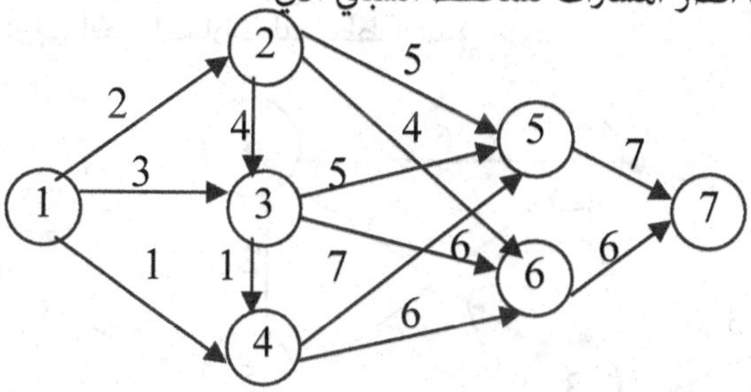

الحل:

الجدول (5 - 4) يمثل الحسابات المتسلسلة التي تقود إلى الحل النهائي:

الجدول (5 - 4)

العقدة j	u_j	العلامة
1	$u_1 = 0$	(0 , _)
2	$u_2 = u_1 + d_{12} = 0 + 2 = 2$	(2 , 1)
3	$u_3 = Min\ (u_1 + d_{13}\ ,\ u_2 + d_{23})$ $= Min\ (\ 0 + 3\ , 2 + 4\ ) = 3$	(3 , 1)
4	$u_4 = Min\ (u_1 + d_{14}\ ,\ u_3 + d_{34})$ $= Min\ (\ 0 + 1\ , 3 + 1\ ) = 1$	(1 , 1)
5	$u_5 = Min\ (u_2 + d_{25}\ ,\ u_3 + d_{35}\ , u_4 + d_{45}\ )$ $= Min\ (\ 2 + 5\ , 3 + 5\ , 1 + 7\ ) = 7$	(7 , 2)
6	$u_6 = Min\ (u_2 + d_{26}\ ,\ u_3 + d_{36}, u_4 + d_{46}\ )$ $= Min\ (2 + 4\ , 3 + 6\ , 1 + 6\ ) = 6$	(6 , 2)
7	$u_7 = Min\ (u_5 + d_{57}\ ,\ u_6 + d_{67})$ $= Min\ (\ 7 + 7\ , 6 + 6) = 12$	(12 , 6)

ولذلك فإن اقصر المسارات هو :

1 → 2 → 6 → 7

وبالإمكان تحديد اقصر المسارات بين 1 وآية عقدة فمثلا اقصر المسارات بين 1 , 5 هو:

1 → 2 → 5

4-5 -4 -2: أسلوب الدورة (دسكاسترا) Cyclic (diskstra) algorithm

عندما يحتوي المخطط الشبكي على أية دورة مباشرة فإنه من غير الممكن التوصل إلى اقصر المسارات باستخدام أسلوب الدورة لذلك يتم استخدام أسلوب دسكاسترا الذي يعتمد على تخصيص علامة مؤقتة أو دائمة لكل عقدة بحيث ان العلامة المؤقتة تمثل الحد الأعلى لأقصر مسافة بين العقدة ١ (المصدر) إلى غيرها من العقد بينما العلامة الدائمة تمثل اقصر مسافة حقيقية بين عقدة المصدر وغيرها من العقد ومن خلال الأمثلة الآتية سوف نوضح الأسلوب بصورة مفصلة:

مثـال (5 - 9): أوجد اقصر المسارات للمخطط الشبكي الآتي:

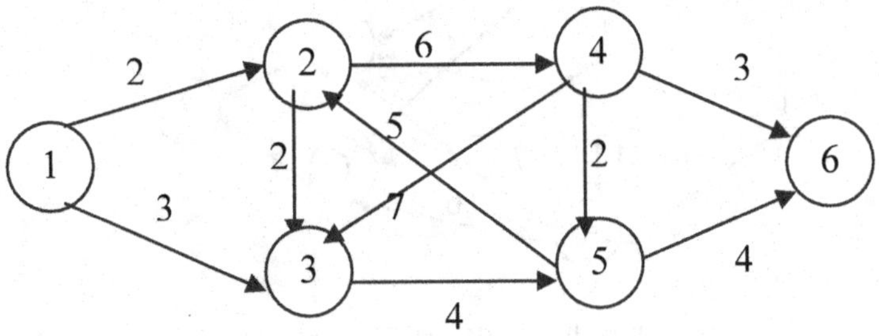

الحـــل:

نلاحظ إن الشبكة تحتوي على دورات مباشرة أي التي تكون فيها الأسهم مباشرة وهي:

2 → 4 → 5 → 2

2 → 3 → 5 → 2

الخطوة الأولى للحل هي بتخصيص علامة دائمة مقدارها صفر لعقدة المصدر (1) و تخصيص علامات مؤقتة لبقية عقد الشبكة تساوي الفترة الزمنية (d_{ij}) المباشرة بين أية عقدة والعقدة (1) والعقدة التي لا ترتبط بصورة مباشرة بالعقدة (1) تعطى علامة مؤقتة تساوي (∞) أي أن:

$$L(0) = [\underset{*}{0}, 2, 3, \infty, \infty, \infty]$$

العلامة (*) تحت الرقم تدل على أن العلامة دائمة .

الخطوة الثانية اختيار اقل العلامات المؤقتة لتصبح علامة دائمة أي أن:

$$L(1) = [\underset{*}{0}, \underset{*}{2}, 3, \infty, \infty, \infty]$$

الخطوة الثالثة هي تطبيق المعادلة (5-7) على كل عقدة مرتبطة بصورة مباشرة مع العقدة (2) من خلال سهم مباشر من العقدة (2) إلى العقدة المعنية أي أن:

$$u_3 = \text{Min}\,(u_2 + d_{23}\ ,\ u_1 + d_{13})$$
$$= \text{Min}\,(2 + 2, 0 + 3) = 3$$

$$u_4 = u_2 + d_{24} = 2 + 6 = 8$$

u_j (j = 3,4) تمثل العلامات المؤقتة الجديدة التي تقارن مع العلامات القديمة ويتم اختيار الأقل بينها وبهذا يتم استبدال العلامات المؤقتة للعقدتين 3 , 4 بالعلامات الجديدة (u_j) ومن ثم اختيار اقل العلامات المؤقتة لتصبح علامة دائمة أي أن:

$$L(2) = [\underset{*}{0}, \underset{*}{2}, \underset{*}{3}, 8, \infty, \infty]$$

يتم تكرار الخطوة الثالثة على كل عقدة مرتبطة بصورة مباشرة مع العقدة (3) وبذلك ينتج:

$$L(3) = [\underset{*}{0}, \underset{*}{2}, \underset{*}{3}, 8, \underset{*}{7}, \infty]$$

نكرر الخطوة الثالثة مع كل عقدة مرتبطة بصورة مباشرة مع العقدة (5) فينتج:

$$L(4) = [\underset{*}{0}, \underset{*}{2}, \underset{*}{3}, \underset{*}{8}, \underset{*}{7}, 11] \quad ; \quad L(5) = [\underset{*}{0}, \underset{*}{2}, \underset{*}{3}, \underset{*}{8}, \underset{*}{7}, \underset{*}{11}]$$

بما أن علامة عقدة المصب (6) أصبحت علامة دائمة فهذا يعني حسابات الأسلوب قد اكتملت وأن المسافة الأقصر من عقدة المصدر (1) إلى عقدة المصب (6) هي (11) ولمعرفة اقصر المسارات يتم الرجوع من عقدة المصب بحيث يتم حساب الاختلاف بين علامة عقدة المصب والعلامة الدائمة التي تسبقها فإذا ساوى الاختلاف الفترة الزمنية (d_{ij}) بين العقدتين فهذا يعني أن العقدة تقع ضمن المسار ويتم تكرار العملية إلى أن نصل إلى عقدة المصدر فمثلا:

$11 - 7 = 4 = d_{56}$

$7 - 3 = 4 = d_{35}$

هذا يعني ان العقدتين 5 , 3 تقع ضمن المسار بينما:

$3 - 2 = 1 \neq d_{23}$

أي العقدة 2 لا تقع ضمن المسار ولذلك فإن اقصر المسارات هو:

$1 \rightarrow 3 \rightarrow 5 \rightarrow 6$

مثال (5 - 10):أوجد اقصر المسارات للمخطط الشبكي المعرف بالمثال (5 - 8):

الحل:

$$L(0) = \left[\underset{*}{0}, 2, 3, 1, \infty, \infty, \infty \right]$$

نختار العلامة المؤقتة الأقل لتكون علامة دائمة أي:

$$L(1) = \left[\underset{*}{0}, 2, 3, \underset{*}{1}, \infty, \infty, \infty \right]$$

العقد المرتبطة بصورة مباشرة مع العقدة (4) هي 5 , 6 وبتطبيق المعادلة (5 - 7) نحصل على:

$u_5 = u_4 + d_{45} = 1 + 7 = 8$

$u_6 = u_4 + d_{46} = 1 + 6 = 7$

تقارن العلامات المؤقتة الجديدة للعقدتين 5 , 6 مع العلامات القديمة ويتم اختيار الأقل منها ومن ثم يتم اختيار اقل علامة مؤقتة أي أن:

$$L(2) = \left[\underset{*}{0}, \underset{*}{2}, 3, \underset{*}{1}, 8, 7, \infty \right]$$

العقد المرتبطة بصورة مباشرة مع العقدة (2) هي 3 , 5 , 6 وبتطبيق المعادلة (5 - 7) نحصل على:

$u_3 = Min\,(u_1 + d_{13}\ ,\ u_2 + d_{23})$
$= Min\,(\,0 + 3\,,\,2 + 4\,) = 3$

$u_5 = Min\,(u_2 + d_{25}\ ,\ u_4 + d_{45})$
$= Min\,(\,2 + 5\,,\,1 + 7\,) = 7$

$u_6 = Min\,(u_2 + d_{26}\ ,\ u_4 + d_{46})$
$= Min\,(\,2 + 4\,,\,1 + 6\,) = 6$

تقارن العلامات المؤقتة الجديدة للعقد 3 , 5 , 6 مع العلامات القديمة ويتم اختيار الأقل منها ومن ثم يتم اختيار اقل علامة مؤقتة أي ان:

$$L(3) = \left\{ \begin{matrix} 0, & 2, & 3, & 1, & 7, & 6, & \infty \\ * & * & * & * & & & \end{matrix} \right\}$$

العقد المرتبطة بصورة مباشرة مع العقدة (3) هي 4 , 5 , 6 وبتطبيق المعادلة (5 - 7) على العقدتين 5 , 6 فقط لأن العقدة 4 لها علامة دائمة نحصل على:

$u_5 = Min\,(u_2 + d_{25}\ ,\ u_3 + d_{35},\ u_4 + d_{45})$
$= Min\,(\,2 + 5\,,\,3 + 5, 1 + 7\,) = 7$

$u_6 = Min\,(u_2 + d_{26}\ ,\ u_3 + d_{36},\ u_4 + d_{46})$
$= Min\,(\,2 + 4\,,\,3 + 6,\ 1 + 6\,) = 6$

تقارن العلامات المؤقتة الجديدة للعقد 5 , 6 مع العلامات القديمة ويتم اختيار الأقل منها ومن ثم يتم اختيار اقل علامة مؤقتة لتصبح علامة دائمة أي ان:

$$L(4) = \left\{ \begin{matrix} 0, & 2, & 3, & 1, & 7, & 6, & \infty \\ & * & * & * & * & & * \end{matrix} \right\}$$

العقدة المرتبطة بصورة مباشرة مع العقدة (6) هي العقدة (7) وبتطبيق المعادلة (5 - 7) نحصل على:

$u_7 = u_6 + d_{67} = 6 + 6 = 12$

تقارن العلامات المؤقتة الجديدة للعقدة (7) مع العلامة القديمة ويتم اختيار الأقل منها أي $Min\,(\,12\,,\,\infty)$ ومن ثم يتم اختيار اقل علامة مؤقتة لتصبح علامة دائمة أي أن:

$$L(5) = \left\{ \begin{matrix} 0, & 2, & 3, & 1, & 7, & 6, & 12 \\ * & * & * & * & * & * & \end{matrix} \right\}$$

العقدة المرتبطة بصورة مباشرة مع العقدة (5) هي العقدة (7) و بتطبيق المعادلة (5 - 7) نحصل على:

$u_7 = u_5 + d_{57} = 7 + 7 = 14$

العلامة المؤقتة الجديدة للعقدة (7) هي (14 , 12) Min وبذلك تكون حسابات الأسلوب قد اكتملت أي:

$$L(6) = \left\{ \begin{matrix} 0, & 2, & 3, & 1, & 7, & 6, & 12 \\ * & * & * & * & * & * & * \end{matrix} \right\}$$

اقصر فترة زمنية هي 12 أسبوع واقصر المسارات هو:

$1 \rightarrow 2 \rightarrow 6 \rightarrow 7$

5- 4 - 4 -3: مسألة اقصر المسارات و أنموذج الشحن

The Shortest - Route Problem And Transshipment Model

بالإمكان صياغة مسألة اقصر المسارات كأنموذج شحن الموضح بالفقرة (4 - 14) وذلك من خلال اعتبار مسألة أقصر المسارات تمثل مسألة نقل بمصدر واحد وموقع واحد , كمية العرض للمصدر هي وحدة واحدة وكمية الطلب للموقع هي وحدة واحدة أيضا . عملية نقل الوحدة الواحدة من المصدر إلى الموقع تتم من خلال عدة طرق داخل الشبكة والهدف هو تقليل مسافة سير الوحدة الواحدة من المصدر إلى الموقع .

مثال (5 - 11): كون أنموذج الشحن للمخطط الشبكي الآتي وأوجد الحل الأمثل له:

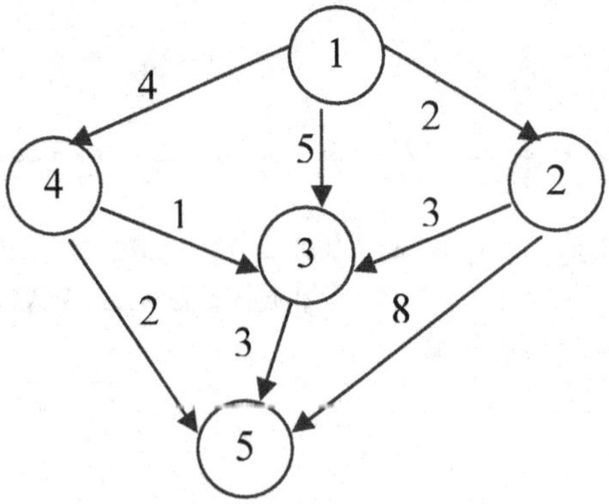

الحل:

مسألة اقصر المسارات تتضمن حساب المسافة الأقصر بين عقدة المصدر (1) وبقية عقد الشبكة ولكن أنموذج الشحن يتضمن حساب المسافة الأقصر بين عقدتين فقط أي بين عقدة المصدر (1) وعقدة الموقع (5) , الجدول (5 - 5) يوضح أنموذج الشحن:

الجدول (5 - 5)

إلى / من	٢	٣	٤	٥	العرض
١	[٢]	[5]	[4] 1	[M]	1
٢	[٠] 1	[3]	[M]	[8]	B
٣	[M]	[٠] 1	[M]	[3]	B
٤	[M]	[1]	[0]	[2] 1	B
الطلب	B	B	B	1	1+3B

من الجدول (5 - 5) نلاحظ أن العقدة (1) تمثل نقطة عرض بحتة والعقدة (5) تمثل نقطة طلب بحتة والعقد 2 , 3 , 4 تمثل نقاط شحن كما أن B = 1 حيث أن قيمة B يجب على الأقل أن تساوي عدد الوحدات المعروضة وكلف النقل في الجدول تمثل المسافة بحيث أن المسافة من العقدة إلى نفسها تمثل بقيمة صفرية ومن عقدة إلى عقدة أخرى غير مرتبطة معها بصورة مباشرة تمثل بقيمة كبيرة جدا (M) , الجدول (5 - 5) يمثل الحل الأمثل باستخدام أساليب حل نماذج النقل الموضحة في الفصل الرابع أي أن:

$\chi_{14} = 1 \ , \ \chi_{45} = 1 \ , Z = 6$

وهذا يعني أن المسافة هي (6) واقصر المسارات هو:

$1 \rightarrow 4 \rightarrow 5$

5 - 5: إدارة المشروع Project Management

إن الإدارة الناجحة للمشاريع الكبيرة تتطلب تخطيطا وجدولة مبرمجة وتنسيقا دقيقا للفعاليات العديدة ذات العلاقات المتداخلة .

للمساعدة في هذه المهمات أنشئت طرائق منهجية مبنية على استعمال المخططات الشبكية وكان من أكثر هذه الطرائق بروزا هي طريقة المسار الحرج (CPM) (Critical Path Method) وأسلوب بيرت (PERT) أسلوب تقويم وإعادة البرامج (Program Evaluation and Review Technique) بمساعدة هذين الأسلوبين فإن إداري المشروع يتمكن من:

1 . التخطيط للمشروع بحيث موارد الوقت والعمل تكون كافية .

2 . جدولة فعاليات المشروع من حيث أوقات سلسلة الأعمال التي يتضمنها المشروع.

3 . السيطرة على فعاليات المشروع ودراسة جدولته بحيث تؤدي إلى اكتمال المشروع.

5 -5 -1: شبكة أعمال المشروع Project Network

استخدام أسلوبي المسار الحرج وبيرت في تحليل المشاريع يتم من خلال تكوين شبكة أعمال للمشروع بحيث:

١. الأسهم تمثل فعاليات المشروع أي الأعمال الفردية للمشروع .

٢. العقد تمثل الحدث أي وقت ابتداء ونهاية فعالية واحدة أو أكثر من فعاليات المشروع.

٣. اتجاه السهم يمثل تسلسل العمل.

٤. أي عقدتين داخل الشبكة لا يمكن ربطها بأكثر من سهم واحد(أي لا يمكن لنشاطين أن يتفرعا من حدث ويلتقيان في حدث لاحق) .

5 -5 -2: فعاليات المشروع Project Activity

تنقسم فعاليات المشروع إلى نوعين هما:

5 - 5 -2 -1: الفعاليات الحقيقية

أول خطوة في تحليل المشاريع هي تقسيم المشروع إلى عدد من فعاليات كمثال لنفترض بأن الشكل (5-28) يمثل شبكة الأعمال لأحد المشاريع:

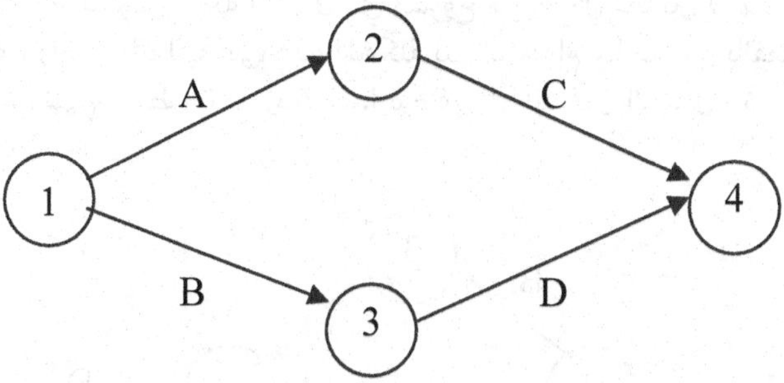

الشكل (5 - 28)

إن الفعالية تتمثل بسهم مباشر أي إن الشكل (5 - 28) يحتوي على أربع فعاليات (A , B ,C, D)أما العقد فتمثل وقد ابتداء ونهاية الفعالية فالعقدة (1) تمثل وقت ابتداء الفعالية A , B والعقدة (2) تمثل وقت اكتمال الفعالية A وابتداء الفعالية C والعقدة (3) تمثل وقت اكتمال الفعالية B وابتداء الفعالية D والعقدة (4) تمثل وقت اكتمال المشروع أي ان عقدة المصب تمثل وقت اكتمال المشروع وعقدة المصدر (1) تمثل وقت ابتداء المشروع والذي يكون صفر , إشارات الأسهم تدل على تسلسل الفعاليات بحيث:

الفعالية A تسبق الفعالية C

الفعالية B تسبق الفعالية D

5 - 5- 2-2: الفعاليات الوهمية Dummy Activities

للشكل (5 - 28) نفترض الآتي:

الفعالية A تسبق الفعاليتين C , B

الفعاليتين B , C تسبق الفعالية D

وعلى هذا الأساس فإن الشكل (5 - 28) يصبح بالصورة الآتية:

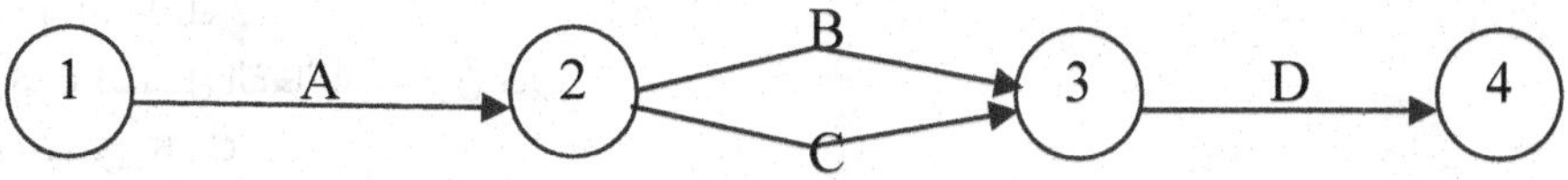

الشكل (5 - 29)

احد الشروط لتكوين شبكة الأعمال لأي مشروع هو ان كل عقدتين لا يمكن ربطهما بأكثر من سهم (فعالية) واحد وللتغلب على هذه المشكلة يتم استخدام ما يسمى بالفعالية الوهمية والتي تكون على شكل سهم منقط وتأخذ زمن مقداره صفر ولذلك فإن الشكل (5 - 29) يصبح بالصورة الآتية:

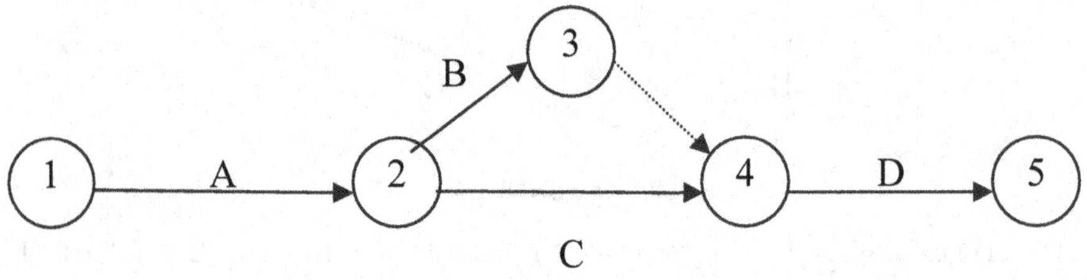

الشكل (5 - 30)

مثال (5 - 12): مكتب للمقاولات يروم القيام بإنشاء احد الأبنية, اول خطوة تواجه المكتب هي تهيئة الأرض التي سوف يقوم البناء فوقها وبعد ذلك على المكتب ان يوفر المواد الأولية وكذلك الأيدي العاملة وبعد ذلك تبدأ عملية حفر الأساس ومن ثم يبدأ البناء .المطلوب تكوين شبكة الأعمال.

الحل:

تقسم عملية البناء إلى عدة فعاليات وكالآتي:

A : تهيئة الأرض

B : توفير المواد الأولية

C : توفير الأيدي العاملة

D : عملية حفر الأساس

E : بداية البناء

ترتيب تسلسل الفعاليات يكون كالآتي:

A تسبق C , B

B , C تسبق D
D تسبق E
وعلى هذا الأساس فإن الشبكة تكون بالصورة الآتية:

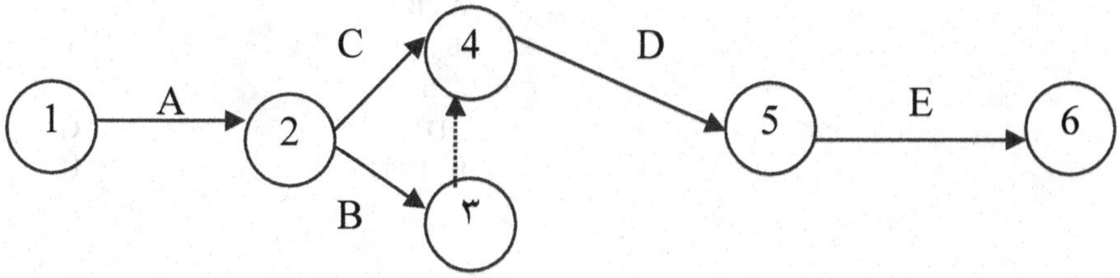

مثال (5 - 13): كون شبكة للفعاليات الآتية:

الفعالية	الفعالية السابقة
A	–
B	–
C	A , B
D	A
E	D
F	C , E

الحل:
شبكة الفعاليات تكون بالصورة الآتية:

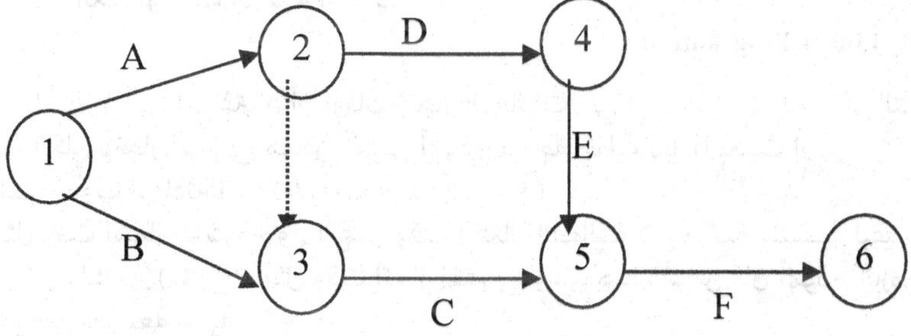

مثال (5 - 14): كون شبكة للفعاليات الآتية:

الفعالية	الفعالية السابقة
A	_
B	_
C	_
D	A , B
E	B , C
F	B
G	D
H	E , F , G

الحل:

شبكة الفعاليات تكون بالصورة الآتية:

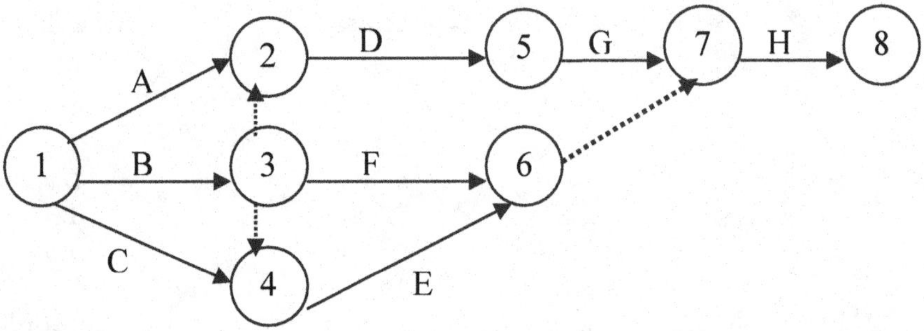

5 - 5 - 3: الحل بوساطة البرمجة الخطية

Solution By Linear Programming

للمثال (5 - 12) نفترض أن أوقات انجاز الفعاليات هي (3 , 5 , 1 , 4 , 3) على التوالي ولإيجاد الوقت الكلي لإنجاز المشروع ممكن تكوين أنموذج برمجة خطية (L.P.) بحيث أن:

t_i: وقت حدوث الحادثة i (i = 1 , 2 , 3 , ------- , 6)

t_6 يمثل وقت اكتمال المشروع و t_5 يمثل وقت اكتمال الفعالية D وهكذا بالنسبة لبقية الحوادث (العقد) ولذلك فإن($t_6 - t_1$) يمثل وقت أنجاز المشروع وعلى هذا الأساس فإن أنموذج البرمجة الخطية (L.P.) يكون بالصيغة الآتية:

$$\text{Min } Z = t_6 - t_1$$

S.T

$t_2 - t_1 \geq 3$

$t_3 - t_2 \geq 4$

$t_4 - t_2 \geq 1$

$t_4 - t_3 \geq 0$

$t_5 - t_4 \geq 5$

$t_6 - t_5 \geq 3$

$t_i \geq 0 \qquad i = 1, 2 \text{ ------ }, 6$

إن كل فعالية تتمثل بقيد واحد فمثلا الفعالية A تتمثل بالقيد الأول وهكذا بالنسبة لبقية الفعاليات وان الوقت الممكن توافره لإنجاز أي فعالية يجب أن يكون اكبر أو يساوي الوقت المتطلب لإنجاز الفعالية وباستخدام طريقة السمبلكس ممكن التوصل إلى الحل الأمثل لأنموذج البرمجة الخطية (.L.P) بحيث أن قيمة Z تمثل اقل وقت ممكن لإنجاز المشروع.

مثال (5 - 15): أوجد أقل وقت كلي يتطلبه أنجاز المشروع الموضح بالمثال (5 - 13) على افتراض أن الأوقات المتطلبة لإنجاز فعاليات المشروع هي (4 , 3 , 2 , 2 , 3 , 1) على التوالي باستخدام البرمجة الخطية (.L.P):

الحل:

صيغة أنموذج البرمجة الخطية (.L.P) يكون بالصيغة الآتية:

$$\text{Min } Z = t_6 - t_1$$

S.T

$t_2 - t_1 \geq 1$

$t_3 - t_1 \geq 3$

$t_3 - t_2 \geq 0$

$t_4 - t_2 \geq 2$

$t_5 - t_3 \geq 2$

$t_5 - t_4 \geq 3$

$t_6 - t_5 \geq 4$

$t_i \geq 0 \qquad i = 1, 2 \text{ ------ }, 6$

ممكن التوصل إلى الحل الأمثل للأنموذج باستخدام طريقة السمبلكس ولكن بما أن عدد القيود اكبر من عدد المتغيرات فهذا يعني أن احد القيود هو قيد غير مؤثر أي أنه

يمكن التوصل إلى حل الأنموذج بإعطاء قيمة صفرية لـ t_1 أي أن $t_1 = 0$ وقيم t_i تمثل أقل قيمة تحقق القيود ولذلك فإن الحل الأمثل هو:

$t_1 = 0$, $t_2 = 1$, $t_3 = 4$, $t_4 = 3$, $t_5 = 6$, $t_6 = 10$, $Z = 10$

أقل وقت لإنجاز المشروع هو 10 أسابيع ولكن فعاليات أي مشروع تختلف من حيث وقت انجاز كل منها وكذلك فإن كل مشروع يتحدد بعدد من الفعاليات التي لا يمكن التأخير في وقت إنجازها لأن ذلك يؤدي إلى تأخير انجاز المشروع وهذه الفعاليات تدعى الفعاليات الحرجة (Critical Activity) ولتحديد الفعاليات الحرجة من أنموذج البرمجة الخطية (.L.P) فإن أي قيد مؤثر يمثل فعالية حرجة أي أن القيد يتحقق بصورة تامة مثال ذلك القيد الرابع حيث $t_4 - t_2 = 4 - 2 = 2$ بينما القيد غير المؤثر يمثل فعالية غير حرجة أي أن القيد لا يتحقق بصورة تامة وعلى هذا الأساس فإن كل فعاليات المشروع هي فعاليات حرجة.

المسار الذي يربط عقدة (حادثة) المصدر بعقدة المصب خلال سلسلة من الفعاليات الحرجة يعرف بالمسار الحرج (Critical Path) والذي يكافيء أطول مسار في شبكة الأعمال وبما ان كل فعاليات المشروع هي فعاليات حرجة لذلك فإن المشروع يمتلك اكثر من مسار حرج واحد.

5 - 5 - 4: الحل بوساطة تحليل شبكة الأعمال Solution By Network Analysis

للحل بهذه الطريقة يجب معرفة الوقت المبكر والمتأخر للحادثة حيث أن الوقت المبكر لأي حادثة (The Earliest Time) والذي يرمز له بالرمز u_j يعرف بأنه الوقت المبكر لحدوث الحادثة j حيث أن أي حادثة (عقدة) ممكن أن تحدث عندما تكون كل الفعاليات المرتبطة بها بصورة مباشرة قد أنجزت فمثلا:

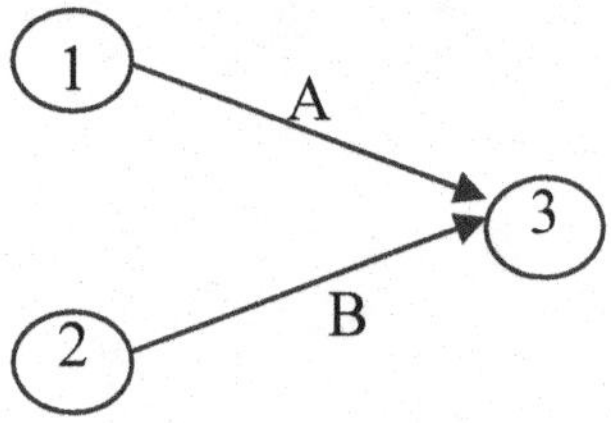

الحادثة (3) تحدث بعد انجاز الفعاليات B , A لذلك فإن الوقت المبكر لحدوث الحادثة (3) يعـرف كالآتي:

$u_3 = \text{Max} \ (u_1 + d_{13} \ , \ u_2 + d_{23})$

حيث d_{13} , d_{23} تمثل أوقات انجاز الفعاليتين B , A على التوالي والصيغة ممكن أن تعمم كالآتي:

$u_j = \text{Max} \ (u_i + d_{ij})$ ---------- (8 – 5)

أما الوقت المتـأخر للحادثـة (The Latest Time) والـذي يرمـز لـه بـالرمز v_i فيعـرف بأنـه آخـر وقـت لحدوث الحادثة i بدون ان يؤثر على اكتمال المشروع فمثلا:

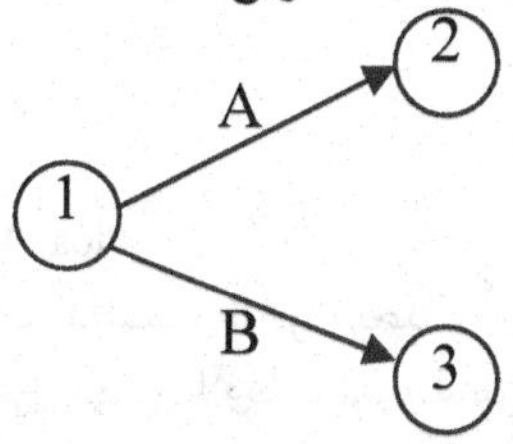

في حال كون الفعاليتين B , A تم انجازهما في زمن مقداره v_2 , v_3 على التوالي فـإن ذلـك سـوف يؤدي إلى انجاز المشروع بدون تـأخير وهـذا ممكـن في حـال افـتراض $v_1 = \text{Min} \ (v_2 - d_{12} \ , \ v_3 - d_{13})$ والصيغة العامة لحسابات الوقت المتأخر لأي حادثة هي:

$v_i = \underset{j}{\text{Max}} \ (v_j - d_{ij})$ ---------- (9 – 5)

مثال (5 – 16): أوجد الأوقات المبكرة والمتأخرة للحوادث للمثال (5 – 15)

الحل:

يفترض أن الوقت المبكر للحادثة الأولى هو صفر أي $u_1 = 0$ ولذلك فإن الأوقات المبكرة لبقية الحوادث هي:

$u_2 = u_1 + d_{12} = 0 + 1 = 1$

$u_3 = \text{Max} \ (u_1 + d_{13} \ , \ u_2 + d_{23})$

$= \text{Max} (0 + 3 , 1 + 0) = 3$

$u_4 = u_2 + d_{24} = 1 + 2 = 3$

$u_5 = \text{Max} \ (u_3 + d_{35} \ , \ u_4 + d_{45})$

$= Max (3 + 2 , 3 + 3) = 6$

$u_6 = u_5 + d_{56} = 6 + 4 = 10$

لحساب الأوقات المتأخرة فإن الوقت المتأخر لأخر حادثة يساوي الوقت المبكر لها أي أن $v_6 = u_6 =$ 10 وبعد ذلك يتم احتساب بقيمة الأوقات وكالآتي:

$v_5 = v_6 - d_{56} = 10 - 4 = 6$

$v_4 = v_5 - d_{45} = 6 - 3 = 3$

$v_3 = v_5 - d_{35} = 6 - 2 = 4$

$v_2 = Min (v_3 - d_{23} , v_4 - d_{45})$

$= Min (4 - 0 , 3 - 2) = 1$

$v_1 = Min (v_2 - d_{12} , v_3 - d_{13})$

$= Min (1 - 1 , 4 - 3) = 0$

5 -5 -4 -1: أوقات المرونة Float Time

تستخدم أوقات المرونة لتحديد المسار الحرج بحيث أن الفعاليات الحرجة تكون ذات أوقات مرونة مقدارها صفر , هنالك نوعين مهمين لأوقات المرونة من ثلاثة أنواع وهي:

1 . **الوقت المرن الكلي** (Total Float Time) وهو عبارة عن اكبر وقت يمكن تأجيل المباشرة في تنفيذ فعالية ما دون أن يؤثر ذلك على الوقت الكلي لنجاز المشروع ويرمز له بالرمز (TF_{ij}) أي انه عبارة عن الفرق بين اكبر وقت ممكن لإنجاز الفعالية ($u_j - u_i$) والفترة الزمنية المخمنة لإنجاز الفعالية (d_{ij}):

$TF_{ij} = v_j - d_{ij} - u_i$ --------- (10 – 5)

الفعالية المتمثلة بوقت مرن كلي مقداره صفر تمثل فعالية حرجة ومن ذلك نستطيع تحديد المسار الحرج .

2 . **الوقت المرن الحر** (Free Float Time) وهو عبارة عن اكبر وقت يمكن تأجيل المباشرة بتنفيذ فعالية ما أذا ابتدأت كافة الفعاليات الباقية في الأوقات المبكرة لها ويرمز له بالرمز (FF_{ij})أي أنه عبارة عن تجاوز الوقت الممكن للفعالية($u_j - u_i$) للفترة الزمنية لإنجاز الفعالية (d_{ij}):

$FF_{ij} = u_j - d_{ij} - u_i$ --------- (11 – 5)

مثـال (5 - 17): أوجد أوقات المرونة والمسار الحرج للمثال (5 - 16)

الحـل:

الجدول (5 - 6) يمثل أوقات المرونة:

الجدول (5 - 6)

Act.	d_{ij}	u_i	v_j	TF_{ij}	FF_{ij}
A	$d_{12} = 1$	0	1	0	0
B	$d_{13} = 3$	0	4	1	0
d.	$d_{23} = 0$	1	4	3	2
C	$d_{35} = 2$	3	6	1	1
D	$d_{24} = 2$	1	3	0	0
E	$d_{45} = 3$	3	6	0	0
F	$d_{56} = 4$	6	10	0	0

المسار الحرج يمثل الفعاليات ذات قيم صفرية مـن حيـث أوقـات المرونـة الكليـة (TF_{ij}) ولـذلك فـإن المسار الحرج هو:

$1 \rightarrow 2 \rightarrow 4 \rightarrow 5 \rightarrow 6$

عندما يكون الوقت المرن الكلي لأي فعالية عبارة عن قيمة صفرية فإن ذلـك يعنـي أن الوقـت المـرن الحر للفعالية يكون قيمة صفرية ايضا والعكس غير صحيح .

مثـال (5 - 18): للمثال (5 - 14) أوجد الأوقات المبكرة والمتأخرة , أوقات المرونة والمسار الحـرج مع العلم ان الأوقات المخمنة لإنجاز الفعاليات هي (5 , 2 ,1 , 4 , 5 , 2 , 4 , 3) على التوالي:

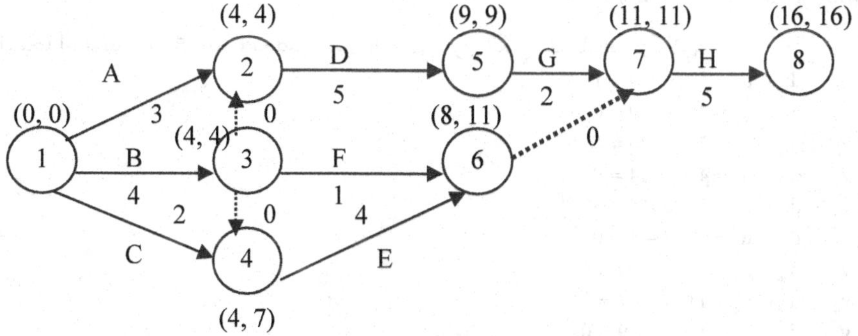

الحل:

باستخدام المعادلة (5 - 8) نحصل على الأوقات المبكرة على اعتبار ان الوقت المبكر للحادثة (1) هو صفر:

$u_3 = u_1 + d_{13} = 0 + 4 = 4$

$u_2 = Max\ (u_1 + d_{12}\ ,\ u_3 + d_{32})$

$= Max\ (0 + 3 , 4 + 0) = 4$

$u_4 = Max\ (u_1 + d_{14}\ ,\ u_3 + d_{34})$

$= Max\ (0 + 2 , 4 + 0) = 4$

$u_5 = u_2 + d_{25} = 4 + 5 = 9$

$u_6 = Max\ (u_3 + d_{36}\ ,\ u_4 + d_{46})$

$= Max\ (4 + 1 , 4 + 4) = 8$

$u_7 = Max\ (u_5 + d_{57}\ ,\ u_6 + d_{67})$

$= Max\ (9 + 2 , 8 + 0) = 11$

$u_8 = u_7 + d_{78} = 11 + 5 = 16$

باستخدام المعادلة (5 - 9) نحصل على الأوقات المتأخرة على اعتبار أن الوقت المتأخر للحادثة (8) يساوي الوقت المبكر لها أي $v_8 = 16$:

$v_7 = v_8 - d_{78} = 16 - 5 = 11$

$v_6 = v_7 - d_{67} = 11 - 0 = 11$

$v_5 = v_7 - d_{57} = 11 - 2 = 9$

$v_4 = v_6 - d_{46} = 11 - 4 = 7$

$v_2 = v_5 - d_{25} = 9 - 5 = 4$

$v_3 = Min\ (v_2 - d_{32}\ ,\ v_4 - d_{34} , v_6 - d_{36})$

$= Min\ (4 - 0 , 7 - 0 , 11 - 1) = 4$

$v_1 = Min\ (v_2 - d_{12}\ ,\ v_3 - d_{13} , v_4 - d_{14})$

$= Min\ (4 - 3 , 4 - 4 , 7 - 2) = 0$

باستخدام المعادلة (5 - 10) نحصل على الوقت المرن الكلي للفعاليات وكالآتي:

$TF_{12} = v_2 - d_{12} - u_1 = 4 - 3 - 0 = 1$

$TF_{13} = v_3 - d_{13} - u_1 = 4 - 4 - 0 = 0$

$TF_{14} = v_4 - d_{14} - u_1 = 7 - 2 - 0 = 5$

$TF_{32} = v_2 - d_{32} - u_3 = 4 - 0 - 4 = 0$

$TF_{34} = v_4 - d_{34} - u_3 = 7 - 0 - 4 = 3$

$TF_{25} = v_5 - d_{25} - u_2 = 9 - 5 - 4 = 0$

$TF_{36} = v_6 - d_{36} - u_3 = 11 - 1 - 4 = 6$

$TF_{46} = v_6 - d_{46} - u_4 = 11 - 4 - 4 = 3$

$TF_{57} = v_7 - d_{57} - u_5 = 11 - 2 - 9 = 0$

$TF_{67} = v_7 - d_{67} - u_6 = 11 - 0 - 8 = 3$

$TF_{78} = v_8 - d_{78} - u_7 = 16 - 5 - 11 = 0$

باستخدام المعادلة (5 - 11) نحصل على الوقت المرن الحر للفعاليات وكالآتي:

$FF_{12} = u_2 - d_{12} - u_1 = 4 - 3 - 0 = 1$
$FF_{13} = u_3 - d_{13} - u_1 = 4 - 4 - 0 = 0$
$FF_{14} = u_4 - d_{14} - u_1 = 4 - 2 - 0 = 2$
$FF_{32} = u_2 - d_{32} - u_3 = 4 - 0 - 4 = 0$
$FF_{34} = u_4 - d_{34} - u_3 = 4 - 0 - 4 = 0$
$FF_{25} = u_5 - d_{25} - u_2 = 9 - 5 - 4 = 0$
$FF_{36} = u_6 - d_{36} - u_3 = 8 - 1 - 4 = 3$
$FF_{46} = u_6 - d_{46} - u_4 = 8 - 4 - 4 = 0$
$FF_{57} = u_7 - d_{57} - u_5 = 11 - 2 - 9 = 0$
$FF_{67} = u_7 - d_{67} - u_6 = 11 - 0 - 8 = 3$
$FF_{78} = u_8 - d_{78} - u_7 = 16 - 5 - 11 = 0$

الفعاليات(النشاطات) الحرجة هي:

B → d. → D → G → H

ولذلك فإن المسار الحرج هو:

1 → 3 → 2 → 5 → 7 → 8

الذي يمثل اقل فترة زمنية لإنجاز المشروع أي (16) أسبوع ويكافئ أطول مسار في شبكة الأعمال.

الأرقام الموجودة بين قوسين على العقد تمثل الأوقات المبكرة والمتأخرة للحوادث.

5 - 5 - 5: طريقة المسار الحرج Critical Path Method (CPM)

تركز طريقة المسار الحرج على خلق موازنة ما بين وقت وكلفة انجاز المشروع من خلال تكوين منحنى الوقت - الكلفة لكل فعالية وكما هو موضح بالشكل (5- 31).

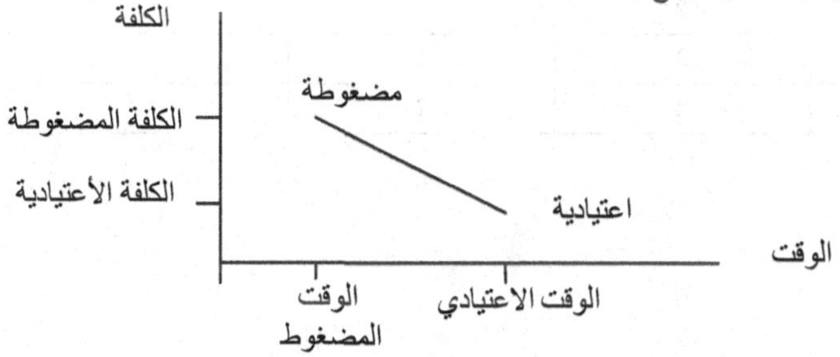

الشكل (5 - 31)

الشكل (5 - 31) يمثل العلاقة بين الكلفة المباشرة للفعالية (والتي تمثل كلفة الموارد والمعدات والعمال المستخدمين ولا تتضمن تكاليف المشروع غير المباشرة مثل الأشراف والتكاليف العامة المعتادة وفوائد رأس المال وغيرها) والفترة الزمنية لها . حيث تمثل النقطة الاعتيادية كلفة ووقت انجاز الفعالية بطريقة اعتيادية بدون أية تكاليف إضافية بينما تمثل النقطة المضغوطة (Crashing point) وقت وكلفة انجاز الفعالية على أساس الضغط أي تقليل الفترة الزمنية لإنجازها على حساب الكلفة .

الهدف الأساسي لطريقة المسار الحرج هو خلق موازنة ما بين وقت وكلفة انجاز كل فعالية وبالتالي الحصول على الفترة الزمنية المثلى لإنجاز المشروع وبأقل كلفة ممكنة ولتحقيق هذا الهدف يتم الجوء إلى الطريقتين الآتيتين:

5 -5 -5 -1: طريقة البدائل An Enumerative Method

تستخدم هذه الطريقة للمشاريع الصغيرة فقط والفكرة الأساسية لها هي أن تقليل الفترة الزمنية للمشروع تتم من خلال تقليل الفترة الزمنية للفعاليات الحرجة طالما كانت كلف الضغط (أي كلف تقليل الفترة الزمنية) اقل من الكلفة الاعتيادية, الصعوبة الرئيسية في هذه الطريقة تكمن في التغيرات التي سوف تحدث على المسار الحرج .

مثال (5 - 19): للمثال (5 - 17) أوجد الفترة الزمنية لإنجاز المشروع بأقل كلفة ممكنة مع العلم أن الكلفة الاعتيادية لكل يوم هي 4 ملايين دينار:

الفعاليات	الوقت الاعتيادي	الوقت المضغوط	الكلفة المضغوطة (يوم)
A	1	-	-
B	3	1	3
C	2	1	5
D	2	1	5
E	3	1	3
F	4	2	3

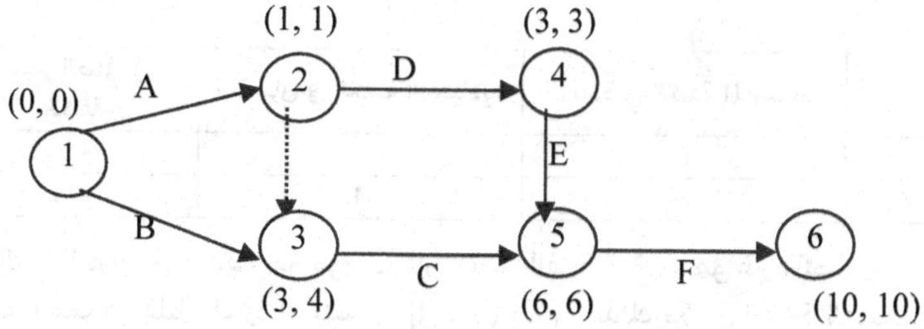

الحـل:

جميع الفعاليات هي فعاليات حرجة وعلى افتراض أن الفعاليتين (B,C) غير حرجة فإن المسار الحـرج هو:

الفترة الزمنية الاعتيادية لإنجاز المشروع هي 10 أيام وبكلفة مقدارها 40 مليون دينار .
لكي يتم تقليل الفترة الزمنية لإنجاز المشروع فإن ذلك يستوجب تقليل الفترة الزمنية لإنجاز الفعاليـات الحرجة , الفعالية A لا يمكن تقليل الفترة الزمنية لإنجازها لأن الفترة الاعتيادية لها هي يـوم واحـد أي اقل ما يمكن أما الفعالية D فإن كلفة تقليل الفترة الزمنية لها يـوم واحـد تكلـف (5) مليـون بيـنما الكلفة الاعتيادية هي 4 مليون وهذا يعنـي ان تقليـل الفـترة الزمنيـة هـو غـير اقتصادي , الفعاليـة E لايمكن أن تكـون فعاليـة مضـغوطة للحـد الأدنى لهـا أي يـوم واحـد لأن ذلـك سـوف يجعـل كـل مـن الفعاليات C , B فعاليات حرجة أي أن الفعالية E ممكن تقليل الفترة الزمنية لإنجازها يوم واحد فقط أي ان الفترة الزمنية لإنجاز المشروع تصبح (9) أيـام وبكلفـة مقـدارها 39 مليـون دينـار , ولـكي نقلـل الفترة الزمنية لإنجاز المشروع لأكثر من يوم واحد فإن ذلك يتطلب تقليل الفترة الزمنية لإنجاز الفعالية E يوم واحد بالإضافة إلى تقليل الفترة الزمنية لإنجاز الفعالية B أو C ليوم واحد أي:

الفعاليات	الزيادة في الكلفة المضغوطة	النقصان في الكلفة الاعتيادية	التغير الصافي في الكلفة
E + B	6	4	+ 2
E + C	8	4	+ 4

بما أن التغير الصافي في الكلفة هو موجب فإن تقليل الفترة الزمنية هو غير اقتصادي.

الفعالية F ممكن تقليل الفترة الزمنية لها إلى (2) يوم وبذلك تكون الفترة الزمنية النهائية لإنجاز المشروع هي (7) أيام وبكلفة مقدارها 37 مليون دينار

مثال (5 - 20): أوجد الفترة الزمنية المثلى لإنجاز مشروع يتضمن ثمانية فعاليات بأقل كلفة ممكنة.

الفعاليات	الفعاليات السابقة	الوقت الاعتيادي (يوم)	الوقت المضغوط(يوم)	الكلفة المضغوطة (لكل يوم)
A	-	10	7	4
B	-	5	4	2
C	B	3	2	2
D	A , C	4	3	3
E	A , C	5	3	3
F	D	6	3	5
G	E	5	2	1
H	F , G	5	4	4

الكلفة الاعتيادية لكل يوم عمل هي (5) مليون دينار والأوقات المبكرة والمتأخرة للحوادث (u_i , v_j) موضحة بالشكل الآتي:

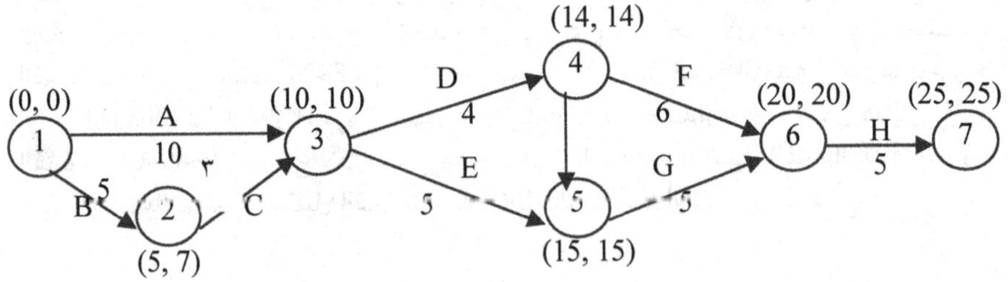

الحـل:

الشبكة ذات مسارين حرجين وكالآتي:

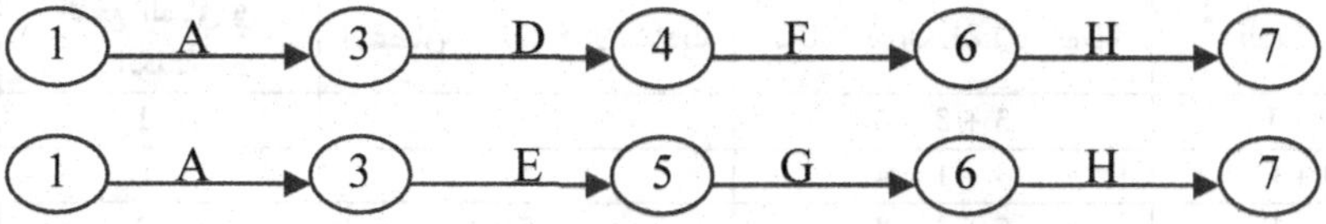

الفترة الزمنية الاعتيادية لإنجاز المشروع هي 25 يوم وبكلفة مقدارها 125 مليون دينار.

لكي نقلل الفترة الزمنية لإنجاز المشروع فيجب تقليل الفترة الزمنية لإنجاز الفعاليات الحرجة المكونة للمسار الحرج, تقليل الفترة الزمنية لإنجاز الفعالية A هو اقتصادي لأن ذلك يؤدي إلى تقليل الكلفة مليون دينار لكل يوم (1 = 4 - 5) الا أن الحد الأدنى لتقليل الفترة الزمنية لـ A هو 8 أيام لان تقليل الفترة الزمنية لـ A إلى 7 أيام يجعل كل من C , B عبارة عن فعاليات حرجة وعلى هذا الأساس تكون الفترة الزمنية لـ A هي 8 أيام ومجموع الكلفة تقلل إلى 123 مليون دينار , ولكي نقلل الفترة الزمنية لـ A إلى 7 أيام فإن ذلك يتطلب تقليل الفترة الزمنية يوم واحد لـ B أو C أي أن:

التغير الصافي في الكلفة	النقصان في الكلفة الاعتيادية	الزيادة في الكلفة المضغوطة	الفعاليات
+ 1	5	4 + 2 = 6	A + B
+ 1	5	4 + 2 = 6	A + C

من الجدول في أعلاه يتضح ان تقليل الفترة الزمنية هو غير اقتصادي لأن ذلك يؤدي إلى زيادة في مجموع الكلفة مقدارها مليون دينار لكل يوم.

الفعاليات الحرجة D , E , F , G تتمثل بمسارين حرجين متوازيين (Parallel Critical Paths) بين العقدة 3 والعقدة 6 وكالآتي:

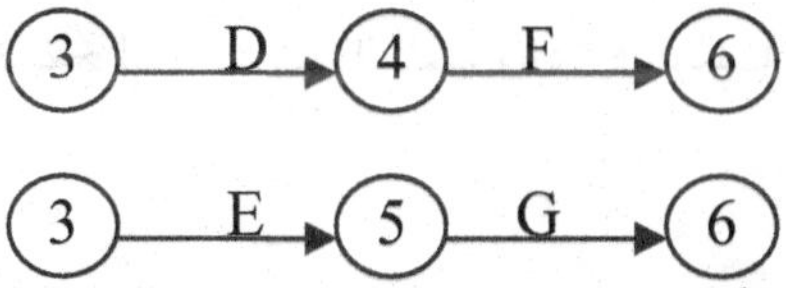

لكي نقلل الفترة الزمنية لأحدى فعاليات المسار يجب ان نقلل الفترة الزمنية لأحدى فعاليات المسار الأخر أي أن:

التغير الصافي في الكلفة	النقصان في الكلفة الاعتيادية	الزيادة في الكلفة المضغوطة	الفعاليات
+ 1	5	3 + 3 = 6	D + E
- 1	5	3 + 1 = 4	D + G
+ 3	5	5 + 3 = 8	F + E
+ 1	5	5 + 1 = 6	F + G

من الجدول في أعلاه يتضح أن تقليل الفترة الزمنية لـ D و G يوم واحد يـؤدي إلى تقليـل مجمـوع الكلفـة بمقـدار مليون دينار ولذلك فإن مجموع الكلفة يصبح 122 مليون دينار.

الفعالية H ممكن تقليل الفترة الزمنية لها إلى 4 أيام وذلك يؤدي إلى تقليل مجموع الكلفة بمقدار مليون دينـار أي يصبح 121 مليون دينار .

والفترة الزمنية المثلى لإنجاز المشروع هي 21 يوم بعد تقليل الفترة الزمنية للفعاليات الآتية:

الفعالية A الفترة الزمنية لها 8 أيام

الفعالية D الفترة الزمنية لها 3 ايام

الفعالية G الفترة الزمنية لها 4 ايام

الفعالية H الفترة الزمنية لها 4 ايام

في بعض المسائل تعطى الكلفة المضغوطة بصورة إجمالية لعدة أيام لـذلك يصـار إلى اسـتخراج الكلفـة المضغوطة لليوم الواحد .

5 -5 -5 -2: طرائق البرمجة الرياضية Mathematical Programming Methods

في حالة المشاريع الكبيرة فإن البرمجة الرياضية تكون اكثر كفاءة في جدولـة المشـاريع , في هـذه الفقرة سوف نستعرض بعض نماذج البرمجة الخطية (L.P.) التي تستخدم في تحليل المسار الحرج.

الشكل (5 – 32) يوضح العلاقـة بـين الكلفـة والفـترة الزمنيـة لإنجـاز أي فعاليـة مـن فعاليـات المشروع .

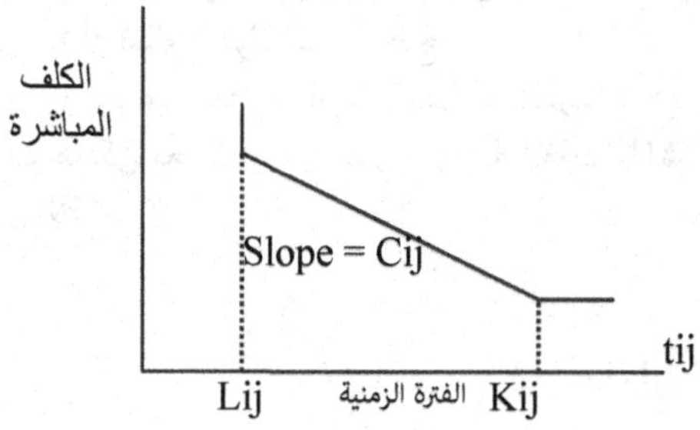

الشكل (5 - 32)

حيث أن:

K_{ij} : الوقت الأعتيادي لإنجاز الفعالية (i , j) .

L_{ij} : الوقت المضغوط لإنجاز الفعالية (i , j) .

C_{ij} : كلفة تقليل الفترة الزمنية للفعالية (i , j) وحدة واحدة.

t_{ij} : الفترة الزمنية لإنجاز الفعالية (i , j) وهو متغير غير معلوم يقع بين L_{ij} و K_{ij}.

الكلفة المضغوطة تحسب بالصيغة الآتية:

$$C_{ij} (K_{ij} - t_{ij})$$

بالإضافة إلى ذلك فإن t_i تمثل وقت حدوث الحادثة i (i = 1 , 2 ---- , n) للمشروع الذي يتضمن n من الحوادث , وعلى هذا الأساس سوف نستعرض ثلاثة نماذج تستخدم لتحليل المسار الحرج لإدارة المشاريع وفي كل من هذه النماذج الثلاثة يتم افتراض ان الوقت الأعتيادي والوقت المضغوط والكلفة المضغوطة تكون معلومة لكل فعاليات المشروع .

الأنموذج الأول: مشروع يجب ان يكتمل في الوقت T والمطلوب تحديد كيفية عمل فعاليات المشروع بحيث نقلل الكلفة الكلية المضغوطة .

هذه المسألة ممكن أن تصاغ كبرنامج خطي وكالآتي:

$$\text{Min } Z = \sum_{i,j} C_{ij} (K_{ij} - t_{ij})$$

S.T

$$t_j - t_i \geq t_{ij} \quad \forall \ i , j$$

$$t_n - t_1 \leq T$$

$$L_{ij} \leq t_{ij} \leq K_{ij} \quad \forall \ i , j$$

$$t_i \geq 0 \qquad i = 1 , 2 ------ , n$$

باستخدام طريقة السمبلكس ممكن التوصل إلى حل المسألة في أعلاه بحيث قيمة Z تمثل تقليل الكلفة المضغوطة , قيمة T يجب أن تكون اكبر أو تساوي طول المسار الحرج.

الأنموذج الثاني: نفترض وجود ميزانية إضافية بقيمة مقدارها B دينار والمطلوب تخصيص الموارد الإضافية بأفضل أسلوب ممكن بحيث يقلل الفترة الزمنية لإنجاز المشروع , هذه المسألة ممكن ان تصاغ كبرنامج خطي وكالآتي:

$$\text{Min} \quad Z = t_n - t_1$$
$$\text{S.T}$$
$$t_j - t_i \geq t_{ij} \quad \forall \quad i, j$$
$$\sum_{i,j} C_{ij} (K_{ij} - t_{ij}) \leq B$$
$$L_{ij} \leq t_{ij} \leq K_{ij} \quad \forall \quad i, j$$
$$t_i \geq 0 \qquad i = 1, 2 \text{------}, n$$

قيمة Z تمثل اقل فترة زمنية لإنجاز المشروع بالاستعانة بالميزانية الإضافية B .

من خلال نموذجي البرمجة الخطية (L.P.) الأول والثاني , نحصل على علاقة بين مجموع الكلفة المضغوطة والفترة الزمنية لإنجاز المشروع .

الشكل (5 - 33) يوضح العلاقة بين الكلفة المباشرة والفترة الزمنية:

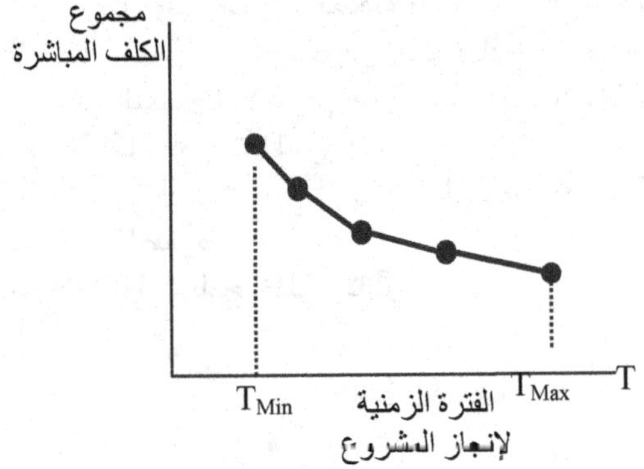

الشكل (5 - 33)

حيث أن:

T_{Max} : الفترة الزمنية لإنجاز المشروع بحيث الفعاليات أنجزت بأوقاتها الاعتيادية .

T_{Min} : الفترة الزمنية لإنجاز المشروع بحيث الفعاليات أنجزت بأوقاتها المضغوطة .

دالة الكلفة في الشكل (5-33) تدعى دالة خطية القطع (Piece - Wise Linear Function) ويلاحظ أن الكلفة المباشرة لإنجاز فعاليات المشروع تتزايد عندما تقل الفترة الزمنية لإنجاز المشروع لكن الكلفة غير المباشرة تقل مع تقليل الفترة الزمنية لإنجاز المشروع.
الشكل (5 - 34) يوضح العلاقة بين الكلفة الكلية (مباشرة + غير مباشرة) والفترة الزمنية لإنجاز المشروع.

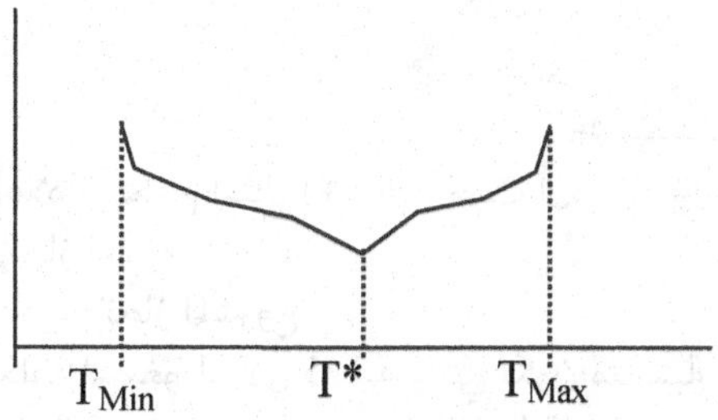

الشكل (5 - 34)

من الشكل (5 - 34) يمكن ملاحظة منحنى كلفة المشروع والذي من خلاله نستطيع ان نختار الفترة الزمنية المثلى (T^*) والتي تؤدي إلى تقليل مجموع الكلفة وكذلك نستطيع تحديد افضل فترة زمنية مثلى لكل فعالية وكذلك ممكن تحديد الكلفة المضغوطة والمسار الحرج .

الأنموذج الثالث: إذا كانت الكلفة غير مباشرة للمشروع خطية مع الفترة الزمنية للمشروع والمطلوب تحديد امثل فترة زمنية للمشروع (T^*) وامثل جدولة للمشروع , لنفترض ان الكلف غير المباشرة متناسبة مع الفترة الزمنية للمشروع ويرمز لها F لكل وحدة وقت فإن الكلفة غير المباشرة تحسب بوساطة $F(t_n - t_1)$ حيث $(t_n - t_1)$ هي الفترة الزمنية غير المعلومة للمشروع أما الكلفة المباشرة فأنها تحسب بوساطة $\Sigma C_{ij}(K_{ij} - t_{ij})$ حيث t_{ij} هي الفترة الزمنية غير المعلومة للفعالية (i , j) .

تحديد الجدولة المثلى للمشروع بحيث نقلل مجموع الكلفة ممكن الحصول عليها من خلال البرنامج الخطي الآتي:

$$\text{Min } Z = F(t_n - t_1) + \sum_{i,j} C_{ij}(K_{ij} - t_{ij})$$

S.T

$$t_j - t_i \geq t_{ij} \quad \forall \quad i, j$$

$$L_{ij} \leq t_{ij} \leq K_{ij} \quad \forall \quad i, j$$

$$t_i \geq 0 \qquad i = 1, 2 \text{ ------ }, n$$

ولتوضيح الأنموذج في أعلاه نستخدم المثال (3 - 20) حيث أن:

$t_7 - t_1$: الفترة الزمنية لإنجاز المشروع .

$5(t_7 - t_1)$: الكلفة الاعتيادية لإنجاز المشروع .

الكلفة المباشرة هي الكلفة المضغوطة لأي فعالية والتي تكون متناسبة مع مقدار تمدد الفعالية بحيث ان الكلفة المضغوطة للفعالية A هي $4(10 - t_{13})$ وللفعالية B هي $2(5 - t_{12})$ وهكذا بالنسبة لبقية الفعاليات ولذلك فإن الأنموذج يكون بالصيغة الآتية:

$$\text{Min } Z = 5(t_7 - t_1) + 4(10 - t_{13}) + 2(5 - t_{12}) + 2(3 - t_{23}) + 3(4 - t_{34})$$
$$+ 3(5 - t_{35}) + 5(6 - t_{46}) + 1(5 - t_{56}) + 4(5 - t_{67})$$

S.T

$$t_3 - t_1 \geq t_{13}$$
$$t_2 - t_1 \geq t_{12}$$
$$t_3 - t_2 \geq t_{23}$$
$$t_4 - t_3 \geq t_{34}$$
$$t_5 - t_3 \geq t_{35}$$
$$t_6 - t_4 \geq t_{46}$$
$$t_6 - t_5 \geq t_{56}$$
$$t_7 - t_6 \geq t_{67}$$
$$7 \leq t_{13} \leq 10$$
$$4 \leq t_{12} \leq 5$$
$$2 \leq t_{23} \leq 3$$
$$3 \leq t_{34} \leq 4$$
$$3 \leq t_{35} \leq 5$$
$$3 \leq t_{46} \leq 6$$
$$2 \leq t_{56} \leq 5$$
$$4 \leq t_{67} \leq 5$$
$$t_1, \text{----}\ t_7 \geq 0$$

عندما $t_1 = 0$ فإن الحل الأمثل ممكن التوصل إليه باستخدام طريقة السمبلكس وكالآتي:

$t_2 = 5$, $t_3 = 8$, $t_4 = 11$, $t_5 = 13$, $t_6 = 17$, $t_7 = 21$
$t_{13} = 8$, $t_{12} = 5$, $t_{23} = 3$, $t_{34} = 3$, $t_{35} = 5$, $t_{46} = 6$
$t_{56} = 4$, $t_{67} = 4$

الفترة الزمنية لإنجاز المشروع هي 21 يوم وبكلفة مقدارها 121 مليون دينار .

5 -5 -6: أسلوب تقييم ومراجعة المشاريع (بيرت)

Program Evaluation And Review Technique (PERT)

تفترض طريقة المسار الحرج (CPM) إن أوقات انجاز الفعاليات تكون معلومة لكنها ممكن أن تتغير بتغير مستوى الموارد , ولكن في الحياة العملية فإن فعاليات المشروع لا يمكن إعطاء تقديرا ثابتا للزمن الذي تستغرقه لذلك فإنه من الضروري الأخذ بنظر الاعتبار احتمالات متعددة بصدد الفترة الزمنية لتنفيذ فعاليات المشروع .

إن أسلوب بيرت يأخذ بنظر الاعتبار ثلاثة أنواع مختلفة من التخمينات لوقت انجاز الفعالية للحصول على معلومات أساسية حول توزيعه الاحتمالي.

وهذه التخمينات هي:

1 . الوقت الأكثر احتمالا (Most Likely Time): يرمز له بالرمز (m) ويمثل التخمين الأكثر واقعية لوقت انجاز الفعالية أي انه يمثل المنوال للتوزيع الاحتمالي لوقت انجاز الفعالية .

2 . الوقت التفاؤلي (Optimistic Time): يرمز له بالرمز (a) ويمثل أفضل تخمين لوقت انجاز الفعالية في حال عدم حدوث عقبات في المشروع ويمثل الحد الأدنى للتوزيع الاحتمالي للوقت.

٣ . الوقت التشاؤمي (Pessimistic Time): يرمز له بالرمز (b) ويمثل تعظيم وقت انجاز الفعالية أي حدوث عقبات في المشروع ويمثل الحد الأعلى للتوزيع الاحتمالي للوقت وكما هو موضح بالشكل (5 - 35):

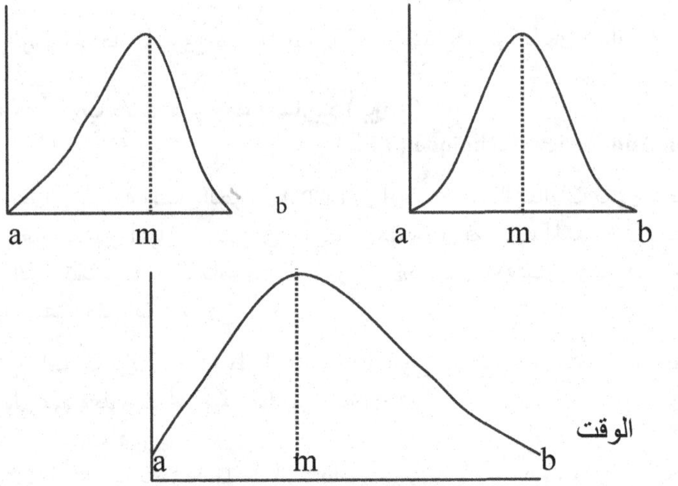

الشكل (5 - 35)

هنالك عدة فرضيات للحصول على القيمة المتوقعة والتباين للوقت المتطلب لإنجاز الفعالية, إحدى هذه الفرضيات هي ان الانحراف المعياري يساوي سدس المدى أي أن:

$$\sigma^2 = [1/6\,(b - a)]^2 \quad \text{---------} \quad (12 - 5)$$

الأساس المنطقي لهذه الفرضية هي ان ذيول العديد من التوزيعات الاحتمالية تعتبر واقعة حوالي 3 انحرافات معيارية عن المتوسط لذلك فإن الانتشار بين الذيول يساوي حوالي 6 انحرافات معيارية .
يتم افتراض إن التوزيع الاحتمالي لوقت انجاز الفعالية هو توزيع بيتا (Beta) وكما هو موضح بالشكل (5 - 35) ولذلك فإن القيمة المتوقعة للتوزيع الاحتمالي هي:

$$M = (a + 4m + b)/6 \quad \text{---------} \quad (13 - 5)$$

المعادلة (5 - 13) تمثل القيمة المتوقعة المخمنة للوقت المتطلب لإنجاز الفعالية من خلال اشتراك التخمينات الثلاثة للوقت على افتراض ان نقطة المنتصف ($(a + b) / 2$) تساوي نقطة الوقت الأكثر احتمالا (m) ولذلك فإن:

$$M = ((a + b)/2 + 2m)/3 = (a + 4m + b)/6$$

بعد احتساب القيمة المتوقعة والتباين لوقت انجاز الفعالية من خلال المعادلتين (5- 13) و (5 - 12) على التوالي نحتاج إلى ثلاثة فرضيات لحساب الفترة الزمنية لإنجاز المشروع وهي:

1 . أوقات انجاز الفعاليات مستقلة واحدة عن الأخرى .

2 . القيمة المتوقعة والتباين لوقت انجاز المشروع هي مجموع القيم المتوقعة والتباينات على التوالي لأوقات انجاز فعاليات المسار الحرج .

3 . وقت انجاز المشروع يتوزع توزيع طبيعي والسبب في ذلك أن الوقت هو مجموع عدة متغيرات عشوائية مستقلة وبالاستناد إلى مبرهنة الحد المركزي (Central limit theorem) فإن التوزيع الاحتمالي للوقت يكون توزيع طبيعي تقريبي .

بالإمكان تقدير احتمال حدوث آية حادثة في الشبكة فبافتراض ان N_i تمثل الوقت المبكر لحدوث الحادثة i وبما ان أوقات انجاز الفعاليات هي عبارة عن متغيرات عشوائية فإن N_i هو متغير عشوائي كذلك وعلى افتراض أن فعاليات الشبكة هي مستقلة إحصائيا فإن عملية احتساب التوقع و التباين لـ N_i تكون كالآتي:

1 . في حالة وجود مسار واحد يقود إلى الحادثة i من حادثة البداية (عقدة المصدر) فإن:

$$E(N_i) = \sum_k M_k = u_i \quad \text{----------} (14-5)$$

$$Var(N_i) = \sum_k \sigma^2_k \quad \text{----------} (15-5)$$

حيث k تمثل الفعاليات المكونة للمسار .

2 . في حالة وجود أكثر من مسار واحد يقود إلى الحادثة i من حادثة البداية فيتم اختيار المسار الأطول ويتم تطبيق المعادلتين (5 - 14) و (5 - 15) .

N_i هو مجموع متغيرات عشوائية مستقلة وبموجب مبرهنة الحد المركزي فإن N_i يتوزع توزيع طبيعي تقريبي بوسط $E(N_i)$ وتباين $var(N_i)$ وبما ان N_i يمثل الوقت المبكر لحدوث الحادثة i وبافتراض E_i يمثل الوقت المخمن لحدوث الحادثة i فإن:

$$P_r\left(N_i \le E_i\right) = P_r\left\{\frac{N_i - E(N_i)}{\sqrt{Var(N_i)}} \le \frac{E_i - E(N_i)}{\sqrt{Var(N_i)}}\right\} = P_r\left\{Z \le \frac{E_i - E(N_i)}{\sqrt{Var(N_i)}}\right\}$$

حيث Z يتوزع توزيعا طبيعيا قياسيا بوسط صفر وتباين مقداره واحد وأن قيمة الاحتمال المحسوب تمثل احتمال حدوث الحادثة بين الوقت المبكر والمتأخر لحدوثها .

وبالإمكان استبدال قيم E_i بقيم v_i بحيث إن قيمة الاحتمال تمثل عدم تجاوز وقت حدوث الحادثة i للوقت المتأخر لحدوثها .

مثال (5 - 21): مشروع يتكون من 8 أعمال (فعاليات) و كالأتي:

الفعالية	الفعالية السابقة	a	m	b
A	-	2	3	4
B	-	2	4	6
C	A	4	5	6
D	A	4	6	8
E	B	5	7	9
F	B	5	6	7
G	C , E	7	9	11
H	D , F	5	7	9

أوجد توقع وتباين الفترة الزمنية اللازمة لإنجاز المشروع .

الحـل:

الشكل (5 - 36) يبين المخطط الشبكي للمشروع .

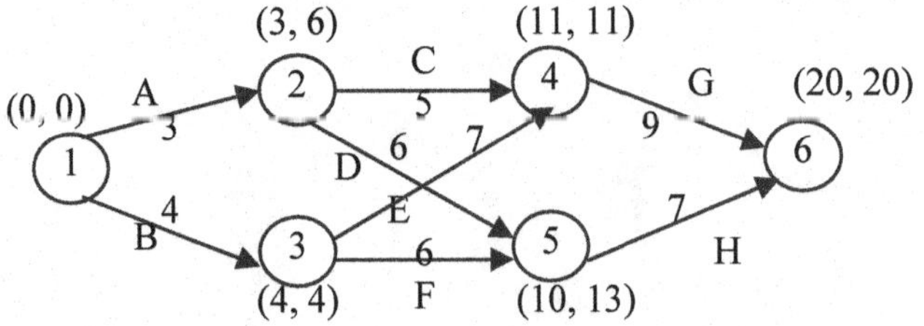

الشكل (5 - 36)

باستخدام المعادلتين (5 - 13) و (5 - 12) نحصل على توقع وتباين الفترة الزمنية اللازمة لإنجاز فعاليات المشروع على التوالي وكما هو مبين بالجدول (5 - 7) :

الجدول (5 - 7)

Act.	M	σ	σ^2
A	3	1/3	1/9
B	4	2/3	4/9
C	5	1/3	1/9
D	6	2/3	4/9
E	7	2/3	4/9
F	6	1/3	1/9
G	9	2/3	4/9
H	7	2/3	4/9

باستخدام توقع الفترة الزمنية لإنجاز كل فعالية ومن خلال المعادلة (5 - 8) نحصل على الأوقات المبكرة للحوادث وكالآتي وبافتراض أن $u_1 = 0$:

$u_2 = u_1 + M_A = 0 + 3 = 3$

$u_3 = u_1 + M_B = 0 + 4 = 4$

$u_4 = \text{Max}\,(u_2 + M_C,\, u_3 + M_E)$

$= \text{Max}\,(3 + 5,\, 4 + 7) = 11$

$u_5 = \text{Max}\,(u_2 + M_D,\, u_3 + M_F)$

$= \text{Max}\,(3 + 6,\, 4 + 6) = 10$

$u_6 = \text{Max}\,(u_4 + M_G,\, u_5 + M_H)$

$= \text{Max}\,(11 + 9,\, 10 + 7) = 20$

من خلال المعادلة (5 - 9) نحصل على الأوقات المتأخرة للحوادث وكالآتي وبافتراض أن $v_6 = u_6 = 20$:

$v_5 = v_6 - M_H = 20 - 7 = 13$

$v_4 = v_6 - M_G = 20 - 9 = 11$

$v_3 = \text{Min}\,(v_5 - M_F,\, v_4 - M_E)$

$= \text{Min}\,(13 - 6,\, 11 - 7) = 4$

$v_2 = \text{Min}\,(v_5 - M_D,\, v_4 - M_C)$

$= \text{Min}\,(13 - 6,\, 11 - 5) = 6$

$v_1 = \text{Min}\,(v_2 - M_A,\, v_3 - M_B)$

$= \text{Min}\,(6 - 3,\, 4 - 4) = 0$

يتساوي الوقت المبكر والمتأخر للحوادث (6 , 4 , 3 , 1) فإن الفعاليات G , E , B تمثل الفعاليات الحرجة والمسار الحرج يكون كالآتي:

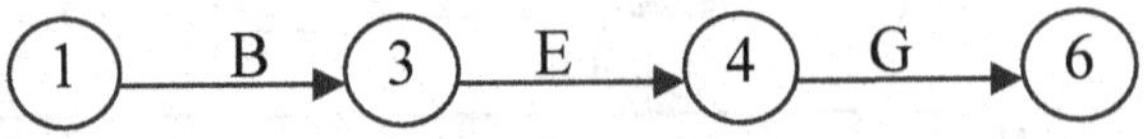

توقع الفترة الزمنية لإنجاز المشروع هو:

$$E(T) = M_B + M_E + M_G$$
$$= 4 + 7 + 9 = 20$$

تباين الفترة الزمنية لإنجاز المشروع هو:

$$Var(T) = \sigma^2_B + \sigma^2_E + \sigma^2_G$$
$$= 4/9 + 4/9 + 4/9 = 4/3$$

مثال (5 - 22): للمثال (5 - 21) , قدر احتمالات حدوث الحوادث على افتراض أن الوقت المخمن لحدوث الحوادث هو:

$E_i = 3, 5, 10, 12, 22 \quad (i = 2, 3, ------, 6)$

وما هو احتمال انجاز المشروع خلال فترة زمنية لا تتجاوز 18 يوم .

الحـــل:

الجدول (5 - 8)

الحادثة	المسار	Ei	E (Ni)	σ^2_{Ni}	σ_{Ni}	$K_i = \frac{E_i - E(N_i)}{\sigma_{N_i}}$	Pr(Z ≤ Ki)
2	$1 \rightarrow 2$	3	3	1/9	0.33	0	0.50
3	$1 \rightarrow 3$	5	4	4/9	0.67	1.49	0.93
4	$1 \rightarrow 3 \rightarrow 4$	10	11	8/9	0.94	-1.06	0.14
5	$1 \rightarrow 3 \rightarrow 5$	12	10	5/9	0.75	2.67	0.99
6	$1 \rightarrow 3 \rightarrow 4 \rightarrow 6$	22	20	4/3	1.15	1.74	0.95

الجدول (5 - 8) يبين احتمال عدم تجاوز وقت حدوث الحادثة للوقت المخمن لها بحيث ان العمود الثاني في الجدول (عمود المسار) يستخرج مباشرة من الشبكة وهو يمثل أطول مسار يصل الحادثة i من حادثة البداية (1) والعمود الأخير تستخرج قيمه مباشرة من جداول التوزيع الطبيعي القياسي.
أما حساب احتمال انجاز المشروع خلال فترة زمنية لا تتجاوز 18 يوم فيتم كالآتي:

$$P_r\left\{\frac{T-E(T)}{\sigma_T} \le \frac{18-E(T)}{\sigma_T}\right\} = P_r\left\{Z \le \frac{18-20}{1.15}\right\} = P_r\{Z \le -1.74\} = 0.14$$

أي أن هنالك احتمال 14 % بأن المشروع سوف يكتمل خلال 18 يوم .

وبالإمكان احتساب احتمال عدم تجاوز وقت حدوث الحوادث للوقت المتأخر لحدوثها وذلك باستبدال قيم E_i بقيم v_i وهذه الاحتمالات توفر لأداري المشروع معلومات عن الموارد التي يجب توفيرها وذلك لتقليل احتمال التأخير في المشروع .

مثال (5 - 23): مشروع يتكون من 14 فعالية وكالأتي:

الفعالية	الفعالية السابقة	a	m	b
A	-	3	4	5
B	-	6	7	8
C	A	7	9	11
D	A	4	6	8
E	A	2	4	6
F	B , C	8	10	12
G	D , F	6	٦	12
H	B , C	3	5	7
I	D , F	10	12	14
J	E , G	9	10	11
K	E , G	5	5	5
L	H , I , J	5	7	9
M	H , I , J	9	12	15
N	K , L	8	11	14

أوجد ما يلي:

1 . توقع وتباين الفترة الزمنية لإنجاز المشروع .

2 . ما هو احتمال إكمال المشروع خلال فترة زمنية لا تتجاوز 50 و ٦٠ يوم على التوالي .

3 . احتمالات عدم حدوث الأحداث بعد الأوقات المتأخرة لحدوثها .

الحل:

الشكل (5 - 37) يمثل شبكة المشروع .

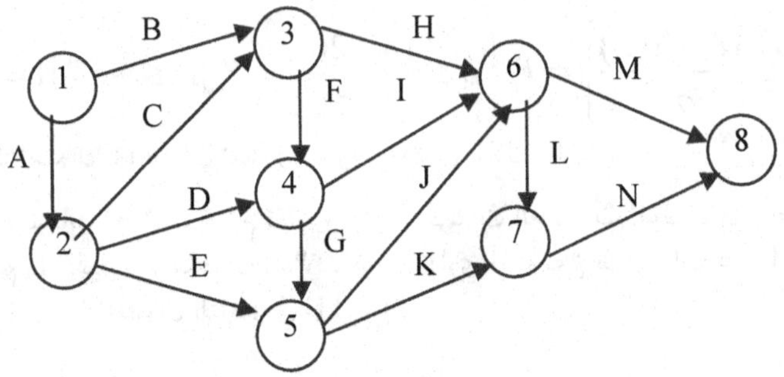

الشكل (5 - 37)

باستخدام المعادلتين (5 - 13) و (5 - 12) نحصل على توقع وتباين الفترة الزمنية اللازمة لإنجاز فعاليات المشروع على التوالي وكما هو مبين بالجدول (5 - 9) :

الجدول (5 - 9)

Act.	M	σ	σ^2
A	4	1/3	1/9
B	7	1/3	1/9
C	9	2/3	4/9
D	6	2/3	4/9
E	4	2/3	4/9
F	10	2/3	4/9
G	7	1	1
H	5	2/3	4/9
I	12	2/3	4/9
J	10	1/3	1/9
K	5	0	0
L	7	2/3	4/9
M	12	1	1
N	11	1	1

باستخدام توقع الفترة الزمنية لإنجاز كل فعالية ومن خلال المعادلة (5 - 8) نحصل على الأوقات المبكرة لحدوث الحوادث وكالآتي :

$u_1 = 0$

$u_2 = u_1 + M_A = 0 + 4 = 4$

$u_3 = \text{Max}\ (u_1 + M_B ,\ u_2 + M_C)$

$\quad = \text{Max}\ (0 + 7 , 4 + 9) = 13$

$u_4 = \text{Max}\ (u_3 + M_F ,\ u_2 + M_D)$

$\quad = \text{Max}\ (13 + 10 , 4 + 6) = 23$

$u_5 = \text{Max}\ (u_2 + M_E ,\ u_4 + M_G)$

$= \text{Max}\,(4 + 4\,,\,23 + 7) = 30$

$u_6 = \text{Max}\,(u_3 + M_H\,, u_4 + M_I\,, u_5 + M_J)$

$= \text{Max}\,(13 + 5\,,\,23 + 12\,,\,30 + 10) = 40$

$u_7 = \text{Max}\,(u_5 + M_K\,, u_6 + M_L)$

$= \text{Max}\,(30 + 5\,,\,40 + 7) = 47$

$u_8 = \text{Max}\,(u_6 + M_M\,, u_7 + M_N)$

$= \text{Max}\,(40 + 12\,,\,47 + 11) = 58$

من خلال المعادلة (5 - 9) نحصل على الأوقات المتأخرة لحدوث الحوادث وكالآتي:

$v_8 = u_8 = 58$

$v_7 = v_8 - M_N = 58 - 11 = 47$

$v_6 = \text{Min}\,(v_7 - M_L\,, v_8 - M_M)$

$= \text{Min}\,(47 - 7\,,\,58 - 12) = 40$

$v_5 = \text{Min}\,(v_6 - M_J\,, v_7 - M_K)$

$= \text{Min}\,(40 - 10\,,\,47 - 5) = 30$

$v_4 = \text{Min}\,(v_5 - M_G\,, v_6 - M_I)$

$= \text{Min}\,(30 - 7\,,\,40 - 12) = 23$

$v_3 = \text{Min}\,(v_6 - M_H\,, v_4 - M_F)$

$= \text{Min}\,(40 - 5\,,\,23 - 10) = 13$

$v_2 = \text{Min}\,(v_3 - M_C\,, v_4 - M_D\,, v_5 - M_E)$

$= \text{Min}\,(13 - 9\,,\,23 - 6\,,\,33 - 4) = 4$

$v_1 = \text{Min}\,(v_3 - M_B\,, v_2 - M_A)$

$= \text{Min}\,(13 - 7\,,\,4 - 4) = 0$

المسار الحرج يكون بالشكل الآتي:

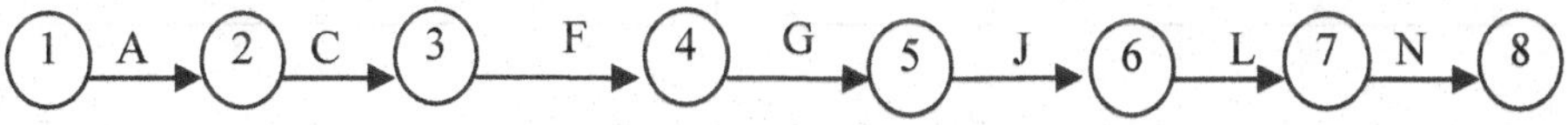

توقع الفترة الزمنية لإنجاز المشروع هو:

$E(T) = M_A + M_C + M_F + M_G + M_J + M_L + M_N$

$= 4 + 9 + 10 + 7 + 10 + 7 + 11 = 58$

تباين الفترة الزمنية لإنجاز المشروع هو:

$\text{Var}(T) = \sigma^2_A + \sigma^2_C + \sigma^2_F + \sigma^2_G + \sigma^2_J + \sigma^2_L + \sigma^2_N$

$= 1/9 + 4/9 + 4/9 + 1 + 1/9 + 4/9 + 1 = 32/9$

2 . احتمال إكمال المشروع في فترة زمنية لا تتجاوز 55 يوم هو:

$$P_r\left\{Z \le \frac{55-58}{1.89}\right\} = P_r\{Z \le -1.59\} = 0.05$$

أما احتمال إكمال المشروع في مدة لا تتجاوز 60 يوم فهو:

$$P_r\left\{Z \le \frac{60-58}{1.89}\right\} = P_r\{Z \le 1.05\} = 0.85$$

3 . الجدول (5 - 10) يمثل احتمال عدم حدوث الأحداث بعد الأوقات المتأخرة لحدوثها .

الجدول (5 - 10)

الحادثة	المسار	E(Ni)	σ^2_{Ni}	σ_{Ni}	$K_i = \frac{v_i - E(N_i)}{\sigma_{N_i}}$	Pr(Z ≤ Ki)
2	1 → 2	4	1/9	0.33	0	0.50
3	1 → 2 → 3	13	5/9	0.75	0	0.50
4	1 → 2 → 3 → 4	23	1	1	0	0.50
5	1 → 2 → 3 → 4 → 5	30	2	1.4	0	0.50
6	1 → 2 → 3 → 4 → 5 → 6	40	19/9	1.45	0	0.50
7	1 → 2 → 3 → 4 → 5 → 6 → 7	47	23/9	1.6	0	0.50
8	1 → 2 → 3 → 4 → 5 → 6 → 7 → 8	58	32/9	1.89	0	0.50

مسائل
Problems

(5 - 1) : الشكل الآتي:

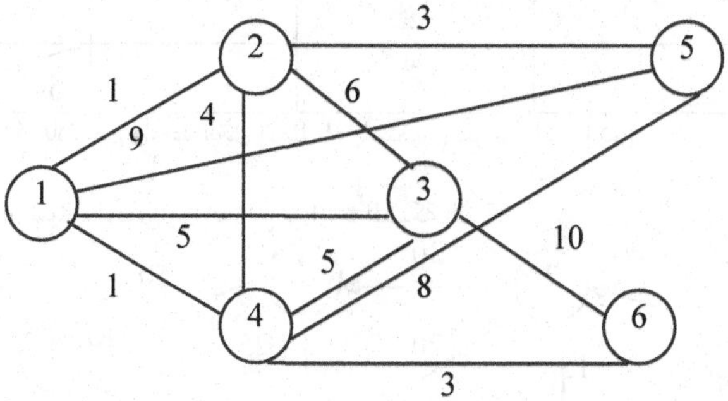

أوجد:

1 . الشجرة الممتدة الصغرى .

2 . الشجرة الممتدة الصغرى على افتراض ان العقدتين 5 , 6 مرتبطتين بمسار طوله 2 كم .

3 . الشجرة الممتدة الصغرى على افتراض عدم وجود ارتباط بين العقدتين 2 , 5

(5 - 2) : للشبكة الآتية:

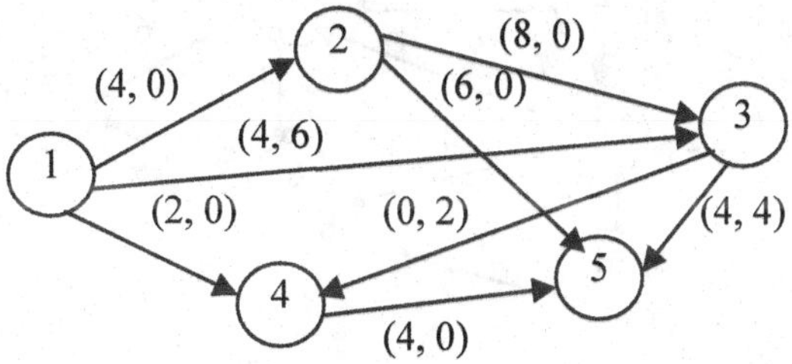

أوجد الانسياب الأقصى بين العقدتين 1 , 5 .

(5 - 3) : كون أنموذج برمجة خطية (.L.P) للمسألة (5 - 2) .

(5 - 4) : لأنموذج النقل الآتي:

إلى / من	I	II	III	العرض
A	1	0	5	10
B	2	3	2	20
C	4	2	4	30
الطلب	15	20	25	60 / 60

كون المخطط الشبكي للأنموذج وأوجد الحل الأمثل له باستخدام طريقة السمبلكس.

(5 – 5): أوجد الانسياب الأقصى بين العقدتين 1 , 6 للشبكة الآتية:

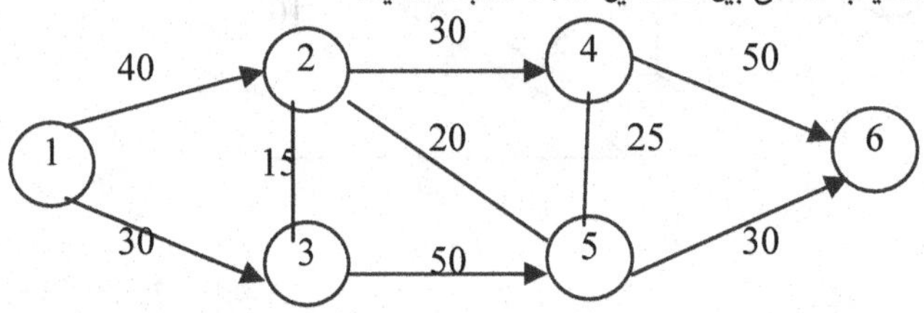

(5 – 6): أوجد اقصر المسارات للشبكات الآتية:

(A)

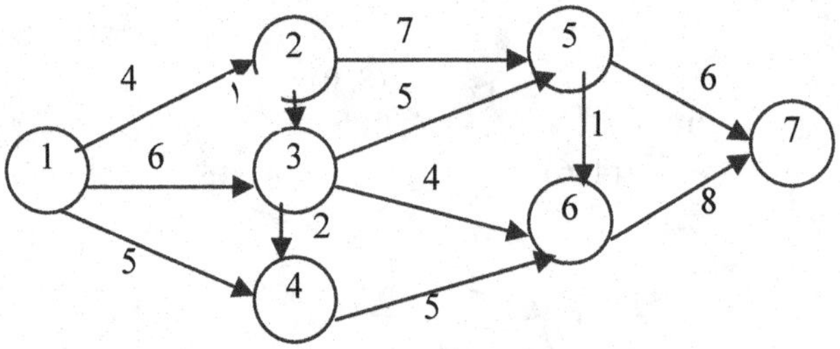

(B)

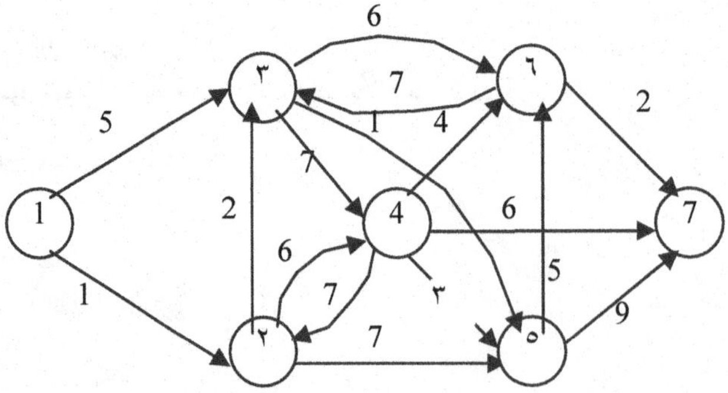

(5 - 7) : مشروع يتكون من 13 فعالية وكالآتي :

الفعالية	A	B	C	D	E	F	G	H	I	J	K	L	M
الفعالية السابقة	-	-	-	-	A	A	B,E	B,E	C,G	C,G	F,I	F,I	D,K

كون شبكة أعمال المشروع .

(5 - 8) : كون شبكة الأعمال لمشروع يتكون من الفعاليات الآتية :

الفعالية	A	B	C	D	E	F	G	H	I	J	K	L
الفعالية السابقة	-	-	-	A,B	B	B	C,F	B	E,H	E,H	C,D,F,J	K

مع العلم ان L , G , I تمثل الفعاليات النهائية للمشروع .

(5 - 9) : أوجد الأوقات المبكرة والمتأخرة لحدوث الحوادث لشبكة الأعمال الآتية:

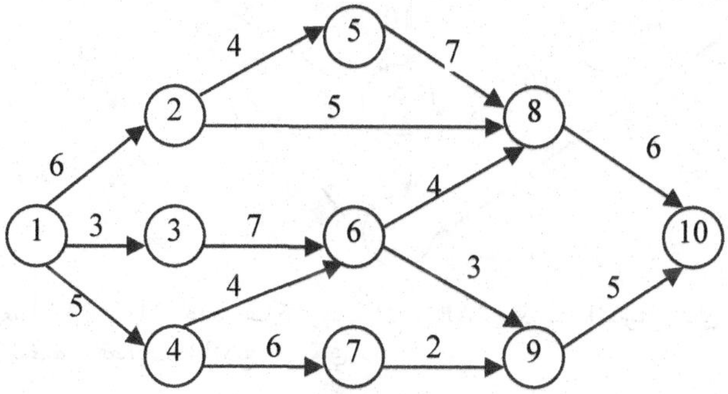

(5 - 10): اوجد أوقات المرونة والمسار الحرج للمسألة(٥-٩).

(5 - 11): حدد المسار الحرج للمشاريع الآتية:

(A)

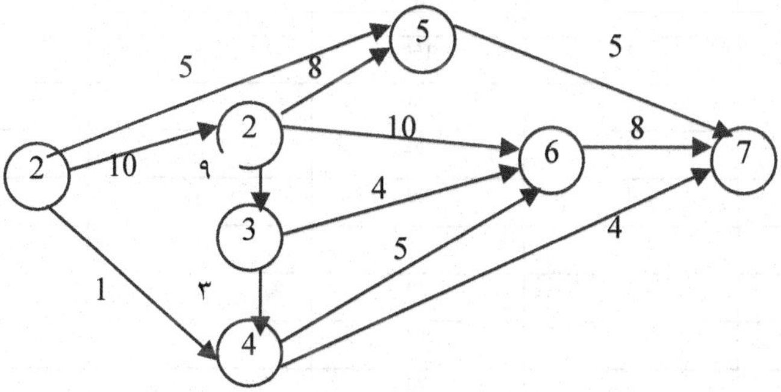

(B)

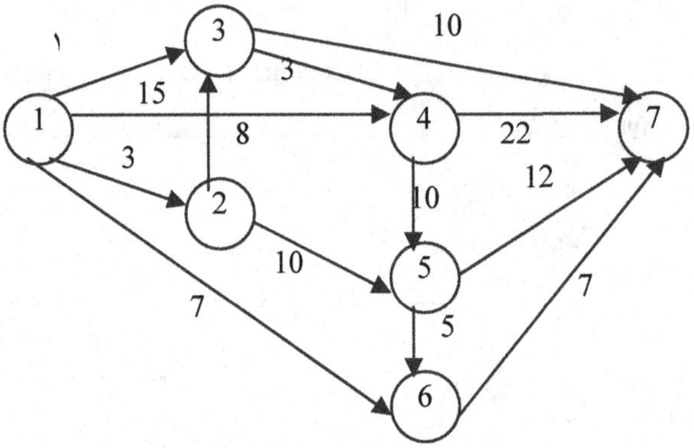

(5 - 12): للمسألة (5 - 11) حدد الفترة الزمنية المثلى اللازمة لإنجاز المشروع على اساس الكلف الاعتيادية والمضغوطة لفعاليات المشاريع المبينة في ادناه:

المشروع - A -

الفعاليات	الوقت الاعتيادي	الكلفة الاعتيادية	الوقت المضغوط	الكلفة المضغوطة
1 → 2	5	100	2	200
1 → 4	2	50	1	80
1 → 5	2	150	1	180
2 → 3	7	200	5	250
2 → 5	5	20	2	40
2 → 6	4	20	2	40
3 → 4	3	60	1	80
3 → 6	10	30	6	60
4 → 6	5	10	2	20
4 → 7	9	70	5	90
5 → 6	4	100	1	130
5 → 7	3	140	1	160
6 → 7	3	200	1	240

المشروع - B -

الفعاليات	الوقت الاعتيادي	الكلفة الاعتيادية	الوقت المضغوط	الكلفة المضغوطة
1 → 2	4	100	1	400
1 → 3	8	400	5	640
1 → 4	9	120	6	180
1 → 6	3	20	1	60
2 → 3	5	60	3	100
2 → 5	9	210	7	270
3 → 4	12	400	8	800
3 → 7	14	120	12	140
4 → 5	15	500	10	750
4 → 7	10	200	6	220
5 → 6	11	160	8	240
5 → 7	8	70	5	110
6 → 7	10	100	2	180

(5 - 13): مشروع يتكون من 10 فعاليات وكالآتي :

الفعالية	a	m	b
1 → 2	14	16	18
1 → 3	11	14	16
2 → 6	13	18	23
3 → 4	7	8	9
3 → 5	16	16	16
3 → 6	20	26	37
4 → 5	6	8	12
5 → 6	8	10	13
5 → 7	13	17	21
6 → 7	6	8	15

أوجد مايلي:

1 . القيمة المتوقعة والتباين للفترة الزمنية اللازمة لإنجاز المشروع .

2 . احتمالات عدم حدوث الأحداث بعد الأوقات المتأخرة لحدوثها .

3 . احتمال اكمال المشروع في مدة زمنية لا تتجاوز 50 يوم .

(5 – 14): على افتراض ان تقديرات (b , m , a) للمسألة (5 – 11) هي كالآتي :

المشروع - A -

الفعالية	a	m	b	الفعالية	a	m	b
1 → 2	5	6	8	3 → 6	3	4	5
1 → 4	1	3	4	4 → 6	4	8	10
1 → 5	2	4	5	4 → 7	5	6	8
2 → 3	4	5	6	5 → 6	9	10	15
2 → 5	7	8	10	5 → 7	4	6	8
2 → 6	8	9	13	6 → 7	3	4	5
3 → 4	5	9	10				

المشروع - B -

الفعالية	a	m	b	الفعالية	a	m	b
1 → 2	1	3	4	3 → 7	12	13	14
1 → 3	5	7	8	4 → 5	10	12	15
1 → 4	6	7	9	4 → 7	8	10	12
1 → 6	1	2	3	5 → 6	7	8	11
2 → 3	3	4	5	5 → 7	2	4	8
2 → 5	7	8	9	6 → 7	5	6	7
3 → 4	10	15	20				

أوجد احتمالات حدوث الحوادث بدون تأخير .

الفصل السادس

نظريـــة المبـــاراة

Game Theory

1-6: المدخل Introduction

تعني كلمة المباراة المنافسة بين جهتين أو أكثر وفقا لقاعدة محددة مسبقا حيث إن كل جهة أو منافس يمتلك مجموعة من الستراتيجيات (السياسات) (strategies) التي تساعده في الحصول على نتائج أفضل.

هنالك ارتباط وثيق بين نظرية المباراة والبرمجة الخطية (.L.P) حيث ان كلاهما يمثل اسلوب رياضي حيث ان عامل القرار يسعى في استخدام البرمجة الخطية (.L.P) إلى تحقيق التخصيص الأمثل للموارد المحدودة بحيث يحقق اعلى ربح ممكن أو أقل كلفة ممكنه لكنه لا يأخذ بنظر الاعتبار المنافسة له من قبل جهات اخرى في الأنتاج أو التسويق أو الاستثمار وغيرها من المجالات الأخرى بينما نظرية المباراة تسعى لتحديد الستراتيجيات المثلى التي تحقق اعلى ربح متوقع أو أقل خسارة متوقعة أخذه بنظر الأعتبار المنافسة من قبل جهات أخرى .

يعود تطوير نظرية المباراة إلى الحرب العالمية الثانية على يد الرياضي John Von Neumann والاقتصادي Oskar Morgenstern وقد بين Dantzig العلاقة الرياضية بين نظرية المباراة والبرمجة الخطية (.L.P) ولقد استفادت الشركات والمنشآت الصناعية من هذا التطور حيث تسعى كل شركة إلى زيادة انتاجها ومبيعاتها وذلك بأتباع طرائق ملائمة ومناسبة من حيث تحسين منتجاتها أو زيادة الدعاية أو غيرها من الأساليب غير أن أول من وصف نظرية المباراة هو الرياضي الفرنسي Emile Borel عام 1921 .

6-2: مباراة الشخصين ذات المجموع الصفري

Two - Person Zero - Sum Game

6-2-1: صياغة مصفوفة المباراة Formulation of a Game Matrix

مباراة الشخصين ذات المجموع الصفري تلعب بوساطة متنافسين أو مجموعتين بحيث أن ربح أحد المتنافسين يساوي بالضبط خسارة المتنافس الثاني ولذلك أن مجموع ارباح وخسائر المتنافسين يساوي صفر وعلى هذا الأساس يطلق على المباراة بالمباراة ذات المجموع الصفري, أن كل متنافس يمتلك مجموعة من الستراتيجيات بحيث ان ناتج كل ستراتيجية يكون معلوم مسبقا لدى المتنافسين ويعبر عنه بقيم رقمية.

تصاغ مباراة الشخصين ذات المجموع الصفري على شكل مصفوفة مباراة (Game Matrix) أو ما تسمى بمصفوفة الدفع (Pay off Matrix) والموضحة بالجدول (6 - 1):

الجدول (6 - 1)

A \ B	B_1	B_2	----------	B_n
A_1	a_{11}	a_{12}	----------	a_{1n}
A_2	a_{21}	a_{22}	----------	a_{2n}
:	.	.		.
:	:	:		:
A_m	a_{m1}	a_{m2}	----------	a_{mn}

من خلال مصفوفة المباراة (الدفع) يتم تحديد الستراتيجيات المثلى لكلا المتنافسين .

6-2-2: الستراتيجيات(الوحيدة) البحتة ونقطة الاستقرار

Pure Strategies And a Saddle Point

نفترض مصفوفة الدفع المتمثلة بالجدول (6 - 2) والتي تمثل مباراة بين متنافسين كل متنافس يمتلك ثلاثة إستراتيجيات:

الجدول (6 - 2)

A \ B	B_1	B_2	B_3
A_1	2	4	5
A_2	1	-2	6
A_3	-4	3	-1

الأرقام الموجبة تمثل مقدار الربح للمتنافس A والأرقام السالبة تمثل مقدار الربح للمتنافس B , على افتراض أن المتنافس A اختار الستراتيجية A_1 فإن أقصى ربح ممكن ان يحصل عليه هو (5) في حال اختيار المتنافس B للستراتيجية B_3 , في المقابل فإن B سوف يختار B_1 ليقلل خسائره إلى أقل ما يمكن عندما A يختار A_1 , عندما يختار المتنافس B الستراتيجية B_1 فإن المتنافس A سوف لا يغير ستراتيجيته لأن (2) هي أقصى عائد ممكن ان يحصل عليه لذلك عندما A و B يختاران A_1 , B_1 على التوالي فإن كلا المتنافسين B , A سوف لا يغيران إستراتيجيتهما.

إن المتنافس A سوف لايختار الستراتيجية A_3 ابدا لأي ستراتيجية ممكن ان يختارها B والسبب في ذلك يعود إلى ان اختيار B لأي إستراتيجية فإن A_1 هي أفضل من A_3 بالنسبة لـ A ولذلك يتم استبعاد A_3 من مصفوفة الدفع وهنا A_1 تدعى الستراتيجية المفضلة (Dominant Strategy) ولذلك فإن مصفوفة الدفع تصبح بالصيغة الآتية:

الجدول (6 - 3)

A \ B	B_1	B_2	B_3
A_1	2	4	5
A_2	1	-2	6

وبالمثل يتم استبعاد B_3 بالنسبة للمتنافس B ولذلك فإن مصفوفة الدفع تصبح بالصيغة الآتية:

الجدول (6 - 4)

A \ B	B_1	B_2
A_1	2	4
A_2	1	-2

لأي إستراتيجية يختارها B فإن A_1 هي أفضل من A_2 بالنسبة لـ A لذلك يتم استبعاد A_2 ومن ثم يتم استبعاد B_2 بالنسبة لـ B ولذلك تبقى في النهاية B_1 , A_1 وان (2) تمثل ناتج المباراة وتمثل كذلك ربح المتنافس A وخسارة المتنافس B وهي تمثل نقطة الأستقرار اي ان هنالك ستراتيجية وحيدة لكل من المتنافس B , A وهي ما تسمى بالستراتيجية البحتة.

6-2-2-1: أسلوب أدنى الأقصى - أقصى الأدنى Minimax - Maximin Approach

نفترض وجود منافسة بين مصرفين B , A على اعداد المستثمرين بحيث ان زيادة عدد المستثمرين في احد المصرفين يقابله نقصان في عدد المستثمرين في المصرف الآخر , ان كل من المصرفين يمتلك ثلاثة ستراتيجيات لجلب اكبر عدد من المستثمرين مقارنة مع المصرف الآخر وهذه الستراتيجيات تتمثل بنسبة الربح الممنوحة على الأموال المستثمرة بحيث ان اي من المصرفين لا يعلم الستراتيجية التي سوف يتبعها المصرف الآخر , نتائج المنافسة بين المصرفين من حيث استخدام الستراتيجيات موضحة بالجدول (6 - 5):

الجدول (6 - 5)

A \ B	B_1	B_2	B_3
A_1	-3	-2	4
A_2	2	1	2
A_3	4	-1	-3

من الجدول (6 - 5) يلاحظ عدم وجود ستراتيجية مفضلة (مسيطرة) لأي من المصرفين المتنافسين فعلى افتراض ان A سوف يختار A_1 فأنه ممكن أن يربح (4) وممكن ان يخسر (3) فيما إذا اختار B الستراتيجية B_1 وكذلك الحال فيما إذا اختار A A_3 فأنه ممكن ان يربح (4) وممكن ان يخسر (3) فيما إذا اختار B الستراتيجية B_3 لذلك فمن المحتمل ان يخسر A اما إذا اختار A A_2 فأنه سوف يضمن عدم الخسارة وبالمثل فإن المصرف B سوف يخسر ما مقداره (4 , 1 , 4) باستخدام الستراتيجيات (B_1 , B_2 , B_3) على التوالي وبالتالي فإن B_2 هي الستراتيجية الأفضل بالنسبة لـB وعلى هذا الأساس فإن كل مصرف (متنافس) سوف يختار

الستراتيجية التي تقلل خسارته العظمى وهذا ما يسمى بمعيار ادنى الأقصى- (Minimax) بحيث ان المصرف B سوف يختار الستراتيجية التي يكون عائدها الأقصى- للمصرف A هو الأدنى و المصرف A يختار الستراتيجية التي يكون عائدها الأدنى له هو الأقصى- وهذا ما يسمى بمعيار اقصى- الأدنى (Maximin) وعلى هذا الأساس فإن كل من A و B سوف يختاران B_2, A_2 على التوالي بحيث أن القيمة (1 تدعى قيمة المباراة وهي تمثل ربح A وخسارة B ونقطة الإستقرار .

مثال (6-1): مصنعين لتصنيع نوع معين من الأجبان يتنافسان فيما بينهما لأحتكار السوق , كلا المصنعين يمتلك ثلاثة ستراتيجيات تستخدم لزيادة كمية الطلب على المنتوج على حساب المصنع الآخر وهذه الستراتيجيات تتمثل بسعر المنتوج ونوعيته وشكل العلبة التي يطرح من خلالها , نتائج المنافسة بين المصنعين من حيث استخدام الستراتيجيات مبينة بمصفوفة الدفع الآتية:

A \ B	B_1	B_2	B_3
A_1	4	2	-1
A_2	2	6	1
A_3	-4	3	-1

بين الستراتيجية المثلى لكل مصنع وأوجد قيمة المباراة

الحل:

باستخدام معياري أدنى الأقصى وأقصى الأدنى فإن مصفوفة الدفع تصبح بالصيغة الآتية:

A \ B	B_1	B_2	B_3	Min	
A_1	4	2	-1	-1	
A_2	2	6	1	**1**	→ Maximin
A_3	-4	3	-1	-4	
Max	4	6	**1** → Minimax		

الستراتيجية المثلى لـ A هي A_2 ولـ B هي B_3 وبما ان قيمة أقصى- الأدنى هي (1) وهي تمثل قيمة المباراة الدنيا و قيمة ادنى الأقصى هي (1) ايضا وهي تمثل قيمة المباراة العليا فإن قيمة المباراة هي (1) وان نقطة الاستقرار هي (A_2,B_3) .

مثـــال (6-2): لمصفوفة الدفع الآتية أوجد نقطة الاستقرار

A \ B	B_1	B_2	B_3	B_4
A_1	2	5	-2	6
A_2	-3	4	-2	1
A_3	4	5	2	3
A_4	1	3	-6	7

الحــل:

باستخدام معيار أقصى الأدنى بالنسبة للمتنافس A بحيث نستخرج اقل قيمة من كل صف ومن ثم نختار القيمة الأعلى من القيم المستخرجة ومعيار أدنى الأقصى بالنسبة للمتنافس B بحيث نستخرج أعلى قيمة من كل عمود ومن ثم نختار القيمة الأدنى من القيم المستخرجة فإن مصفوفة الدفع تصبح بالصيغة الآتية:

A \ B	B_1	B_2	B_3	B_4	Min	
A_1	2	5	-2	6	-2	
A_2	-3	4	-2	1	-3	
A_3	4	5	2	3	2	Maximin
A_4	1	3	-6	7	-6	
Max	4	5	2	7		

Minimax

بما أن قيمة معيار اقصى الأدنى تساوي قيمة معيار ادنى الأقصى فهذا يعني ان كل متنافس سوف يختار ستراتيجية باحتمال (1) اي وجود ستراتيجية وحيدة لكل متنافس لأن اختيار اية ستراتيجية اخرى سوف تؤدي إلى نتائج سلبية للمتنافس وهذا يعني وجود نقطة استقرار والتي تمثل قيمة المباراة وهي (2) اي ان المتنافس A سوف

يربح ما مقداره (2) عند اختياره للستراتيجية A_3 وان المتنافس B سوف يخسر ما مقداره (2) عند اختياره للستراتيجية B_3 .

ان معياري ادنى الأقصى واقصى الأدنى هي معياري امان في عملية اتخاذ القرار بالنسبة للمتنافسين حيث انها تمثل تقليل اعظم خسارة متوقعة أو تعظيم اقل ربح متوقع.

3-2-6: لاستراتيجيات المختلطة Mixed Strategies

نفترض مصفوفة الدفع الآتية:

A \ B	B_1	B_2	B_3	Min	
A_1	2	-1	3	-1	
A_2	2	4	6	2	Maximin
A_3	3	-3	-1	-3	
Max	3	4	٦		
Minimax					

يلاحظ عدم تساوي قيمة معياري ادنى الأقصى واقصى الأدنى وهذا يعني عدم وجود نقطة استقرار وعدم وجود ستراتيجية بحتة للمتنافسين اي انعدام وجود اختيار ستراتيجية معينة باحتمال يساوي (1) وهذا ما يدعى بالستراتيجيات المختلطة اي اختيار اكثر من ستراتيجية واحدة وباحتمالات مختلفة للتوصل إلى نتائج جيدة وفي هذه الحالة فإن قيمة المباراة سوف تكون اكبر من قيمة معيار اقصى الأدنى واقل من قيمة معيار ادنى القصى اي ان:

(٣ > قيمة المباراة > ٢)

عملية تحديد الستراتيجيات المختلطة لكل متنافس تتم من خلال اعطاء احتمال معين لكل ستراتيجية فعلى افتراض ان X_3, X_2, X_1 تمثل احتمالات اختيار المتنافس A للستراتيجيات A_3, A_2, A_1 على التوالي و y_3, y_2, y_1 تمثل احتمالات اختيار

المتنافس B للستراتيجيات B_3, B_2, B_1 على التوالي فإن القيم الاحتمالية يجب أن تكون موجبة أو صفر وكذلك فإن مجموع احتمالات الستراتيجيات لكل متنافس يجب ان تساوي واحد أي أن:

$$\chi_i \geq 0 \; ; \; y_j \geq 0 \quad i , j = 1 , 2 , 3$$

$$\sum_{i=1}^{3} \chi_i = 1 \; ; \; \sum_{j=1}^{3} y_j = 1$$

حل مباريات الستراتيجيات المختلطة يستند كذلك على معيـاري ادنى الأقصى- واقصى- الأدنى والاختـلاف هو المتنافس A يختار χ_i التي تعظـم اقـل توقـع للـربح والمتنـافس B يختـار y_i التـي تقلـل اكبرتوقـع للخسارة .

هنالك عدة طرائق لحل المباريات ذات الستراتيجيات المختلطة نذكر منها:

6-2-3-1: طريقة الحل البيانية A Graphic Solution Method

لإيجاد حل المباريات وفق هذه الطريقة فأنه يجب ان يكون عـلى الأقـل واحـد مـن المتنافسـين يمتلك سـتراتيجيتين فقـط وهـي تسـتخدم كـذلك لحـل المباريـات الكبـيرة التـي بالأمكـان اختزالهـا إلى مباريات

صغيرة من خلال حذف أو استبعاد بعض الستراتيجيات وبالتالي الحصول على مباراة ذات سـتراتيجيتين فقـط لأحـد المتنافسين على الأقل . بافتراض مصفوفة المباراة الآتية:

الاحتمال		y_1	y_2	------------------------------	y_n
	B \ A	B_1	B_2	------------------------------	B_n
χ_1	A_1	a_{11}	a_{12}	------------------------------	a_{1n}
$1-\chi_1$	A_2	a_{21}	a_{22}	------------------------------	a_{2n}

التي تفترض عدم وجود نقطة استقرار فإن المتنافس A يمتلك ستراتيجيتين A_1 , A_2 باحتمال χ_1 , $\chi_2 = 1-\chi_1$ على التوالي بحيث $0 \leq \chi_1 \leq 1$ فإن الربح المتوقع للمتنـافس A المنـاظر لسـتراتيجيات المتنافس B موضح بالجدول الآتي:

استراتيجيات B	الربح المتوقع لـ A
B_1	$a_{11}\chi_1 + a_{21}\chi_2 = (a_{11} - a_{21})\chi_1 + a_{21}$
B_2	$a_{12}\chi_1 + a_{22}\chi_2 = (a_{12} - a_{22})\chi_1 + a_{22}$
:	:
:	:
B_n	$a_{1n}\chi_1 + a_{2n}\chi_2 = (a_{1n} + a_{2n})\chi_1 + a_{2n}$

من الجدول في اعلاه يلاحظ ان الربح المتوقع لـ A هو دالة خطية تتضمن χ_1 , بموجب معيار أقصى-الأدنى فإن المتنافس A سوف يختار قيمة χ_1 التي تعظم ادنى ربح متوقع وكما هو موضح بالأمثلة الآتية:

مثال (6-3): أوجد قيمة مصفوفة المباراة الآتية:

A \ B	B_1	B_2	B_3
A_1	2	3	4
A_2	4	1	5

الحل:

خطوة الحل الأولى هي إيجاد نقطة الاستقرار من خلال استخدام معياري أدنى الأقصى وأقصى الأدنى بحيث:

Minimax = 3

Maximin = 2

بما ان قيمة المعيارين غير متساوية فهذا يدل على ان المباراة لا تمتلك نقطة استقرار وبالتالي عدم وجود ستراتيجيات بحتة اي ان المباراة ذات ستراتيجيات مختلطة .

الخطوة الثانية للحل هي محاولة تصغير حجم المصفوفة لتسهيل عملية الحل من خلال ايجاد الستراتيجيات المفضلة و يلاحظ ان الستراتيجيتان B_1 , B_2 هما مفضلتان بالنسبة للستراتيجية B_3 لذلك يتم استبعاد الستراتيجية B_3 الربح المتوقع للمتنافس A المناظر لستراتيجيات المتنافس B هو

استراتيجيات B	الربح المتوقع لـ A
B_1	$-2\chi_1+4$
B_2	$2\chi_1+1$

قيمة المباراة سوف تكون قيمة وحيدة عندما يكون الربح المتوقع لـ A هو نفسه في حال اختيار B لـ B_1 أو B_2 وهذا يتحقق عبر المعادلة الآتية:

$$-2\chi_1+4=2\chi_1+1$$

من المعادلة في اعلاه $\chi_1=3/4$ ولذلك فإن $\chi_2=1-\chi_1=1/4$ الربح المتوقع لـ A هو $-2\chi_1+4=2\chi_1+1=5/2$ وهو يمثل قيمة المباراة وهو اكبر من (2) واصغر من(3).

الحل البياني موضح بالشكل (6 - 1):

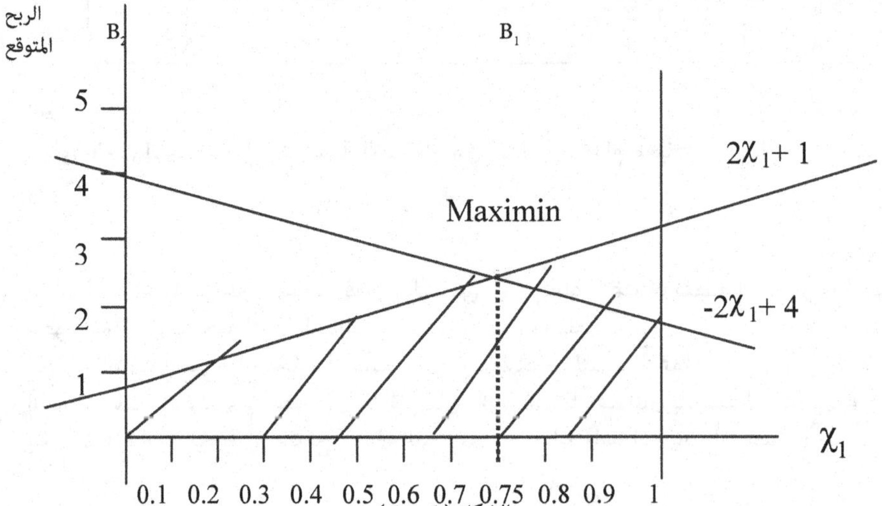

الشكل (6 - 1)

المحور الأفقي يمثل قيم χ_1 الاحتمالية والتي يجب ان لا تتجاوز (1) والمحور العمودي يمثل الربح المتوقع للمتنافس A , في حال اختيار المتنافس B للستراتيجية B_1 فإن الربح المتوقع للمتنافس A هو $-2\chi_1+4$ والذي يتم تمثيله بمستقيم على النحو الآتي:

اذا $\chi_1=0$ فإن الربح المتوقع لـ A هو 4

اذا $\chi_1 = 1$ فإن الربح المتوقع لـ A هو 2

إما إذا اختار المتنافس B الستراتيجية B_2 فإن الربح المتوقع للمتنافس A هو $2\chi_1 + 1$ والذي يتم تمثيله بمستقيم على النحو الآتي:

اذا $\chi_1 = 0$ فإن الربح المتوقع لـ A هو 1

اذا $\chi_1 = 1$ فإن الربح المتوقع لـ A هو 3

وعلى هذا الأساس يتم تحديد منطقة الحلول الممكنة و الموضحة بالشكل (6 - 1) بحيث ان نقطة تقاطع المستقيمين تمثل نقطة الحل الأمثل اي قيمة المباراة لأنها اعلى نقطة في منطقة الحلول الممكنة وهذا يعني ان اختيار المتنافس A للستراتيجية A_1 باحتمال % 75 وللستراتيجية A_2 باحتمال % 25 سوف يؤدي إلى حصوله على ربح مقداره (5/2) في كل مباراة .

وبنفس الأسلوب يتم التوصل إلى الستراتيجيات المختلطة المثلى للمتنافس B بحيث ان احتمالات اختيار المتنافس B للستراتيجيات B_1 , B_2 , B_3 هي y_1, y_2, y_3 على التوالي $y_2 = 1 - y_1$
, $y_3 = 0$ ولذلك فإن الخسارة المتوقعة للمتنافس B المناظرة لستراتيجيات المتنافس A هي:

استراتيجيات A	الخسارة المتوقع لـ B
A_1	$- y_1 + 3$
A_2	$3 y_1 + 1$

ومن خلال المعادلة: $- y_1 + 3 = 3 y_1 + 1$

نحصل على $y_1 = 1/2$ ولذلك فإن $y_2 = 1 - y_1 = 1/2$ وهذا يعني ان اختيار المتنافس B للستراتيجية B_1 باحتمال % 50 و للستراتيجية B_2 باحتمال % 50 سوف يؤدي إلى تقليل خسائره بمقدار (5/2) في كل مباراة .

وكما هو موضح بيانيا بالشكل (6 - 2):

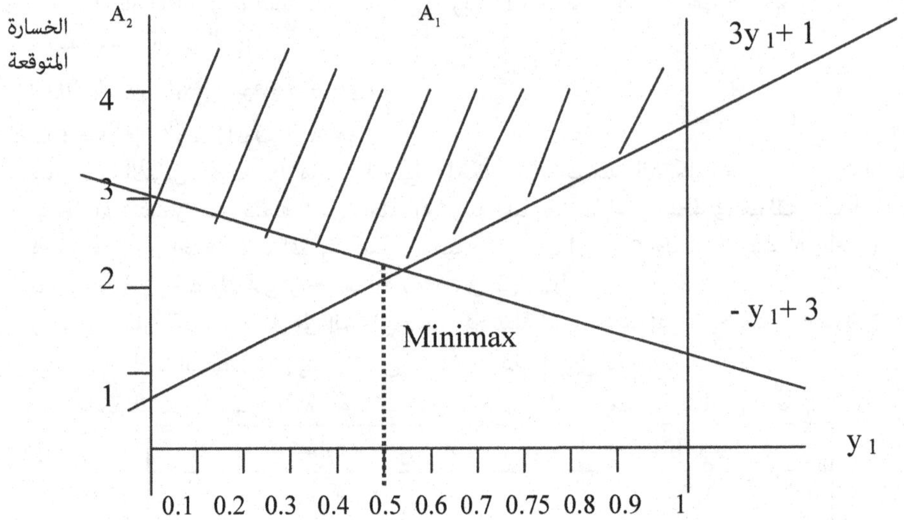

الشكل (6 - 2)

في حالة وجود أكثر من مستقيمين يتم اختيار المستقيمين الذين يمثلان أدنى نقطة في منطقة الحل الممكن.

6-2-3-2: طريقة جبر المصفوفات Matrix Algebra Method

تشترط هذه الطريقة لحل المباراة ان تكون المباراة ذات مصفوفة مربعة ولتوضيح هذه الطريقة نستعين بالأمثلة الآتية:

مثال (6 - 4): باستخدام طريقة جبر المصفوفات أوجد الحل الأمثل للمباراة الموضحة بالمثال (6 - 3):

A \ B	B_1	B_2	B_3
A_1	2	3	4
A_2	4	1	5

الحــل:

باستبعاد الستراتيجية B_3 فإن مصفوفة الدفع تصبح مصفوفة مربعة وحسب الصيغة الآتية:

$$G = \begin{array}{c} \\ A_1 \\ A_2 \end{array} \begin{pmatrix} B_1 & B_2 \\ 2 & 3 \\ 4 & 1 \end{pmatrix}$$

حل المصفوفة G ممكن التوصل اليه باستخدام الصيغ الآتية:

$$\text{استراتيجيات A المثلى} = \frac{(1 \quad 1) Adj\, G}{(1 \quad 1) Adj\, G \begin{pmatrix} 1 \\ 1 \end{pmatrix}}$$

$$\text{استراتيجيات B المثلى} = \frac{(1 \quad 1) Cof\, G}{(1 \quad 1) Adj\, G \begin{pmatrix} 1 \\ 1 \end{pmatrix}}$$

قيمة المباراة = (ستراتيجيات A المثلى) G (ستراتيجيات B المثلى)

إذ أن:

Adj G : المصفوفة المرافقة (Adjoint Matrix)

Cof G : مصفوفة عوامل الضرب (Cofactor Matrix)

إستراتيجيات A المثلى تكون على شكل متجه صفي واستراتيجيات B المثلى تكون على شكل متجه عمودي.

$$Cof\ G = Cof \begin{pmatrix} 2 & 3 \\ 4 & 1 \end{pmatrix} = \begin{pmatrix} C_{11} & C_{12} \\ C_{21} & C_{22} \end{pmatrix}$$

إذ أن:

$$C_{ij} = (-1)^{i+j} M_{ij}$$

وان M_{ij} يمثل محدد مصفوفة الدفع بعد حذف الصف i والعمود j ولذلك فإن:

$$Cof\ G = \begin{pmatrix} 1 & -4 \\ -3 & 2 \end{pmatrix}$$

وبما أن مصفوفة عوامل الضرب تساوي مبدلة المصفوفة المرافقة فإن :

$$\text{Adj } G = \begin{pmatrix} 1 & -3 \\ -4 & 2 \end{pmatrix}$$

استراتيجيات A المثلى $\dfrac{(1 \quad 1)\begin{pmatrix} 1 & -3 \\ -4 & 2 \end{pmatrix}}{(1 \quad 1)\begin{pmatrix} 1 & -3 \\ -4 & 2 \end{pmatrix}\begin{pmatrix} 1 \\ 1 \end{pmatrix}} = \dfrac{(-3 \quad -1)}{-4} = (3/4 \quad 1/4) =$

$X = (\chi_1 \ \ \chi_2) = (3/4 \quad 1/4)$

استراتيجيات B المثلى $\dfrac{(1 \quad 1)\begin{pmatrix} 1 & -4 \\ -3 & 2 \end{pmatrix}}{(1 \quad 1)\begin{pmatrix} 1 & -3 \\ -4 & 2 \end{pmatrix}\begin{pmatrix} 1 \\ 1 \end{pmatrix}} = \dfrac{(-2 \quad -2)}{-4} = (1/2 \quad 1/2) =$

$Y = (y_1 \ \ y_2) = (1/2 \quad 1/2)$

قيمة المباراة $= (3/4 \quad 1/4) \begin{pmatrix} 2 & 3 \\ 4 & 1 \end{pmatrix} \begin{pmatrix} 1/2 \\ 1/2 \end{pmatrix} = 5/2$

مثال (6-5): أوجد قيمة المباراة الآتية:

A \ B	B_1	B_2	B_3
A_1	-2	5	- 4
A_2	1	- 4	3
A_3	3	2	-1

الحــل:

$$G = \begin{pmatrix} -2 & 5 & -4 \\ 1 & -4 & 3 \\ 3 & 2 & -1 \end{pmatrix}$$

$$\text{Cof } G = \begin{pmatrix} -2 & 10 & 14 \\ -3 & 14 & 19 \\ -1 & 2 & 3 \end{pmatrix} \quad ; \quad \text{Adj } G = \begin{pmatrix} -2 & -3 & -1 \\ 10 & 14 & 2 \\ 14 & 19 & 3 \end{pmatrix}$$

$$X = (\chi_1\ \chi_2\ \chi_3) = \frac{(1\ 1\ 1)\begin{pmatrix}-2 & -3 & -1\\ 10 & 14 & 2\\ 14 & 19 & 3\end{pmatrix}}{(1\ 1\ 1)\begin{pmatrix}-2 & -3 & -1\\ 10 & 14 & 2\\ 14 & 19 & 3\end{pmatrix}\begin{pmatrix}1\\1\\1\end{pmatrix}} = \frac{(22\ \ 30\ \ 4)}{56}$$

$$= (\ 11/28\ \ \ 15/28\ \ \ 2/28\ )$$

$$Y = (\ y_1\ \ y_2\ \ y_3\ ) = \frac{(1\ 1\ 1)\begin{pmatrix}-2 & 10 & 14\\ -3 & 14 & 19\\ -1 & 2 & 3\end{pmatrix}}{56} = \frac{(-6\ \ 26\ \ 36)}{56}$$

$$= (\ -3/28\ \ \ 13/28\ \ \ 18/28\ )$$

يلاحظ ان قيمة $y_1 = -3/28$ وهذا غير ممكن لأن قيم الأحتمال تكون محصورة بين الواحد والصفر وهذه هي احدى عيوب هذه الطريقة والتي يتم التغلب عليها باستخدام البرمجة الخطية (L.P.) .

6-2-3-3: طريقة المعادلات الخطية The Linear Equations Method

تماثل هذه الطريقة الطريقة السابقة من حيث كونها تشترط ان تكون مصفوفة الدفع هي عبارة عن مصفوفة مربعة وكما هو موضح بالأمثلة الآتية:

مثال (6 - 6): أوجد قيمة المباراة الآتية:

A \ B	B_1	B_2	B_3
A_1	0	5	2
A_2	5	1	0
A_3	1	3	4

الحـــل:

المباراة لا تمتلك نقطة استقرار حيث أن:

Minimax = 4

Maximin = 1

لذلك فإن قيمة المباراة تكون محصورة ما بين 1 , 4 , ان المتنافس A يستطيع ان يختار الستراتيجيات A_1, A_2, A_3 باحتمالات χ_1, χ_2, χ_3 على التوالي بافتراض ان المتنافس B سوف يختار افضل ستراتيجية له وعلى افتراض ان (v) يمثل الربح المتوقع للمتنافس A فأنه بالأمكان التعبير عن الربح المتوقع لـ A على شكل معادلات خطية وكما هو موضح بالجدول الآتي:

إستراتيجيات B	الربح المتوقع لـ A
B_1	$5\chi_2 + \chi_3 = V$
B_2	$5\chi_1 + \chi_2 + 3\chi_3 = V$
B_3	$2\chi_1 \quad + 4\chi_3 = V$

من الجدول في اعلاه نلاحظ ان الربح المتوقع لـ A تم التعبير عنه بوساطة ثلاث معادلات خطية وبأربعة متغيرات غير معلومة ولحل هذه المعادلات فأنه يجب تقليل عدد المتغيرات إلى ثلاثة وذلك بالاستعانة بالمعادلة الآتية:

$$\chi_1 + \chi_2 + \chi_3 = 1 \quad \Longrightarrow \quad \chi_1 = 1 - \chi_2 - \chi_3$$

وبتعويض قيمة χ_1 في المعادلات نحصل على:

$$-5\chi_2 - \chi_3 + v = 0$$

$$4\chi_2 + 2\chi_3 + v = 5$$

$$2\chi_2 - 2\chi_3 + v = 2$$

$$\chi_2 = \frac{\begin{vmatrix} 0 & -1 & 1 \\ 5 & 2 & 1 \\ 2 & -2 & 1 \end{vmatrix}}{\begin{vmatrix} -5 & -1 & 1 \\ 4 & 2 & 1 \\ 2 & -2 & 1 \end{vmatrix}} = -11/-30 = 11/30$$

$$\chi_3 = \frac{\begin{vmatrix} -5 & 0 & 1 \\ 4 & 5 & 1 \\ 2 & 2 & 1 \end{vmatrix}}{\begin{vmatrix} -5 & -1 & 1 \\ 4 & 2 & 1 \\ 2 & -2 & 1 \end{vmatrix}} = -17/-30 = 17/30$$

$$\chi_1 = 1 - \chi_2 - \chi_3$$
$$= 1-(11/30)-(17/30)=2/30$$

$$V = \frac{\begin{vmatrix} -5 & -1 & 0 \\ 4 & 2 & 5 \\ 2 & -2 & 2 \end{vmatrix}}{\begin{vmatrix} -5 & -1 & 1 \\ 4 & 2 & 1 \\ 2 & -2 & 1 \end{vmatrix}} = -72/-30 = 72/30$$

إذن الربح المتوقع لـ A هو ٧٢/٣٠ وهو اكبر من ١ واقل من ٤ وهو أيضا يمثل قيمة المباراة وبنفس الأسلوب نستخرج الخسارة المتوقعة للمتنافس B:

ستراتيجيات A	الخسارة المتوقعة لـ B
A_1	$5y_2+2y_3 = V$
A_2	$5y_1+ y_2 = V$
A_3	$y_1+ 3y_2 + 4y_3 = V$

بتعويض $y_1=1-y_2-y_3$ في المعادلات أعلاه ينتج:

$$-5y_2 - 2y_3 + V = 0$$
$$4y_2 - 5y_3 + V = 5$$
$$-2y_2 - 3y_3 + V = 1$$

$$y_2 = \frac{\begin{vmatrix} 0 & -2 & 1 \\ 5 & 5 & 1 \\ 1 & -3 & 1 \end{vmatrix}}{\begin{vmatrix} -5 & -2 & 1 \\ 4 & 5 & 1 \\ -2 & -3 & 1 \end{vmatrix}} = -12/-30 = 12/30 \; ; \; y_3 = \frac{\begin{vmatrix} -5 & 0 & 1 \\ 4 & 5 & 1 \\ -2 & 1 & 1 \end{vmatrix}}{\begin{vmatrix} -5 & -2 & 1 \\ 4 & 5 & 1 \\ -2 & -3 & 1 \end{vmatrix}} = -6/-30 = 6/30$$

$$y_1 = 1 - y_2 - y_3$$
$$= 1-(12/30)-(6/30)=12/30$$

$$V = \frac{\begin{vmatrix} -5 & -2 & 0 \\ 4 & 5 & 5 \\ -2 & -3 & 1 \end{vmatrix}}{\begin{vmatrix} -5 & -2 & 1 \\ 4 & 5 & 1 \\ -2 & -3 & 1 \end{vmatrix}} = -72/-30 = 72/30$$

إذن الخسارة المتوقعة لـ B هي (72/30) وهي تمثل الربح المتوقع لـ A .

مثـــال (6-7): باستخدام طريقة المعادلات الخطية أوجد الستراتيجيات المثلى للمتنافس وقيمة المباراة للمصفوفة الآتية:

A \ B	B_1	B_2	B_3	B_4
A_1	2	-1	3	8
A_2	-4	5	7	6
A_3	1	-2	-3	2

الحــل:

مصفوفة الدفع للمباراة هي مصفوفة غير مربعة لذلك يجب تحويلها إلى مصفوفة مربعة وذلك عن طريق استبعاد بعض الإستراتيجيات , إذ أن الإستراتيجية A_1 هي إستراتيجية مفضلة بالنسبة للإستراتيجية A_3 لذلك يتم استبعاد الإستراتيجية A_3 ومصفوفة الدفع تصبح بالصيغة الآتية:

A \ B	B_1	B_2	B_3	B_4
A_1	2	-1	3	8
A_2	-4	5	7	6

من المصفوفة نلاحظ ان الستراتيجية B_1 و الستراتيجية B_2 هما ستراتيجيتان مفضلتين بالنسبة للستراتيجيتين B_3, B_4 لذلك يتم استبعاد B_3, B_4 ومصفوفة الدفع تصبح بالصيغة الآتية:

B / A	B_1	B_2
A_1	2	-1
A_2	-4	5

مصفوفة الدفع الآن هي عبارة عن مصفوفة مربعة لذلك يمكن تطبيق طريقة المعادلات الخطية وكالآتي:

الربح المتوقع للمتنافس A المناظر لستراتيجيات المتنافس B موضح بالجدول الآتي:

ستراتيجياتB	الربح المتوقع لـ A
B_1	$2\chi_1 - 4\chi_2 = v$
B_2	$-\chi_1 + 5\chi_2 = v$

وبتعويض $\chi_1 = 1 - \chi_2$ في المعادلات في اعلاه ينتج:

$$6\chi_2 + V = 2$$

$$-6\chi_2 + V = -1$$

$$\chi_2 = \frac{\begin{vmatrix} 2 & 1 \\ -1 & 1 \end{vmatrix}}{\begin{vmatrix} 6 & 1 \\ -6 & 1 \end{vmatrix}} = 3/12 = 1/4$$

$$\chi_1 = 1 - \chi_2 = 1 - 1/4 = 3/4$$

$$v = \frac{\begin{vmatrix} 6 & 2 \\ -6 & -1 \end{vmatrix}}{\begin{vmatrix} 6 & 1 \\ -6 & 1 \end{vmatrix}} = 6/12 = 1/2$$

الربح المتوقع لـ A هو (1/2) في حال اختياره للستراتيجية A_1 باحتمال 75 % وللستراتيجية A_2 باحتمال 25% في كل مباراة وهي تمثل قيمة المباراة ايضا, الخسارة المتوقعة لـ B موضحة بالجدول الآتي:

إستراتيجيات A	الخسارة المتوقعة لـ B
A_1	$2y_1 - y_2 = V$
A_2	$-4y_1 + 5y_2 = V$

وبتعويض $y_1 = 1 - y_2$ في المعادلات في اعلاه ينتج:

$$3y_2 + V = 2$$
$$-9y_2 + V = -4$$

$$y_2 = \frac{\begin{vmatrix} 2 & 1 \\ -4 & 1 \end{vmatrix}}{\begin{vmatrix} 3 & 1 \\ -9 & 1 \end{vmatrix}} = 6/12 = 1/2$$

$$y_1 = 1 - y_2 = 1 - 1/2 = 1/2$$

$$v = \frac{\begin{vmatrix} 3 & 2 \\ -9 & -4 \end{vmatrix}}{\begin{vmatrix} 3 & 1 \\ -9 & 1 \end{vmatrix}} = 6/12 = 1/2$$

الخسارة المتوقعة لـ B هي (1/2) في حال اختياره للستراتيجية B_1 باحتمال 50 % وللستراتيجية B_2 باحتمال 50 % في كل مباراة .

تماثل طريقة المعادلات الخطية طريقة جبر المصفوفات من حيث عدم قدرتها على التوصل إلى الحل الأمثل لبعض المباريات اذ بتطبيق هذه الطريقة نحصل على قيم احتمالية سالبة وهذا غير ممكن لذلك يتم اللجوء إلى البرمجة الخطية (.L.P) .

6-2-4: نظرية المباراة و البرمجة الخطية

Programming Game Theory And Linear

6-2-4-1: تحويل مسألة المباراة إلى مسألة برمجة خطية

Conversion of a Game Problem In To a Linear Programming Problem

مباراة الشخصين ذات المجموع الصفري ممكن ان تحل بوساطة البرمجة الخطية (.L.P) ولتوضيح عملية تحويل المباراة إلى مسألة برمجة خطية (.L.P) نفترض مصفوفة الدفع الآتية والتي تمثل مباراة ($m * n$):

B / A	B_1	B_2	--	B_n
A_1	a_{11}	a_{12}	--	a_{1n}
A_2	a_{21}	a_{22}	--	a_{2n}
:	.	.		.
:	.	.		.
	:	:		:
:				
A_m	a_{m1}	a_{m2}	--	a_{mn}

بافتراض χ_i يمثل احتمالات m من ستراتيجيات المتنافس A فأن:

$$\sum_{i=1}^{m} \chi_i = 1$$

$$\chi_i \geq 0$$

الربح المتوقع للمتنافس A عندما يختار المتنافس B الستراتيجية B_1 هو:

$$a_{11}\chi_1 + a_{21}\chi_2 + \text{--------------------} + a_{m1}\chi_m$$

وعلى هذا الأساس فإن الربح المتوقع لـ A المناظر لستراتيجيات B هو:

$$\left.\begin{array}{l} a_{11}\chi_1 + a_{21}\chi_2 + \text{--------------------} + a_{m1}\chi_m \\ a_{12}\chi_1 + a_{22}\chi_2 + \text{--------------------} + a_{m2}\chi_m \\ \vdots \\ \vdots \\ a_{1n}\chi_1 + a_{2n}\chi_n + \text{--------------------} + a_{mn}\chi_m \end{array}\right\} \text{-----} (1-6)$$

هدف المتنافس A هو اختيار قيم χ_i (i = 1 -------- m) التي تعظم اقل ربح متوقع (V) ولذلك فإن نظام المعادلات (6 - 1) يصبح بالصيغة الآتية:

$$\left.\begin{array}{l} a_{11}\chi_1 + a_{21}\chi_2 + \text{--------------------} + a_{m1}\chi_m \geq V \\ a_{12}\chi_1 + a_{22}\chi_2 + \text{--------------------} + a_{m2}\chi_m \geq V \\ \vdots \\ \vdots \\ a_{1n}\chi_1 + a_{2n}\chi_n + \text{--------------------} + a_{mn}\chi_m \geq V \end{array}\right\} \text{--} (2-6)$$

يضاف إلى نظام المعادلات (6 - 2) قيد مجموع الأحتمالات أي:

$$\sum_{i=1}^{m} \chi_i = 1 \ldots\ldots\ldots\ldots\ldots\ldots\ldots\ldots\ldots\ldots \quad (3-6)$$

دالة الهدف لأنموذج البرمجة الخطية (.L.P) للمتنافس A تمثل تعظيم اقل ربح متوقع أي:

$$\text{Max} \quad V$$

تبعا لنظام القيود (6 - 2) والقيد (6 - 3) ولتبسيط مسألة البرمجة الخطية (.L.P) يتم قسمة طرفي القيود على (V) ولذلك تصبح القيود بالصيغة الآتية:

$$a_{11} X'_1 + a_{21} X'_2 + \text{-------------------------} + a_{m1} X'_m \geq 1$$

$$a_{12} X'_1 + a_{22} X'_2 + \text{-------------------} + a_{m2} X'_m \geq 1$$

$$\vdots$$

$$a_{1n} X'_1 + a_{2n} X'_n + \text{-------------------} + a_{mn} X'_m \geq 1$$

$$X'_1 + X'_2 + \text{------} + X'_m = 1/V$$

$$X'_1, X'_2 \text{-----}, X'_m \geq 0$$

اذ ان $X'_i = X_i/V$ وبما ان Max V = Min 1/V وعلى افتراض ان Z= 1/V فإن الصيغة النهائية لمسألة البرمجة الخطية (.L.P) للمتنافس A هي:

$$\text{Min } Z = \sum_{i=1}^{m} \chi'_i$$

S.t

$$\sum_{i=1}^{m} a_{ij} \chi_i' \geq 1 \qquad j = 1 \ldots n$$

$$\chi'_i \geq 0 \qquad i = 1 \ldots\ldots m$$

وبنفس الأسلوب ممكن تكوين مسألة البرمجة الخطية (.L.P) للمتنافس B والتي تمثل الأنموذج المقابل لمسألة البرمجة الخطية (.L.P) للمتنافس A اي أن:

$$\text{Max} \qquad T = \sum_{j=1}^{n} y'_j$$

S.t

$$\sum_{j=1}^{n} a_{ij} y_j' \leq 1 \qquad i = 1 \ldots m$$

$$y_j' \geq 0 \qquad j = 1 \ldots\ldots n$$

قيمة المباراة (V) هي قيمة موجبة ولكن في بعض الحالات تكون سالبة وللتغلب على ذلك يتم إعادة ترتيب مصفوفة الدفع بعكس المتنافسين A و B أو عن طريق إضافة ثابت موجب إلى قيم مصفوفة الدفع وبالتالي فإن قيمة المباراة الأصلية هي عبارة عن قيمة المباراة الجديدة مطروح منها قيمة الثابت .

2-4-2-6: الحل بوساطة البرمجة الخطية Solution By Linear Programming

لتوضيح حل المباراة بوساطة البرمجة الخطية (.L.P) نستعين بالأمثلة الآتية:

مثـــال (6 - 8): أوجد قيمة المباراة والإستراتيجيات المثلى لمصفوفة الدفع الآتية:

A \ B	B_1	B_2	B_3
A_1	2	3	2
A_2	4	1	5

الحـــــل:

أنموذج البرمجة الخطية (.L.P) للمتنافس A هو:

$$\text{Min} \quad Z = X'_1 + X'_2$$

S.T

$$2X'_1 + 4X'_2 \geq 1$$

$$3X'_1 + X'_2 \geq 1$$

$$2X'_1 + 5X'_2 \geq 1$$

$$X'_1, X'_2 \geq 0$$

أما انموذج البرمجة الخطية (.L.P) للمتنافس B فهو:

$$\text{Max} \quad T = y'_1 + y'_2 + y'_3$$

S.T

$$2y'_1 + 3y'_2 + 2y'_3 \leq 1$$

$$4y'_1 + y'_2 + 5y'_3 \leq 1$$

$$y'_1, y'_2, y'_3 \geq 0$$

باستخدام طريقة السمبلكس يتم التوصل إلى الحل الأمثل لأنموذجي البرمجة الخطية(.L.P) وللسهولة تستخدم طرية السمبلكس لحل أنموذج البرمجة الخطية(.L.P)

للمتنافس B وباعتباره الأنموذج المقابل لأنمـوذج البرمجـة الخطيـة(.L.P) للمتنـافس A فإنـه بالإمكـان استخراج الحل الأمثل للمتنافس A من جدول الحل الأمثل للمتنافسB
الجدول (6 - 6) يمثل الحل الأمثل لمسألة البرمجة الخطية (.L.P) للمتنافس B:

الجدول (6- 6)

C_B	B.V. \ C_j	1	1	1	0	0	b
		y'_1	y'_2	y'_3	y_4	y_5	
0	y_4	2	3	2	1	0	1
0	y_5	4	1	5	0	1	1
$\overline{C}$		1	1	1	0	0	T=0
0	y_4	0	5/2	-1/2	1	-1/2	1/2
1	y'_1	1	1/4	5/4	0	1/4	1/4
$\overline{C}$		0	3/4	-1/4	0	-1/4	T = 1/4
1	y'_2	0	1	-1/5	2/5	-1/5	1/5
1	y'_1	1	0	13/10	-1/10	3/10	1/5
$\overline{C}$		0	0	-1/10	-3/10	-1/10	T = 2/5

الحل الأمثل هو:

$y'_1 = y'_2 = 1/5 \ , \ y'_3 = 0 \ , \ T = 2/5$

هذا يعني أن:

$T = 1/v \rightarrow v = 5/2$

$y'_1 = y_1/v \rightarrow y = 1/2 \ ; \ y'_2 = y_2 / v \rightarrow y_2 = 1/2 \ ; \ y_3 = 0$

من الجدول (6 - 6) فإن الحل الأمثل للمتنافس A هو:

$X'_1 = 3/10 \ , X'_2 = 1/10 \ , \ Z = 2/5$

هذا يعني ان:

$Z = 1/v \rightarrow v = 5/2$

$X'_1 = X_1 / v \rightarrow X_1 = 3/4 \ ; \ X'_2 = X_2 / v \rightarrow X_2 = 1/4$

مثــال (6-9): مصنع يقوم بتصنيع ثلاثة انواع من اللدائن (A , B , C) راس مال المصـنع يبلـغ مليـون دينار والعائد الناتج من كل نوع من انواع اللدائن يعتمد على حالة السوق (متوسطة , جيـدة , جيـدة جدا) وكما هو موضح بمصفوفة الدفع الآتية (مائة الف دينار):

اللدائن \ حالة السوق	متوسطة	جيدة	جيدة جدا
A	4	3	1
B	2	4	6
C	3	7	5

يرغب المصنع في استثمار رأس المال في تصنيع انواع اللدائن الثلاثة بحيث يحقق اعلى عائد ممكن.

الحـــل:

مسألة المباراة ممكن تحويلها إلى مسألة برمجة خطية (L.P.) وكالآتي:

$$\text{Min } Z = X'_1 + X'_2 + X'_3$$

S.T

$$4X'_1 + 2X'_2 + 3X'_3 \geq 1$$

$$3X'_1 + 4X'_2 + 7X'_3 \geq 1$$

$$X'_1 + 6X'_2 + 5X'_3 \geq 1$$

$$X'_j \geq 0 \qquad j=1,2,3$$

إذ أن:

X_1: نسبة استثمار رأس المال لتصنيع اللدائن نوع A

X_2: نسبة استثمار رأس المال لتصنيع اللدائن نوع B

X_3: نسبة استثمار رأس المال لتصنيع اللدائن نوع C

باستخدام طريقة السمبلكس نتوصل إلى الحل الأمثل للأنموذج:

$$X'_1 = 2/17 \quad , X'_2 = 0 \quad , \; X'_3 = 3/17 \quad , \quad Z = 5/17$$

$$Z = 1/v \qquad \rightarrow \qquad v = 17/5$$

$$X'_j = X_j / v \quad \rightarrow \quad X_1 = 2/5 \quad , \quad X_2 = 0 \quad , \quad X_3 = 3/5$$

هذا يعني ان المصنع سوف يستثمر (4) مئة الف دينار في تصنيع اللدائن نوع A و (6) مئة الف دينار في تصنيع اللدائن نوع C ولا يصنع اللدائن من نوع B وبالتالي يحصل على عائد مقداره (340) الف دينار .

مثـال (6-10): مركز لتصليح السيارات يحتوي على محلين لبيع الأدوات الأحتياطية للسيارات كلا المحلين يتنافسـان فيما بينهما لزيادة عدد الزبائن على حساب المحل الآخر من خلال استخدام ثلاثة ستراتيجيات تتمثـل بنـوع المـواد الأحتياطية (مستخدمة , جديـدة (تقليـد) , جديـدة (أصـلي)) , المصـفوفة الآتيـة تمثـل نسـبة الـربح أو الخسـارة للمحلين:

B / A	مستخدمة	تقليد	أصلي
مستخدمة	2	-1	2
تقليد	-1	4	١
أصلي	3	3	-3

أوجد الإستراتيجيات المثلى لكلا المحلين .

الحـل:

مسألة البرمجة الخطية (.L.P) للمحل A هي :

$$\text{Min} \quad Z = X'_1 + X'_2 + X'_3$$

S.T

$$2X'_1 - X'_2 + 3X'_3 \geq 1$$

$$-X'_1 + 4X'_2 + 3X'_3 \geq 1$$

$$2X'_1 + X'_2 - 3X'_3 \geq 1$$

$$X'_1 , X'_2 , X'_3 \geq 0$$

أما مسألة البرمجة الخطية (.L.P) للمحل B فهي :

$$\text{Max} \quad T = y'_1 + y'_2 + y'_3$$

S.T

$$2y'_1 - y'_2 + 2y'_3 \leq 1$$

$$-y'_1 + 4y'_2 + y'_3 \leq 1$$

$$3y'_1 + 3y'_2 - 3y'_3 \leq 1$$

$$y'_1 , y'_2 , y'_3 \geq 0$$

باستخدام طريقة السمبلكس نتوصل إلى حل الأنموذجين و كالآتي:

$X_1 = 5/9$; $X_2 = 3/9$, $X_3 = 1/9$

$y_1 = 21/54$; $y_2 = 16/54$, $y_3 = 17/54$

$v = 10/9$

هذا يعني ان المحل (A) إذا اختار الستراتيجيات الثلاثة باحتمال (5/9 , 3/9 , 1/9) على التوالي فإن إعـداد الزبـائن التي تأتي اليه سوف تكون اكثر من زبائن المحل (B) بنسبة 10/9 .

6-2 -4 -3: طريقة التحويل البديلة An Alternate Conversion Method

ممكن تحويل مسألة مباراة الشخصين ذات المجموع الصفري إلى مسألة برمجة خطية (L.P.) بصيغة مختلفة عن الصيغة الموصوفة في الفقرة (6-2-4-1) والتي توضح بأن مسألة البرمجة الخطية (L.P.) للمتنافس A تكون بالصيغة الآتية:

$$\chi_1 + \chi_2 + \text{------------} + \chi_m = 1$$

$$a_{11}\chi_1 + a_{21}\chi_2 + \text{------------------} + a_{m1}\chi_m \ge v$$

$$a_{12}\chi_1 + a_{22}\chi_2 + \text{------------------} + a_{m2}\chi_m \ge v$$

$$\vdots$$

$$a_{1n}\chi_1 + a_{2n}\chi_2 + \text{------------------} + a_{mn}\chi_m \ge v$$

$$\chi_1, \chi_2 \text{ ------------ } \chi_m \ge 0$$

نحول قيود عدم المساواة إلى قيود مساواة بإضافة المتغيرات الوهمية إلى الجانب الأيمن للقيود وكالآتي:

$$\chi_1 + \chi_2 + \text{------------} + \chi_m = 1$$

$$a_{11}\chi_1 + a_{21}\chi_2 + \text{------------------} + a_{m1}\chi_m - \chi_{m+1} = v$$

$$a_{12}\chi_1 + a_{22}\chi_2 + \text{------------------} + a_{m2}\chi_m - \chi_{m+2} = v$$

$$\vdots$$

$$a_{1n}\chi_1 + a_{2n}\chi_2 + \text{------------------} + a_{mn}\chi_m - \chi_{m+n} = v$$

$$\chi_1, \chi_2 \text{ ------------}, \chi_m \ge 0$$

قيمة دالة الهدف تتحدد بوساطة قيم متغيرات القرار (χ_i) , المعادلة الأولى لا يمكن ان تمثل دالة الهدف لذلك نستخدم المعادلة الثانية على انها دالة هدف ويتم طرح دالة الهدف الجديدة من باقي المعادلات وبذلك تتكون مسألة برمجة خطية (L.P.) بالصيغة الآتية:

$$\text{Max} \quad v = a_{11}\chi_1 + a_{21}\chi_2 + \text{----------} + a_{m1}\chi_m - \chi_{m+1}$$

S.T

$$(a_{12} - a_{11})\chi_1 + (a_{22} - a_{21})\chi_2 + \text{--------} + (a_{m2} - a_{m1})\chi_m + \chi_{m+1} - \chi_{m+2} = 0$$

$$\vdots \qquad \vdots$$

$$(a_{1n} - a_{11})\chi_1 + (a_{2n} - a_{21})\chi_2 + \text{--------} + (a_{mn} - a_{m1})\chi_m + \chi_{m+1} - \chi_{m+n} = 0$$

$$\chi_1 + \chi_2 \text{ -----------} + \chi_m = 1$$

$$\chi_1, \chi_2 \text{ ------------}, \chi_m \ge 0$$

ممكن التعبير عن قيود المساواة لمسألة البرمجة الخطية (.L.P) في أعلاه بقيود عدم مساواة وكالآتي:

$$\text{Max} \quad v = a_{11}\chi_1 + a_{21}\chi_2 + \text{--------------------} + a_{m1}\chi_m - \chi_{m+1}$$

S.T

$$-(a_{12} - a_{11})\chi_1 - (a_{22} - a_{21})\chi_2 - \text{--------} - (a_{m2} - a_{m1})\chi_m - \chi_{m+1} \leq 0$$

$$\vdots \qquad \vdots$$

$$-(a_{1n} - a_{11})\chi_1 - (a_{2n} - a_{21})\chi_2 - \text{--------} - (a_{mn} - a_{m1})\chi_m - \chi_{m+1} \leq 0$$

$$\chi_1 + \chi_2 \text{ ------------ } \chi_m + 0\chi_{m+1} \leq 1$$

$$\chi_1, \chi_2 \text{ ------------, } \chi_{m+1} \geq 0$$

باستخدام طريقة السمبلكس نتوصل إلى الحل الأمثل للأنموذج في اعلاه, وبنفس الأسلوب ممكن صياغة مسألة البرمجة الخطية (.L.P) للمتنافس B و كالآتي:

$$\text{Min} \quad v = a_{11} y_1 + a_{12} y_2 + \text{--------------------} + a_{1n} y_n + y_{n+1}$$

S.T

$$(a_{21} - a_{11}) y_1 + (a_{22} - a_{12}) y_2 + \text{--------} + (a_{2n} - a_{1n}) y_n - y_{n+1} + y_{n+2} = 0$$

$$\vdots \qquad \vdots$$

$$(a_{m1} - a_{11}) y_1 + (a_{m2} - a_{12}) y_2 + \text{--------} + (a_{mn} - a_{1n}) y_n - y_{n+1} + y_{n+m} = 0$$

$$y_1 + y_2 + \text{------------} + y_n = 1$$

$$y_1, y_2 \text{ ------------ } y_n \geq 0$$

ممكن التعبير عن قيود المساواة لمسألة البرمجة الخطية (.L.P) في أعلاه بقيود عدم مساواة وكالآتي

$$\text{Min} \quad v = a_{11} y_1 + a_{12} y_2 + \text{--------------------} + a_{1n} y_n + y_{n+1}$$

S.T

$$-(a_{21} - a_{11}) y_1 - (a_{22} - a_{12}) y_2 - \text{--------} - (a_{2n} - a_{1n}) y_n + y_{n+1} \geq 0$$

$$\vdots$$

$$-(a_{m1} - a_{11}) y_1 - (a_{m2} - a_{12}) y_2 - \text{--------} - (a_{mn} - a_{1n}) y_n + y_{n+1} \geq 0$$

$$y_1 + y_2 \text{ ------------ } y_n + 0\, y_{n+1} = 1$$

$$y_1, y_2 \text{ ------------ } y_{n+1} \geq 0$$

6-2-4 -4: الحل بوساطة طريقة التحويل البديلة

Solution by an alternate conversion method

لتوضيح حل مسألة المباراة بوساطة طريقة التحويل البديلة نستعين بالأمثلة الآتية:

مثال (6-11): أوجد قيمة المباراة و الستراتيجيات المثلى لمصفوفة الدفع المعرفة بالمثال(6 - 8):

A \ B	B_1	B_2	B_3
A_1	2	3	2
A_2	4	1	5

الحــــل:

مسألة البرمجة الخطية (.L.P) للمتنافس A تكون بالصيغة الآتية:

$$\text{Max} \quad V = 2\chi_1 + 4\chi_2 - \chi_3$$

$$\text{S.T}$$

$$-\chi_1 + 3\chi_2 - \chi_3 \le 0$$

$$-\chi_2 - \chi_3 \le 0$$

$$\chi_1 + \chi_2 + 0\chi_3 \le 1$$

$$\chi_1 , \chi_2 , \chi_3 \ge 0$$

أما مسألة البرمجة الخطية (.L.P) للمتنافس B فتكون بالصيغة الآتية:

$$\text{Min} \quad v = 2y_1 + 3y_2 + 2y_3 + y_4$$

$$\text{S.T}$$

$$-2y_1 + 2y_2 - 3y_3 + y_4 \ge 0$$

$$y_1 + y_2 + y_3 + 0y_4 \ge 1$$

$$y_1 , y_2 , y_3 , y_4 \ge 0$$

باستخدام طريقة السمبلكس يتم التوصل إلى الحل الأمثل لمسألة البرمجة الخطية (.L.P) للمتنافس A وكما هو موضح بالجدول (6 - 7):

الجدول (6-7)

C_B	B.V.	C_j	2	4	-1	0	0	0	b
			χ_1	χ_2	χ_3	χ_4	χ_5	χ_6	
0	χ_4		-1	3	-1	1	0	0	0
0	χ_5		0	-1	-1	0	1	0	0
0	χ_6		1	1	0	0	0	1	1
	$\overline{C}$		2	4	-1	0	0	0	V = 0
4	χ_2		-1/3	1	-1/3	1/3	0	0	0
0	χ_5		-1/3	0	-4/3	1/3	1	0	0
0	χ_6		4/3	0	1/3	-1/3	0	1	1
	$\overline{C}$		10/3	0	1/3	-4/3	0	0	V = 0
4	χ_2		0	1	-1/4	1/4	0	1/4	1/4
0	χ_5		0	0	-5/4	1/4	1	1/4	1/4
2	χ_1		1	0	1/4	-1/4	0	3/4	3/4
	$\overline{C}$		0	0	-1/2	-1/2	0	-5/2	V = 10/4

الحل الأمثل هو:

$\chi_1 = 3/4$, $\chi_2 = 1/4$, $\chi_3 = 0$, $v = 10/4$

ومن جدول الحل الأمثل نستخرج الحل الأمثل لمسألة البرمجة الخطية للمتنافس B:

$Y_1 = 1/2$ $Y_2 = 1/2$, $Y_3 = 0$, $v = 10/4$

مثـــال (6-12): كون مسألة البرمجة الخطية لمسألة المباراة الموضحة بالمثال (6 – 9) باستخدام طريقة التحويل البديلة:

الحـــل:

مسألة البرمجة الخطية (.L.P) تكون بالصيغة الآتية:

Max $v = 4\chi_1 + 2\chi_2 + 3\chi_3 - \chi_4$

S.T

$\chi_1 - 2\chi_2 - 4\chi_3 - \chi_4 \leq 0$

$3\chi_1 - 4\chi_2 - 2\chi_3 - \chi_4 \leq 0$

$\chi_1 + \chi_2 + \chi_3 + 0\chi_4 \leq 1$

$\chi_1 , \chi_2 , \chi_3 , \chi_4 \geq 0$

3-6: مباريات ذات المجموع غير الصفري
Non – Zero – Sum Games

عندما تلعب المباراة بوساطة متنافسين أو أكثر ومجموع أرباح وخسائر المتنافسين في المباراة لا تساوي صفر فإن المباراة يطلق عليها مباراة ذات المجموع غير الصفري , أسلوب حل المباراة ذات المجموع غير الصفري أكثر تعقيدا من أساليب حل المباراة ذات المجموع الصفري بحيث ان المتنافسين ممكن ان يتفاوضوا أو يتساوموا فيما بينهم من أجل تعظيم الربح أو تقليل الخسارة .

ولتوضيح المباراة ذات المجموع غير الصفري نفترض وجود محطتين لبيع البانزين B , A , كلتا المحطتين تسعى لتعظيم الربح الشهري لها من خلال تقليل سعر البانزين لزيادة المبيعات , إذا كلتا المحطتين لم تقلل السعر فإن أرباحهما تبلغ 500 ألف دينار لكل شهر , إذا A قللت السعر و B لم تقلل السعر فإن أرباح A سوف تبلغ 700 ألف دينار بينما أرباح B سوف تبلغ 400 ألف دينار بينما إذا B قللت السعر و A لم تقلل السعر فإن أرباح A سوف تبلغ 400 ألف دينار بينما أرباح B سوف تبلغ 650 ألف دينار وفي حال كون كلتا المحطتين B , A قللت السعر فإن أرباح كل محطة سوف تبلغ 450 ألف دينار شهريا .
مصفوفة الدفع للمباراة تكون بالصيغة الآتية:

B / A	لايقلل السعر	يقلل السعر
لايقلل السعر	500/500	400/650
يقلل السعر	700/400	450/450

من المصفوفة في أعلاه فإن كلا المتنافسين B,A يمتلك إستراتيجيتين تتمثل بتقليل السعر أو عدم تقليله, إستراتيجية تقليل السعر هي إستراتيجية مفضلة بالنسبة للمتنافس A وهي كذلك مفضلة بالنسبة للمتنافس B إذا كلا المتنافسين قاموا بتقليل السعر فإن أرباح كل منهم سوف تبلغ 450 ألف دينار شهريا بينما إذا كلاهما لم يقلل السعر فإن أرباح كل منهم سوف تبلغ 500 ألف شهريا أي ان ربح كل متنافس سوف

يكون اكبر من ربحه في حال تقليل السعر لذلك فإن الإستراتيجيات المفضلة للمتنافسين ليس بالضرورة تقود إلى نتائج جيدة في المباريات ذات المجموع غير الصفري , إذا تم الاتفاق بين B , A على عدم تقليل السعر فإن أرباح كل منهم سوف تتزايد .

العديد من المباريات ذات المجموع غير الصفري ممكن أن تحل بنفس الأسلوب الموضح في أعلاه وأن عملية تحويل المباراة إلى مسألة برمجة خطية (L.P.) هو غير ممكن لذلك سوف يتم الاكتفاء بهذا القدر من التفصيل .

مسائل
Problems

(6-1): حدد الإستراتيجيات المثلى لمصفوفات الدفع الآتية باستخدام الإستراتيجيات المفضلة:

(A)

A \ B	B_1	B_2	B_3
A_1	-3	1	2
A_2	1	2	1
A_3	1	0	-2

(B)

A \ B	B_1	B_2	B_3
A_1	0	4	1
A_2	-1	-2	3
A_3	1	3	2

(6-2) : أوجد نقطة الاستقرار لمصفوفات الدفع الآتية:

(A)

A \ B	B_1	B_2	B_3	B_4
A_1	3	-3	-1	-7
A_2	1	-1	5	3
A_3	-7	-5	-3	7

(B)

A \ B	B_1	B_2	B_3	B_4
A_1	4	-4	-5	6
A_2	-3	-4	-9	-2
A_3	6	7	-8	-9
A_3	7	3	-9	5

(3-6) : أوجد الحل الأمثل للمباريات الآتية باستخدام الطريقة البيانية:

(A)

B / A	B_1	B_2	B_3	B_4
A_1	3	1	6	3
A_2	0	4	3	-2

(B)

B / A	B_1	B_2	B_3
A_1	2	3	4
A_2	5	7	-1

(4-6) : باستخدام طريقة جبر المصفوفات أوجد الستراتيجيات المختلطة المثلى للمباراة الآتية:

B / A	B_1	B_2	B_3
A_1	5	1	3
A_2	4	7	2
A_3	3	4	6

(5-6) : للمسألة (6 - 4) أوجد الستراتيجيات المختلطة المثلى وقيمة المباراة باستخدام طريقة المعادلات الخطية .

(6-6) : شركتان لتصنيع المواد الغذائية يتنافسان فيما بينهما لزيادة المبيعات زيادة مبيعات اي من الشركتين سوف يكون على حساب الشركة الأخرى كلتا الشركتين تمتلك ثلاثة ستراتيجيات مختلفة لزيادة مبيعاتها وكما هو موضح بمصفوفة الدفع الآتية (الأرقام تمثل نسب مئوية من المبيعات الكلية):

B / A	B_1	B_2	B_3
A_1	7	-1	3
A_2	1	0	2
A_3	-5	-3	1

أوجد الحل الأمثل للمباراة باستخدام معيار أدنى الأقصى - أقصى الأدنى .

(6-7): صيدليتان تتنافسان فيما بينهما لزيادة مبيعاتهما كل على حساب الآخر , كلتا الصيدليتان تعتمد في زيادة مبيعاتهما على ثلاثة ستراتيجيات (نوع الدواء , سعر الدواء , معاملة المريض) , مصفوفة الدفع الآتية تمثل نسب الربح أو الخسارة للصيدليتين باستخدام الستراتيجيات الثلاثة:

A \ B	نوع الدواء	سعر الدواء	معاملة المريض
نوع الدواء	0	2	5
سعر الدواء	-5	4	2
معاملة المريض	2	0	-1

أوجد الستراتيجيات المختلطة المثلى لكلتا الصيدليتين وقيمة المباراة باستخدام البرمجة الخطية (L.P.) .

(6-8): حول مسألة المباريات الآتية إلى مسألة برمجة خطية (L.P.):

(A)

A \ B	B_1	B_2	B_3
A_1	8	5	6
A_2	6	10	8
A_3	12	2	6

(B)

A \ B	B_1	B_2	B_3
A_1	-1	1	1
A_2	2	-2	2
A_3	3	3	-3

(C)

A \ B	B_1	B_2	B_3	B_4	B_5
A_1	-3	-6	5	-2	3
A_2	-1	4	-4	1	-2
A_3	0	-2	-5	-3	1
A_4	2	-3	0	2	-4

(6-9) : أوجد الحل الأمثل لمباريات المسألة (6-8) .

(6-10): أوجد الحل الأمثل للمباريات ذات المجموع غير الصفري الآتية:

(A)

A \ B	B_1	B_2	B_3
A_1	1/2	4/3	3/0
A_2	4/1	5/3	2/2

(B)

A \ B	B_1	B_2	B_3
A_1	2/3	1/0	4/5
A_2	4/4	10/7	8/8
A_3	6/2	1/5	1/3

الفصل السابع

نظرية صفوف الانتظار(الطوابير)

Queueing Theory

الفصل التاسع

نظرية صفوف الانتظار (الطوابير)

Queueing Theory

7 - 1: المدخل Introduction

عرفت نظرية صفوف الانتظار على يد A.K. Erlang عام ١٩٠٣ بعدما قام بدارسة مسألة الازدحام الموجودة على خط الهاتف حيث بدأ بإيجاد الفترات الزمنية لتأجيل المكالمات نظرا لانشغال الهاتف وقد طورت دراسات Erlang بوساطة كل من Molins عام ١٩٢٧ وThornton D - Fry عام ١٩٢٨ وبعد الحرب العالمية الثانية تطور العمل بنظرية صفوف الانتظار لتشمل مسائل أخرى من الانتظار.

أن تكون خطوط الانتظار هو بطبيعة الحال ظاهرة شائعة تظهر حينما يتعدى الطلب على خدمة ما الطاقة المتاحة لتوفير تلك الخدمة , ولصعوبة التنبؤ بصورة دقيقة بالوقت الذي تصل فيه الوحدات لطلب الخدمة أو الوقت المطلوب لإنجاز تلك الخدمة فإن عملية اتخاذ القرارات التي تتعلق بمقدار الطاقة التي تهيأ لإنجاز الخدمة هي عملية صعبة.

توفير خدمات كثيرة سيتضمن تكاليف زائدة , من الناحية الأخرى عدم توفير طاقة خدمية كافية سيسبب تكوين خط انتظار طويل إلى حدما من حين إلى آخر وهذا يكون مكلف أيضا في بعض النواحي سواء أكانت الكلفة اجتماعية أو كلفة فقد الزبائن أو كلفة الموظفين العاطلين وغيرهما لذلك فإن الهدف النهائي هو بلوغ توازن اقتصادي بين كلفة الخدمة والكلفة المرتبطة بالانتظار بسبب تلك الخدمة.

7 - 2: تطبيقات نماذج صفوف الانتظار
Applications Of Qeueuing Models

نظرية صفوف الانتظار لها تطبيقات واسعة في المجالات الحياتية فأحدى تطبيقات صفوف الانتظار المهمة التي نواجهها جميعا في حياتنا اليومية هي المجالات الخدمية مثال على ذلك صالون حلاقة فالحلاقون يمثلون مراكز الخدمة و الزبائن يمثلون الوحدات الطالبة للخدمة ونفس الحال ينطبق على المطاعم, دور السينما , المصارف وغيرها .

تطبيق آخر لصفوف الانتظار هو مجال النقل فمن الممكن ان تكون وسائط النقل هي الوحدات الطالبة للخدمة مثال ذلك سيارات تنتظر أمام مكتب تحصيل الرسوم أو

الأشارات الضوئية, شاحنة أو سفينة تنتظر للتحميل أو التفريغ , طائرات تنتظر الهبوط أو الأقلاع من مدرج (مركز الخدمة) و في حالات اخرى تكون وسائط النقل هي مراكز الخدمة مثال ذلك سيارات الأجرة وسيارات اطفاء الحريق و الرافعات أو المصاعد.

هنالك أمثلة عديدة اخرى لصفوف الانتظار مثل انتظار المكائن العاطلة (الوحدات الطالبة للخدمة) في صف لغرض تقديم الخدمة لها أي تصليحها من قبل المصلح (مركز الخدمة) وكذلك فإن المستشفيات تمثل صفوف الانتظار من حيث انتظار المرضى لتقديم الخدمة الصحية لهم المتمثلة بالأطباء أو سيارات الإسعاف أو أسرة المستشفى.

7- 3: العناصر الرئيسية لأنموذج صفوف الانتظار

Basic Elements Of The Queuing Model

العناصر الرئيسية لظاهرة صفوف الانتظار هي:

1 . **وصول الوحدات (Units arrive)**: ويكون الوصول على شكل فترات زمنية منتظمة أو غير منتظمة إلى نقاط تدعى مراكز (قنوات) الخدمة كمثال على ذلك وصول الشاحنات إلى موقع التحميل , دخول الزبائن إلى مركز تجاري , وصول الأشخاص إلى السينما , وصول السفن إلى الميناء وغيرها كل هذه الوحدات تدعى وصول الزبائن .

2 . **مراكز (قنوات) الخدمة (Service channels)**: هي المواقع التي تقوم بتقديم الخدمة للوحدات الطالبة للخدمة (الزبون) مثال على ذلك البائعين , الميناء وغيرها, إذا كان مركز الخدمة غير مشغول فإن الزبون الواصل سوف يخدم مباشرة وإذا كان مركز الخدمة مشغول فإن على الزبون الانتظار في خط إلى أن يتم تقديم الخدمة له وبعد اكتمال الخدمة يغادر الزبون النظام.

مسألة صفوف الانتظار تتكون عندما يضطر الزبائن إلى الانتظار في الصف للحصول على الخدمة .

3 . **الصف** (**Queue**): يمثل عدد الزبائن المنتظرة للحصول على الخدمة(عدد الوحدات طالبة الخدمة) , الصف لا يتضمن الزبون الذي يتم تقديم الخدمة له .

الشكل (7 – 1) يوضح العناصر الرئيسية لنظام صفوف الانتظار .

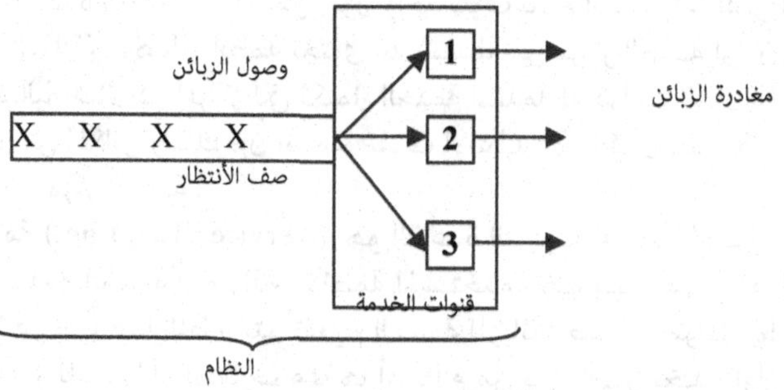

الشكل (7 – 1)

7 – 4: خصائص نماذج صفوف الانتظار

Characteristic Of Queuing Models

تتميز نماذج صفوف الانتظار بستة خصائص رئيسية وهي:

1 . **توزيع الوصول** (**arrival distribution**): ويقصد به نمط أو قاعدة وصول الزبائن إلى النظام ممكن ان يكون على شكل فترات زمنية متساوية أو على شكل فترات زمنية غير متساوية أي وصول عشوائي أي ان وصول الزبائن لا يكون على شكل نمط أو قاعدة معينة ولذلك يتم استخدام التوزيعات الاحتمالية لوصف معدل وصول الزبائن (أي عدد الزبائن الواصلين إلى النظام لكل وحدة وقت واحدة) وأكثر هذه التوزيعات استخداما هو توزيع بواسون قيمة المتوسط لمعدل الوصول تتمثل بوساطة λ .

2 . **توزيع الخدمة** (**service distribution**): ويقصد به نمط أو قاعدة مغادرة الزبائن النظام ويمثل وقت الخدمة أي الفترة الزمنية بين خدمتين متتاليتين والتي قد تكون ثابتة أو عشوائية , معدل الخدمة (عدد الزبائن الذين تم تقديم الخدمة

لهم لكل وحدة واحدة من الوقت) يفرض ان مركز الخدمة يكون مشغول دائما, اغلب نماذج صفوف الانتظار تفرض ان معدل الخدمة يتوزع عشوائيا بموجب التوزيع الأسي .

3 . **مراكز (قنوات) الخدمة** (**service channels**): أنظمة صفوف الانتظار ممكن ان تحتوي على مركز خدمة واحد وفي هذه الحالة يكون انتظار الزبائن بصيغة خط واحد للحصول على الخدمة كما هو الحال مثلا في عيادة الطبيب أو قد تحتوي على العديد من مراكز الخدمة والتي تكون بصورة متوازية وفي هذه الحالة فإن اكثر من زبون واحد سوف تقدم الخدمة له بنفس الوقت كما هو الحال في صالون الحلاقة , وهنالك أنظمة تحتوي على سلسلة من مراكز الخدمة أي ان الزبون يجب ان يمر بصورة متتالية خلال كل المراكز لكي تكتمل الخدمة المقدمة له كما هو الحال مثلا عند صناعة منتوج يمر بعدد من المكائن ولذلك فإن أنظمة صفوف الانتظار أما تكون نظام ذا مركز خدمة واحد أو نظام متعدد مركز الخدمة .

4 . **نظام الخدمة** (**service discipline**): هو القاعدة التي يتم بموجبها اختيار الزبائن من الصف لكي يتم تقديم الخدمة لهم وأكثر الأنظمة المستخدمة هو نظام من يأتي اولا يخدم اولا (FCFS) بموجب هذا النظام يتم تقديم الخدمة للزبائن حسب وصولها كما هو الحال في شباك قطع التذاكر للسينما أو المصارف وغيرها أو نظام من يأتي اخيرا يخدم أولا (LCFS) كما هو الحال في المخازن وهنالك أنظمة أخرى تعتمد على العشوائية في الخدمة أو تعتمد على الأسبقية .

5 . **عدد الزبائن المسموح بها في النظام** (**number of customers allowed in the system**) عدد الزبائن المسموح بها في النظام ممكن ان يكون محدد أي ان وصول أي زبون جديد يكون غير مسموح له الاشتراك في النظام أو قد يكون غير محدد .

6 . **المجتمع** (**population**): ويقصد به المصدر الذي تتولد منه الوحدات الطالبة للخدمة (الزبائن) بحيث إذا كان المصدر يحتمل ان يحتوي على عدد قليل من الزبائن يطلق عليه مصدر محدود و إذا كان يحتوي على عدد كبير من الزبائن (أكثر من 50) فيطلق عليه مجتمع غير محدود .

7 - 5: قواعد توزيعي بواسون والأسي
Roles Of The Poisson And Exponential Distributions

نفترض نظام صفوف الانتظار بحيث أن عدد الواصلين والذين يتم تقديم الخدمة لهم خلال فترة من الوقت تتبع الشروط الآتية:

1 . احتمال حدوث أي حادثة (وصول أو مغادرة) بين الوقت t و t+h يعتمد فقط على طول h (أي ان دالة الاحتمال تمتلك زيادات مستقلة و مستقرة)

2 . احتمال حدوث الحادثة خلال فترة صغيرة جدا من الوقت h هو كمية موجبة ولكنه أقل من الواحد .

3 . على الأكثر حادثة واحدة ممكن ان تحدث خلال الفترة الزمنية h .

نفترض ان $P_n(t)$ يمثل احتمال حدوث n من الحوادث خلال الفترة t ولذلك فإن $P_n(t)$ تمتلك زيادات مستقلة ومستقرة تبعا للشرط الأول عندما $n = 0$ فإن:

$$P_o(t+h) = P_o(t)\,P_o(h) \text{ ----------- } (1-7)$$

من خلال الشرط الثاني يتضح لنا ان $0 < P_o(h) < 1$ لكل قيم h , وعلى هذا الأساس فإن حل المعادلة (1 - 7) هو:

$$P_o(t) = e^{-\alpha t} \quad , t \geq 0 \text{ ----------- } (2-7)$$

حيث أن α هو ثابت موجب .

عندما $h > 0$ وقيمة صغيرة جدا فإن:

$$P_o(h) = e^{-\alpha h}$$

$$= 1 - \alpha h + (\alpha h)^2/2! - (\alpha h)^3/3! + \text{------} \cong 1 - \alpha h \text{ ----- } (3-7)$$

من خلال الشرط الثالث يتضح لنا أنه على الأكثر حادثة واحدة تحدث خلال h و لذلك:

$$P_1(h) = 1 - P_o(h) \cong \alpha h \text{ -------- } (4-7)$$

نفترض أن:

$f(t)$: دالة الكثافة الاحتمالية (p.d.f) للفترة الزمنية بين حدوثين متتالين $t \geq 0$, t .

$F(t)$: الدالة التجميعية (C.d .F) للفترة الزمنية بين حدوثين متتالين t وتساوي $\int_0^t f(\chi)d\chi$.

إذا T يمثل فترة الوقت منذ حدوث الحادثة الأخيرة فإن:

{ احتمال الوقت بين حدوثين متتالين هو أقل من T } = { احتمال عدم حدوث أي حادثة خلال T }

يعبر عنها رياضيا كالآتي:

$$P(t \geq T) = P_o(T)$$

بما ان f (t) هي p.d.f لـ t و $P_o(T) = e^{-\alpha t}$ فإن:

$$\int_T^{\infty} f(t)\,dt = e^{-\alpha T} \quad \text{-----------} \ (5-7)$$

أو باستخدام تعريف F(t) فإن:

$$1 - F(t) = e^{-\alpha T} \quad , \ T > 0 \quad \text{---------} \ (6-7)$$

بأخذ المشتقة لـ t نحصل على:

$$f(t) = \alpha\, e^{-\alpha T} \quad , \ T > 0 \ldots\ldots\ldots (7\text{-}7)$$

المعادلة (7 - 7) تمثل دالة الكثافة الاحتمالية للتوزيع الأسي , من ذلك نستنتج:

1 . من خلال العمليات التي وصفت لاحتمالات $P_n(t)$ فإن الوقت بين حدوثين متتالين يجب أن يتبع التوزيع الأسي .

2 . القيمة المتوقعة للتوزيع الأسي

$$E\{T\} = 1/\alpha \quad \text{وحدة وقت}$$

تمثل معدل فترة الوقت بين حدوثين متتاليين وأن:

$$1/E\{T\} = \alpha \quad \text{حوادث / وحدة وقت}$$

تمثل معدل الحوادث المتولدة لكل وحدة واحدة من الوقت وهذا يعني ان α تمثل معدل (المغادرة) عند تولد الحوادث .

3 . يمتلك التوزيع الأسي خاصية تتمثل بأن وقت حدوث الحادثة التالية هو مستقل عن وقت حدوث الحادثة المنصرمة (الحادثة الأخيرة) أي ان:

$$P_r\{t > T + S \mid t > S\} = P_r\{t > T\}$$

حيث أن t هو متغير عشوائي يمثل الوقت بين حدوث حادثتن متتاليتين و s هو وقت حدوث الحادثة الأخيرة ولتوضيح ذلك:

$$P_r\{t > T + S \mid t > S\} = P_r\{t > T + S * t > S\} \;/\; P_r\{t > S\}$$

$$= P_r\{t > T + S\} / p_r\{t > S\}$$

$$= e^{-\alpha(T+S)} / e^{-\alpha S}$$

$$= e^{-\alpha T} = p_r\{t > T\}$$

هذه الخاصية يطلق عليها فقدان الذاكرة (Lack Of Memory) وهي إحدى خصائص التوزيع الأسي .

7- 5-1: عمليات الوصول (الولادة البحتة) Arrivals Process (Pure Birth)

في هذا المقطع نفترض أن الحادثة تمثل عملية وصول بحتة , هذا يعني أن الزبون يشترك في النظام ولا يغادره وهذا ما يطلق عليه بالولادة البحتة.

نشتق الصيغة الاحتمالية $P_n(t)$ بالاعتماد على الشروط المعطاة سابقا , عندما $n > 0$ و $h > 0$ وقيمة صغيرة جدا فإن:

$P_n(t + h) = p$ {
وصول n من الزبائن خلال t وعدم وصول أي زبون خلال h
أو
وصول n-1 من الزبائن خلال t ووصول زبون واحد خلال h
}

يعبر عنها رياضيا كالآتي:

$$P_n(t + h) = P_n(t)\,P_o(h) + P_{n-1}(t)\,P_1(h) \quad , n = 1, 2, \text{----} \quad \text{----} (8 - 7)$$

$$P_0(t + h) = P_o(t)\,P_o(h) \quad , n = 0 \quad \ldots\ldots (9 - 7)$$

نستبدل معدل تولد الحوادث (α) بوساطة معدل الوصول (λ) وباستخدام النتائج التي تم التوصل إليها سابقا:

$$P_o(h) = e^{-\lambda h} \cong 1 - \lambda h$$

$$P_1(h) = 1 - P_o(h) \cong \lambda h$$

فأن المعادلتين (7 - 8) و (7 - 9) تصبح كالآتي:

$$P_n(t+h) \cong P_n(t)(1-\lambda h) + P_{n-1}(t)\lambda h \quad ; n > 0$$
$$P_0(t+h) \cong P_o(t)(1-\lambda h)$$

بقسمة طرفي المعادلتين على h نحصل على:

$$(P_n(t+h) - P_n(t))/h \cong -\lambda P_n(t) + \lambda P_{n-1}(t)$$
$$(P_0(t+h) - P_o(t))/h \cong -\lambda P_o(t)$$

بأخذ الغاية عندما h تقترب من الصفر فإن:

$$P'_n(t) = -\lambda P_n(t) + \lambda P_{n-1}(t) \quad \text{----------- (10- 7)}$$
$$P'_o(t) = -\lambda P_o(t) \quad \text{...........(11-7)}$$

من (7 -11) نحصل على:

$$P'_o(t) / P_o(t) = -\lambda$$
$$\int P'_0(t)/P_o(t))\, dt = -\lambda \int dt$$
$$\ln P_o(t) = -\lambda t + C$$
$$P_o(t) = \exp(-\lambda t + C)$$

عندما $t = 0$ فإن:

$$1 = e^c$$

ولذلك فإن الصيغة النهائية هي:

$$P_o(t) = e^{-\lambda t} \quad \text{---------- (12 - 7)}$$

بضرب طرفي المعادلة (7 - 10) بـــ ($e^{\lambda t}$) نحصل على:

$$e^{\lambda t} P'_n(t) + \lambda e^{\lambda t} P_n(t) = \lambda e^{\lambda t} P_{n-1}(t)$$
$$d/dt\,[e^{\lambda t} P_n(t)] = \lambda e^{\lambda t} P_{n-1}(t) \quad \text{----------- (13 - 7)}$$

عندما $n = 1$ فإن:

$$d/dt\,[e^{\lambda t} P_1(t)] = \lambda e^{\lambda t} P_o(t)$$

بتعويض المعادلة (7 - 12) في المعادلة أعلاه:

$$d/dt\,[e^{\lambda t} P_1(t)] = \lambda e^{\lambda t} e^{-\lambda t}$$
$$e^{\lambda t} P_1(t) = \lambda \int dt$$
$$e^{\lambda t} P_1(t) = \lambda t + C$$

عندما $t = 0$ فإن:

$$0 = C$$

ولذلك فإن الصيغة النهائية هي:

$$P_1(t) = \lambda t\ e^{-\lambda t}$$

عندما $n = 2$ فإن المعادلة (7 - 13) تصبح كالآتي:

$$d/dt\ [e^{\lambda t} P_2(t)] = \lambda e^{\lambda t} P_1(t)$$
$$d/dt\ [e^{\lambda t} P_2(t)] = \lambda e^{\lambda t} (\lambda t\ e^{-\lambda t})$$
$$d/dt\ [e^{\lambda t} P_2(t)] = \lambda^2 t$$
$$e^{\lambda t} P_2(t) = \lambda^2 \int t\ dt$$
$$e^{\lambda t} P_2(t) = \lambda^2 (t^2/2 + c)$$
$$C = 0$$
$$P_2(t) = \frac{(\lambda t)^2\ e^{-\lambda t}}{2!}$$

من ذلك نستنتج بأن القانون العام للصيغة الاحتمالية $P_n(t)$ هو:

$$P_n(t) = \frac{e^{-\lambda t}(\lambda t)^n}{n!} \quad ; \quad n = 0, 1, 2 \text{------}$$

من ذلك يظهر أن الصيغة الاحتمالية $P_n(t)$ تتوزع توزيع بواسون بوسط حسابي و تباين مقداره λt وهذا يعني أن عدد الحوادث (وصول) التي تحدث خلال الفترة الزمنية t تتبع توزيع بواسون بمعدل λt.

7-5 -2: عمليات المغادرة (الوفاة البحتة) Departures Process (Pure Death)

نفترض نظام صفوف انتظار يحتوي على عدد من الزبائن N الذي يغادر موقع الخدمة بمعدل M بعد حصوله على الخدمة ولا يسمح باشتراك زبائن جديدة في النظام , هذه العملية يطلق عليها عملية الوفاة البحتة . نشتق الصيغة الاحتمالية $q_n(t)$ والتي تمثل احتمال حدوث n من الحوادث (مغادرة) خلال t بالاعتماد على الشروط المعطاة سابقا وباستبدال معدل تولد الحوادث (α) بمعدل المغادرة M .

$$q_0(h) = e^{-Mh} \cong 1 - Mh$$
$$q_1(h) = 1 - q_0(h) \cong Mh$$

المعادلات التي تمثل $q_n(t+h)$ تكون كالآتي:

$$q_N(t+h) \cong q_N(t).1 + q_{N-1}(t)\,Mh. \quad ; \; n=N \quad --- (14-7)$$

$$q_n(t+h) \cong q_n(t)(1-Mh) + q_{n-1}(t)\,Mh. \quad ; \; 1\le n < N \quad ---- (15-7)$$

$$q_o(t+h) \cong q_o(t)(1-Mh) \quad ; \; n=0 \quad ---- (16-7)$$

من المعادلة (7 - 14) نلاحظ انه في حال مغادرة كل الزبائن N خلال الفترة t فإن احتمال عدم حدوث مغادرة خلال الفترة h هو مؤكد (= 1) , بتبسيط المعادلات وأخذ الغاية عندما h تقترب من الصفر نحصل على:

$$q'_N(t) \cong M\,q_{N-1}(t) \quad ; \; n=N$$

$$q'_n(t) \cong -M\,q_n(t) + M\,q_{n-1}(t) \quad ; \; 1\le n < N$$

$$q'_o(t) \cong -M\,q_o(t) \quad ; \; n=0$$

الحل النهائي للمعادلات أعلاه هو:

$$q_n(t) = \frac{(Mt)^n e^{-Mt}}{n!} \quad ; \; n = 0, 1, 2 ------, N-1$$

$$q_n(t) = 1 - \sum_{n=0}^{N-1} q_n(t) \quad ; \; n = N$$

7 - 6: صفوف انتظار ذات عمليات وصول و مغادرة مشتركة

Queues With Combined Arrivals And Departures Process

في هذا المقطع سوف نستعرض نظام صفوف انتظار بحيث أن كل من عمليتي الوصول والمغادرة تحدث بنفس الوقت , عندما يكون نظام صفوف الانتظار قد بدأ العمل حديثا فإن حالة النظام (عدد الزبائن في النظام) ستتأثر كثيرا بوساطة الحالة الابتدائية أي أن النظام يكون في حالة انتقالية (Transient Condition) وبعد انقضاء وقت كاف , تصبح حالة النظام مستقلة عن الحالة الابتدائية بحيث أن النظام يكون في وضع الحالة المستقرة (Steady - State Condition) .

تعتمد نظرية صفوف الانتظار في التحليل على وضع الحالة المستقرة .

خصائص صفوف الانتظار يعبر عنها بالصيغة الآتية:

(a / b / c): (d / e / f)

حيث ان:

a: توزيع الوصول .

b: توزيع وقت الخدمة (أو المغادرة) .

c: عدد مراكز الخدمة .

d: نظام الخدمة .

e: عدد الزبائن المسموح بها في النظام .

f: حجم المجتمع (المصدر الذي تتولد منه الوحدات الطالبة للخدمة) .

يعبر عن رموز الصيغة في أعلاه بالآتي:

M: توزيع الوصول أو المغادرة حسب بواسون أو يعني أن وقت الخدمة (أو الوقت مابين وصولين متتالين) يتوزع توزيعا أسيا .

D: وقت الخدمة يكون ثابت .

E_K: وقت الخدمة يتوزع توزيع كاما أو أرلنك بالمعلمة K .

GI: التوزيع المستقل العام للوصول (أو الوقت مابين وصوليين متتالين)

G : التوزيع المستقل العام للمغادرة (وقت الخدمة)

GD: نظام خدمة عام (أي SIRO , LCFS , FCFS)

رموز الصيغة في أعلاه وصفت لأول مرة عام 1953 بواسطة D.G.Kendall وكانت بالشكل(a / b/c) وفي عام 1966 تم أضافت الرمزين d , e بوساطة A . M . Lee .

7 - 7: نظرية صفوف الانتظار بقناة خدمية واحدة

Single - Channel Queuing Theory

تنتج مسألة صفوف الانتظار ذات قناة خدمة واحدة من وقت وصول عشوائي ووقت خدمة عشوائي لمركز (قناة) خدمة واحدة .وقت الوصول العشوائي ممكن أن يوصف رياضيا بتوزيع احتمالي وأكثر التوزيعات المستخدمة هو توزيع بواسون مع العلم أن وقت الخدمة يتبع التوزيع الأسي.

7- 7-1: أنموذج مجتمع غير محدود (M/ M / 1): (GD / ∞ / ∞)

Infinite Population Model

نفترض نظام صفوف انتظار ذو قناة خدمية واحدة بمعدل وصول يتبع توزيع بواسون ومعدل خدمة يتبع التوزيع الأسي بحيث أن كلا المعدلين مستقل عن عدد الزبائن في خط الانتظار , نظام الخدمة هو من يأتي أولا يخدم أولا ومعدل الوصول λ أقل من معدل الخدمة M .

سوف نستخدم الرموز الآتية في نماذج صفوف الانتظار:

n: عدد الزبائن في النظام (خط الانتظار + مركز الخدمة) .

λ: متوسط معدل الوصول (عدد الزبائن الواصلة لكل وحدة واحدة من الوقت) .

M: متوسط معدل الخدمة لكل مقدم خدمة مشغول (عدد الزبائن التي يتم تقديم الخدمة لها لكل وحدة واحدة من الوقت) .

λh: احتمال دخول الواصل إلى النظام بين فترتي الوقت t و t + h (هذا يعني خلال الفترةh)

$1- \lambda h$: احتمال عدم وجود وصول يدخل إلى النظام خلال الفترة h .

Mh: احتمال اكتمال خدمة زبون واحد بين فترتي الوقت t و t + h (ذا يعني خلال الفترةh)

1- Mh: احتمال عدم اكتمال الخدمة خلال الفترة h .

L_q: معدل عدد الزبائن في الصف .

Ls: معدل عدد الزبائن في النظام .

w_q: معدل وقت انتظار الزبون في الصف .

w_s: معدل وقت انتظار الزبون في النظام .

L_n: معدل عدد الزبائن في الصف غير الفارغ .

w_n: معدل وقت انتظار الزبون في الصف غير الفارغ .

لتحديد خصائص صفوف الانتظار ذو القناة الخدمية الواحدة فانه من الضروري أيجاد احتمال وجود n من الزبائن في النظام في الوقت t { $P_n(t)$ } لأنه في حال كون $P_n(t)$ معلوم فانه بالإمكان استخراج معدل عدد الزبائن في النظام , أولا يجب ان نستخرج $P_n(t+h)$.

حدوث الحادثة (وصول أو مغادرة) يتم بإحدى الطرق الآتية:

الحادثة	عدد الوحدات خلال t	الوصول في الوقت h	الخدمة في الوقت h	عدد الوحدات خلال t + h
1	n	0	0	n
2	n +1	0	1	n
3	n - 1	1	0	n
4	n	1	1	n

احتمال الحدوث لكل حادثة يكون بالصيغة الآتية مع العلم ان $h^2 \rightarrow 0$:

احتمال حدوث الحادثة 1 = احتمال n من الوحدات في الوقت t * احتمال عدم وجود وصول * احتمال عدم وجود خدمة

$$= P_n(t).(1-\lambda h).(1-Mh)$$
$$= P_n(t)[1-\lambda h - Mh + \lambda M h^2)$$
$$= P_n(t)[1-\lambda h - Mh]$$

وبصورة مشابهة:

احتمال حدوث الحادثة 2:

$$= P_{n+1}(t).(1-\lambda h).(Mh)$$
$$= P_{n+1}(t).Mh$$

احتمال حدوث الحادثة 3:

$$= P_{n-1}(t).\lambda h .(1-Mh)$$
$$= P_{n-1}(t).\lambda h$$

احتمال حدوث الحادثة 4:

$$P_n(t).\lambda h .Mh$$
$$= P_n(t).\lambda M h^2$$
$$= 0$$

نلاحظ أنه من غير الممكن حدوث حوادث أخرى وذلك بسبب القيمة الصغيرة h كما هو الحال في الحادثة 4 .

واحدة فقط من الحوادث في أعلاه مكن ان تحدث , يمكن الحصول على $P_n(t+h)$ (عندما $n > 0$) من خلال جمع احتمالات الحوادث الأربعة وكالآتي:

$$P_n(t+h) = P_n(t)[1-\lambda h - Mh] + P_{n+1}(t).Mh + P_{n-1}(t).\lambda h + 0$$
$$= P_n(t) - P_n(t)[\lambda h + Mh] + Mh\,P_{n+1}(t) + \lambda h\,P_{n-1}(t)$$

$$\frac{P_n(t+h) - P_n(t)}{h} = -(\lambda + M)P_n(t) + M\,P_{n+1}(t) + \lambda P_{n-1}(t)$$

بأخذ الغاية لكلا الطرفين عندما h تقترب من الصفر نحصل على علاقة ما بين P_n ، P_{n-1} ، P_{n+1} في أي وقت t :

$$d/dt[P_n(t)] = \lambda P_{n-1}(t) + M\,P_{n+1}(t) - (\lambda + M)P_n(t);\ n > 0 \text{ --- } (17-7)$$

عندما $n = 0$ أي $P_0(t+h)$ فإن هنالك طريقتين فقط لحدوث الحادثة وكالآتي:

الحادثة	عدد الوحدات خلال t	الوصول في الوقت h	الخدمة في الوقت h	عدد الوحدات خلال t + h
1	0	0	-	0
2	1	0	1	0

احتمال حدوث الحادثة 1:

$$= P_0(t).(1-\lambda h).1$$

احتمال حدوث الحادثة 2:

$$= P_1(t).(1-\lambda h).Mh$$
$$\therefore P_0(t+h) = P_0(t).(1-\lambda h) + P_1(t).Mh.(1-\lambda h)$$
$$= P_0(t) - P_0(t).\lambda h + P_1(t).Mh$$

$$\frac{P_0(t+h) - P_0(t)}{h} = M\,P_1(t) - \lambda P_0(t)$$

يأخذ الغاية لكلا الطرفين عندما h تقترب من الصفر نحصل على علاقة ما بين P_0 ، P_1 في أي وقت t وكالآتي:

$$d/dt[P_0(t)] = M\,P_1(t) - \lambda P_0(t) \quad ;\ n = 0 \text{ ---- } (18-7)$$

احتمال وجود n من الوحدات في النظام مستقل من حيث الوقت وعلى هذا الأساس فإن:

$$P_n(t) = P_n$$

$$d/dt\ [P_n(t)] = 0$$

ولذلك فإن المعادلتين (7 – 17) و (7 – 18) تتحول إلى المعادلتين (7 – 19) و (7 –20) على التوالي:

$$0 = \lambda P_{n-1} + M P_{n+1} - (\lambda + M) P_n \quad ; \ n > 0 \ \text{----}\ (19 - 7)$$

$$0 = M P_1 - \lambda P_o \quad ; \ n = 0 \ \text{----}\ (20 - 7)$$

من المعادلة (7 – 20) نحصل على:

$$P_1 = (\lambda/M)\, P_o$$

عندما n = 1 فإن المعادلة (7 – 19) تتحول إلى:

$$0 = \lambda P_o + M P_2 - (\lambda + M) P_1$$

$$P_2 = ((\lambda + M)/M)\, P_1 - (\lambda/M)\, P_o$$

$$= ((\lambda + M)/M)\,((\lambda/M)\, P_o) - (\lambda/M)\, P_o$$

$$= (\lambda/M)\, P_o\, [(\lambda+M)/M - 1]$$

$$= (\lambda/M)^2\, P_o$$

وبصورة مشابهة عندما n = 2 :

$$P_3 = (\lambda/M)^3\, P_o$$

:

:

:

$$P_n = (\lambda/M)^n\, P_o \quad ; \ n \geq 0 \ \text{---------}\ (21 - 7)$$

معادلة (7 – 21) تمثل P_n معبر عنها بواسطة M, λ, P_o و للتعبير عن P_o بواسطة M, λ فإن احتمال كون قناة الخدمة مشغولة يمثل نسبة معدل الوصول إلى معدل الخدمة وعلى هذا الأساس فإن

$$P_o = 1 - (\lambda / M) \quad \text{-------------}\ (22 - 7)$$

$$P_n = (\lambda/M)^n\, (1 - (\lambda/M)) \quad \text{------------}\ (23 - 7)$$

1 . القيمة المتوقعة لعدد الوحدات في النظام Ls , نحصل عليها باستخدام تعريف القيمة المتوقعة

$$E(\chi) = \sum_{i=0}^{\infty} \chi_i P_i$$

$$Ls = \sum_{n=0}^{\infty} n\,P_n$$

$$Ls = \sum_{n=0}^{\infty} n\,(\lambda/M)^n\,(1-(\lambda/M))$$

$$= (1-(\lambda/M)) \sum_{n=0}^{\infty} n\,(\lambda/M)^n$$

$$=(1-(\lambda/M))\ \ (0\,(\lambda/M)^0 + 1(\lambda/M) + 2(\lambda/M)^2 + \text{------------})$$

$$=(1-(\lambda/M))\ \ (0+(\lambda/M) + 2(\lambda/M)^2 + \text{------------})$$

$$=(1-(\lambda/M))\ ((\lambda/M)\,/\,(1-(\lambda/M))^2)$$

$$= (\lambda/M)\,/\,(1-(\lambda/M))$$

$$Ls = \lambda\,/\,(M-\lambda) \qquad \text{----------------}\ (24-7)$$

2 . القيمة المتوقعة لعدد الوحدات في الصف Lq :

= القيمة المتوقعة لعدد الوحدات في النظام - القيمة المتوقعة لعدد الوحدات التي يتم تقديم الخدمة لها (مقدم خدمة واحدة)

$$\therefore\ Lq = Ls - (\lambda/M)$$

$$=(\lambda\,/\,(M-\lambda)) - (\lambda/M)$$

$$= \lambda \left(\frac{M - M + \lambda}{M\,(M-\lambda)} \right)$$

$$Lq = \left(\frac{\lambda^2}{M\,(M-\lambda)} \right) \qquad \text{----------------------}\ (25-7)$$

نلاحظ أن القيمة المتوقعة لعدد الوحدات التي يتم تقديم الخدمة لها تمثل احتمال كون قناة الخدمة مشغولة (أي $\frac{\lambda}{M}$. 1) .

3 . القيمة المتوقعة لوقت انتظار الوحدة الواحدة في النظام Ws :

= القيمة المتوقعة لعدد الوحدات في النظام ÷ معدل الوصول

$\therefore Ws = Ls/\lambda$

$$= \left(\frac{\lambda}{(M-\lambda)\lambda}\right)$$

$Ws = 1/(M-\lambda)$ ------------------- (26 – 7)

4 . القيمة المتوقعة لوقت انتظار الوحدة الواحدة في الصف Wq :

= القيمة المتوقعة لوقت الانتظار في النظام - وقت الخدمة

$$\therefore Wq = Ws - \frac{1}{M}$$

$$= (1/(M-\lambda)) - (1/M)$$

$$= \left(\frac{M-M+\lambda}{M\ (M-\lambda)}\right)$$

$$Lq = \left(\frac{\lambda}{M\ (M-\lambda)}\right) \quad \text{---------------------- (27 – 7)}$$

5 . القيمة المتوقعة لعدد الوحدات في الصف غير الفارغ Ln :

= القيمة المتوقعة لعدد الوحدات في الصف ÷ احتمال كون الصف غير فارغ

$\therefore Ln = Lq/(1-P_0)$

$$= \left(\frac{\lambda^2}{M(M-\lambda)}\right) \Big/ 1-(1-(\lambda/M))$$

$Ln = \lambda/(M-\lambda)$ ------------------- (28 – 7)

6 . القيمة المتوقعة لوقت الانتظار في الصف غير الفارغ Wn:

= القيمة المتوقعة لوقت الانتظار في الصف ÷ احتمال الانتظار

$\therefore Wn = Wq/(\lambda/M)$

$$= \left(\frac{\lambda}{M(M-\lambda)}\right) \Big/ \left(\frac{\lambda}{M}\right)$$

$Wn = 1/(M-\lambda)$ ------------------- (29 – 7)

7 . دالة الكثافة الاحتمالية لتوزيع وقت الانتظار باستثناء وقت الخدمة:

نفترض ان:

$\psi(w)$: دالة الكثافة الاحتمالية لتوزيع وقت الانتظار

$\psi(w)dw$: احتمال انتظار الوحدة الواحدة للوقت بين w و w+dw

في حالة وجود n من الوحدات في النظام فإن:

$\psi_n(w)dw$ = احتمال خدمة n-1 من الوحدات خلال الوقت w * احتمال خدمة وحدة واحدة في الوقت dw .

$$\therefore \psi_n(w)dw = \frac{(Mw)^{n-1} e^{-Mw}}{(n-1)!} * Mdw$$

بافتراض ان W تمثل وقت انتظار الوحدة الواحدة بحيث ان:

$$w \le W \le w + dw$$

فإن دالة الكثافة الاحتمالية هي:

$$\psi(w)\,dw = P_r(w \le W \le w + dw)$$

$$= \sum_{n=1}^{\infty} P_n \psi_n(w)dw$$

$$= \sum_{n=1}^{\infty} (\lambda/M)^n (1-(\lambda/M)) * \frac{(Mw)^{n-1} e^{-Mw}}{(n-1)!} * Mdw$$

$$\psi(w)\,dw = (\lambda/M)(1-(\lambda/M))\, Mdwe^{-Mw} \sum_{n=1}^{\infty} \frac{\left(\frac{\lambda}{M} * Mw\right)^{n-1}}{(n-1)!}$$

$$= \lambda\left(1-\frac{\lambda}{M}\right) * dw * e^{-Mw} \sum_{n=1}^{\infty} \frac{(\lambda w)^{n-1}}{(n-1)!}$$

$$= \lambda\left(1-\frac{\lambda}{M}\right) * e^{-Mw} * dw\left(1+\lambda w+\frac{(\lambda w)^2}{2!}+\ldots\ldots\ldots\ldots\right)$$

$$= \lambda\left(1-\frac{\lambda}{M}\right) * e^{-Mw} * dw * e^{\lambda w}$$

$$\psi(w)\,dw = \lambda\left(1-\frac{\lambda}{M}\right) * e^{-(M-\lambda)w} * dw \qquad ; w > 0 \text{ ---------- } (30-7)$$

$$\int_0^\infty \psi(w)\,dw = \lambda\left(\frac{M-\lambda}{M}\right)\int_0^\infty e^{-(M-\lambda)w}\,dw$$

$$= \frac{\lambda}{M}(M-\lambda)\left[\left(\frac{1}{-(M-\lambda)}e^{-(M-\lambda)w}\right)\right]_0^\infty$$

$$= \frac{\lambda}{M}(M-\lambda)\left[0+\frac{1}{M-\lambda}\right]$$

$$= \frac{\lambda}{M}$$

وهكذا فإن احتمال (W = 0) = احتمال (عدم وجود وحدات في النظام)

$$= P_0 = 1-(\lambda/M) \qquad \text{-----------} \ (31-7)$$

7 . دالة الكثافة الاحتمالية لتوزيع وقت الانتظار في النظام بضمنه وقت الخدمة:

دالة الكثافة الاحتمالية لوقت الانتظار + وقت الخدمة

$$= \frac{\psi(w)}{\int_0^\infty \psi(w)dw} = \frac{\lambda\left(1-\frac{\lambda}{M}\right)e^{-(M-\lambda)w}}{\int_0^\infty \lambda\left(1-\frac{\lambda}{M}\right)e^{-(M-\lambda)w}dw}$$

$$= \frac{\lambda\left(1-\frac{\lambda}{M}\right)e^{-(M-\lambda)w}}{\frac{\lambda}{M}} = (M-\lambda)e^{-(M-\lambda)w} \qquad \text{---------} \ (32-7)$$

مثـال (7 - 1): أسواق للمواد الغذائية تقدم الخدمة للزبـائن عـن طريـق محاسـب واحـد , الزبـائن يصلون إلى الأسواق بمعدل تسعة زبائن لكل خمسة دقائق بيـنما المحاسـب يسـتطيع تقـديم الخدمـة لكل عشرة زبائن في خمسة دقائق , على افتراض أن معدل وصول الزبائن يتبع توزيع بواسون ومعـدل الخدمة يتبع التوزيع الأسي, أوجد:

1 . معدل عدد الزبائن في النظام

2 . معدل عدد الزبائن في الصف أو معدل طول الصف .

3 . معدل وقت انتظار الزبون في النظام

4 . معدل وقت انتظار الزبون قبل ان يحصل على الخدمة .

الحــــل

$\lambda = 9/5 = 1.8$ زبون / دقيقة

$M = 10/5 = 2$ زبون / دقيقة

1. $Ls = \lambda / M - \lambda = 1.8 / 2 - 1.8 = 9$ زبون

2. $Lq = \lambda^2 / M(M - \lambda) = (1.8)^2 / 2(2 - 1.8) = 8.1$ زبون

3. $Ws = 1/ M - \lambda = 1 / 2 - 1.8 = 5$ دقيقة

4. $Wq = \lambda / M(M - \lambda) = 1.8 / 2(2 - 1.8) = 4.5$ دقيقة

مثـــال (7 - 2): مصلح أجهزة راديو , الوقت الذي يقضيه في تصليح جهاز الراديو يتبع التوزيـع الأسي بمعدل 20 دقيقة , وصول أجهزة الراديو يتبـع توزيـع بواسـون بمعـدل 15 جهـاز لكـل 8 سـاعات عمـل يومية, ماهو وقت العطل المتوقع للمصلح يوميا .

الحــــل

$\lambda = 15 / 8 * 60 = 1 / 32$ جهاز / دقيقة

$M = 1 / 20$ جهاز / دقيقة

عدد الساعات التي يبقى فيها المصلح مشغول يوميا:

$= 8 * (\lambda / M) = 8 * \frac{1/32}{1/20} = 5$ ساعة

عدد الساعات التي يكون فيها المصلح عاطل يوميا:

$= 8 - 5 = 3$ ساعة

مثـــال (7 - 3): مصرف يعمل بكاتب طابعة واحد فقط , عمل كاتب الطابعة يعتمد على عدد الصفحات التي يجب طباعتها , معدل طبع الصفحات يتوزع تقريبا

توزيع بواسون بـ 8 صفحات لكل ساعة , معدل الوصول هو 5 صفحات لكل ساعة خلال 8 ساعات عمل يومية , كلفة الطبع هي 1.5 الف دينار لكل ساعة , أوجد:

1 . كثافة التدفق (Equipment Utilization)

2 . القيمة المتوقعة لوقت الانتظار في النظام .

3 . معدل الكلفة الكلية الناتجة من الانتظار والطباعة يوميا

الحـــل

1. $\rho = \lambda / M = 5 / 8 = 0.625$

2. $Ws = 1 / M - \lambda = 1 / 8 - 5 = 1 / 3$ ساعة

3 . معدل الكلفة اليومي = عدد الصفحات التي تطبع لكل يوم * معدل الكلفة لكل صفحة

$= (8 * 5) * (1/3 * 1.5) = 20$ ألف دينار

مثــال (7 - 4): معمل يقوم بتوزيع منتجاته عن طريق شاحنات المعمل بالإضافة إلى شاحنات شركة النقل , شاحنات الشركة تضطر في بعض الأحيان إلى الانتظار في خط طويل مما يعرض الشركة إلى أن تدفع (خسارة) إلى الشاحنات والسواق الذين ينتظرون فقط لذلك طلبت الشركة من إدارة المعمل أما أن تذهب شاحناتها لأداء عمل آخر أو أن تخصم سعر مكافيء لانتظار الشاحنات مع العلم ان معدل وصول الشاحنات هو ثلاثة شاحنات لكل ساعة ومعدل الخدمة هو اربعة شاحنات لكل ساعة , شركة النقل تمتلك 40 % من مجموع الشاحنات الكلي , على افتراض بأن هذه المعدلات تتبع توزيع بواسون , أوجد:

1 . احتمال انتظار الشاحنة .

2 . وقت انتظار الشاحنة .

3 . وقت الانتظار المتوقع لشاحنات الشركة لكل يوم مع العلم ان عدد ساعات العمل اليومية هي ٨ ساعات .

الحــل

1. $\rho = \lambda / M = 3 / 4 = 0.75$

2. $Wn = 1 / M - \lambda = 1 / 4 - 3 = 1$ ساعة

3 . المجموع الكلي للقيمة المتوقعة لوقت انتظار شاحنات الشركة لكل يوم = عدد الشاحنات لكل يوم * نسبة شاحنات الشركة * القيمة المتوقعة لوقت الانتظار لكل شاحنة

$= (3 * 8) * 0.40 * \lambda / M(M - \lambda)$

$= 24 * 0.40 * 3/ 4(4 - 3) = 7.2$ ساعة / يوم

مثـــال (7 - 5): وصول مكالمات هاتفية في خـط هـاتف يتبـع توزيـع بواسـون بمعـدل 9 دقـائق بـين مكالمتين , طول المكالمة يتبع التوزيع الأسي بمعدل 3 دقائق:

1 . ما هو احتمال انتظار الشخص عند وصوله إلى الهاتف .

2 . معدل طول الصف في أي وقت .

3 . شركة الهاتف ترغب في نصب خط هاتف ثان في حالة انتظار الواصـل 4 دقـائق عـلى الأقـل لأجـراء المكالمة , أوجد معدل وصول المكالمات للهاتف الثاني .

4 . ما هو احتمال بأن الواصل سوف ينتظر أكثر من 10 دقائق قبل أجراء المكالمة .

5 . ما هو احتمال انتظاره أكثر من 10 دقائق قبل ان يكون الهاتف متـوفر وكـذلك تكـون المكالمـة قـد اكتملت.

الحـــل

$\lambda = 1 / 9$

$M = 1 / 3$

1. $\rho = \dfrac{\lambda}{M} = \dfrac{1/9}{1/3} = 0.33$

2. $Lq = \dfrac{M}{M - \lambda} = \dfrac{1/3}{1/3 - 1/9} = 1.5$ شخص

3. $Wq = \lambda_1 / M(M - \lambda_1)$

$4 = \lambda_1 / 1/3(1/3 - \lambda_1)$

$\lambda_1 = 4 / 21$ وصول/ دقيقة

$$4.\ \int_{10}^{\infty} (1-\lambda/M)\lambda\ e^{(\lambda-M)W}\ dw$$

$$= \lambda(1-\lambda/M)\left(\frac{e^{(\lambda-M)w}}{(\lambda_{\overline{10}}M)}\right)$$

$$= \frac{\lambda(M-\lambda)}{M}\ 0 - \left(\frac{M\ e^{(\lambda-M)10}}{\lambda - M}\right)$$

$$= \frac{\lambda}{M} e^{(\lambda-M)10}$$

$$= \frac{1/9}{1/3}\ e^{(1/9-1/3)10}$$

$$= 1/30$$

$$5.\ \int_{10}^{\infty} (M-\lambda)\ e^{(\lambda-M)W}\ dw$$

$$= e^{10(\lambda-M)} = e^{-20/9} = 0.1$$

7-7-1-1: $(M/G/1):(GD/\infty/\infty)$

تسمى هذه الصيغة بصيغة Pollaczek - Khintchine (P - K) المشتقة من نظام صفوف انتظار ذو قناة خدمية واحدة تبعا للفرضيات الآتية:

1 . وصول الزبائن يتبع توزيع بواسون بمعدل λ .

2 . توزيع وقت خدمة عام بمعدل E{ t } و تباين var { t } .

3 . شروط الحالة المستقرة المتمثلة بالمقطع (7 - 6) إضافة إلى أن:

$$\rho = \lambda E\{t\} < 1$$

اشتقاق الصيغة الاحتمالية P_n يستند على سلاسل ماركوف, لذلك سوف نركز على اشتقاق Ls وكالآتي:

f (t): توزيع وقت الخدمة بمعدل E {t} وتباين var { t } .

n: عدد الزبائن في النظام بعد مغادرة الزبون .

t : وقت خدمة الزبون الذي يلي مغادرة الزبون الأول .

k: عدد الواصلين الجدد خلال الفترة t .

n′: عدد الزبائن في النظام بعد مغادرة الزبون التالي .

الرموز في أعلاه موضحة بالشكل (7 - 2):

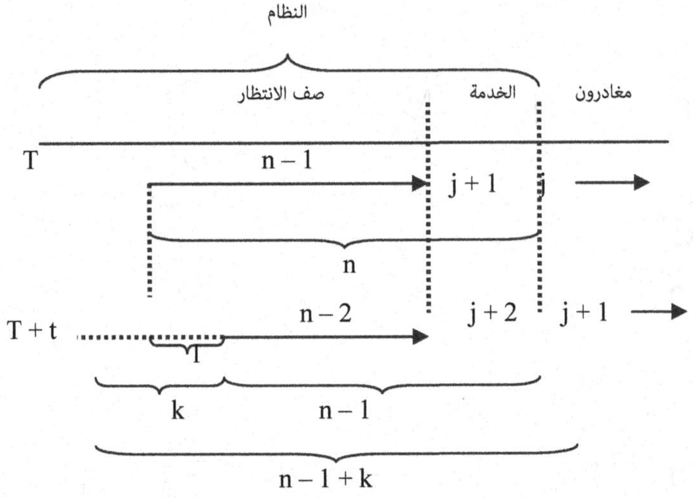

الشكل (7 - 2)

T يمثل وقت مغادرة j من الزبائن و T+t يمثل وقت مغادرة الزبون التالي أي وقت مغادرة j + 1 من الزبائن ونظام الخدمة نظام عام.

بوساطة فرضيات الحالة المستقرة فإن :

$$E\{n\}=E\{n'\} \quad ; \quad E\{n^2\}=E\{(n')^2\}$$

الشكل (7 - 2) يوضح:

$$n' = \begin{cases} K & \text{if } n=0 \\ n-1+k & \text{if } n>0 \end{cases}$$

بافتراض:

$$\delta = \begin{cases} 0 & \text{if } n=0 \\ 1 & \text{if } n>0 \end{cases}$$

فـإن:

$$n' = n - \delta + k$$

بأخذ القيمة المتوقعة لكلا طرفي المعادلة في أعلاه ينتج:

$$E\{n'\} = E\{n\} - E\{\delta\} + E\{k\}$$

$$E\{n\} = E\{n'\} \because$$

$$\therefore E\{\delta\} = E\{k\}$$

$$(n')^2 = (n + k - \delta)^2 = n^2 + k^2 + \delta^k + 2nk - 2n\delta - 2k\delta$$

$$\delta^2 = \delta \quad ; \quad \delta n = n$$

$$\therefore (n')^2 = n^2 + k^2 + 2nk + \delta - 2n - 2k\delta$$

بأخذ القيمة المتوقعة لكلا طرفي المعادلة في أعلاه نحصل على:

$$E\{(n')^2\} = E(n)^2 + E(k)^2 - 2E(n)\{1 - E(K)\} - E(\delta)\{2E(K) - 1\}$$

$$E\{(n')^2\} = E(n)^2 \quad ; \quad E(\delta) = E(k)$$

$$\therefore E(n) = \frac{E(k)^2 - E(k)\{2E(K) - 1\}}{2\{1 - E(K)\}}$$

$$= \frac{E(k)^2 + E(k) - 2\{E(K)\}^2}{2\{1 - E(K)\}} \quad \text{-------} \ (33 - 7)$$

بما ان وصول الزبائن يتبع توزيع بواسون فإن:

$$E\{K \mid t\} = \lambda t$$

$$E\{K^2 \mid t\} = (\lambda t)^2 + \lambda t$$

وعلى هذا الأساس فإن:

$$E(K) = \int_0^\infty E\{K \mid t\} f(t)\, dt$$

$$= \int_0^\infty \lambda t\, f(t)\, dt$$

$$= \lambda E(t)$$

$$E(K^2) = \int_0^\infty E\{K^2 \mid t\} f(t)\, dt$$

$$= \int_0^\infty \{(\lambda t)^2 + \lambda t\} f(t)\, dt$$

$$= \lambda^2 \operatorname{var}(t) + \lambda^2 \{E(t)\}^2 + \lambda^2 E(t)$$

بتعويض $E(K)$, $E(K^2)$ في المعادلة $(7 - 33)$ نحصل على:

$$Ls = E(n) = \frac{\lambda^2 \operatorname{var}(t) + \lambda^2\{E(t)\}^2 + \lambda E(t) - \lambda E(t)[2\lambda E(t) - 1]}{2\{1 - \lambda E(t)\}}$$

$$= \frac{\lambda^2 [\mathrm{var}(t) + \{E(t)\}^2] + 2\lambda E(t)[1 - \lambda E(t)]}{2\{1 - \lambda E(t)\}}$$

$$= \lambda E(t) + \frac{\lambda^2 [\mathrm{var}(t) + \{E(t)\}^2]}{2\{1 - \lambda E(t)\}} \quad \text{------- } (34 - 7)$$

بالاستناد إلى المعادلة (7 - 34) نحصل على:

$$Lq = Ls - \lambda E(t)$$
$$Wq = Lq / \lambda$$
$$Ws = Ls / \lambda$$

مع العلم ان معدل الخدمة هو:

$$M = 1 / E(t)$$

مثـــال (7 - 6)**:** موقع لغسل السيارات يتم العمل به بوساطة ماكنة غسل أوتوماتيكيـة واحـدة لـذلك فإن وقت الخدمة هو متساوي وثابت لكل السيارات بحيث أن كل سيارة تحتاج إلى 10 دقائق لإكـمال خدمتها , وصول السيارات إلى موقع الغسل يتبع توزيع بواسون بمعدل 5 سيارات لكل ساعة , أوجد

1 . معدل عدد السيارات في النظام .
2 . معدل عدد السيارات في الصف .
3 . معدل وقت انتظار السيارة في النظام .
4 . معدل وقت انتظار السيارة في الصف .

الحـــل:

$\lambda = 5$

وقت الخدمة ثابت أي ان:

$E(t) = 10 / 60 = 1/6$ ساعة

$\mathrm{var}(t) = 0$

$M = 1 / E(t) = 6$

1. $$Ls = \lambda E(t) + \frac{\lambda^2 [\{E(t)\}^2 + \mathrm{var}(t)]}{2\{1 - \lambda E(t)\}}$$

$$= ٥ (1/6) + \frac{5^2 [(1/6)^2 + 0]}{2(1 - ٥ (1/6))} = 2.917$$ سيارة

2. $Lq = Ls - \lambda E(t)$

$= 2.917 - ٥ (1/6) \quad = 2.083$ سيارة

3. $Ws = Ls \ / \lambda$

$= 2.917 / 5 \quad = 0.583$ ساعة

4. $Wq = Lq \ / \lambda$

$= 2.083 / 5 \quad = 0.417$ ساعة

مثال (7 - 7): ماكنة لشحن بطارية السيارة تحتاج إلى 15 دقيقة لشحن البطارية الواحدة , وصول البطاريات إلى الماكنة يتبع توزيع بواسون بمعدل 3 بطاريات في الساعة , أوجد ما يأتي:

1 . احتمال انشغال الماكنة .

2 . معدل عدد البطاريات في النظام .

3 . معدل عدد البطاريات في الصف .

4 . معدل وقت انتظار البطارية في النظام .

5 . معدل وقت انتظار البطارية في الصف .

الحل:

وقت الخدمة ثابت أي ان:

$E(t) = 15 / 60 = 1/4$ ساعة

$var(t) = 0$

$M = 1 / E(t) = 4 \quad ; \quad \lambda = 3$

1. $\rho = \lambda / M = 3/4 = 0.75$

2. $$Ls = \lambda E(t) + \frac{\lambda^2 [\{E(t)\}^2 + var(t)]}{2\{1 - \lambda E(t)\}}$$

$$= 3(1/4) + \frac{3^2 [(1/4)^2 + 0]}{2(1 - 3(1/4))} = 1.875$$ بطارية

3. $Lq = Ls - \lambda E(t)$

$= 1.875 - 3(1/4) = 1.125$ بطارية

4. $Ws = Ls / \lambda$

$= 1.875 / 3 = 0.625$ ساعة

5. $Wq = Lq / \lambda$

$= 1.125 / 3 = 0.375$ ساعة

7-7 -1 -2: $(M/ M / 1): (GD / N / \infty)$

الاختلاف الوحيد بين هذا الأنموذج وأنموذج $(M/ M / 1): (GD / \infty / \infty)$ هو أن عدد الزبائن المسموح بها في النظام هو عدد محدود (N) ولذلك فإن معدل الوصول المؤثر والذي نرمز له بالرمز λe (يمثل عدد الوحدات الواصلة التي تشترك فعلا في النظام) يصبح أقل من معدل الوصول المتولد من المصدر.

لاشتقاق الصيغة الاحتمالية P_n نستعين بالمعادلتين (7 - 19) و (7 - 20):

$$0 = M P_1 - \lambda P_o \quad ; \; n = 0$$

$$0 = \lambda P_{n-1} + M P_{n+1} - (\lambda + M) P_n \quad ; \; 0 < n < N$$

المعادلتين في أعلاه ممكن كتابتها بالصيغة الآتية:

$$- \rho P_o + P_1 = 0 \quad ; \; n = 0 \quad \text{-----------} (35 - 7)$$

$$- (1 + \rho) P_n + P_{n+1} + \rho P_{n-1} = 0 \quad ; \; 0 < n < N \quad \text{----- ---} (36 - 7)$$

نضيف إلى المعادلتين (7 - 35)و(7 - 36) حالة النظام عندما n = N و كالآتي:

عدد الوحدات خلال t + h	الخدمة في الوقت h	الوصول في الوقت h	عدد الوحدات خلال t	الحادثة
N	0	-	N	1
N	0	1	N-1	2

$$P_N (t + h) = P_N (t) (1 - Mh) + P_{N-1} (t) . \lambda h . (1 - Mh)$$

$$= P_N (t) - Mh P_N (t) + \lambda h P_{N-1} (t)$$

$$\frac{P_N (t + h) - P_N(t)}{h} = - M P_N (t) + \lambda P_{N-1} (t)$$

بأخذ الغاية لكلا الطرفين عندما h تقترب من الصفر نحصل على:

$$\frac{d}{dt}[P_N(t)] = -M\,P_N(t) + \lambda\,P_{N-1}(t)$$

$$\because\ P_N(t) = P_N \quad ; \quad \frac{d}{dt}[P_N(t)] = 0$$

$$\therefore\ 0 = -M\,P_N + \lambda\,P_{N-1}$$

$$-P_N + \rho\,P_{N-1} = 0 \quad \text{-----------------------} \quad (37-7)$$

من المعادلات (7 - 35) , (7 - 36) , (7 - 37) نحصل على:

$$P_n = \rho^n P_o = 0 \quad ; \quad n = 0, 1, 2, \text{-------}, N$$

لاستخراج قيمة P_o نتبع الآتي:

$$\sum_{n=0}^{N} P_n = 1$$

$$P_o \sum_{n=0}^{N} \rho^n = 1$$

$$1 + \rho + \rho^2 + \text{-------} + \rho^N = \frac{1}{p_o}$$

$$\frac{1-\rho^{N+1}}{1-\rho} = \frac{1}{p_o}$$

$$p_o = \frac{1-\rho}{1-\rho^{N+1}}$$

وعلى هذا الأساس فإن:

$$P_n = \begin{cases} \left(\dfrac{1-\rho\rho^n}{1-\rho^{N+1}}\right); & \rho \neq 1 \quad n = 0, 1, 2 \text{------}, N \\ \dfrac{1}{N+1} & ; \quad \rho = 1 \end{cases}$$

باستخدام P_n نستخرج معدل عدد الزبائن في النظام وكالآتي:

$$Ls = E(n) = \sum_{n=0}^{N} n\,P_n$$

$$= \frac{1-\rho}{1-\rho^{N+1}} \sum_{n=0}^{N} n\rho^{n}$$

$$= \frac{1-\rho}{1-\rho^{N+1}} \rho \frac{d}{d\rho}\left(\frac{1-\rho^{N+1}}{1-\rho}\right)$$

$$= \frac{1-\rho}{1-\rho^{N+1}} \rho \left[\frac{-(N+1)\rho^{N}(1-\rho)+1-\rho^{N+1}}{(1-\rho)^{2}}\right]$$

$$= \frac{1-\rho}{1-\rho^{N+1}} \rho \left[\frac{-N\rho^{N}+N\rho^{N+1}-\rho^{N}+\rho^{N+1}+1-\rho^{N+1}}{(1-\rho)^{2}}\right]$$

$$= \frac{1-\rho}{1-\rho^{N+1}} \rho \left[\frac{1-\rho^{N}(N+1)+N\rho^{N+1}}{(1-\rho)^{2}}\right]$$

$$Ls = \begin{cases} \dfrac{\rho\{1-(N+1)\rho^{N}+N\rho^{N+1}\}}{(1-\rho)(1-\rho^{N+1})} & ; \quad \rho \neq 1 \\ \dfrac{N}{2} & ; \quad \rho = 1 \end{cases}$$

معدل الوصول المؤثر λe يستخرج من حاصل ضرب معدل الوصول في احتمال اشتراك الزبون الواصل في النظام حيث أن احتمال عدم اشتراك الزبون في النظام يساوي P_N لذلك فإن:

$$\lambda e = \lambda (1 - P_N)$$

وعلى هذا الأساس فإن:

$$Wq = Lq / \lambda e \quad ; \quad Ws = Wq + 1/M$$

$$Ls = Lq + \lambda e/M$$

من ذلك يتبين ان:

$$\lambda e = M(Ls - Lq) = \lambda (1 - P_N)$$

مثـال (7 - 8): على افتراض ان موقع غسل السيارات المعرف بالمثال (7 - 6) يتسع لـ 5 سيارات فقط بالإضافة إلى السيارة التي يتم تقديم الخدمة لها بحيث ان السيارة الواصلة الجديدة تضطر إلى البحث عن مكان آخر للخدمة وعلى افتراض ان وقت الخدمة يتبع التوزيع الأسي, أوجد الآتي:

1 . عدد السيارات التي سوف يخسرها موقع الغسل يوميا(٨ ساعات عمل) .

2 . معدل وقت انتظار السيارة في النظام .

الحـــل:

$\lambda = 5 \quad , \quad M = 6$

$N = 5 + 1 = 6$

1 . $\lambda - \lambda e = \lambda - \lambda (1 - P_N)$

$= \lambda P_N$

$$P_N = \frac{1-\rho}{1-\rho^{N+1}} \rho^N$$

$$= \left(\frac{1-(5/6)}{1-(5/6)^7} (5/6) \right)^6$$

$= 0.774$

$\lambda - \lambda e = 5 * 0.774$

$= 0.387$ سيارة / ساعة

إذن معدل عدد السيارات التي سوف يخسرها موقع الغسل يوميا يساوي:

$8 * 0.387 = 3$ سيارة

2 . $Ws = Ls / \lambda e$

$$Ls = \frac{\rho\{1-(N+1)\rho^N + N\rho^{N+1}\}}{(1-\rho)(1-\rho^{N+1})}$$

$$= \frac{(5/6)[1 - 7(5/6)^6 + 6(5/6)^7]}{(1 - 5/6)[1 - (5/6)^7]}$$

$= 2.29$ سيارة

$\lambda e = \lambda (1 - P_N)$

$= 5 (1 - 0.774)$

$= 4.613$

Ws = 2.29 / 4.613 = 0.496 ساعة

مثال (7 - 9): صالون حلاقة يحتوي على حلاق واحد وستة كراسي لانتظار الزبائن بحيث أن أي زبون واصل جديد بعد ان تكون جميع كراسي الانتظار مشغولة سوف يضطر إلى الذهاب إلى صالون آخر , وصول الزبائن إلى الصالون يتبع توزيع بواسون بمعدل زبون واحد لكل 15 دقيقة , وقت خدمة الزبون يتبع التوزيع الأسي بمعدل 10 دقائق , وقت العمل لصالون الحلاقة هو 12 ساعة يوميا , أوجد الآتي:

1 . معدل عدد الزبائن في النظام .
2 . معدل وقت انتظار الزبون في النظام .
3 . معدل وقت انتظار الزبون في الصف .
4 . عدد الزبائن التي سوف يخسرها الصالون يوميا .

الحل:

$\lambda = 60 / 15 = 4$ زبون / ساعة

$M = 60 / 10 = 6$ زبون / ساعة

$$1.\ Ls = \frac{\rho\{1-(N+1)\rho^{N} + N\rho^{N+1}\}}{(1-\rho)(1-\rho^{N+1})}$$

$$= \frac{(2/3)\ [1-8\ (2/3)^{7} + 7(2/3)^{8}]}{(1-2/3)\ [1-(2/3)^{8}]}$$

= 1.678 زبون

$2 .\ Ws = Ls / \lambda e$

$\lambda e = \lambda (1 - P_N)$

$$P_N = \frac{1-\rho}{1-\rho^{N+1}}\rho^{N}$$

$$= \left(\frac{1-(2/3)}{1-(2/3)^{8}}\right)\ (2/3)^{7}$$

$= 0.02$

$\lambda e = 4 (1 - 0.02)$

$= 3.92$

$Ws = 1.678 / 3.92 = 0.428$ ساعة

3 . $Wq = Ws - 1/ M$

$= 0.428 - 1 / 6$

$= 0.26$ ساعة

4 . $\lambda - \lambda e = 4 - 3.92$

$= 0.08$ زبون / ساعة

اذن عدد الزبائن التي يخسرها الصالون يوميا"هو:

$0.08 * 12 = 0.96$ زبون

7- 7 -2 : أنموذج المجتمع المحدود(M / M / 1):(GD / ∞ / N)

Finite - population model

يختلف هذا النظام عن نظام (M/ M / 1): (GD / ∞ / ∞) من حيث كون احتمال الوصول يعتمد على عدد الزبائن المحتمل دخوله إلى النظام بحيث إذا كان N يمثل حجم المجتمع و n يمثل عدد الزبائن المحتملة في صف الانتظار فإن أي وصول جديد يتولد من N - n .

إذا λ تمثل احتمال بأن الزبون سوف يطلب الخدمة خلال الفترة الزمنية h ومع وجود N - n من الزبائن غير المشتركة في نظام صفوف الانتظار فإن احتمال الزبون سوف يطلب الخدمة هو (N - n) λ .

لتحديد خصائص النظام فانه من الضروري ان نجد احتمال وجود n من الزبائن في النظام خلال الوقت t وهذا يتطلب أولا ان نجد احتمال وجود n من الزبائن في النظام خلال الوقت t+h .

هنالك ثلاثة طرائق لحدوث الحادثة وكالآتي:

الحادثة	عدد الوحدات خلال t	الوصول في الوقت h	الخدمة في الوقت h	عدد الوحدات خلال t + h
1	n	0	0	n
2	n +1	0	1	n
3	n - 1	1	0	n

احتمال حدوث الحادثة: 1

$$= P_n(t).(1-(N-n)\lambda h).(1-Mh)$$
$$= P_n(t) - P_n(t).(N-n).\lambda h - P_n(t).Mh$$

احتمال حدوث الحادثة 2:

$$= P_{n+1}(t)[1-(N-n-1)\lambda h].Mh$$
$$= P_{n+1}(t).Mh$$

احتمال حدوث الحادثة 3:

$$= P_{n-1}(t).[(N-n+1)\lambda h].(1-Mh)$$
$$= P_{n-1}(t).(N-n+1)\lambda h$$

$$P_n(t+h) = P_n(t) - P_n(t).(N-n)\lambda h - P_n(t)Mh + P_{n+1}(t)Mh +$$
$$P_{n-1}(t)(N-n+1)\lambda h$$
$$\frac{P_n(t+h) - P_n(t)}{h} = -P_n(t)[\lambda(N-n)+M] + P_{n+1}(t).M + P_{n-1}(t)[(N-n+1)\lambda$$

بأخذ الغاية لكلا الطرفين عندما h تقترب من الصفر نحصل على:

$$\frac{d}{dt}[P_n(t)] = -P_n(t)[\lambda(N-n)+M] + P_{n+1}(t).M + P_{n-1}(t)[(N-n+1)\lambda]$$

$$P_n(t) = P_n \because$$

$$\frac{d}{dt}[P_n(t)] = 0$$

$$0 = -P_n[\lambda(N-n)+M] + P_{n+1}.M + P_{n-1}[(N-n+1)\lambda] \therefore$$

$$P_{n+1} = P_n[(N-n)(\lambda/M)+1] - P_{n-1}(N-n+1)(\lambda/M) \text{ ---- } (38-7)$$

عندما n= 0 , من المعادلة (7 - 20) نحصل على:

$$0 = MP_1 - (N-0)\lambda P_o$$
$$P_1 = (\lambda/M)NP_o$$

عندما n = 1 , من المعادلة (7 - 38) نحصل على:

$$P_2 = \left[P_1((N-1)\lambda)/M + 1\right] - P_0 N(\lambda/M)$$

$$= P_o N(\lambda/M)\left[((N-1)\lambda)/M + 1\right] - P_0 N(\lambda/M)$$

$$= P_o N(\lambda/M)\left[((N-1)\lambda)/M + 1 - 1\right]$$
$$= P_o(\lambda/M)^2.N(N-1)$$

مما ورد في اعلاه نستنتج الصيغة العامة لـ P_n وكالآتي:

$$P_n = P_o(\lambda/M)^n . N(N-1)(N-2) ------ (N-n+1)$$

$$= P_o(\lambda/M)^n \frac{N!}{(N-n)!}$$

$$= P_o \frac{N!}{(N-n)!}(\lambda/M)^n \quad ----------- (39-7)$$

لإيجاد P_o نتبع الآتي:

$$\sum_{n=0}^{N} P_n = 1$$

$$\sum_{n=0}^{N} P_o \frac{N!}{(N-n)!}\left(\frac{\lambda}{M}\right)^n = 1$$

$$P_o = \frac{1}{\sum_{n=0}^{N}\frac{N!}{(N-n)!}\left(\frac{\lambda}{M}\right)^n} \quad ------------------------ (40-7)$$

المعادلة (7 - 40) تمثل احتمال كون النظام فارغ .

1 . احتمال وجود n من الزبائن في النظام , من المعادلتين (7 - 39) , (7 - 40) نحصل على:

$$P_n = \frac{\frac{N!}{(N-n)!}\left(\frac{\lambda}{M}\right)^n}{\sum_{n=0}^{N}\frac{N}{(N-n)!}\left(\frac{\lambda}{M}\right)^n}$$

$$= P_o \frac{N!}{(N-n)!}\left(\frac{\lambda}{M}\right)^n$$

2 . معدل عدد الزبائن في النظام:

$$Ls = \sum_{n=0}^{N} n P_n$$

$$= N - (M/\lambda)(1 - P_o)$$

3 . معدل عدد الزبائن في الصف:

$$Lq = N - \frac{\lambda + M}{\lambda}(1 - P_o)$$

مثـــال (7 - 10): مصلح يديم أربعة مكائن, معدل الوقت بين متطلبات الخدمة هو 5 ساعات لكل ماكنة ويتبع التوزيع الأسي معدل وقت التصليح هو ساعة واحدة ويتبع التوزيع الأسي كذلك , كلفة وقت عطل الماكنة هي 25 ألف دينار لكل ساعة وكلفة المصلح هي 55 ألف دينار لكل يوم , أوجد:

1 . معدل عدد المكائن العاملة .

2 . معدل كلفة الوقت الضائع لكل يوم .

3 . أيهما أكثر اقتصاديا استخدام مصلح آخر بحيث أن كل مصلح يديم ماكنتين أم البقاء على مصلح واحد فقط .

الحـــل:

$\lambda = 1/5 = 0.2$

$M = 1/1 = 1$

1. $Ls = N - (M/\lambda)(1 - P_o)$

$$P_o = \frac{1}{\sum_{n=0}^{N} \frac{N!}{(N-n)!}\left(\frac{\lambda}{M}\right)^n}$$

$$= \frac{1}{\sum_{n=0}^{4} \frac{4!}{(4-n)!}\left(\frac{0.2}{1}\right)^n}$$

$$= \frac{1}{1+4(0.2) + (4*3)(0.2)^2 + (4*3*2)(0.2)^3 + (4*3*2*1)(0.2)^4} = 0.4$$

$Ls = 4 - (1/0.2)(1 - 0.4) = 1$ ماكنة

إذن معدل عدد المكائن العاملة يساوي:

ماكنة $4 - 1 = 3$

2 . معدل كلفة الوقت الضائع لكل يوم (بافتراض 8 ساعات عمل يوميا) يساوي:

8 * معدل عدد المكائن العاطلة * 25

$= 8 * 1 * 25$

ألف دينار / يوم $= 200$

3 . $N = 2$

$$P_o = \frac{1}{\sum_{n=0}^{2} \frac{2!}{(2-n)!}\left(\frac{0.2}{1}\right)^n}$$

$= 1/1.48 \quad = 0.68$

$Ls = 2 - (1/0.2)\ (1 - 0.68) = 0.4$

معدل الوقت الضائع لكل يوم يساوي:

ساعة / يوم $8 * 0.4 * 2 = 6.4$

∴ المجموع الكلي لكلفة المصلحين لكل يوم يساوي:

الف دينار $2 * 55 + 6.4 * 25 = 270$

المجموع الكلي لكلفة المصلح الواحد لكل يوم يساوي:

الف دينار $55 + 200 = 255$

استخدام مصلح واحد أفضل اقتصاديا .

مثال (7 - 11): شركة أستثمارية تتألف من 5 طوابق تعاقدت مع منظف لتنظيف الشركة, معدل الوقت بين متطلبات التنظيف هو 3 أيام لكل طابق ويتبع توزيع بواسون, معدل وقت التنظيف هو يوم واحد ويتبع التوزيع الأسي . أوجد:

1 . احتمال كون النظام فارغ.

2 . معدل عدد الطوابق في الخدمة.

3 . معدل عدد الطوابق التي تنتظر الخدمة.

الحــــل:

$\lambda = 1/3 = 0.33$

$M = 1/1 = 1$

1. $$P_o = \frac{1}{\sum_{n=0}^{N} \frac{N!}{(N-n)!}\left(\frac{\lambda}{M}\right)^n}$$

$$P_o = \frac{1}{\sum_{n=0}^{5} \frac{5!}{(5-n)!}\left(\frac{0.33}{1}\right)^n}$$

$$= \frac{1}{1+5(0.33)+(5*4)(0.33)^2+(5*4*3)(0.33)^3+(5*4*3*2)(0.33)^4+(5*4*3*2*1)(0.33)^5} = 0.11$$

2. $Ls = N - (M/\lambda)(1 - P_o)$

$= 5 - (1/0.33)(1 - 0.11)$

$= 2.3$ طابق

3. $Lq = N - ((\lambda + M)/\lambda)(1 - p_o)$

$= 5 - (1.33/0.33)(1 - 0.11)$

$= 1.41$ طابق

7 - 8 : نظرية صفوف الانتظار ذات القنوات المتعددة

Multi - Channel Queuing Theory

نظام صفوف الانتظار ذا قنوات خدمة متعددة يعني وجود عدة مواقع (مراكز) للخدمة بصورة متوازية وكل وحدة (زبون) في صف الانتظار ممكن ان يخدم بوساطة أكثر من موقع خدمة واحد بحيث ان كل موقع يقدم الخدمة نفسها , معدل وصول الزبائن يتبع توزيع بواسون ومعدل خدمة الزبائن يتبع التوزيع الأسي ونظام الخدمة هو نظام خدمة عام .

نفترض أن:

n: عدد الزبائن في النظام.

P_n: احتمال وجود n من الزبائن في النظام .
C: عدد قنوات الخدمة المتوازية .
λ : معدل وصول الزبائن .
M: معدل الخدمة للقناة المفردة .
مسألة مصفوفة الانتظار تتكون عندما $n \geq c$ فقط و لتحديد خصائص النظام فانه من الضروري إيجاد احتمال وجود n من الزبائن في النظام خلال الوقت t .

1 . **حالة النظام عندما $n < c$** : نفترض أن $c = 2$, ايجاد الصيغة الاحتمالية $P_o\,(t + h)$ يكون وفق الآتي:

الحادثة	عدد الوحدات خلال t	الوصول في الوقت h	الخدمة في الوقت h	عدد الوحدات خلال t + h
1	0	0	-	0
2	1	0	1	0

$$P_o(t+h) = P_o(t).(1-\lambda h) + P_1(t).(1-\lambda h).Mh$$
$$= P_o(t) - \lambda h P_o(t) + P_1(t).Mh$$

$$\frac{P_o(t+h) - P_o(t)}{h} = -\lambda P_o(t) + M P_1(t)$$

بأخذ الغاية لكلا الطرفين عندما h تقترب من الصفر نحصل على:

$$d/dt\ [P_o(t)] = -\lambda P_o(t) + M P_1(t)$$

$$\because\ d/dt\ [P_o(t)] = 0\ ;\ P_o(t) = P_o\ ;\ P_1(t) = P_1$$
$$\therefore\ 0 = -\lambda P_o + M P_1$$

$$P_1 = \frac{\lambda P_o}{M} \text{ -------------------- } (41-7)$$

هنالك ثلاثة طرائق لحدوث حادثة واحدة خلال الوقت t + h وكالآتي:

الحادثة	عدد الوحدات خلال t	الوصول في الوقت h	الخدمة في الوقت h	عدد الوحدات خلال t + h
1	0	1	-	1
2	1	0	0	1
3	2	0	1	1

$P_1(t+h) = P_0(t)\lambda h(1-Mh) + P_1(t).(1-\lambda h).(1-Mh)$
$+ P_2(t)(1-\lambda h)\, 2Mh$

اذا كانت كلتا القناتين مشغولتين فإن احتمال خدمة واحدة هو:

$Mh + Mh = 2Mh$

$\therefore P_1(t+h) = P_0(t)\lambda h + P_1(t)[1-\lambda h - Mh] + P_2(t).\ 2Mh$

$$\frac{P_0(t+h) - P_1(t)}{h} = \lambda P_0(t) - P_1(t).(\lambda + M) + P_2(t).\ 2M$$

بأخذ الغاية لكلا الطرفين عندما h تقترب من الصفر نحصل على:

$d/dt\,[P_1(t)] = \lambda P_0(t) - P_1(t).(\lambda + M) + P_2(t).\ 2M$

باعتبار شروط الحالة المستقرة للنظام:

$0 = \lambda P_0 - (\lambda + M)P_1 + 2MP_2$

$$\therefore P_2 = \frac{\lambda + M}{2M}P_1 - \frac{\lambda}{2M}P_0$$

$$= \frac{\lambda+M}{2M}\left[(\lambda/M)P_0\right] - (\lambda/2M)P_0$$

$$P_2 = (\lambda/2M)P_0 \left[\frac{\lambda+M}{M} - 1\right]$$

$$= (P_0/2)\left[\frac{\lambda}{M}\right]^2$$

وبصورة مشابهة:

$$P_3 = \frac{\lambda + 2M}{3M}P_2 - \frac{\lambda}{3M}P_1$$

$$= \frac{\lambda + 2M}{3M} * \frac{P_0}{2}\left(\frac{\lambda}{M}\right)^2 - \frac{\lambda}{3M} * \frac{\lambda}{M}P_0$$

$$= \left(\frac{\lambda}{M}\right)^2 \frac{P_0}{3}\left[\frac{\lambda + 2M}{2M} - 1\right]$$

$$= \left(\frac{\lambda}{M}\right)^2 \frac{P_0}{3}\left[\frac{\lambda}{2M}\right]$$

$$= \frac{P_0}{2*3}\left(\frac{\lambda}{M}\right)^3$$

مما ورد في أعلاه نستنتج:

$$P_n = \frac{P_0}{n!}\left(\frac{\lambda}{M}\right)^n \quad ; \quad n < c \quad \text{----------- } (42-7)$$

2 . **حالة النظام عندما n > c** : نفترض أن n > 2 , ايجاد الصيغة الاحتمالية $P_n(t+h)$ يكون وفق الآتي:

الحادثة	عدد الوحدات خلال t	الوصول في الوقت h	الخدمة في الوقت h	عدد الوحدات خلال t + h
1	n	0	0	n
2	n+1	0	1	n
3	n − 1	1	0	n

$$P_n(t+h) = P_n(t).[(1-\lambda h)(1-2Mh)] + P_{n+1}(t).[(1-\lambda h)(2Mh)] + P_{n-1}(t).[\lambda h\ (1-2Mh)$$

$$P_n(t+h) = P_n(t)[1-\lambda h - 2Mh] + P_{n+1}(t)\,2Mh + P_{n-1}(t)\,\lambda h$$

$$\frac{P_n(t+h) - P_n(t)}{h} = -(\lambda + 2M)P_n(t) + 2M\,P_{n+1}(t) + \lambda P_{n-1}(t)$$

بأخذ الغاية لكلا الطرفين عندما h تقترب من الصفر نحصل على:

$$d/dt\,[P_n(t)] = -(\lambda + 2M)P_n(t) + 2M\,P_{n+1}(t) + \lambda P_{n-1}(t)$$

$$\because\ d/dt\,[P_n(t)] = 0 \quad ; \quad P_n(t) = P_n$$

$$\therefore\ 0 = -(\lambda + 2M)P_n + 2M\,P_{n+1} + \lambda P_{n-1}$$

$$P_{n+1} = \frac{\lambda + 2M}{2M}P_n - \frac{\lambda}{2M}P_{n-1}$$

بتعميم المعادلة في أعلاه لـ c من القنوات:

$$P_{n+1} = \frac{\lambda + CM}{CM}P_n - \frac{\lambda}{CM}P_{n-1}$$

المعادلة في أعلاه ممكن أن تكتب بالصورة الآتية:

$$P_n = \frac{\lambda + CM}{CM}P_{n-1} - \frac{\lambda}{CM}P_{n-2} \quad ; \quad n \geq c+1 \quad \text{------------ } (43-7)$$

أو ممكن ان تكتب كالآتي:

$$P_n = \frac{\lambda + (n-1)M}{nM} P_{n-1} - \frac{\lambda}{nM} P_{n-2} \qquad ; \quad n = 2, 3, \text{------}, c$$

عندما $n = c$ نحصل على:

$$P_c = \frac{\lambda + (C-1)M}{CM} P_{c-1} - \frac{\lambda}{CM} P_{c-2}$$

$$= \frac{\lambda + (C-1)M}{CM} \left[\frac{1}{(C-1)!} \left(\frac{\lambda}{M} \right)^{C-1} P_0 \right] - \frac{\lambda}{CM} \left[\frac{1}{(C-2)!} \left(\frac{\lambda}{M} \right)^{C-2} P_0 \right]$$

$$= \frac{P_0}{C(C-2)!} \left(\frac{\lambda}{M} \right)^{C-1} \left[\frac{\lambda + (C-1)M}{M(C-1)} - 1 \right]$$

$$P_c = \frac{P_0}{C(C-2)!} \left(\frac{\lambda}{M} \right)^{C-1} \left[\frac{\lambda}{M(C-1)} \right]$$

$$= \frac{P_0}{C!} \left(\frac{\lambda}{M} \right)^{C} \qquad \text{--------------------} \ (44-7)$$

عندما $n = c+1$ نحصل على:

$$P_{c+1} = \frac{\lambda + CM}{CM} P_c - \frac{\lambda}{CM} P_{c-1}$$

$$= \frac{\lambda + CM}{CM} \left[\frac{1}{C!} \left(\frac{\lambda}{M} \right)^{C} P_0 \right] - \frac{\lambda}{CM} \left[\frac{1}{(C-1)!} \left(\frac{\lambda}{M} \right)^{C-1} P_0 \right]$$

$$= \frac{P_0}{C!} \left(\frac{\lambda}{M} \right)^{C} \left[\frac{\lambda + CM}{CM} - 1 \right]$$

$$= \frac{P_0}{C!} \left(\frac{\lambda}{M} \right)^{C} \left[\frac{\lambda}{CM} \right]$$

$$= \frac{P_0}{C!C} \left(\frac{\lambda}{M} \right)^{C+1} \qquad \text{--------------------} \ (45-7)$$

عندما $n = c+2$ نحصل على:

$$P_{c+2} = \frac{\lambda + CM}{CM} P_{c+1} - \frac{\lambda}{CM} P_c$$

$$= \frac{\lambda + CM}{CM}\left[\frac{1}{CC!}\left(\frac{\lambda}{M}\right)^{C+1} P_0\right] - \frac{\lambda}{CM}\left[\frac{1}{C!}\left(\frac{\lambda}{M}\right)^{C} P_0\right]$$

$$= \frac{P_0}{CC!}\left(\frac{\lambda}{M}\right)^{C+1}\left[\frac{\lambda + CM}{CM} - 1\right]$$

$$= \frac{P_0}{CC!}\left(\frac{\lambda}{M}\right)^{C+1}\left[\frac{\lambda}{CM}\right]$$

$$= \frac{P_0}{C!C^2}\left(\frac{\lambda}{M}\right)^{C+2} \qquad \text{-------------------- (46 – 7)}$$

مما ورد في أعلاه نستنتج:

$$P_n = \frac{P_0}{C!C^{n-c}}\left(\frac{\lambda}{M}\right)^n \quad ; n \geq C \qquad \text{--------------- (47 – 7)}$$

للتعبير عن الصيغة الاحتمالية P_0 من خلال الرموز C , M , λ نتبع الآتي:

$$\sum_{n=0}^{\infty} P_n = 1$$

وباستخدام حالتي النظام عندما $n<c$ و$n \geq c$ فأن:

$$\sum_{n=0}^{c-1} \frac{P_0}{n!}\rho^n + \sum_{n=c}^{\infty} \frac{P_0}{C!C^{n-c}}\rho^n = 1$$

$$P_0\left[\sum_{n=0}^{c-1} \frac{1}{n!}\rho^n + \frac{1}{C!}\left(\sum_{n=c}^{\infty}\rho^n\right)\frac{1}{C^{n-c}}\right] = 1 \qquad \text{-------------- (48 – 7)}$$

نفترض أن:

$$A = \sum_{n=c}^{\infty} \frac{\rho^n}{C^{n-c}}$$

$$= \frac{\rho^n}{C^0} + \frac{\rho^{c+1}}{C} + \frac{\rho^{c+2}}{C^2} + \ldots\ldots\ldots\ldots\ldots$$

$$= \rho^c\left[1 + \frac{\rho}{C} + \left(\frac{\rho}{C}\right)^2 + \ldots\ldots\ldots\ldots\right]$$

$$= \rho^c \left[\frac{1}{1-\frac{\lambda}{MC}} \right]$$

$$= \frac{MC}{MC-\lambda}\rho^c$$

بتعويض قيمة A في أعلاه بالمعادلة (7 - 48) نحصل على:

$$P_o = \frac{1}{\sum_{n=0}^{c-1}\frac{1}{n!}\rho^n + \frac{1}{C!}\rho^c\frac{MC}{MC-\lambda}} \qquad \text{-------------- (49 – 7)}$$

خصائص نظام صفوف الانتظار ذو قنوات الخدمة المتعددة هي:

1 . معدل (القيمة المتوقعة) عدد الزبائن في النظام Ls:

$$Ls = \sum_{n=0}^{\infty} nP_n$$

$$= \sum_{n=0}^{c-1} n\frac{1}{n!}\rho * P_0 + \sum_{n=c}^{\infty}\frac{n}{C!C^{n-c}}\rho^n * P_0$$

$$= \sum_{n=0}^{\infty}\frac{n\lambda}{n!\mathrm{M}}P_0 - \sum_{n=c}^{\infty}\frac{n}{n!}\rho * P_0 + \sum_{n=c}^{\infty}\frac{n}{C!\mathrm{C}^{\text{n-c}}}\rho^n * P_0$$

باستخدام نفس الأسلوب الذي وصف سابقا لاستخراج قيمة A نحصل على:

$$Ls = \frac{\lambda M * \rho^c}{(C-1)!(CM-\lambda)^C}P_0 + \frac{\lambda}{M} \qquad \text{------------ (50 – 7)}$$

2 . معدل (القيمة المتوقعة) عدد الزبائن في الصف (طول الصف) Lq:

$$Lq = Ls - \rho \qquad \text{-------------- (51 – 7)}$$

3 . معدل وقت انتظار الزبون في الصف Wq:

$$Wq = Lq\,(1/\lambda)$$

$$= \frac{M\rho^c}{(C-1)!(CM-\lambda)^c}P_0 \qquad \text{------------ (52 – 7)}$$

4 . معدل وقت انتظار الزبون في النظام Ws:

$$Ws = Wq + (1/M)$$

$$= \frac{M * \rho^c}{(C-1)!(CM-\lambda)^C} P_0 + \frac{1}{M} \qquad \text{------------ (53 - 7)}$$

مثـال (7 - 12): للمثال (7 - 3) نفترض ان هنالك طابعتين وكالآتي:

	معدل الخدمة لكل ساعة	الكلفة اليومية (الف دينار)
الطابعة الموجودة	8	2.5
الطابعة المقترحة	12	4.5

أيهما أفضل اقتصاديا استخدام الطابعة المقترحة أم استخدام طابعتين ؟

الحـــل:

المجموع الكلي للكلفة اليومية للطابعة الموجودة = كلفة خسارة الوقت + كلفة التشغيل

ألف دينار $= 2.5 + 20 = 22.5$

أما بالنسبة للطابعة المقترحة فإن:

$Ws = 1/(M-\lambda) = 1/(12-5) = 1/7$ ساعة

كلفة خسارة الوقت اليومية تساوي:

$1.5 * 1/7 * (8*5) = 60/7 = 8.57$

الكلفة الكلية تساوي:

ألف دينار $8.57 + 4.5 = 13.07$

المجموع الكلي للكلفة اليومية للطابعتين = كلفة التشغيل للطابعتين + كلفة الوقت الضائع لحساب كلفة الوقت الضائع نتبع الآتي:

$$Ws = \frac{M * \rho^c}{(C-1)!(CM-\lambda)^C} P_0 + \frac{1}{M}$$

$$P_o = \frac{1}{\sum_{n=0}^{c-1} \frac{1}{n!}\rho^n + \frac{1}{C!}\rho^c \frac{MC}{MC-\lambda}}$$

$$P_o = \frac{1}{\sum_{n=0}^{1} \frac{1}{n!}\left(\frac{5}{8}\right)^n + \frac{1}{2!}\left(\frac{5}{8}\right)^2 \frac{2*8}{2*8-5}} = 11/21$$

$$Ws = \frac{8\left(\frac{5}{8}\right)^2 * \frac{11}{21}}{(2-1)!(2*8-5)^2} + \frac{1}{8} = 32/231$$

أذن المجموع الكلي للكلفة اليومية يساوي:

2(2.5) + 8 * 5 * (32/231) * 1.5 = 13.31 ألف دينار

استخدام الطابعة المقترحة أفضل من استخدام طابعتين

مثال (7 - 13): أوجد حل المثال (7 - 4) على افتراض وجود موقعين لتحصيل الشاحنات.

الحـــل:

1 . احتمال انتظار الشاحنة للحصول على الخدمة = الاحتمال P_c بأن هنالك شاحنتين أو أكثر في النظام .

$$P_c = \frac{1}{C}\rho^c \frac{CM}{CM-\lambda} P_0$$

$$P_o = \frac{1}{\sum_{n=0}^{c-1} \frac{1}{n!}\rho^n + \frac{1}{C!}\rho^c \frac{MC}{MC-\lambda}}$$

$$P_o = \frac{1}{\sum_{n=0}^{1} \frac{1}{n!}\left(\frac{3}{4}\right)^n + \frac{1}{2!}\left(\frac{3}{4}\right)^2 \frac{2*4}{2*4-3}} = 5/11$$

$P_c = (1/2!)\,(3/4)^2\,(2*4/2*4-3)(5/11) = 9/44$

أذن احتمال انتظار الشاحنة هو 0.205

2 . وقت انتظار الشاحنة:

$$Wn = \frac{Wq}{p_o}$$

$$= \frac{M\rho^c P_0}{(C-1)!(CM-\lambda)^2} * \frac{1}{P_c}$$

$$= \frac{4(3/4)^2}{1!\,(2*4-3)^2} \quad (5/11)\,(44/9) = 0.2$$

3 . وقت الانتظار المتوقع لشاحنات الشركة لكل يوم = معدل وقت الانتظار* نسبة شاحنات الشركة

$= Wq * [\,(3*8)\,0.40\,]$

$= P_o * Wn\,(\,24 * 0.40\,)$

$= (9/44)\,0.2\,(\,24 * 0.40\,)$

$= 0.393$

7 - 9: صفوف الانتظار ذات الأسبقية في الخدمة

Queues With Priorities For Service

في هذه الحالة يحتوي نظام صفوف الانتظار على عدة صفوف انتظار متوازية بحيث إذا أحتوى النظام على m من الصفوف فإن الصف الأول يمتلك أعلى أسبقية في الخدمة والصف m يكـون ذا أوطـأ أسبقية في الخدمة , معدلات الوصول والخدمة تختلف باختلاف الصفوف مع افتراض أن نظام الخدمـة في كل صف هو نظام FCFS , أسبقية خدمة الزبون تكون وفق أحدى القاعدتين الآتيتين:

1 . قاعدة الإجهاض Preemptive : تعني خدمة الزبون ذا أقل أسـبقية تقطـع بوصـول الزبـون ذا أعـلى أسبقية .

2 . قاعدة عدم الإجهاض Non Preemptive : تعني أن الزبون الذي يتم تقديم الخدمة له يغادر مركز الخدمة بعد اكتمال خدمته فقط مع إهمال أسبقية الزبون الواصل .

في هذا المقطع سوف نوضـح القاعـدة الثانيـة فقـط في حـالتي النظـام ذو قنـاة خدمـة واحـدة والنظام ذو قنوات خدمة متعددة , في حالة النظام ذو قناة خدمة واحدة نفترض بـأن وصـول الزبـائن يتبع توزيع بواسون وأن خدمة الزبائن يتبع توزيع

اعتباطي (arbitrary) , أما في حالة النظام ذو قنوات خدمة متعددة فإن كل من وصول وخدمة (مغادرة) الزبائن يتبع توزيع بواسون مع العلم أن الرمز NPRP يمثل وجود أسبقية في الخدمة حسب قاعدة عدم الإجهاض Non preemptive .

7 – 9 – 1 : (M / G / 1): (NPRP / ∞ / ∞)

نفترض الآتي:

$F_i(t)$: دالة التوزيع التراكمية لتوزيع وقت الخدمة الأعتباطي لـ ith من الصفوف

i = 1 , 2 ---------,m

$E_i\{t\}$: الوسط الحسابي .

$Var_i\{t\}$: التباين .

λ_i : معدل الوصول لـ ith من الصفوف لكل وحدة وقت .

$Lq^{(k)}$: معدل عدد الزبائن في الصف لـ K من الصفوف

الصيغة النهائية لمعدل عدد الزبائن في الصف والنظام و معدل وقت انتظار الزبائن في الصف والنظام تكون كالآتي:

$$W_q^{(k)} = \frac{\sum_{i=1}^{m} \lambda_i \left(E_i^2\{t\} + Var_i\{t\}\right)}{2(1 - S_{k-1})(1 - S_k)}$$

$$L_q^{(k)} = \lambda_k W_q^{(k)}$$

$$W_s^{(k)} = W_q^{(k)} + E_k\{t\}$$

$$L_s^{(k)} = L_q^{(k)} + \rho_k$$

حيث أن:

$$\rho_k = \lambda_k E_k\{t\} \qquad ;S_k = \sum_{i=1}^{k} \rho_i \prec 1 \qquad ;k = 1,2,.........,m \qquad ;S_0 \cong 0$$

معدل وقت انتظار الزبون في الصف بغض النظر عن أسبقيته هو:

$$Wq=\sum_{k=1}^{m}\frac{\lambda_k}{\lambda}W_q^{(k)}$$

حيث أن: $\lambda=\sum_{i=1}^{m}\lambda_i$

وبنفس الطريقة يتم استخراج معدل وقت انتظار الزبون في النظام بغض النظر عن أسبقيته .

مثـال (7 - 14): وحدات يتم أنتاجها في معمـل أنتـاجي تصـل المعمـل عـلى شـكل ثـلاث مجـاميع , المجموعة الأولى تملك أسبقية على كل من المجموعة الثانية والثالثـة والمجموعـة الثانيـة تملـك أسـبقية على المجموعة الثالثة , أي وحدة تبدأ عملية أنتاجها يجب أن تكتمل عملية الإنتاج قبل دخول وحـدة جديدة , وصول الوحدات للمجاميع الثلاثة يتبع توزيع بواسون بمعدل 4 , 3 , 1 لكل يوم عـلى التـوالي , معدل الخدمة للمجاميع الثلاثة ثابت وهو 10 , 9 , 5 وحدات لكل يوم على التوالي , المطلوب حساب:

1 . معدل وقت انتظار أي وحدة في الصف بغض النظر عن أسبقيتها .

2 . معدل عدد الوحدات المنتظرة في كل صف .

الحـــل:

$\rho_1=\lambda_1 E\{t_1\}=4\,(1/10)=0.4$

$\rho_2=3\,(1/9)=0.333$; $\rho_3=1\,(1/5)=0.2$

$S_1=\rho_1=0.4$

$S_2=\rho_1+\rho_2=0.733$

$S_3=\rho_1+\rho_2+\rho_3=0.933$

بما أن $S_3<1$ فإن شروط الحالة المستقرة للنظام ممكن أن تتحقق:

$$1.\quad W_q^{(k)}=\frac{\sum_{i=1}^{m}\lambda_i\left(E_i^2\{t\}+Var_i\{t\}\right)}{2(1-S_{k-1})(1-S_k)}$$

$$W_q^1 = \frac{4\{(1/10)^2 + 0\} + 3\{(1/9)^2 + 0\} + 1\{(1/5)^2 + 0\}}{2(1-0)(1-0.4)} = \frac{0.117}{2(0.6)} = 0.0975 \quad day \quad \cong 2.34 \quad hour$$

$$W_q^2 = \frac{0.117}{2(1-0.4)(1-0.733)} = 0.365 \quad d. \quad \cong 8.77 \quad h.$$

$$W_q^3 = \frac{0.117}{2(1-0.733)(1-0.933)} = 3.27 \quad d. \quad \cong 78.5 \quad h.$$

$$W_q = \sum_{k=1}^{3} \frac{\lambda_k}{\lambda} W_q^{(k)}$$

$$= \frac{2(2.34) + 3(8.77) + 1(78.5)}{4 + 3 + 1} = 13.69 \text{ ساعة}$$

2. $Lq^{(k)} = \lambda_K \; Wq^{(k)}$

$Lq^1 = 4(0.0975) = 0.39$ وحدة

$Lq^2 = 3(0.365) = 1.095$ وحدة

$Lq^3 = 1(3.27) = 3.27$ وحدة

مثـــال (7 - 15): يصنف محل لبيع المواد الغذائية زبائنه إلى صنفين الصنف الأول يمتلك أسبقية في الخدمة على الصنف الثاني , نظام الخدمة في المحل يقضي بأن أي زبون لايتم تجهيزه حتى يكتمل تجهيز الزبون السابق , وصول الزبائن يتبع توزيع بواسون بمعدل 5 , 4 زبائن لكل ساعة للصنفين الأول والثاني على التوالي , معدل الخدمة للصنفين ثابت وهو 9 , 10 زبائن لكل ساعة على التوالي , المطلوب حساب:

1 . معدل عدد الزبائن المنتظرة في كل صف .

2 . معدل عدد الزبائن المنتظرة في النظام للصنفين الأول والثاني .

الحــل:

1. $Lq^{(k)} = \lambda_K \; Wq^{(k)}$

$\rho_1 = \lambda_1 E\{t_1\} = 5(1/9) = 0.555$

$\rho_2 = \lambda_2 E\{t_2\} = 4(1/10) = 0.4$

$S_1 = \rho_1 = 0.555$

$S_2 = \rho_1 + \rho_2 = 0.955 < 1$

$$W_q^{(k)} = \frac{\sum_{i=1}^{m} \lambda_i \left(E_i^2\{t\} + Var_i\{t\}\right)}{2(1 - S_{k-1})(1 - S_k)}$$

$$Wq^{(1)} = \frac{5\,[\,(1/9)^2 + 0\,] + 4[\,(1/10)^2 + 0]}{2\,(1-0)\,(1-0.555)} = \frac{0.1017}{0.89} = 0.1143$$ ساعة

$$Wq^{(2)} = \frac{0.1017}{2(1 - 0.555)(1 - 0.955)} = \frac{0.1017}{0.04} = 2.5425$$ ساعة

$Lq^{(1)} = \lambda_1\ Wq^{(1)}$

$= 5\,(0.1143) = 0.5715$ زبون

$Lq^{(2)} = \lambda_2\ Wq^{(2)}$

$= 4\,(2.5425) = 10.17$ زبون

2. $Ls^{(k)} = Lq^{(k)} + \rho_k$

$Ls^{(1)} = Lq^{(1)} + \rho_1$

$= 0.5715 + 0.555 = 1.1265$ زبون

$Ls^{(2)} = Lq^{(2)} + \rho_2$

$= 10.17 + 0.4 = 10.57$ زبون

2 - 9 - 7 : $(M_i / M / C) : (NPRP / \infty / \infty)$

هذا الأنموذج يفترض أن توزيع وقت الخدمة لكل الزبائن هو متشابه بغض النظر عن الأسبقية بالإضافة إلى أن كل قنوات الخدمة C تكون ذا توزيع خدمة أسي متماثل بمعدل M , وصول الزبائن لـ K من صفوف الانتظار ذات الأسبقية يتبع توزيع بواسون بمعدل λ_K , $k = 1, 2, ------- m$ وعلى هذا الأساس فإن:

$$Wq^{(k)} = \frac{E\{\xi_0\}}{(1 - S_{k-1})(1 - S_k)} \quad ; \quad k = 1, 2, ------------ m$$

حيث أن:

$S_o \cong 0 \quad ; \quad S_k = \sum_{i=1}^{k} \frac{\lambda_i}{CM} \prec 1$ لكل قيم k

$$E\{\xi_0\} = \frac{1}{CM\left\{\rho^{-c}(C-\rho)(C-1)!\sum_{n=0}^{c-1}\frac{\rho^n}{n!}+1\right\}} \qquad ;\rho = \frac{\lambda}{M}$$

مثــال (7 - 16): لتوضيح هذا الأنموذج نفـترض نظـام ذا ثلاثـة صـفوف انتظـار ذات أسـبقية بمعـدل وصول 2 , 5 , 3 لكل يوم على التوالي , النظام يحتوي على مقدمي خدمة بمعدل خدمة 10 لكـل يـوم , كل من الوصول والمغادرة يتبع توزيع بواسون المطلوب حساب:

1 . معدل وقت انتظار أي زبون في الصف .

2 . معدل عدد الزبائن في الصف .

الحــل:

$$S_k = \sum_{i=1}^{k}\frac{\lambda_i}{CM}$$

$S_1 = 2 / 2(10) = 0.1$

$S_2 = S_1 + (\lambda_2 / CM) = 0.1 + (5 / 2(10)) = 0.35$

$S_3 = S_2 + (\lambda_3 / CM) = 0.35 + (10 / 2(10)) = 0.85$

بما أن $S_K < 1$ لكل قيم K فإن شروط الحالة المستقرة للنظام ممكن أن تتحقق .

$$Wq = \sum_{k=1}^{m}\frac{\lambda_k}{\lambda}W_q^{(k)}$$

$$W_q^{(k)} = \frac{E\{\xi_0\}}{(1-S_{k-1})(1-S_k)}$$

$\rho = (\lambda_1 + \lambda_2 + \lambda_3) / M = 17/10 = 1.7$

$$E\{\xi_0\} = \frac{1}{10(2)\{(1.7)^{-2}(2-1.7)(1!)(1+1.7)+1\}} = 0.039$$

$W_q^{(1)} = 0.039/(1-0.1) = 0.0433$

$W_q^{(2)} = 0.039/(1-0.1)(1-0.35) = 0.0667$

$W_q^{(3)} = 0.039/(1-0.35)(1-0.85) = 0.4$

$W_q = (2/17)\ (0.0433) + (5/17)\ (0.0667) + (10/17)\ (0.4) = 0.26$

2. $Lq = \lambda\, W_q = 17\ (0.26) = 4.42$

مثـــال (7 - 17): يصنف مخـزن لتجهيـز المـواد الاحتياطيـة للسـيارات زبائنـه إلى ثلاثـة أصناف ذات أسبقية , معدلات الوصول للأصناف الثلاثة هي 2 , 4 , 6 زبون لكل يـوم عـلى التـوالي , يجهـز المخـزن زبائنه عن طريق منفذين للتجهيز , معدل خدمة أي منفذ هو 12 زبـون لكـل يـوم , كـل مـن وصـول ومغادرة الزبائن يتبع توزيع بواسون , المطلوب حساب معدل عدد الزبائن المنتظرة في كل صف .

الحــل:

$$S_k = \sum_{i=1}^{k} \frac{\lambda_i}{CM}$$

$S_1 = 2 / 2(12) = 0.083$

$S_2 = 0.083 + 4 / 2(12) = 0.249$

$S_3 = 0.249 + 6 / 2(12) = 0.499$

$$W_q^{(k)} = \frac{E\{\xi_0\}}{(1-S_{k-1})(1-S_k)}$$

$$E\{\xi_0\} = \frac{1}{CM\left\{\rho^{-c}(C-\rho)(C-1)!\sum_{n=0}^{c-1}\frac{\rho^n}{n!}+1\right\}}$$

$\rho = (\lambda_1 + \lambda_2 + \lambda_3) / M = 12/12 = 1$

$$E\{\xi_0\} = \frac{1}{2(12)\{(1)^{-2}(2-1)(2-1)!(1+1)+1\}} = 0.013$$

$$W_q^{(1)} = \frac{0.013}{1-0.083} = 0.014$$

$$Wq^{(2)} = \frac{0.013}{(1 - 0.083\ )(\ 1 - 0.249)} = 0.019$$

$$Wq^{(3)} = \frac{0.013}{(1 - 0.\ 249)(\ 1 - 0.499)} = 0.034$$

$L_q^{(K)} = \lambda_K W_q^{(K)}$

$L_q^{(1)} = 2\,(0.014) = 0.028$ زبون

$L_q^{(2)} = 4\,(0.019) = 0.076$ زبون

$L_q^{(3)} = 6\,(0.034) = 0.204$ زبون

7 - 10: صفوف الانتظار المتسلسلة Tandem or Series Queues

مواقع الخدمة تكون مرتبة على شكل سلسلة بحيث أن على الزبون أن يجتاز هذه المواقع ليحصل على خدمة كاملة, سوف ندرس أولا حالة بسيطة تتمثل بوجود موقعي خدمة مع عدم وجود صف ومن ثم نطور الحالة لسلسلة من صفوف بواسون ذات السعة غير المحددة .

7- 10- 1: أنموذج ذا موقعي خدمة متسلسلين مع سعة صف صفرية

Tow - Station Series Model With Zero Queue Capacity

نفترض نظام صفوف انتظار ذا قناة خدمية واحدة تتضمن موقعي خدمة وكما هو موضح بالشكل (7 - 3) , الزبون الواصل يجب أن يمر بالموقعين 1 , 2 ليحصل على الخدمة , أوقات الخدمة لكل موقع تتوزع توزيعا أسيا بمعدل خدمة مقداره M , وصول الزبائن يتبع توزيع بواسون بمعدل مقداره λ مع عدم وجود صفوف انتظار في كلا الموقعين 1 , 2 .

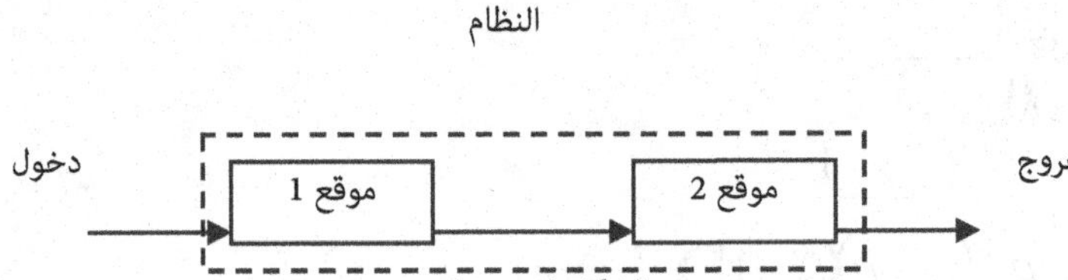

الشكل (7 - 3)

أي موقع في النظام ممكن أن يكون فارغ أو مشغول كما أن الموقع 1 ممكن أن يكون مسدود (blocked) وهذا يحدث عندما تكتمل خدمة الزبون في الموقع 1 قبل أن يفرغ الموقع 2 , في هذه الحالة فإن الزبون سوف لا ينتظر بين الموقعين لان ذلك غير مسموح به .

بافتراض الرموز الآتية:

0: موقع الخدمة فارغ

1: موقع الخدمة مشغول

b: موقع الخدمة مسدود

i :حالة موقع الخدمة 1

j : حالة موقع الخدمة 2

$P_{ij}(t)$: احتمال كون النظام في الحالة (i , j) في الوقت t .

فإن حالات النظام تكون كالآتي:

$$(i,j)=\{(0,0),(1,0),(0,1),(1,1),(b,1)\}$$

احتمالات الانتقال خلال الأوقات t و t + h ملخصة بالجدول الآتي:

t \ t+h	(0,0)	(0,1)	(1,0)	(1,1)	(b,1)
(0,0)	$1-\lambda h$		λh		
(0,1)	$Mh(1-\lambda h)$	$1-Mh-\lambda h$		$\lambda h(1-Mh)$	
(1,0)		$Mh(1-\lambda h)$	$1-Mh$		
(1,1)			Mh	$(1-Mh)(1-Mh)$	Mh
(b,1)		$Mh(1-\lambda h)$			$1-Mh$

المربعات الفارغة في الجدول أعلاه تشير إلى أن الانتقال غير ممكن ولذلك فإن:

$$P_{oo}(t+h)=P_{00}(t)(1-\lambda h)+P_{01}(t)(Mh)$$

$$P_{01}(t+h)=P_{01}(t)(1-Mh-\lambda h)+P_{10}(t)(Mh)+P_{b1}(t)(Mh)$$

$$P_{10}(t+h)=P_{00}(t)(\lambda h)+P_{10}(t)(1-Mh)+P_{11}(t)(Mh)$$

$$P_{11}(t+h)=P_{01}(t)(\lambda h)+P_{11}(t)(1-2Mh)$$

$$P_{b1}(t+h)=P_{11}(t)(Mh)+P_{b1}(t)(1-Mh)$$

بإعادة ترتيب حدود المعادلات في أعلاه وأخذ الغاية عندما h تقترب من الصفر نحصل على:

$$P_{01}-\rho P_{00}=0$$

$$P_{10}+P_{b1}-(1+\rho)P_{01}=0$$

$$\rho P_{00}+P_{11}-P_{10}=0$$

$$\rho P_{01}-2P_{11}=0$$

$$P_{11}-P_{b1}=0$$

وبإضافة الشرط $P_{00}+P_{01}+P_{10}+P_{11}+P_{b1}=1$ نحصل على:

$$P_{oo} = 2/(3\rho^2+4\rho+2) \quad \text{---------------- } (54-7)$$

$$P_{o1} = 2\rho/(3\rho^2+4\rho+2) \quad \text{---------------- } (55-7)$$

$$P_{1o} = (\rho^2+2\rho)/(3\rho^2+4\rho+2) \quad \text{---------------- } (56-7)$$

$$P_{11} = P_{b1} = \rho^2/(3\rho^2+4\rho+2) \quad \text{---------------- } (57-7)$$

القيمة المتوقعة لعدد الزبائن في النظام هي:

$$Ls = 0\,P_{oo} + 1(P_{o1}+P_{10}) + 1(P_{11}+P_{b1}) \quad \text{---------------- } (58-7)$$

بتعويض المعادلات من (7 - 54) إلى (7 - 57) في المعادلة (7 - 58) نحصل على:

$$Ls = \frac{2\rho}{3\rho^2+4\rho+2} + \frac{\rho^2+2\rho}{3\rho^2+4\rho+2} + 2\left(\frac{\rho^2}{3\rho^2+4\rho+2} + \frac{\rho^2}{3\rho^2+4\rho+2}\right)$$

$$= \frac{\rho^2+4\rho}{3\rho^2+4\rho+2} + \frac{4\rho^2}{3\rho^2+4\rho+2}$$

$$Ls = \frac{5\rho^2+4\rho}{3\rho^2+4\rho+2} \quad \text{---------------- } (59-7)$$

مثــال (7 - 18): خط تجميعي في أحد المعامل الإنتاجية يحتوي على موقعين لتجميع المنتجات,حجم المنتج المجمع لا يسمح بخزن أكثر من وحدة واحدة في كل موقع, وصول المنتج إلى الخط التجميعي يتبع توزيع بواسون بمعدل 10 وحدات لكل ساعة, وقت تجميع المنتج في أي من الموقعين الأول والثاني يتبع التوزيع الأسي بمعدل 5 دقائق لكل منتج, الوحدات الواصلة التي لا تدخل مباشرة إلى الخط التجميعي تحول إلى خط آخر.

المطلوب:

1 . حساب القيمة المتوقعة لعدد الوحدات الإنتاجية في النظام .

2 . القيمة المتوقعة لوقت الخدمة .

3 . احتمال دخول الوحدة الواصلة إلى الموقع الأول .

الحــــل:

$\lambda = 10$ لكل ساعة

$M = 60 / 5 = 12$ لكل ساعة

$\rho = \lambda / M = 10 / 12 = 0.833$

1. $Ls = \dfrac{5\rho^2 + 4\rho}{3\rho^2 + 4\rho + 2}$

$= \dfrac{5(0.833)^2 + 4(0.833)}{3(0.833)^2 + 4(0.833) + 2} \qquad \dfrac{6.8}{7.414}$

$= 0.917$ وحدة إنتاجية

2. $Ws = Ls / \lambda e$

استخراج المطلب الثاني يتطلب استخراج المطلب الثالث أولا:

3. $P_{00} + P_{01} =$ احتمال دخول الوحدة الواصلة إلى الموقع الأول

$P_{00} = \dfrac{2}{3\rho^2 + 4\rho + 2} = 2 / 7.414 = 0.2697$

$P_{01} = \dfrac{2\rho}{3\rho^2 + 4\rho + 2} = 2(0.833) / 7.414 = 0.2247$

$P_{00} + P_{01} = 0.2697 + 0.2247 = 0.4944$

$Ws = Ls / \lambda e$

$\lambda e = \lambda (P_{00} + P_{01})$

$= 10 (0.4944) = 4.944$ وحدة لكل ساعة

$Ws = 0.917 / 4.944 = 0.185$ ساعة

نلاحظ أن الوحدة الإنتاجية ممكن أن تخدم بمعدل 10 دقائق أو 0.167 ساعة بشرط أن يكـون الموقـع الأول غير مسدود

7- 10 -2: أنموذج ذا k من مواقع الخدمة المتسلسلة مع سعة صف غير محدودة

K - Station Series Model With Infinite Queue Capacity

نفترض نظام صفوف انتظار يحتوي على K من مواقع الخدمة المتسلسلة وكما هو موضح بالشكل (7 - 4):

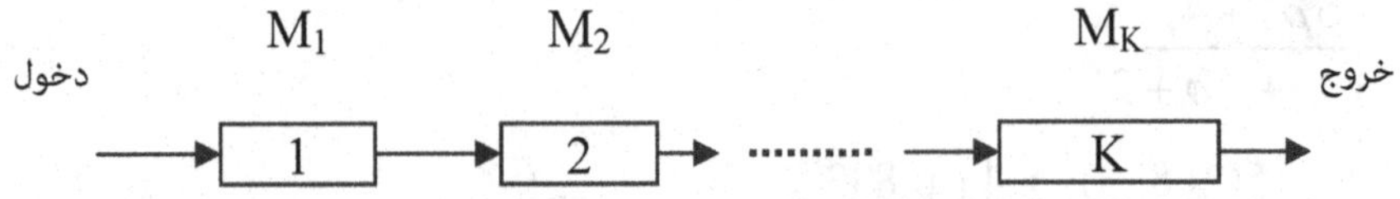

الشكل (7 - 4)

الوصول إلى الموقع الأول يتولد من مجتمع غير محدود ويتبع توزيع بواسون بمعدل λ وأن الوحدات التي قدمت لها الخدمة تتحرك بصورة متسلسلة من الموقع الأول إلى التالي وهكذا إلى الموقع K , وقت الخدمة في كل موقع i يتوزع توزيعا أسيا بمعدل M_i (i = 1,2 ------ , k) مع العلم أن صفوف الانتظار في أي موقع هي غير محدودة.

أن كل موقع ممكن ان يعالج بصورة مستقلة وفق الصيغة (M/ M / 1): (GD / ∞ / ∞) المعرفة بالفقرة (7 -7 -1) أي أن :

$$P_{ni} = (1-\rho_i)\rho_i^{n_i} \qquad , \quad n_i = 0, 1, 2 ----------- \quad i = 1,2 ------, k$$

حيث n_i يمثل عدد الزبائن في الموقع i , نتائج الحالة المستقرة ممكن أن تطبق فقط عندما:

$$\rho_i = \lambda / M_i < 1$$

أما إذا أحتوى الموقع i على C_i من القنوات المتوازية وأن معدل الخدمة M_i يتبع التوزيع الأسي وكما هو مبين بالشكل (7 - 5):

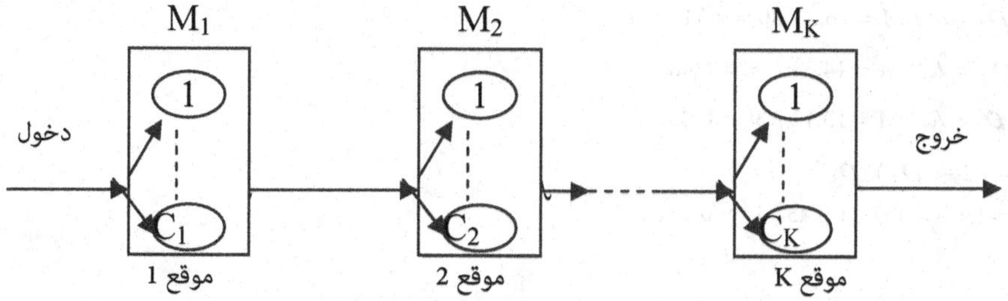

الشكل (7 - 5)

ففي هذه الحالة فإن أي موقع ممكن أن يعامل بصورة مستقلة وفق ما هو موضح بالفقرة (7 - 8) , نتائج الحالة المستقرة ممكن أن تطبق فقط عندما $\lambda < C_i M_i$ لكل ------ $i = 1,2$, k

مثال (7 - 19): خط أنتاجي يحتوي على خمسة مواقع إنتاجية متسلسلة , الوحدات الإنتاجية تصل إلى الموقع الأول بموجب توزيع بواسون وبمعدل 20 وحدة في الساعة, عملية اكتمال الخدمة لكل وحدة تتم من خلال مرورها بالمواقع الخمسة على التوالي, وقت الإنتاج في كل موقع يتوزع توزيعا أسيا بمعدل دقيقتين لكل وحدة, نسبة الوحدات المنتجة الجيدة في كل موقع هي 0.9 من الوحدات الداخلة , المطلوب حساب:

1 . احتمال كون أي موقع من المواقع الخمسة مشغول
2 . احتمال وجود 3 وحدات في الموقع الخامس
3 . معدل عدد الوحدات في كل موقع من المواقع الخمسة

الحل:

$M_i = M = 60 / 2 = 30$ وحدة / ساعة

$\lambda_1 = 20$

$\lambda_2 = 0.9\ \lambda_1 = 0.9\ (20) = 18$

$\lambda_3 = 0.9\ \lambda_2 = 0.9\ (18) = 16.2$

$\lambda_4 = 0.9\ \lambda_3 = 0.9\ (16.2) = 14.58$

$\lambda_5 = 0.9\ \lambda_4 = 0.9\ (14.58) = 13.12$

1. $\rho_1 = \lambda_1 / M = 20 / 30 = 0.67$

   $\rho_2 = \lambda_2 / M = 18 / 30 = 0.6$

   $\rho_3 = \lambda_3 / M = 16.2 / 30 = 0.54$

   $\rho_4 = \lambda_4 / M = 14.58 / 30 = 0.486$

   $\rho_5 = \lambda_5 / M = 13.12 / 30 = 0.437$

2. $P_3 = (1 - \rho_5)\, \rho_5^{\,3}$

   $= (1 - 0.437)(0.437)^3 = 0.047$

3. $Ls = \dfrac{\lambda}{M - \lambda}$

   $L_1 = 20/10 = 2$

   $L_2 = 18/12 = 1.5$

   $L_3 = 16.2/13.8 = 1.17$

   $L_4 = 14.58/15.42 = 0.95$

   $L_5 = 13.12/16.88 = 0.78$

مسائل
Problems

(7 - 1) : صالون حلاقة يحتوي على حلاق واحد , الحلاق يستطيع تقديم الخدمة لـ 4 زبائن في الساعة الواحدة بينما الزبائن يصلون إلى صالون الحلاقة بمعدل 3 زبائن في الساعة علما أن معدل وصول الزبائن يتبع توزيع بواسون ومعدل الخدمة يتبع التوزيع الأسي, أوجد الآتي:

1 . معدل عدد الزبائن في النظام .

2 . طول الصف .

3 . معدل وقت انتظار الزبون في النظام .

4 . معدل وقت انتظار الزبون قبل أن يحصل على الخدمة .

(7 - 2) : أوجد الحل للسؤال (7 - 1) على افتراض أن الحلاق يستطيع تقديم الخدمة لـ 5 زبائن في الساعة .

(7 - 3) : شركة لتجهيز المشروبات الغازية تجهز زبائنها عن طريق منفذ واحد , الشركة قادرة على تجهيز 16 زبون في اليوم الواحد بينما عدد الزبائن الذين يصلون الشركة هو 14 زبون في اليوم , عدد ساعات العمل اليومية هي 6 ساعات وصول الزبائن يتبع توزيع بواسون بينما وقت خدمة الزبائن يتبع التوزيع الأسي , أوجد الآتي:

1 . احتمال انتظار الزبون عند وصوله إلى الشركة .

2 . معدل عدد الزبائن في النظام .

3 . معدل عدد الزبائن في الصف .

(7 - 4) : أوجد وقت العطل المتوقع اليومي للشركة في المسألة (7 - 3) في حالة كون وقت خدمة الزبون الواحد هو 20 دقيقة .

(7 - 5) : وصول ركاب إلى موقف خاص لتأجير سيارات الأجرة يتبع توزيع بواسون بمعدل 3 ركاب لكل ساعة بينما وقت الخدمة يتبع التوزيع الأسي بمعدل 5 ركاب لكل ساعة:

1 . ماهو احتمال انتظار الراكب عند وصوله إلى الموقف .

2 . معدل طول الصف .

3 . ما هو احتمال بأن الراكب سوف ينتظر أكثر من 5 دقائق قبل تقديم الخدمة له .

4 . ماهو احتمال بأن الراكب سوف ينتظر أكثر من 15 دقيقة قبل أكتمال الخدمة المقدمة له.

(7 - 6) : للمسألة (7 - 5) أوجد الآتي:

1 . القيمة المتوقعة لعدد الركاب في النظام .

2 . القيمة المتوقعة لوقت انتظارالراكب في النظام .

(7 - 7) : يتم تجميع منتوج في معمل أنتاجي عن طريق ماكنة أوتوماتيكية , هذه الماكنة تحتاج إلى 20 دقيقة لتجميع وحدة أنتاجية واحدة , وصول الوحدات الإنتاجية إلى الماكنة يتبع توزيع بواسون بمعدل وحدتين في الساعة , أوجد الآتي:

1 . معدل عدد الوحدات في النظام .

2 . معدل عدد الوحدات في الصف .

3 . معدل وقت انتظار الوحدة الإنتاجية في النظام .

4 . معدل وقت انتظار الوحدة الإنتاجية في الصف .

(7 - 8) : أوجد الحل للمسألة (7 - 7) في حال كون الماكنة تحتاج إلى 10 دقائق لتجميع المنتوج وأن معدل وصول الوحدات إلى الماكنة هو 5 وحدات لكل ساعة علما أن وصول الوحدات يتبع توزيع بواسون .

(7 - 9) : للمسألة (7 - 1) إذا كان صالون الحلاقة يتسع لثلاثة أشخاص فقط إضافة إلى الشخص الذي تقدم له الخدمة بحيث أن أي زبون يصل يضطر إلى البحث عن صالون حلاقة آخر , أوجد الآتي:

1 . عدد الزبائن التي سوف يخسرها صالون الحلاقة يوميا على افتراض ساعات العمل اليومية هي 10 ساعات .

2 . معدل وقت انتظار الزبون في النظام .

(7 - 10) : عيادة طبيب تحتوي على 8 مقاعد لانتظار المرضى بالإضافة إلى المريض الذي تتم معالجته , وصول المرضى إلى العيادة يتبع توزيع بواسون بمعدل 12 مريض في الساعة , وقت معالجة المريض يتبع التوزيع الأسي بمعدل مريض لكل 4 دقائق , وقت عمل العيادة هو 6 ساعات يومية مع العلم أن المريض الذي يصل إلى العيادة وليس له مكان للانتظار يذهب إلى العيادة المجاورة , أوجد الآتي:

1 . معدل عدد الزبائن في النظام .

2 . معدل وقت انتظار الزبون في النظام .

3 . عدد المرضى الذين تخسرهم العيادة يوميا .

(7 - 11) : شركة للنقل الخاص تمتلك 10 سيارات للنقل , الشركة متعاقد مع مصلح لإدامة هذه السيارات , معدل الوقت بين متطلبات الخدمة هو سيارة لكل 10 أيام ويتبع توزيع بواسون , معدل وقت التصليح هو سيارة لكل يوم واحد ويتبع التوزيع الأسي , كلفة وقت عطل السيارة هي 15 ألف دينار لكل يوم بينما كلفة المصلح هي 10 ألف دينار لكل يوم أوجد الآتي:

1 . احتمال كون النظام فارغ .

2 . معدل عدد السيارات العاملة .

3 . معدل كلفة الوقت الضائع لكل شهر .

4 . أيهما أفضل اقتصاديا استخدام مصلح آخر بحيث أن كل مصلح يديم 5 سيارات أم البقاء على مصلح واحد فقط .

(7 - 12) : أوجد الحل للمسألة (7 - 1) على افتراض وجود حلاقين أثنين في الصالون.

(7 -13) : شركة لتجهيز المواد الكيمياوية , زبائن الشركة يصلون على شكل أربعة مجاميع بحيث المجموعة الأولى تملك أسبقية على بقية المجاميع والثانية ذات أسبقية على الثالثة والرابعة والثالثة ذات أسبقية على الرابعة , الشركة لاتجهز أي زبون قبل أن تكتمل عملية تجهيز الزبون الذي يسبقه , وصول الزبائن يتبع توزيع بواسون بمعدل 4 , 3 , 6 , 5 لكل يوم للمجاميع الأربعة على التوالي , معدل الخدمة للمجاميع الأربعة ثابت وهو 10 , 8 , 7 , 8 على التوالي , المطلوب أيجاد:

1 . معدل وقت انتظار أي زبون في الصف بغض النظر عن أسبقيته .
2 . معدل عدد الزبائن المنتظرون في كل صف .
3 . معدل عدد الزبائن المنتظرة في النظام للمجموعة الثالثة والرابعة .

(7 - 14) : أوجد الحل للمسألة (7 - 13) على أفتراض أن الشركة تحتوي على منفذين للتجهيز , خدمة الزبائن في أي من المنفذين يتبع توزيع بواسون بمعدل 10 زبائن لكل يوم .

(7 - 15) : شركة لتجميع السيارات تملك موقعين لتجميع السيارات , كل موقع لا يسمح بخزن أكثر من سيارة واحدة , وصول مكونات السيارات إلى الشركة يتبع توزيع بواسون بمعدل 6 لكل يوم , وقت تجمع السيارة في أي من الموقعين يتبع التوزيع الأسي بمعدل ساعة واحدة لكل سيارة , مكونات السيارات الواصلة التي لاتدخل مباشرة إلى الشركة تحول إلى مكان آخر , أوجد الآتي إذا علمت أن عدد ساعات العمل اليومية هي 8 ساعة:

1 . معدل عدد السيارات في النظام .
2 . احتمال دخول مكونات السيارة الواصلة إلى الموقع الأول .
3 . معدل وقت الخدمة .

(7 - 16) : شركة لتصنيع منتجات الألبان تملك خط أنتاجي يتكون من أربعة مواقع متسلسلة , الوحدات الإنتاجية تصل إلى الموقع الأول بموجب توزيع بواسون بمعدل 15 وحدة في الساعة , تصنيع المنتوج يتم من خلال مروره بالمواقع الأربعة على التوالي , وقت الإنتاج في كل موقع يتبع التوزيع الأسي بمعدل 3 دقائق لكل منتوج , المطلوب أيجاد:

1 . احتمال كون أي موقع من المواقع الأربعة مشغول .
2 . احتمال وجود 4 وحدات في الموقع الثاني .
3 . معدل عدد الوحدات في الموقع الرابع .

المصادر العربية

١.جزاع,عبد ذياب ."بحوث العمليات" وزارة التعليم العلي والبحث العلمي-جامعة بغداد-الطبعة الثانية(١٩٨٨).

٢.الزبيدي , علي خليل . " طريقة مقترحة لحل مسألة النقل " مجلة وقائع المؤتمر القطري الثاني للعلوم الإحصائية-جامعة الموصل-(٢٠٠١) , ص.٣٨٥.

٣. الزبيدي , علي خليل . " تكوين وحل نموذج النقل المعقد " المجلة العراقية للعلوم الاقتصادية- الجامعة المستنصرية-(٢٠٠٢) , م.١ , ع.١ , ص.١١١.

٤. الزبيدي , علي خليل . " طريقة مقترحة لحل مسالة البرمجة الخطية الصحيحة " مجلة وقائع المؤتمر العلمي الثالث عشر للجمعية العراقية للعلوم الإحصائية(٢٠٠٢) , ص.٣٣٤ .

٥. الزبيدي , علي خليل . " التصادفية في شبكات الاعمال " مجلة الإدارة والاقتصاد-الجامعة المستنصرية-(٢٠٠٦) , ع.٥٩ , ص.٧٩ .

٦.الصفدي , محمد سالم."بحوث العمليات" , دار وائل للنشر- عمان – الأردن- رام الله(١٩٩٩).

٧. الموسوي , عبد الرسول عبد الرزاق."المدخل لبحوث العمليات" ,دار وائل للنشر- الأردن-(٢٠٠١).

٨.النسيراني, محمد اسعد . " مقدمة في بحوث العمليات " مطبعة الإشعاع – الاسكندرية – مصر(١٩٩٨).

المصادر الأجنبية

9. A.ravindran.Don.T.phillips & James.J.solberg "Operation Research Principles and Practice , John wiley & Sons , 1987.

10. Bazaraa,M.,& J.Jarvis "Linear Programming and Network flows" , wiley , Newyork ,1977.

11. Gupta , Prem Kumar & Hira,D.S. " Operation Research An Introduction",S. chand & company (PVT) LTD , 1987.

12.Jensen,P.,&J.W.Barnes ,"Network flow Programming" ,Wiley , Newyork ,1980.

13. Kwak, a.k-"Mathematical Programming With Business Applications"-Mc Graw-Hill,Inc . 1973

14. Liebrman & Hillier ," Introduction the operational Research" - Holden - Day , Inc. 1990 .

15. Murty , Katta ," Linear Programming" Wiley , Newyork ,1983.

16. Swanson , Leonard W. ," Linear Programming" - Mc Graw- Hill international Editions, 1987.

17. S.S. Cohen ," Opeartion Research" ,Edward Arnold , 1985.

18.Taha , Hamdy ."Opeartion Research An Introduction" 4 th ed. ,1982

19. Winston , Wayne L. "Opeartion Research Application and ALgoriths" , pws - Kent publishing company - Boston ,1987.